DIE NÄCHSTE ETAPPE

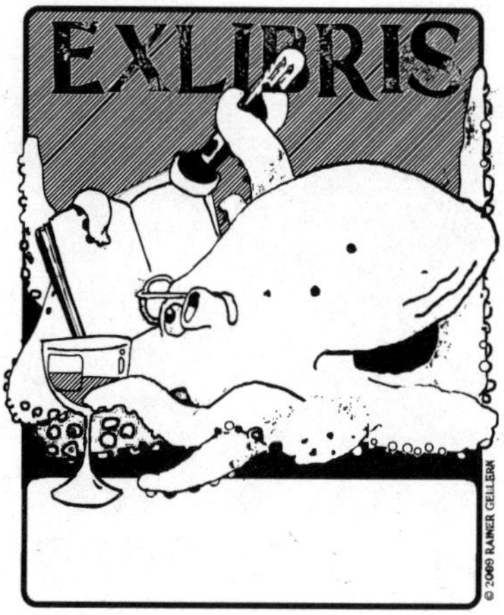
EXLIBRIS
© 2009 RAINER GELLERN

DIE NÄCHSTE ETAPPE
NACH DER ARBEIT UM DIE GANZE WELT

Gerhard Visser

EDITION OCTOPUS

Gerhard Visser, »Die nächste Etappe ›Nach der Arbeit um die ganze Welt‹«
© 2013 der vorliegenden Ausgabe: Edition Octopus im Verlagshaus Monsenstein und
Vannerdat OHG Münster. www.edition-octopus.de
© 2013 Gerhard Visser
Alle Rechte vorbehalten
Satz: Markus Behnisch
Umschlaggestaltung: C.LUENING.DESIGN
Umschlagfoto: Gerhard Visser
Druck und Einband: MV-Verlag

ISBN 978-3-86991-804-4

Gerhard Visser

Gerhard Visser, geboren 1946, war viele Jahre Stadtkämmerer, Stadtdirektor und Geschäftsführer der Stadtwerke in Schwerte. Er hat an den Universitäten Münster und Hamburg Volks- und Betriebswirtschaft studiert und mit der Prüfung zum Diplom-Kaufmann abgeschlossen.

Nach seinem Ausscheiden aus dem aktiven Dienst war die Zeit reif für die nächste Etappe. Von 2009 - 2012 ging es nach intensiver Planung und gründlicher Vorbereitung auf Weltreise. Aus langgehegten Reiseträumen wurde die Traumreise »Nach der Arbeit um die ganze Welt«. Reisen war seit frühester Jugend sein Lebensinhalt. Schon als Schüler heuerte Gerhard Visser als Page in Liegewagen-Zügen an und verdiente sich während seines Studiums ein Zubrot als Reiseleiter in ganz Europa.

Gerhard Visser ist Gründer und Inhaber eines Büros für Zukunftsentwicklung und Strategieplanung (www.zukunftsbüro.de) und beschäftigt sich – die nächste Etappe nach der Weltreise – mit vielfältigen Themen unseres Lebens in der Zukunft.

Er ist verheiratet und lebt, wenn er nicht gerade auf Reisen ist, mit seiner Frau Heidrun in Schwerte. Seine Hobbys sind Reisen und Arbeiten. Weitere Informationen und auch Bilder der Weltreise finden Sie auch unter www.visser-schwerte.de.

Wegweiser

Teil 1:
Die Vision – Vom Traum zur Wirklichkeit 9
1. Anfang und Entstehung 9
2. Visionen und Träume 13
3. Von der Vision zur Planung 15
4. Planung und Organisation 25

Teil 2:
Die Reise – in acht Etappen um die Welt 33

1. Etappe
Durch das Land der unbegrenzten Möglichkeiten:
Von Florida nach Alaska
01. April – 22. Juni 2009 35

2. Etappe
Traumhafte Landschaften:
Durch den Westen Amerikas nach Hawaii
21. August – 01. November 2009 83

3. Etappe
Einzigartige Natur, Kultur und Lebensfreude:
In und um Mittel- und Südamerika
11. Januar – 14. April 2010 127

4. Etappe
Im Fernen Osten:
Japan, China, Indonesien
28. Mai – 31. Juli 2010 187

5. Etappe
Auf alten Spuren:
Südostasien und Vorderer Orient
03. September – 26. Oktober 239

6. Etappe
Asien für Fortgeschrittene:
Von Vietnam nach Indien
23. Januar – 01. Mai 2011 277

7. Etappe
Abenteuer pur:
Das südliche Afrika
06. September – 29. Oktober 2011 347

8. Etappe
Am schönsten Ende der Welt:
Neuseeland und Australien
15. Januar – 15. April 2012..391

Teil 1: Die Vision – Vom Traum zur Wirklichkeit

1. Anfang und Entstehung

»Einmal um die ganze Welt und die Taschen voller Geld«, davon träumte nicht nur Karel Gott, sondern auch für viele andere Menschen steht eine Weltreise ganz oben auf der mehr oder weniger langen Liste ihrer Träume und Wünsche. Lassen Sie uns deshalb starten zu einer auch für Sie traumhaften und unvergesslichen Weltreise. Warten Sie nicht länger, sondern lassen Sie Ihre Träume und Wünsche wahr werden.

Ich lade Sie ein, kommen Sie mit auf eine Reise um die Welt! Mit diesem Weltreisebuch, das vor Ihnen liegt, möchte ich Ihnen nicht nur einen interessanten und unbeschwerten Lesegenuss bereiten, sondern Sie für eine Reise um die Welt begeistern; ich möchte Sie anstecken mit meiner Reiseleidenschaft und Ihnen zeigen, dass Reisen mehr ist als das Fahren von A nach B oder eine Pauschalreise im Rahmen Ihres Jahresurlaubs. Reisen ist ein Lebensgefühl, oder, wie schon der deutsche Dichter Jean Paul feststellte: »Nur Reisen ist Leben, wie umgekehrt Leben Reisen ist.«

Eine Weltreise ist mehr als eine Aneinanderreihung einzelner Urlaubsreisen, sie ist ein besonderer, neuer Lebensabschnitt. Sie ist weit mehr als das Abhaken von Sehenswürdigkeiten, das Baden in tropischen Meeren, das Trekking durch endlose Wüsten, die Besichtigung pulsierender Metropolen oder als Studienreisen in exotische Länder. Sie ist eine einmalige und einzigartige Erfahrung und war sicherlich eine der besten Entscheidungen in meinem Leben. Eine Weltreise erweitert das Denken, eröffnet neue Horizonte – und verschafft unglaublich viele und nachhaltige Glücksmomente. Sie ist eine Investition in Ihr Leben, die lebenslang hohe Zinsen abwirft.

Reisen war schon immer meine Welt. Bereits als Schüler habe ich mein Geld als Page und Liegewagenbetreuer in Reisebürosonderzügen verdient, und später, während meines Studiums, fuhr ich als Zugreiseleiter viele Jahre kreuz und quer durch Europa. Dabei war zwar auch das Geldverdienen notwendig für mich, aber in erster Linie war ich vom Reisen fasziniert sowie von der Begegnung mit anderen Menschen. Schon damals wollte ich die ganze Welt kennenlernen und so viel wie möglich reisen, allerdings stimmten die zeitlichen und finanziellen Ressourcen mit den realen Gegebenheiten nicht immer überein.

Nach dem Examen sollte es für ein Jahr auf Weltreise gehen, die Pläne lagen bereits auf dem Tisch. Doch das Leben schrieb ein anderes Drehbuch und die hehren Pläne mussten beiseitegeschoben werden. Familie, Beruf und Karriere bestimmten fortan den weiteren Lebenszyklus. Im Berufsleben als Stadtkämmerer, Stadtdirektor und Geschäftsführer mehrerer kommunaler Gesellschaften rückte die Realisierung der Weltreiseträume in weite Ferne, aber die Gedanken, die Wünsche und die Sehnsüchte blieben. Die jährliche Urlaubszeit von insgesamt maximal sechs Wochen reichte für erholsame Tage in fernen Ländern, war aber stets viel zu kurz, um die Welt in ihrer unglaublichen Vielfalt mehr als nur ansatzweise kennenzulernen.

Hoffnungsschimmer und Ausdruck meiner Träume war ein wunderbares Geschenk zu meinem 50. Geburtstag – ein großes Bild einer beleuchteten Rolltreppe, die zur New Yorker Skyline führt. In guten wie in schlechten Zeiten war dieses Bild forthin in meinem Büro ein wichtiger Anker, verbunden mit der Hoffnung und der Zuversicht, später einmal von hier zur Weltreise aufbrechen und meinen Lebenstraum verwirklichen zu können.

Ein Wort vorweg: Wenn Sie wie Jules Verne »In 80 Tagen um die Welt« oder wie Michael Wigge »Ohne Geld bis ans Ende der Welt« reisen wollen und sich eine entsprechende Anleitung erhoffen, ist dieses Buch nichts für Sie. Auch nicht für Aussteiger und Lebenskünstler, die sich mit Gelegenheitsjobs über Wasser halten und gern auf der Isomatte in der freien Natur übernachten, sowie für Rekordsüchtige oder Extremsportler, die es sich und anderen beweisen wollen. Schon eher ist dieses Buch für Menschen, die mitten im Leben stehen oder am Ende ihres Berufslebens angekommen sind und in einen neuen wie auch spannenden Lebensabschnitt eintreten möchten.

Was also will dieses Buch? Zunächst ist es ein Reisebericht über eine traumhafte Reise um die Welt, die ich zusammen mit meiner Frau in den Jahren 2009 – 2012 unternommen habe. Nach dem Ende meines aktiven Arbeitslebens fuhren wir in acht Etappen von jeweils rund drei Monaten um die Welt. Wir haben einen lange gehegten Traum Wirklichkeit werden lassen, eine Vision in die Tat umgesetzt, getreu dem etwas abgegriffenen, aber deshalb nicht weniger wichtigen Motto »Lebe deinen Traum und träume nicht dein Leben«. Wie wir dies vollbracht haben und welche Schwierigkeiten dabei zu meistern waren, darüber ist zu berichten. Sie werden sehen, dass viele vermeintliche Probleme und Hindernisse leicht zu überwinden sind und auf Reisen wie überall im Leben der Grundsatz gilt: »Jedes Problem ist auch eine Chance.« Voraussetzung ist jedoch, dass der Wille zum Erfolg und zum Erreichen der gesteckten Ziele stark genug ist.

Aber das Buch will noch mehr! Es wird Ihnen zeigen, dass eine Weltreise ein besonderer und erfüllter Abschnitt in Ihrem Leben sein kann, wenn Sie wie wir am Ende Ihres Berufslebens zu einer mehrjährigen Weltreise starten. Sie wissen, dass auch die Zeit des Ruhestandes aktiv geplant und gestaltet werden muss. Insbesondere die Phase des Überganges ist für viele Menschen problematisch, und nicht wenige fallen in ein tiefes emotionales Loch. Dies gilt insbesondere für jene, die jahrzehntelang hoch motiviert und voll engagiert ihren Beruf ausgeübt haben und für welche die Arbeit ein wichtiger Lebensinhalt war bzw. noch ist. Wenn Sie zu diesen Menschen gehören, soll Ihnen dieses

Buch auch die Sorge um den Eintritt in den Ruhestand nehmen und Sie gleichzeitig motivieren, mit einer Weltreise in den neuen Lebensabschnitt zu starten sowie unglaublich schöne Jahre mit unbeschreiblichen und nachhaltigen Glücksgefühlen zu erleben.

Zu diesem Zweck gliedert sich das Weltreisebuch in zwei Teile: einen ersten eher theoretisch-praktischen über die Vision, die Planung und die Vorbereitung unserer Weltreise und einen zweiten Teil, der sich den spannenden Erlebnissen und unglaublichen Erfahrungen während unserer dreijährigen Reise rund um die Welt widmet. Dabei kann dieses Weltreisebuch zwar keinen »Weltreiseführer« ersetzen, aber an der einen oder anderen Stelle wertvolle Tipps für die Planung und Organisation einer Weltreise geben. Auch wenn unsere Reise mittlerweile von Bekannten gern als Grundlage für ihre individuellen Reiseplanungen herangezogen wird, kann und soll sie keine Blaupause für die Umsetzung eigener Wünsche sein. Viel wichtiger ist mir, dass dieses Buch Lust auf Reisen macht und Sie zu einer Weltreise oder zur Realisierung anderer Reiseträume motivieren hilft. Eine Weltreise nach Abschluss Ihres Berufslebens wird eine für Sie neue, aufregende und traumhafte Lebensphase sein, vielleicht sogar die schönste in Ihrem Leben. Und ganz wichtig: Die Erinnerungen bleiben ewig, ganz egal, welche Überraschungen das Leben noch bringen wird. Eine Weltreise ist eine Investition in Ihre Zukunft!

Bereits Wilhelm Busch und Hugo Hartung wussten:

»Eins, zwei, drei im Sauseschritt
läuft die Zeit, wir laufen mit.
Schaffen, schuften, werden älter,
träger, müder und auch kälter.
Bis auf einmal man erkennt,
dass das Leben geht zu End.

Viel zu spät begreifen viele
die versäumten Lebensziele:
Freunde, Schönheit der Natur,
Gesundheit, Reisen und Kultur.
Darum, Mensch, sei zeitig weise!
Höchste Zeit ist´s! Reise, reise!«

2. Visionen und Träume

»Mit der Bahn quer durch die USA«, »Radfahren auf Kuba«, »China und Japan entdecken«, »Expeditionen durch Afrika«, »Seelöwen auf den Galápagosinseln streicheln«, »Tauchen auf den Malediven«, »Karneval in Brasilien erleben«, »Wandern in den Nationalparks der USA«, »Australien und Neuseeland durchqueren«, »Relaxen an karibischen Stränden« – all dies waren Träume, die sich bei uns im Laufe der Jahre entwickelt haben. Und die Liste wurde jeden Tag länger: Durch Reiseberichte und Reiseführer, Radio- und Fernsehreportagen, Zeitungen und Zeitschriften und die unzähligen Informationen des Internets wurden neue Ideen geboren und weitere Wünsche geweckt.

So entstand schließlich die Vision, die vielfältigen Wünsche und Träume zu bündeln und in einer mehrjährigen Reise um die Welt zu realisieren. Mir war klar, dass die sechs Wochen Jahresurlaub während der aktiven Berufsphase nicht ansatzweise ausreichen würden, die vielen interessanten Reiseziele zu besuchen und die unterschiedlichen Reiseideen Wirklichkeit werden zu lassen. So wurde der Grundstein für eine Weltreise nach dem Abschied aus dem Berufsleben gelegt.

Aber was ist eigentlich eine Weltreise? Laut Wikipedia führt sie einmal um die Welt, wobei in der Regel jeder Längengrad mindestens einmal überquert wird und meist auch der Äquator. Diese Definition empfinde ich als etwas starr, ich definiere eine Weltreise großzügiger, nach der weniger die Leistung der Weltumrundung als vielmehr das Reisen an sich in viele fremde Länder im Vordergrund steht.

Für uns war somit nicht die Definition einer Weltreise Leitmotiv, die Zahl der überquerten Längengrade ist für unser Lebensglück nicht entscheidend und interessierte uns nicht. Wir wollten auch nicht möglichst viele Länder besuchen oder Kilometerrekorde brechen, sondern die Welt kennenlernen, durch traumhafte Landschaften reisen, Natur- und Kulturwunder sehen, vielen Menschen begegnen, in fremde Kulturen eintauchen, offen sein für neue Erfahrungen, kurzum eine wunderschöne Zeit auf Reisen verbringen, wie man sie als gewöhnlicher Pauschaltourist so nie erleben kann. Dabei wollten wir uns Zeit nehmen, nicht durch die Welt hetzen und durchaus auch ein paar Tage an unspektakulären oder weniger attraktiven Orten verbringen.

Uns trieb auch nicht der missionarische Auftrag, irgendetwas in der Welt zu verändern oder gar zu verbessern, wir wollten stattdessen die Welt mit eigenen Augen sehen und hofften, anschließend ein wenig mehr von den vielfältigsten Kulturen zu verstehen. Uns war bewusst, dass wir dabei immer Reisende bleiben würden und nicht tiefer in die jeweiligen Gesellschaften eintauchen konnten. Mit anderen Menschen zu sprechen, zu diskutieren und mit dem nötigen Einfühlungsvermögen unsere Sicht der Dinge zu vermitteln, ist für uns schon ein Wert an sich. So haben wir uns ein Zitat von Erich Kästner zu Herzen genommen, der schon damals wusste: »Die Törichten besuchen in fremden Ländern die Museen. Die Weisen aber gehen in die Tavernen.«

Über all dem steht die Frage, wie diese Visionen, Ideen und Wünsche einer Weltreise in die Tat umgesetzt werden können. Entscheidend ist der feste Wille, das Vorhaben trotz aller subjektiven und objektiven Hemmnisse Wirklichkeit werden zu lassen.

Sie müssen an Ihre Vision einer Weltreise glauben und fest von dieser einmaligen Idee überzeugt sein!

Eine erste, recht grobe Planung ließ schnell erkennen, dass für eine solche Reise um die Welt ein Zeitbudget von mindestens drei Jahren notwendig war. Viele Probleme wurden sichtbar und eine Reihe von Hinderungsgründen stand im Weg, vor allem die zentrale Frage, wie das Zeitproblem zu lösen sei. Mit anderen Worten: Wann starten wir zu unserer Traumreise um die Welt?

Dabei wurde mir zunehmend bewusst, dass während meines aktiven Berufslebens eine längere Auszeit praktisch unmöglich war. Für mich besteht kein Zweifel daran, dass eine längere Auszeit zwar den Akku aufladen und die Kräfte des Körpers, des Geistes und der Seele erneuern kann, möglicherweise auch das gefürchtete »Burnout-Syndrom« vermeiden hilft, aber in der Praxis nicht nur in Führungspositionen auf oft unüberwindbare Hürden stößt. Dabei spielt es kaum eine Rolle, ob im Unternehmen ein Sabbatjahr als Karriereturbo oder Karrierekiller angesehen wird. Meist lässt sich eine längere Auszeit nur schwer ohne negative Folgen für alle Beteiligten realisieren. So reifte im Laufe der Jahre bei mir der Entschluss, das Projekt Weltreise an das Ende meiner beruflichen Tätigkeit zu stellen und diese Zeit bewusst und gezielt als neuen und wichtigen Lebensabschnitt zu betrachten. Die Prioritäten waren somit klar festgelegt: erst die Arbeit und dann die Weltreise.

3. Von der Vision zur Planung

Die schönsten Träume werden immer Träume bleiben, wenn sie nicht mit festem Willen und entschiedener Tatkraft umgesetzt werden. Aber auch der stärkste Wille reicht nicht aus, wenn die nötigen Voraussetzungen nicht vorhanden sind. Für eine Weltreise brauchen Sie auf jeden Fall genügend Zeit und ausreichend

Geld; wenn Sie dann noch einigermaßen gesund und fit sind, können die Träume Wirklichkeit werden und Sie zur Reise Ihres Lebens starten. Wenn Sie dann noch für das Abenteuer Weltreise den passenden Reisepartner haben, sind die wichtigsten Voraussetzungen erfüllt.

Einen idealen Zeitpunkt und ein ideales Alter für eine Weltreise gibt es aufgrund unterschiedlicher Lebensentwürfe nicht. Wer es sich unter den gegebenen Rahmenbedingungen leisten kann, sollte so früh und so lange wie möglich auf Reisen gehen, für mich bedeutete das Verlegen auf die Zeit »danach« kein unbestimmtes Aufschieben auf später oder unverbindliches Hoffen auf bessere Zeiten als Rentner, sondern eine klare und eindeutige Bestimmung der Weltreise als besonderen Lebensabschnitt nach dem Arbeitsleben.

Selbstverständlich kann im Laufe der Jahre bis zum Eintritt in den Ruhestand viel passieren, so dass möglicherweise die Pläne angepasst oder gänzlich fallen gelassen werden müssen. Natürlich benötigt man eine ausreichende Gesundheit und körperliche Fitness, aber die lange herrschenden Vorurteile, mit 60 oder 70 Jahren sei man alt und die schönen Seiten des Lebens seien vorbei, scheinen heute endgültig widerlegt zu sein. Bereits Udo Jürgens hatte dies in seinem Songtext »Mit 66 Jahren, da fängt das Leben an!« erkannt, und der emeritierte japanische Professor Saburo Shochi, immerhin 106 Jahre jung, verkündete nach einer Weltreise am Flughafen den Medien stolz: »Ich will noch mehr erleben.«

Eine Weltreise steht auf der Wunschliste der Deutschen für die Zeit des Ruhestandes ganz oben. So hat eine Umfrage der Versicherung Hannoversche Leben im Jahre 2010, die nach den Lebensträumen der Deutschen fragte, ergeben, dass 41 Prozent eine Weltreise oder eine Kreuzfahrt erleben möchten. Aber offensichtlich klafft zwischen Wunsch und Wirklichkeit eine große Lücke; viele Träume, auch die einer Weltreise, lassen sich nicht ohne die Überwindung einiger Hürden umsetzen. Aber die bewusste Entscheidung, die geplante Weltreise als besonderen Lebensabschnitt hinter die Berufsphase zu setzen, bietet hervorragende Chancen, bestehende Probleme bei der Umsetzung der Ideen ohne Zeitdruck sachgerecht zu lösen und das einmalige Erlebnis einer mehrjährigen Weltreise in Ruhe vorzubereiten.

Eine weitere Grundvoraussetzung für eine mehrjährige traumhafte und erlebnisreiche Erdumrundung ist zweifelsohne ein ausreichendes Budget. Natürlich kann die pauschale Frage nach den Kosten einer Weltreise nicht allgemeingültig beantwortet werden, da hier eine Vielzahl von Kriterien eine Rolle spielt. Entscheidende Faktoren sind die Dauer der Weltreise, die Anzahl und das Preisniveau der besuchten Länder, die Wahl der Unterkünfte zwischen Budgethotel und Nobelherberge, der Lebensstil unterwegs – von sparsam-bescheiden bis luxuriös-protzig – und nicht zuletzt die vielen Extras, die das Reisen zusätzlich verschönern. Es ist daher klar, dass jede Reise und vor allem eine längere Weltreise individuell geplant und kalkuliert werden muss.

Wie sah nun die Finanzierung unserer Weltreise aus? Oder mit Jupp Schmitz salopp gefragt: »Wer kann das bezahlen, wer hat so viel Geld?« Die vorab getroffene Entscheidung, erst nach der Arbeitsphase auf Weltreise zu gehen, eröffnete mir die Möglichkeit, schon frühzeitig zu planen und vor allem die finanziellen Voraussetzungen zu schaffen. Grundpfeiler der Finanzierung war eine Kapitallebensversicherung, deren Auszahlung auf den voraussichtlichen Zeitpunkt meines Eintritts in den Ruhestand terminiert wurde. Als weiterer Baustein zur Finanzierung diente ein Sparguthaben, das ich im Laufe der Jahre aufgebaut hatte. Nach dem Grundsatz: »Kleinvieh macht auch Mist«, bildete sich durch kleinere Sparbeiträge im Zeitablauf ein solides finanzielles Fundament, ganz nach der klassisch-konservativen Methode: erst sparen und dann genießen!

An der Finanzierung scheitert eine Weltreise in vielen Fällen nicht. So verfügen deutsche Privathaushalte laut Wikipedia über ein Geldvermögen von 4,8 Billionen €, mit Immobilienvermögen sind es mehr als 10 Billionen € – unglaublich hohe Summen, die jede Vorstellungskraft sprengen. Der SPIEGEL berichtete in seiner Ausgabe vom 06.01.2011, dass die Bundesbürger im Durchschnitt 60.000 € auf der hohen Kante haben, allerdings liegt die Betonung auf »Durchschnitt«, die Verteilung ist bekanntermaßen äußerst ungleich und auch ungerecht. So liegt es auf der Hand, dass die Finanzierung einer Weltreise in der Regel nur bei durchschnittlichen oder überdurchschnittlichen Einkommens- und Vermögensverhältnissen geschultert werden kann.

Auch die Generation der Erben steht vor der Tür, jährlich werden in Deutschland 200 Milliarden € vererbt, eine gewaltige Summe, aber wiederum ungleich verteilt.
Wenn von der »Generation der Erben« gesprochen wird, sind vor allem die heute 50- bis 65-Jährigen gemeint, die von der Aufbauarbeit ihrer Eltern und Großeltern sowie deren mehr oder weniger großen Vermögen profitieren. Das Handelsblatt vom 14.09.2011 fasst es knapp und zutreffend zusammen: »Die Deutschen werden immer reicher.«

Der Hinweis auf die Vermögensverhältnisse in Deutschland soll lediglich aufzeigen, dass auf manchen Konten, in vielen Depots und in einer Reihe von Immobilien nennenswerte Vermögenswerte schlummern, die als Grundlage für die Finanzierung einer größeren Reise dienen können. An den Finanzmitteln wird eine Weltreise somit in etlichen Fällen nicht scheitern, sondern eher an der mentalen Bereitschaft, das Geld auch auszugeben. Aufschlussreich war in diesem Zusammenhang das Bekenntnis eines deutschen Ehepaares, mit dem wir uns irgendwo in Südostasien unterhalten und über die Kosten einer Weltreise gesprochen haben. Sie erklärten uns freimütig, dass sie die Reise nichts kosten würde, alles ginge schließlich vom Erbe ihrer Kinder ab – eine beachtenswerte Auffassung.

Da ich keine Erbschaft zu erwarten hatte, musste ich den konventionellen Weg des Sparens wählen und letztlich auch bereit sein, das angesparte Geld für die Weltreise auszugeben. Dabei sind gelegentlich Denkblockaden zu überwinden, ob das ganze Vermögen tatsächlich innerhalb so relativ kurzer Zeit verjubelt werden darf. Ist dies vor dem Hintergrund der unsicheren Entwicklungen in der Zukunft, der Fragilität der Alterssicherungssysteme sowie der vielen Krisen und des Elends in der Welt wirklich zu verantworten?

Niemand weiß, was die Zukunft bringen wird. Gerade deshalb muss jeder sein Leben unter den gegebenen Rahmenbedingungen in der Gegenwart gestalten und verantwortungsbewusst damit umgehen. Dazu gehört für mich auch, sich einen Lebenstraum zu erfüllen und sein Geld für eine Weltreise auszugeben. Dies ist eine Investition in die Zukunft – in meine Zukunft – und ein wertvoller Baustein für ein glückliches Leben – für mein Leben.

Es ist zweifelsohne ein schönes und beruhigendes Gefühl, über ein kleines oder noch besser ein größeres Vermögen zu verfügen. Ein Vermögen an sich hat aber zumindest nach meiner Auffassung keinen Wert an sich, sondern macht – von einer finanziellen Reserve für Notfälle abgesehen – keinen Sinn, wenn es nicht in Zusammenhang mit erwarteten, geplanten oder erwünschten Ausgaben in der Zukunft steht. Eine über den ganzen Lebenszyklus optimierte Finanzplanung kann für mich nur so aussehen, dass am Ende des Lebens die persönliche Vermögens- und Schuldenbilanz per Saldo gegen Null tendiert. Also klarer Appell: Machen Sie es wie wir, nehmen Sie Ihr Geld, planen und organisieren Sie eine Weltreise und machen sich auf den Weg. Sie stehen vor der schönsten Zeit Ihres Lebens!

Eine weitere zentrale Frage bei der Planung unserer Weltreise musste unbedingt beantwortet werden: Wie lange kann und soll die Weltreise dauern? Können und wollen wir wirklich mehrere Jahre von zuhause wegbleiben? Was ist mit den Bindungen zu

Familie, Freunden, Nachbarn und dem gesamten sozialen Umfeld? Was geschieht mit den vielen Verpflichtungen, die wir im Laufe der Jahre eingegangen sind? Was machen wir mit unserer Wohnung? Die Antworten auf diese Fragen waren eindeutig, aber auch zwiespältig: Eine mehrjährige Abwesenheit konnten und wollten wir uns nicht erlauben, wir sind zu tief und zu lange emotional in unseren häuslichen Rahmen eingebunden. Auf der anderen Seite aber waren wir fest entschlossen, unseren Traum einer mehrjährigen Weltreise Wirklichkeit werden zu lassen.

Die Lösung war eigentlich einfach zu finden, denn sie lag auf der Hand – wir wollten die Weltreise in mehreren Abschnitten realisieren. Unter Berücksichtigung unserer Rahmenbedingungen im familiären und sozialen Umfeld hielten wir einerseits eine dreimonatige Abwesenheit für durchaus vertretbar, andererseits aber auch für ausreichend, um für das unbeschwerte Eintauchen in fremde Welten genug Zeit und genügend Abstand von den Alltagsproblemen zu gewinnen. So wurde das Modell 3/3/3 geboren: in drei Jahren rund um die Welt mit jeweils drei Etappen pro Jahr von rund drei Monaten Dauer. Dies funktionierte hervorragend, auch weil sich eine Abwesenheit von jeweils drei Monaten viel leichter regeln lässt als eine mehrjährige. Nachteilig bei diesem Lösungsmodell sind allenfalls die zusätzlichen Flugkilometer, die sowohl die Reisekasse als auch die Umwelt zusätzlich belasten.

Kaum jemand kann sich davon frei machen, dass eine längere Abwesenheit von seinem gewohnten und geliebten Zuhause Befindlichkeitsstörungen von leichtem Unwohlsein bis zu tief sitzender Angst hervorruft. Was geschieht mit meiner Wohnung, meinem Haus, meinem Garten, meinem Auto, meinem Hund, meinem Wellensittich? Was macht meine Familie ohne mich bzw. uns, kann ich so lange von meinen Freunden, Bekannten und Nachbarn getrennt sein? Alle diese Sorgen und Gedanken stecken mehr oder weniger tief in fast jedem Menschen und sind lebendiger Ausdruck unserer Einbindung in ein intaktes soziales Umfeld. Aber diese Sorgen werden auf ein Minimum reduziert, wenn die Abwesenheit lediglich Monate beträgt und nicht Jahre. Aus unserer Erfahrung heraus sind wir fest davon überzeugt, dass sich der Traum einer mehrjährigen Weltreise in 3-Monats-Etappen in idealer Weise erfüllen lässt, ohne emotionale Schrammen oder gefühlsmäßige Defizite zu verursachen.

Um die Verbindung zu unserer Familie, unseren Freunden und Bekannten auch unterwegs aufrechtzuerhalten, waren für uns eine wechselseitige Kommunikation und die jederzeitige Erreichbarkeit überall auf der Welt elementar. Grundlage hierfür war der Aufbau eines Online-Tagebuches, in dem – soweit es unter den jeweils gegebenen Voraussetzungen praktisch möglich war – die täglichen Reiseberichte mit Bildern hinterlegt wurden. So waren die Daheimgebliebenen jederzeit über unsere Aktivitäten und unser Wohlbefinden informiert, konnten mit uns die Reiseerlebnisse teilen und Antworten oder Kommentare schreiben.

Ein weiterer wichtiger Baustein unserer Kommunikationsphilosophie war die Nutzung des Videotelefondienstes Skype. Die regelmäßigen Bildtelefonate stellte für uns die Verbindung in unsere Heimat dar. Ob in der argentinischen Pampa, der afrikanischen Savanne oder dem australischen Outback – nicht zuletzt wegen der modernen Kommunikationsmöglichkeiten hatten wir niemals Heimweh und fühlten uns auch in der Ferne weitab von zuhause ausgesprochen wohl. Selbstverständlich kommunizierten wir auch intensiv über E-Mails, mit einem Laptop und einem Tablet-PC waren wir bestens ausgerüstet. Unsere Handys hielten wir nur für Notfälle bereit, die Gott sei Dank nie eintraten.

Das Thema Gesundheit spielt auf Reisen, besonders auf einer längeren und anstrengenden Weltreise, wie generell im Leben eine zentrale Rolle. Natürlich müssen ausreichende körperliche und geistige Kräfte vorhanden sein, aber wir haben unterwegs auch viele Menschen getroffen, die trotz eingeschränkter Gesundheit oder mit Behinderungen selbst in entlegenen Gebieten unterwegs waren. Wir wissen aus eigener und manchmal leidvoller Erfahrung, dass im fortgeschrittenen Lebensalter der Körper doch die eine oder andere Macke zeigt und der Spruch »Wenn dir morgens nichts weh tut, bist du tot« seine Berechtigung hat.

Eine Weltreise mit Unterbrechungen ist auch im Hinblick auf die gesundheitlichen Erfordernisse von Vorteil, da die kürzeren Reiseperioden einen Besuch »zwischendurch« beim Arzt zuhause ermöglichen. Man kann sich vor Beginn der jeweils nächsten Reiseetappe gründlich durchchecken lassen und das eine oder andere Wehwehchen mit einer gut sortierten Reiseapotheke bis zum Ende der Etappe überstehen. Unsere Reiseapotheke wurde im Laufe der drei Jahre immer umfangreicher, bot uns aber das beruhigende Gefühl, für viele Eventualitäten des Lebens gut gerüstet zu sein. Bei den Trekkingtouren und Radreisen waren die örtlichen Reiseleiter stets dankbar, wenn wir ihnen am Ende unserer Etappe die Medikamente schenkten.

Überall auf der Welt gibt es gute Ärzte und sicherlich auch schlechte. Bei großen und kleinen Problemen ist selbst am Ende der Welt die ärztliche und meist auch die zahnärztliche Versorgung gesichert. Mit einer Auslandskrankenversicherung einschließlich Rückholgarantie ist man hier immer auf der sicheren Seite. Selbstverständlich gehören die von den Ärzten empfohlenen sowie die von den Reiseländern verlangten Impfungen und Prophylaxemaßnahmen zur verantwortungsvollen Vorbereitung einer Weltreise.

Aber auch das muss klar sein: Eine Reise um die Welt ganz ohne Krankheiten oder andere gesundheitliche Beeinträchtigungen wird es kaum geben. Auch wenn man noch so sorgfältig Speisen und Getränke auswählt, schlägt Montezumas Rache irgendwo und irgendwann zu. Davor schützt auch nicht der bekannte Grundsatz »Schäle es, koche es, vergiss es«. Jetlag, Klimawechsel,

Umstellung des Wasserhaushalts, Lärm und Luftverschmutzung sind nur einige der bekannten Faktoren, die Kopfschmerzen verursachen können – vom Kater nach reichlichem Alkoholgenuss ganz zu schweigen. Dass der Magen angesichts des ungewohnten Essens gelegentlich rebelliert, das Kreuz von durchgelegenen Matratzen schmerzt und der eine oder andere Mückenstich brennt, sind normale Begleiterscheinungen einer Fernreise, die nach einem Griff in die Reiseapotheke oder auch von allein meist nach wenigen Tagen verschwinden.

Braucht man für eine Weltreise einen Reisepartner? Sicherlich besteht hierzu keine zwingende Notwendigkeit, aber die Reise mit einem passenden Partner zu erleben, wird sie für die meisten Menschen deutlich schöner und erstrebenswerter machen. Dies gilt für die vielen magischen Momente des Lebens, die erst durch das Teilen mit einem Partner vollkommen werden, ebenso wie für das gemeinsame Bewältigen schwieriger Herausforderungen und trauriger Momente, wenn sie denn vorkommen sollten. Aber auch allein zu reisen hat seinen Reiz und verschafft ein besonderes Gefühl der Unabhängigkeit und Freiheit, wenn insbesondere auf einer Weltreise auf nichts und niemanden Rücksicht genommen werden muss. Zweifelsfrei sind darüber hinaus für Alleinreisende die Chancen größer, unterwegs andere Menschen kennen zu lernen und besonders wertvolle Begegnungen zu erleben.

Für mich stellte sich diese Entscheidung nicht, da meine Frau ebenso gern durch die Welt reist wie ich und meine Weltreisepläne immer uneingeschränkt unterstützte. Auch sie richtete ihre beruflichen Aktivitäten auf den geplanten Start unserer Weltreise im Jahre 2009 aus und schloss dann schweren Herzens ihr Geschäft. Daher bedurfte es keiner weiteren Überlegungen, dass wir das Abenteuer Weltreise gemeinsam starten und auch beenden würden. So konnten wir mit einer entsprechend langen Vorlaufzeit und einer sorgfältigen Planung auf der Reise um die Welt eine unglaublich schöne Zeit mit unendlich vielen Glücksmomenten gemeinsam erleben.

Natürlich kamen unterwegs in unserer Partnerschaft manche Konflikte und Stresssituationen auf, die gemeinsam zu bewältigen waren. Jeder Reisende muss sich darüber im Klaren sein, dass zwischenmenschliche Spannungen und Probleme nicht automatisch verschwinden, wenn man unterwegs ist. Und auch das muss gesagt werden: Mit dem Partner auf engstem Raum Tag und Nacht zusammen zu sein, ist eine besondere Herausforderung und manches Mal auch eine echte Härte, der man gelegentlich entkommen möchte. Aber vielleicht helfen doch die wunderschönen Eindrücke, die spannenden Abenteuer und die gemeinsamen Erlebnisse, Konflikte zu entschärfen und partnerschaftlich zu lösen. Und nach diesen drei Jahren können wir übereinstimmend feststellen: Die Welt gemeinsam mit dem Partner zu erleben, ist eine besonders eindrucksvolle und nachhaltig schöne Erfahrung, auch wenn man unterwegs ebenso wie zuhause nicht immer einer Meinung war – und auch nicht sein muss.

Fehlende oder unzureichende Sprachkenntnisse können und dürfen kein Hinderungsgrund für eine Weltreise sein. Natürlich wäre es schön, wenn wir uns überall auf der Welt mit den Menschen vor Ort in ihrer jeweiligen Landessprache unterhalten könnten, aber dies ist eine Illusion. Es kann jedoch nicht schaden, frühzeitig seine Englischkenntnisse aufzupolieren und sich Grundkenntnisse einer weiteren Sprache anzueignen. So habe ich schon einige Jahre vor dem Start zu unserer Weltreise meine Englischkenntnisse revitalisiert und etwas Spanisch gelernt. Dies hat völlig ausgereicht, und auch wenn es gelegentlich Verständigungsprobleme gab, kamen wir immer und überall gut zurecht.

Viele, vor allem ältere Menschen haben Sorge, dass ihre Englischkenntnisse für eine Weltreise nicht ausreichen. Es ist in der Tat nicht ganz so einfach, völlig ohne ein paar englische Vokabeln zurechtzukommen, aber letztendlich nicht unmöglich. Mit »Händen und Füßen« kann man sich normalerweise überall verständlich machen, in exotischen Ländern hat uns auch ein Sprachcomputer gute Dienste geleistet. Wenn Sie mit Ihrem Auto an eine Tankstelle heranfahren, wird der Tankwart auch ohne viele Worte wissen, was Sie wollen, und Ihnen entsprechend behilflich sein, im Zweifelsfall weiß er sogar besser als Sie, welche Sorte Sprit Sie tanken müssen. Bei einem plötzlich notwendig gewordenen Zahnarztbesuch mitten im Urwald Brasiliens nützten mir weder meine Englisch- noch meine Spanischkenntnisse etwas, denn der Zahnarzt sprach nur Portugiesisch. Aber auch dies hat irgendwie funktioniert. Es wäre somit jammerschade und auch objektiv nicht notwendig, wegen unzureichender oder fehlender Sprachkenntnisse auf Reisen in ferne Länder bzw. auf eine Weltreise zu verzichten.

4. Planung und Organisation

Wie entsteht nun aus den vielen Visionen, Wünschen, Träumen und Ideen eine Weltreise? Kann ich einfach ins Reisebüro marschieren und eine »Reise um die Welt« buchen? In der Tat werden mittlerweile Weltreisen »von der Stange« angeboten. Sie können eine klassische Weltreise mit einer Dauer von vier Wochen buchen, mit einem Kreuzfahrtschiff die Welt umrunden, ein »Around the World«-Flugticket kaufen und auf eigene Faust losfliegen oder sich bei einem Fernreiseveranstalter eine Reise um die Welt zusammenstellen lassen. Wenn Sie aber Ihre eigenen Träume leben und erleben, Ihre eigenen Wünsche realisieren und Ihre eigenen Visionen Wirklichkeit werden lassen wollen, müssen Sie Ihre eigene individuelle Weltreise planen!

Sie und nur Sie sollten entscheiden, was Sie von der Welt sehen und wie und wohin Sie reisen wollen. Diese grundlegende Entscheidung kann Ihnen nur schwerlich ein Dritter, sei es ein Reisebüro oder ein Reiseveranstalter, abnehmen. Bei der späteren Detailplanung und Umsetzung Ihrer Reisewünsche kann ein Reisebüro zwar ein guter und unverzichtbarer Ratgeber und Wegbegleiter sein, aber kaum im frühen Stadium der grundlegenden Konzipierung Ihrer Weltreise.

Die Planung unserer Weltreise vollzog sich in drei Schritten. In der ersten Planungsphase steckten wir die groben Linien ab, definierten insbesondere die zeitlichen Vorgaben unter Berücksichtigung unseres Budgets. So legten wir das Jahr 2009 als Starttermin und als Reisezeitraum die Jahre 2009 – 2012 fest. In diesen drei Jahren wollten wir in acht Abschnitten von jeweils rund drei Monaten die Welt kennen lernen.

Anschließend begann die schwierige zweite Phase: Die vielen Wünsche und Ideen mussten unter den gesetzten zeitlichen und finanziellen Rahmenbedingungen in eine Form gegossen werden. Dabei wurde uns schnell klar, dass wir keine Chance hatten, die ganze Welt innerhalb des vorgegebenen Zeitrahmens kennenzulernen, sondern nur einen kleinen Ausschnitt auswählen konnten. Die Erde ist so riesig, so vielfältig und so spannend, dass wir von einigen Reiseträumen Abschied nehmen und somit bewusst eine Reihe von Reisezielen von unserer Wunschliste streichen mussten.

Schon frühzeitig klammerten wir bei unserer Planung Europa sowie alle Länder mit einem besonders hohen Sicherheitsrisiko aus. So standen von vornherein die Länder Zentralafrikas und Mittelasiens nicht auf unserer Agenda. Bereits bei dieser Grobplanung empfiehlt sich ein Blick in die Reisehinweise und Reisewarnungen des Auswärtigen Amtes, dann fallen manche Entscheidungen sehr viel leichter. Bei 193 Ländern, die Mitglied der UNO sind, muss eine Auswahl getroffen werden, die stets in gewisser Weise willkürlich ist. Wir trösteten uns damit, dass das Leben nach der Weltreise weitergehen und noch viele Möglichkeiten bieten wird, andere Länder zu besuchen.

Auf der Grundlage unser Reisewünsche und der gesetzten zeitlichen Vorgaben haben wir die Erde in neun Reisegebiete aufgeteilt:

1. Etappe: Von Florida nach Alaska
2. Etappe: Durch den Westen Amerikas nach Hawaii
3. Etappe: In und um Mittel- und Südamerika
4. Etappe: Im Fernen Osten
5. Etappe: Südostasien und Vorderer Orient
6. Etappe: Von Vietnam nach Indien
7. Etappe: Das südliche Afrika
8. Etappe: Australien und Neuseeland
9. Etappe: Südsee

In der Praxis werden sich natürlich immer zeitliche und inhaltliche Verschiebungen ergeben, auch während der Reise muss auf aktuelle Gegebenheiten flexibel reagiert werden. So mussten wir während unserer Südamerika-Reise plötzlich umplanen, weil die Region um den Machu Picchu in Peru wegen anhaltender Regenfälle und Überschwemmungen zum Katastrophengebiet erklärt und für Touristen gesperrt worden war. Auch die einzelnen Weltreiseetappen verschoben sich: Weil wir zwischendurch etwas längere Pausen als die geplanten vier Wochen einlegten, reichte der veranschlagte Zeitraum von drei Jahren noch nicht für die neunte und letzte Etappe in die Südsee. Diese Reise werden wir auf jeden Fall zu einem späteren Zeitpunkt nachholen.

Wie geplant saßen wir am Morgen des 1. April 2009 im Flugzeug auf dem Weg in die USA und kamen am 15. April 2012 – also nach etwas mehr als drei Jahren – aus Australien zurück. Auch in der rückwirkenden Betrachtung waren unsere Reiseabschnitte sowohl bezüglich der Ziele als auch im Hinblick auf die zeitlichen Vorgaben gut gewählt, an manchen Orten wären wir allerdings gern noch ein paar Tage länger geblieben und hätten uns hier und da ein wenig mehr Zeit gelassen.

Die Etappen wurden so aufgeteilt, dass wir die jeweiligen Zielgebiete in der klimatisch besten Reisezeit besuchten. Auch wenn in Reiseführern und Reisekatalogen viele Länder als Ganzjahresreiseziele klassifiziert werden, sind die klimatischen Unterschiede zwischen den verschiedenen Jahreszeiten teilweise gewaltig. Als Grundregel gilt zwar, dass die Jahreszeiten auf der Südhalbkugel der Erde denen auf der Nordhälfte entgegengesetzt sind, dies ist aber nur eine sehr grobe Klassifizierung, die unbedingt der weiteren Konkretisierung bedarf. Im Internet, aber auch in einschlägigen Reiseführern, gibt es wertvolle Informationen zu den Themenbereichen Klima und Wetter, so dass Sie mit geringem logistischem Aufwand die für Ihre jeweiligen Reiseziele klimatisch günstigsten Zeiten finden können.

Unsere Erfahrungen haben aber gezeigt, dass sich das aktuelle Wetter nicht immer am langjährigen Klimatrend orientiert. So fiel unsere Reise durch den Osten und Süden Australiens im wahrsten Sinne des Wortes ins Wasser – es regnete tagelang, Menschen mussten evakuiert werden und wir waren mittendrin, obwohl wir die für diesen Teil Australiens klimatisch optimale Reisezeit ausgewählt hatten. Das Wetter macht also, was es will, und dies überall auf der Welt. Dennoch ist die Wahl der günstigsten Reisezeit für die jeweiligen Reiseziele eine Grundvoraussetzung für das Gelingen einer Weltreise.

Nachdem in der zweiten Planungsphase die groben Linien gezeichnet und die einzelnen Weltreiseetappen festgelegt worden waren, begann mit der dritten Planungsphase die konkrete Reiseplanung. Aus einer Vielzahl von Quellen wie Reiseführern, Reiseberichten, Zeitungen, Zeitschriften und Reisekatalogen mussten die notwendigen Informationen zusammengetragen und sortiert werden. Selbstverständlich ist das Internet hier eine unerschöpfliche wie unverzichtbare Quelle bei der Vorbereitung Ihrer Reise. Diese dritte Planungsphase ist zeitaufwendig, gleichzeitig aber unverzichtbar für eine Traumreise nach Ihren Vorstellungen. Trotz des immensen Zeitaufwandes bei sorgfältiger und detaillierter Planung ist diese Aufgabe spannend und lässt Sie immer tiefer in die Träume von der Weltreise versinken – die Vorfreude steigert sich von Tag zu Tag. Selbstverständlich können Sie sich auch von einem kompetenten Reisebüro unterstützen lassen.

In diesem Planungsstadium muss auch festgelegt werden, mit welchen Verkehrsmitteln Sie um die Welt reisen wollen. Für uns stand von Anfang an der Grundsatz der Vielfalt im Vordergrund. Dies galt sowohl bei der Wahl der Transportmittel als auch bei der Festlegung der Unterkünfte. So wollten wir mit dem Flugzeug, dem Auto, dem Zug, dem Bus, dem Fahrrad, dem Schiff und zu Fuß unterwegs sein und haben – in der Tat – allein durch den häufigen Wechsel der Verkehrsmittel aufregende und unvergessliche Momente erlebt. Uns ging es nicht darum, möglichst schnell von A nach B zu gelangen, sondern das Reisen im klassischen Sinne als Unterwegssein nach dem bekannten Motto »Der Weg ist das Ziel« zu genießen.

Auch bei der Wahl der Unterkünfte ließen wir uns vom Grundsatz der Vielfalt und des Wechsels leiten. Von der einfachen Hütte bis zum Ferienresort, von der kleinen Pension bis zum Luxushotel und vom Wohnmobil bis zum Kreuzfahrtschiff haben wir die vielfältigsten Unterkünfte in unsere Reiseplanung eingebaut und meist hervorragend geschlafen, auf jeden Fall aber stets abwechslungsreiche und schöne Zeiten erlebt. Natürlich sind bei der Auswahl der Unterkünfte auch die finanziellen Rahmenbedingungen zu beachten. Die Übernachtungskosten machen in der Regel den größten Teil Ihres Reisebudgets aus, d. h., hier können Sie viel Geld ausgeben oder auch sparen. Auf jeden Fall war es für uns immer ein schöner Abschluss einer manchmal auch strapaziösen Reiseetappe, in einem Hotel der Spitzenklasse den besonderen Service sowie den ungewohnten Luxus zu erleben und die Reiseetappe mit einem besonderen Highlight zu beenden.

Spätestens in diesem dritten Planungsstadium stellte sich die entscheidende Frage, ob die einzelnen Reiseetappen komplett durchgeplant und die nötigen Flüge und Unterkünfte vollständig reserviert werden sollten. Einerseits ist es ein wunderschönes Gefühl von Freiheit und Unabhängigkeit, unterwegs zu sein und immer wieder neu planen sowie die Reise nach aktueller

Lust und Laune gestalten zu können, andererseits wird ein gutes Gefühl von Sicherheit vermittelt, wenn die einzelnen Stationen der Reise festgelegt und die Verkehrsmittel und Unterkünfte verbindlich reserviert sind. Diese Entscheidung hängt auch von der Art der Reise und dem konkreten Reiseland ab: Während wir in Namibia die Gewissheit schätzten, in einsamer Gegend nach langen Fahrten auf staubigen Pisten in einer schönen, von uns reservierten Lodge schlafen zu können, genossen wir bei unserer Fahrt mit dem Mietwagen durch Australien die Freiheit, dort, wo es uns gefiel, zu bleiben und täglich neue Ziele festzulegen.

Während in der dritten Planungsphase die Reiseziele und -routen der jeweiligen Etappen konkreter wurden, erarbeitete das Reisebüro nach meinen Vorgaben das Fluggerüst. Natürlich kann man diese Aufgabe auch selbst übernehmen, aber mit einem erfahrenen und engagierten Reisebüro gelangen Sie doch zu besseren und oft auch kostengünstigeren Lösungen. An diesem Punkt der Planung sind Vorschläge und Hinweise von Profis sehr wertvoll. Auf diese Weise wird Ihre Planung immer weiter konkretisiert und perfektioniert, bis nach einem längeren Abstimmungs- und Veränderungsprozess das endgültige Fluggerüst steht.

Spätestens jetzt waren die weiteren Verkehrsmittel wie Mietwagen, Wohnmobil und Kreuzfahrtschiff einzubeziehen, damit deren Termine sowie die Flugtermine optimal aufeinander abgestimmt werden konnten. Auch banden wir in dieser Planungsphase die festen Reisebausteine wie z. B. organisierte Rundreisen oder Radreisen ein, die in der Regel hinsichtlich ihrer Termine und ihres Start- bzw. Endpunktes fix sind.

Im Laufe unserer Weltreise gingen wir zunehmend dazu über, auch die Hotels vor Antritt der Reiseetappen auszusuchen und fest zu reservieren. Natürlich werden durch diese frühzeitige Festlegung der Entscheidungsspielraum und der Freiheitsgrad eingeschränkt, dafür können Sie vor der Buchung in Ruhe die notwendigen Informationen sammeln und eine optimale Auswahl treffen. In dieser Phase lassen sich auch den Reiseportalen mit Hotelbewertungen viele Informationen entnehmen und Preisvergleiche durchführen. Wir sparten viel Geld, weil wir immer den jeweils günstigsten Anbieter ausgesucht oder direkt über das Hotel reserviert haben, abhängig von den jeweils besten Preisen. Alle Buchungen, gleichgültig ob über das Reisebüro, einen Reiseveranstalter oder unmittelbar über das Internet, verliefen völlig problemlos, selbst am Ende der Welt warteten die reservierten Zimmer wie bestellt auf uns.

Nach Abschluss der drei Phasen stand unsere Planung, und die praktischen Vorbereitungen für die Weltreise konnten beginnen. Aber auch bei noch so sorgfältiger und detaillierter Konzeption ist der Plan lediglich ein Plan. Aktuelle Veränderungen vor dem Hintergrund neuer Rahmenbedingungen und Ereignisse, wie zum Beispiel Wetterkapriolen oder politische Instabilitäten, erfordern eine permanente Überprüfung und Anpassung. Auch wenn sich Ihre Wünsche und Bedürfnisse während der Reise ändern, müssen Sie die Freiheit haben, die alten Pläne über Bord zu werfen und neue Wünsche auszuleben.

Es konnte nun losgehen, ein Traum wurde wahr – einmal um die ganze Welt!

Teil 2: Die Reise – in acht Etappen um die Welt

1. Etappe
Durch das Land der unbegrenzten Möglichkeiten:
Von Florida nach Alaska

01. April – 22. Juni 2009

1. April 2009: Die Koffer sind gepackt, alles ist bereit, und die Anspannung nähert sich ihrem Höhepunkt – wir starten zur ersten Etappe unserer Weltreise. Ein lange gehegter Traum wird wahr, wir können es kaum glauben. Als es endlich losgehen soll, klingelt plötzlich das Telefon. Eine knarrende Stimme teilt mir knapp mit: »Taxi kaputt, kommt Stunde später.« Meine Frau Heidi ist aufgeregt: Obwohl wir für die Fahrt zum Flughafen Düsseldorf genug Zeit eingeplant haben, können wir uns eine ganze Stunde Verspätung nicht leisten. Das fängt ja gut an! Gereizt brülle ich ins Telefon, dass sie uns gefälligst einen anderen Wagen schicken sollen. Einen kurzen Wortwechsel später müssen wir jedoch erkennen, dass wir dem Aprilscherz eines früheren Kollegen aufgesessen sind. An sich gut gemacht, aber heute können wir nicht darüber lachen.

Wenige Stunden später sitzen wir im Air Berlin-Charterflieger von Düsseldorf nach Miami – wie normale Touristen, obwohl wir uns als Weltreisende fühlen. Der Flug verläuft planmäßig – begleitet von viel Lesen, Essen und Trinken. Auch die Einreise in die USA erfolgt entgegen den Erwartungen völlig stressfrei; der Einwanderungsbeamte ist lediglich darüber erstaunt, dass man so lange Urlaub machen kann, und wünscht uns eine gute Zeit in den Vereinigten Staaten. Welch schönes Gefühl, nach der Ankunft in Miami am späten Nachmittag die schwülwarme Luft einzuatmen, sie riecht und schmeckt nach Abenteuer und Freiheit. Unser Hotel haben wir im Art Déco District gebucht, mitten im pulsierenden Leben der vielleicht trendigsten Stadt der Welt.

Unser Zimmer im Colony Hotel hat zwar keinen Stuhl, keinen Tisch, keine Aussicht und nur fünf Kleiderbügel, dafür aber liegt das Gebäude direkt am lebendigen Ocean Drive mit Blick auf den traumhaften Strand und das weite Meer. Vor allem bei Nacht ist es ein begehrtes Fotomotiv. Das Hotel strahlt den Charme der 1920er und 1930er Jahre aus, kitschige Farben und Neonleuchten bestimmen das umliegende Straßenbild. Die Stimmung hier ist einzigartig, das besondere Licht, das angenehme Klima, die interessanten Leute – stundenlang kann man dem lebhaften Treiben vor dem Hotel zuschauen. Überall finden Modeaufnahmen statt, frühmorgens und spätabends, wenn das Licht besonders berauschend ist. Zwischen Muskelmännern, jungen und junggebliebenen Ladys, mit echtem oder aufgemotztem Busen, gerne auch mit Hund, Erlebnis- und Liebeshungrigen sowie unzähligen Reichen flanieren wir den Ocean Drive hinauf und hinunter oder beobachten vom Café oder Restaurant aus entspannt das im wahrsten Sinne des Wortes bunte Treiben.

Miami ist einfach gigantisch und ein Paukenschlag für die Sinne, durchsetzt von karibischen, spanischen und kubanischen Einflüssen. Die Stadt gilt als das Zentrum der Schönen und Coolen, 1.500 Models sollen hier leben. Vieles ist nicht echt in Miami – mancher Busen ist aus Silikon, manche Blume aus Plastik, manche Zähne sind aus Kunststoff. Aber die Stadt der Fernsehserie »Miami Vice« ist ein Wahnsinnsort, in dem es sich hervorragend leben, essen und relaxen lässt. Wir wollten unsere Weltreise eigentlich in New York beginnen, haben uns dann aber dafür entschieden, erst ein wenig Sonne zu tanken, in die bunte Glitzerwelt einzutauchen und das Strandleben zu genießen – eine gute Entscheidung, wie sich jetzt zeigt.

Wir mieten Fahrräder und erkunden die Stadt und deren Umgebung aus dem Sattel heraus. Der Fahrradvermieter möchte wissen, ob wir für den am Sonntag stattfindenden Triathlon trainieren. Wir bedanken uns für das nette Kompliment, mit der Fahrradtour bis Key Biscayne erreichen wir jedoch schon fast unsere körperlichen Grenzen. Ein tolles Erlebnis ist die Fahrt gleichwohl. Erst die faszinierende Skyline Miamis vor Augen, dann mitten in Downtown Miami – es ist schon spannend. Anderen Fahrradfahrern oder Fußgängern begegnen wir nicht. Key Biscayne bildet einen völligen Gegensatz zu Miami Beach: ruhig, viel Natur und wenige Menschen, aber auch tolle Häuser, riesige Autos und große Yachten. Hier scheint man gut leben zu können, wenn man das nötige Kleingeld besitzt. Auch die Rückfahrt mit der Kulisse Miamis vor Augen ist traumhaft. Die Sonne brennt gnadenlos, ein paar Regentropfen zwischendurch sind die reinste Wohltat.

Der Rummel am Ocean Drive verstärkt sich am Wochenende noch, die Lokale sind zu jeder Tages- und Nachtzeit voll besetzt – alles erscheint wie eine riesige Party. Hier Menschen zu beobachten ist ein tolles Vergnügen, eine solche Vielfalt an Typen haben wir noch nie gesehen. Uns beschleicht das Gefühl, zu den wenigen Normalos zu gehören, aber letztendlich sind wir alle irgendwie normal und zumindest gelegentlich ein wenig oder auch völlig verrückt. Im Vergleich zu früheren Besuchen in Miami fällt uns auf, dass die vielen Alten verschwunden und offensichtlich den Schönen und Reichen, zumindest aber zahlungskräftigeren Einwohnern und Touristen gewichen sind. Auch wenn das nicht unsere Welt ist, fühlen wir uns hier am Ocean Drive sehr wohl, genauso wie in »Little Havana«, wo wir bei pulsierendem Salsa-Beat schwarze Bohnen mit Reis essen und in das exotische Leben eintauchen.

Wenige Tage später sind wir dann doch beim Triathlon dabei, allerdings nur als Zuschauer. Die Stimmung ist super, 1.600 Teilnehmer, Fernsehübertragung, die live gesungene Nationalhymne, ein laues Lüftchen, die aufgehende Sonne – dies alles bildet eine beeindruckende Kulisse. Die Nacht jedoch ist grausam: Wir können kaum schlafen, die ganze Nacht ist Lärm im Hotel. Gegen 5 Uhr morgens kommen die letzten Gäste zurück, wir stehen um 6 Uhr auf.

Dann heißt es Abschied nehmen von Miami. Mit einem Mietwagen fahren wir nach Orlando, einem Top-Reiseziel in Florida mit spannenden Themenparks, beeindruckenden Landschaften mit Seen, tollen Einkaufsmöglichkeiten und einer ausgezeichneten Küche. Wohl nirgendwo auf der Welt kann man derart professionell in die errichteten Fantasiewelten eintauchen wie hier. Dabei haben wir die Qual der Wahl, und die geplanten sieben Tage Aufenthalt in Orlando reichen nicht aus, um auch nur die Hauptattraktionen anzusehen. Allein Disneyworld ist ähnlich groß wie San Francisco oder zweimal so groß wie Manhattan. Rund 150.000 Menschen leben von diesen Fantasiewelten. Wir besuchen zuerst SeaWorld, einen Meerespark allererster Güte. Höhepunkt ist sicherlich die Show mit Shamu, dem Killerwal, aber auch die anderen Shows und sonstigen Attraktionen sind perfekt inszeniert und überaus beeindruckend. Das können die Amerikaner extrem gut: Stimmung produzieren und Emotionen wecken, Menschen unterhalten und zum Lachen bringen. Nur als wir zum Gedenken an die amerikanischen Helden und ihre treuen Verbündeten aufstehen sollen, bleiben wir doch lieber sitzen, wir haben mit dem amerikanischen Patriotismus nichts am Hut. Sehenswert ist auch der Epcot-Park, der größte aller Disneyparks, der sich mit den technischen Errungenschaften der Menschheit beschäftigt und eine imaginäre Reise durch die Welt mit verschiedenen Stationen anbietet. Dies alles ist wirklich hochinteressant, nur die Menschenmassen sind erdrückend. Aber die Betreiber der Freizeitparks steuern die ungeheuren Menschenmengen erstaunlich sicher. Alles läuft stressfrei und friedlich ab – auch das können die Amerikaner hervorragend.

Auch wenn das Eintauchen in die Fantasiewelten der Seele guttut und das Kind im Manne – und auch in der Frau – reaktiviert, wollen wir mehr erleben, mieten zwei Fahrräder und radeln den berühmten West Orange Trail, eine alte, stillgelegte Bahntrasse, entlang. Fast kommen heimatliche Gefühle auf angesichts der grünen Gegend mit vielen Seen, und der Wind kommt wie zuhause auch stets von vorn. Nur haben wir die falsche Karte zum richtigen Weg und müssen öfter bei Passanten nachfragen. Dabei erhalten wir nicht immer die richtige Auskunft, haben unterwegs aber viele nette Gespräche.

Unvergesslich und sicherlich ein Höhepunkt unserer Florida-Rundreise ist das Schwimmen mit den Manatees, den Seekühen, im Crystal River, obwohl wir mitten in der Nacht um 3 Uhr aufstehen müssen. Auf dem Weg zu den Tieren werden wir von der Polizei mit eingeschalteter Festbeleuchtung angehalten und freundlich gebeten, doch unser Licht einzuschalten. Recht haben sie. Wir haben zudem Schwierigkeiten, in der Dunkelheit den richtigen Weg zu finden, weil die Hinweise des Navigationsgerätes, Heidis Orientierungssinn und meine Erkenntnisse aus dem Kartenstudium nicht immer kompatibel sind. Mit anderen Worten: Wir haben uns über die richtige Route kräftig gestritten.

Noch etwas schlaftrunken und reichlich durchgefroren ziehen wir am Ziel unsere Tauchanzüge an und fahren mit dem Boot hinaus. Als die ersten Manatees im trüben Crystal River auftauchen, springt Heidi sofort vom Boot ins Wasser, schwimmt hinter ihnen her und spielte längere Zeit mit einem süßen Kalb und dessen Mutter. Mir ist es so früh noch zu kalt, und so bleibe ich zunächst mit der Schiffsbesatzung alleine auf dem Boot zurück. Plötzlich tauchen neben uns zwei große Schatten im Wasser auf, ich springe nun doch in die Fluten und kann längere Zeit gemütlich neben zwei riesigen trägen Seekühen herschwimmen. Gut zu erkennen sind die vielen Narben am Körper der beiden Manatees, die ihnen von den Schiffsschrauben unvorsichtiger Bootslenker zugefügt worden sind. Diese Eindrücke werden wir nie vergessen – das frühe Aufstehen, der horrende Preis und das Ertragen der Kälte im Crystal River haben sich wirklich gelohnt.

Florida, der Sunshine State, hat tatsächlich viel zu bieten: Großstadttrubel, weite Strände, freundliche Menschen, einmalige Erlebnis- und Unterhaltungsangebote, Sümpfe, Mücken, viel Natur, Alligatoren und noch vieles mehr – hier kann man es durchaus für längere Zeit aushalten. Kurzum: ein ideales Urlaubsland, das auch bei längeren Aufenthalten keinen Überdruss erzeugt. Allein das Klima in der Hauptreisezeit – meist sonnig und sehr warm – ist für uns ein wichtiger und nicht zu unterschätzender »Standortfaktor«. Gern hätten wir noch die Everglades, die Keys sowie die Westküste mit ihren Traumstränden besucht, aber wir müssen und wollen weiter. Dies fällt uns auch deshalb recht leicht, weil wir in Florida bereits zweimal unseren Urlaub verbringen konnten und diese Plätze schon bereist haben.

Wir stehen am Bahnhof von Orlando und warten auf den Silver Meteor 98 nach New York. Der Bahnhof selbst ist eher eine Enttäuschung: ein kleines Gebäude wie im Mittleren Westen, keine Bar, die Gepäckabfertigung findet im Freien statt, aber es bildet sich um uns herum ein bunt gemischtes Häufchen Menschen, die sich gemeinsam mit uns auf den Weg nach New York machen wollen. Eine Zugfahrt über eine solch lange Strecke ist schon ein kleines Abenteuer. Der Taxifahrer, der uns zum Bahnhof fuhr, meinte, dies sei eine besondere Erfahrung, die wir machen würden. Er hat Recht. Unser Abteil ist sehr klein und verfügt über zwei gegenüberliegende Sitze, die nachts in zwei Etagenbetten umgewandelt werden. Die Eisenbahnfahrt gen Norden ist unheimlich schön und sehr entspannend – vor allem das Gefühl, viel Zeit zu haben, ist eine neue Erfahrung für uns. Die vielfältigen Landschaftstypen langsam vorüberziehen zu sehen, den Sonnenuntergang zu genießen und viel zu lesen, dies verströmt eine Menge Romantik und ist in dieser Art nicht im Auto oder Flugzeug zu erleben.

Abendessen in Speisewagen. Das Essen ist wider Erwarten recht ordentlich, vielleicht hat aber auch der Wein den Blick und Geschmack verklärt. Mit unseren Tischnachbarn plaudern wir ein wenig über das Leben in Amerika. Als die Diskussion über Obama und die geplante Reform der Krankenversicherung so richtig in Gang kommt, müssen wir unseren Platz im Speisewagen leider räumen, um anderen Reisenden die Gelegenheit zum Dinner zu geben. Unser Schlafwagenschaffner hat in der Zwischenzeit die

Betten gebaut, so dass wir uns sofort zweckmäßigerweise hineinlegen. Wir haben uns zwar vorher im Speisewagen einen Schlummertrunk besorgt, aber an erholsamen Schlaf ist angesichts des Schlingerns und Ruckelns des Zuges dennoch nicht zu denken. Aber wir liegen entspannt im Bett und sind froh, als es endlich hell wird und wir einen wunderschönen Sonnenaufgang in einer abwechslungsreichen Seenlandschaft erleben können.

Hinter Washington gibt es im Speisewagen Frühstück, mit Eiern, Schinken, Wurst, Kartoffeln und unendlich viel Kaffee, der wie in Amerika üblich immer wieder nachgeschenkt wird. Er ist so dünn, dass man auch nach dem Genuss mehrerer Tassen keinen Koffein-Kick verspürt. Wir fahren durch stattliche Wohngegenden, aber auch vorbei an Industriebrachen und Barackensiedlungen, dazwischen grüne Landschaften und unzählige Wälder, bis wir endlich nach einem Zwischenstopp in Philadelphia unser Ziel New York erreichen.

New York – die Stadt der Superlative und der Gegensätze, aufregend und anregend. Es gibt auf der Welt keine zweite Stadt mit diesen Dimensionen. Keine Stadt verbinde ich mit dem Begriff »Freiheit« so stark wie New York. Viele Jahre hing in meinem Büro ein Bild der New Yorker Skyline mit dem nächtlichen Lichtermeer. Da wollte ich hin, da wollte ich leben. Auch wenn ich in früheren Jahren schon einige Male diese Weltmetropole besuchen konnte, ist es erneut ein erhebendes Gefühl, in dieser einzigartigen Stadt anzukommen. Gern würden wir – oder zumindest ich – ein paar Monate hier verbringen, aber das würde zum einen unsere Reisekasse nicht verkraften und zum anderen würden wir es dann nicht schaffen, die Erdkugel in drei Jahren zu umrunden. So bleiben wir nur zwei Wochen, genießen diese aber intensiv und in vollen Zügen. Im Hotel Affinia Dumont haben wir ein kleines Appartment gemietet, und als wir dann noch vom 10. in den 33. Stock umziehen können, ist unser Glück mit der fantastischen Aussicht auf das Wolkenkratzermeer Manhattans sowie auf den East River perfekt.

Die Tage in New York sind geprägt von Bewegung, wir laufen durch die südlichen Stadtteile Greenwich Village, West und East Village, SoHo, Little Italy und Chinatown – jeden Tag erkunden wir einen anderen Bezirk. Wo früher baufällige Wohnhäuser und alte, leere Fabrikgebäude standen, glänzen jetzt edle Behausungen, Galerien, Modeateliers und Spitzenrestaurants, aber auch kleine Wollläden, Bäckereien, Krims-Krams-Läden und viele andere Geschäfte. Wir genießen das irre Gefühl, ohne Zeitdruck nach Lust und Laune durch die unterschiedlichen Stadtteile zu flanieren und bei Bedarf irgendwo einzukehren.

Da wir schon mehrere Male in New York waren, müssen wir kein touristisches Pflichtprogramm absolvieren, wir können tun und lassen, was wir wollen – ein herrliches Gefühl. Wir gehen auf die Straße ohne festes Ziel, lassen uns treiben, sind neugierig, sprechen mit vielen Menschen und leben unser Motto nach dem Spruch Erich Kästners: »Die Törichten besuchen in fremden Ländern die Museen. Die Weisen aber gehen in die Tavernen.«

Sheila schaut mich unentwegt an und fragt immer wieder »Okay, Gerhard?« Ich sitze mit 20 schwitzenden Fitness-Süchtigen in einem schmucklosen Raum auf einem Spinning-Rad und versuche, den Takt der fetzigen Musik durch intensives Treten zu halten. Sheila hat wohl Sorge, ich könnte vom Rad fallen oder einen Herzinfarkt bekommen, die übrigen Kursteilnehmer sehen nicht nur jünger, sondern auch sportlicher aus. Aber ich halte durch und bin stolz, als Sheila nach der Stunde meint, ich solle unbedingt wiederkommen.

Es gibt nichts Schöneres, als eine Stadt zu Fuß oder mit einem »richtigen« Fahrrad kennen zu lernen. Und auch das kann man in New York sehr gut – mit dem Fahrrad die Stadt erkunden. Am besten natürlich im Central Park, der nicht nur die grüne Lunge der Stadt ist, sondern auch ein Ort der Begegnung, des Sports, des Meditierens, des Entspannens, des Musizierens und vor allem der Beobachtung von Menschen. Spinner, Träumer, Ausgeflippte, Hundesitter mit bis zu acht Hunden an der Leine, Penner, Manager, Kindermädchen, Hausfrauen und natürlich eine Vielzahl von Touristen geben sich hier ein Stelldichein. Überall wird musiziert, gezaubert, gegessen und getrunken. Wer nicht den Central Park besucht hat, war nicht wirklich in New York. Wir radeln bis ans Nordende des Parks und drehen eine kleine Runde durch Harlem, alles völlig gefahrlos. Die einzige Gefahr besteht darin, mit einem der zahlreichen Jogger oder Skateboarder im Park zusammenzustoßen.

Natürlich gibt es in dieser Riesenstadt auch weniger schöne Ecken und betrübliche Anblicke: Arme Teufel wühlen in Abfallbehältern nach etwas Essbarem, lange Schlangen bilden sich vor Suppenküchen, Obdachlose sitzen in und vor Hauseingängen. Hier unterscheidet sich New York nicht von vielen anderen Städten dieser Erde. Bedrückend ist auch der Blick auf Ground Zero, wenn man sich vor Augen führt, was dort passiert ist und wie viele Menschen durch den grausamen Terrorakt ihr Leben verloren.

Wir genießen vom Rockefeller Center und dem Empire State Building den großartigen Ausblick über die Stadt, radeln durch Manhattan – über die Manhattan Bridge hin und die Brooklyn Bridge zurück – oder kreuzen bei Sonnenschein mit dem offenen Doppeldeckerbus durch die Mega-Stadt, fotografieren die Freiheitsstatue vom Boot aus, essen im Grand Central Terminal Austern – extrem lecker – und durchstreifen natürlich ausgiebig die Kaufhäuser und Shopping-Malls.

Im Edel-Italiener FIORELLO bauen sich die Kellnerinnen und Kellner plötzlich um unseren Tisch herum auf, und mir wird ganz mulmig. Sie schauen mich an und singen »Tanti Auguri«, ein nachträgliches Ständchen zu meiner Verabschiedung aus dem aktiven Dienst, wie immer perfekt von meiner früheren Sekretärin Halina organisiert, die uns mit ihrem Mann Peter und gemeinsam mit Michael, meinem früheren Vertreter und jetzigen Nachfolger als Geschäftsführer, sowie seiner Frau Irmtraut in New York besucht. Das Essen mit den vielen Tintenfischen, Oktopoden und anderem Meeresgetier ist köstlich, die Feier mitsamt dem Ständchen des FIORELLO-Teams begeistert mich total und wird mir unvergesslich bleiben.

Michael, Irmtraut, Peter und Halina sind jedoch nicht die Einzigen, die uns in New York besuchen. Auch Angelika, eine langjährige Freundin, kommt vorbei, um uns und ihren Neffen Dominik zu treffen, der an der deutschen UN-Botschaft ein Referendariat absolviert. Zusammen ziehen wir durch New York, sehen und erleben viel und haben gemeinsam eine Menge Spaß. Dominik wird von seinen Kollegen mit Tipps zu den angesagtesten Locations versorgt. So kommen wir in hippe Bars und ausgezeichnete Restaurants, die wir alleine nie gefunden hätten. Schön sind diese Streifzüge in New York auch deshalb, weil unsere Freunde und früheren Arbeitskollegen ihr Versprechen wahr gemacht haben, uns in New York zu besuchen.

Natürlich kommt auch die Kultur nicht zu kurz. Die Aufführung von »Don Giovanni« in der Metropolitan Opera – Heidi behauptet, ich hätte fest geschlafen und sogar geschnarcht – sowie der Besuch des weltberühmten Museum of Modern Art gehören für uns zum kulturellen Pflichtprogramm. Ein besonderes Erlebnis ist der Besuch eines Gottesdienstes in Harlem. Ich erinnere mich daran, wie dieser Stadtteil vor 20 Jahren aussah und wie gefährlich es war, dort als Weißer herumzulaufen. Völlig anders das heutige Bild: buntes Treiben auf den Straßen, restaurierte Häuser und ein gutes Gefühl – zumindest meistens – auch in der U-Bahn. Wir möchten einen Gottesdienst besuchen und buchen ganz bewusst keine organisierte Bustour. Nach einigem Suchen und dem Tipp einer älteren Dame finden wir schließlich eine Baptisten-Kirche, in der ein Sonntagsgottesdienst abgehalten wird. Auch hier wieder spannende und unvergessliche Eindrücke: Beim Betreten der Kirche müssen wir eine Spende leisten, und später wird nochmals gesammelt. Der Pastor telefoniert auf der Kanzel mit seinem Handy und trinkt dazu Kaffee aus einem Pappbecher, einige Chormitglieder und Presbyter telefonieren ebenfalls zwischendurch. Es werden schöne Gospels gespielt, begleitet von zwei Bands, und ständig ruft jemand: »Yeah«, oder: »Praise the Lord«, und wiederholt den Refrain des Vorsängers. Wir sind sehr ergriffen und nachhaltig beeindruckt. Nach zwei Stunden verschwinden wir kurz vor dem Abendmahl und stärken uns in einem kleinen mexikanischen Restaurant.

Die Tage in dieser Mega-City gehen viel zu schnell vorüber, wir könnten noch wochenlang bleiben und sind mit Frank Sinatra überzeugt:

»If you can make it there,
You make it anywhere.
It's up to you ...
New York, New York.«

Abschied von der Traumstadt New York – und weiter geht es mit der Bahn nach Boston. Die Zugfahrt nach Osten mit dem Arcadia-Express verläuft planmäßig und stressfrei. Die Mitreisenden sind freundlich und versorgen uns mit Reisetipps. Die Fahrt durch kleine Dörfer und Städte sowie vorbei an vielen Seen und grünen Landschaften ist Entspannung pur. Nach unserer Ankunft in Boston ziehen wir zur Erkundung der Stadt zu Fuß los, von Chinatown – übrigens nach New York und San Francisco die drittgrößte chinesische Gemeinde außerhalb Chinas – in das Nobelviertel um die Newbury Street, das Bostoner Exklusivviertel. Hier findet man Architektur aus dem 19. Jahrhundert mit exzentrischen Dachformen und Bogenfenstern sowie weltberühmte Designerläden in alten Backsteingebäuden. Boston hat alles, was eine Stadt benötigt, um Bewohner wie Besucher gleichermaßen zu begeistern: Wasser, Grünflächen, stilvoll restaurierte Stadtviertel, attraktive Einkaufsmeilen, ein schönes Panorama, eine vielfältige Restaurantlandschaft und jede Menge kultureller Sehenswürdigkeiten. Man kann an jeder

Ecke sehen und spüren, dass die Stadt eine der reichsten Metropolen der Ostküste war und ist.

Ehrfürchtig stehen wir in Boston vor dem riesigen Wohnmobil, das für die nächsten 14 Tage unsere rollende »Wohnung« sein soll. Rund zehn Meter lang, mit viel Plastik, aber alles drin: Herd, Backofen, Mikrowelle, sogar Toilette und Dusche, hinten Fahrräder, kurz: ein technisches Wunderwerk auf Rädern. Die Fahrt durch die Staaten Neuenglands und den Osten Kanadas bis weiter nach Chicago, wo wir unser Wohnmobil wieder abgeben wollen, kann beginnen.

An das Fahren mit einem so großen Wohnmobil sowie an das Leben darin muss man sich zunächst gewöhnen, aber nach ein paar Tagen möchte man es nicht mehr abgeben. Vor allem das Bett ist superbequem, die Härte der Matratze lässt sich per Luftdruck einstellen. Das Riesenauto auf den amerikanischen und kanadischen Straßen zu fahren macht großen Spaß, aber auch das Wohnen und Schlafen könnten nicht schöner sein. Selbst Heidi, die den Camper wegen seiner erschreckenden Größe zunächst nicht fahren will, lässt sich nach kurzer Zeit der Eingewöhnung kaum noch vom Fahrersitz vertreiben. Nur das Kochen ist etwas anstrengend, weil insbesondere beim Braten der Steaks dauernd der Rauchmelder anspringt und wir diesen mit einem Handtuch abdecken müssen. Da ist eine Arbeitsteilung vonnöten – einer brät und der andere deckt während der heißen Phase mit einem Handtuch den Rauchmelder ab.
Die sechs Staaten Neuenglands liegen im äußersten Nordosten der USA, sie sind die »Puppenstube« Amerikas. Alles sieht wohlgeordnet aus - lieblich, gepflegt, charmant und übersichtlich. Sie sind der »europäischste« Teil der USA, reich an Geschichte und Kultur, vor allem aber landschaftlich sehr schön. Es ist unglaublich entspannend, mit dem Wohnmobil durch diese Bilderbuchgegend zu fahren. Unsere erste Station ist Sandwich, ein entzückendes Örtchen mit malerischen Gartenanlagen, kleinen Häuschen, schmucken Läden, vielen Teichen und einmal mehr

extrem netten und hilfsbereiten Menschen. Schon hier könnten wir länger bleiben, aber unsere Devise heißt: Go West!
Wir durchqueren den Bundesstaat Massachusetts, an dessen Küste vor über 150 Jahren die Mayflower mit den Pilgervätern an Bord landete, und wir müssen feststellen, dass die Straßen hier mindestens ebenso schlecht sind wie bei uns. Sie kosten uns in einer Kurve eine Ladung Teller und Gläser, sicherlich aber auch deshalb, weil die Schranktür nicht fest genug verschlossen war. Nach dem Grundsatz »Scherben bringen Glück« entsorgen wir den Scherbenhaufen und decken uns im nächsten Supermarkt mit einer neuen Küchenausstattung ein. Anschließend fahren wir den Mohawk Trail – eine alte indianische Handelsstraße – inmitten einer idyllischen Landschaft entlang. Diese Straße ist die erste offizielle Panoramastraße der USA und bietet wunderschöne und atemberaubende Aussichten auf die umliegenden Berge. Laut den wiederholten Hinweisen der Einheimischen soll es hier im Herbst noch schöner sein, wenn sich im Indian Summer das Grün der Blätter in tiefe Rot-, Gold- und Brauntöne verwandelt. Wir müssen viele Male versprechen, im Herbst wiederzukommen – und das haben wir auch tatsächlich vor.

Auf einem Campingplatz sind wir abgesehen von einigen wenigen Dauercampern, die nur am Wochenende hier sind, die einzigen Gäste, aber auch dies hat seinen Reiz. Wir sind nahezu allein in dieser einmalig schönen Landschaft und genießen die Einsamkeit. Wenn wir daran denken, dass wir noch vor wenigen Tagen in der Weltmetropole New York, einer Stadt, die bekanntlich niemals schläft, unterwegs waren, könnten die Gegensätze nicht größer sein. Beim Blick aus unserem gemütlichen Wohnmobil sehen wir Natur satt – links einen rauschenden Bach, rechts einen dichten Laubwald, und vor uns eine riesige Wiesenlandschaft mit vielen bunten Blumen. Unser Wohnmobil steht einsam in der Mitte dieses Arrangements.
Bevor wir weiterfahren, unternehmen wir noch zu Fuß einen Streifzug durch Shelburne Falls, ein kleines Dorf mit Häuschen aus dem 19. Jahrhundert zu beiden Seiten des Deerfield River.

Es ist ein romantisches Örtchen, die Auslagen in den Geschäften und die Dekorationen versetzen uns um einige Jahrzehnte zurück, nostalgische Gefühle kommen auf. Dauerhaft leben allerdings könnten wir hier nicht.

Weiter geht es auf der Panoramastraße Mohawk Trail in Vermont, dem kleinsten und eher ländlichen Bundesstaat der USA, durch liebliche Landschaften. Vermont präsentiert sich sanft, harmonisch und kultiviert: seichte Hügel, weite Täler und Bilderbuchdörfer – Erinnerungen an die Schweiz werden wach. Wegen der kurvenreichen Strecke und der vielen Fotostopps kommen wir nur langsam voran, doch: Der Weg ist das Ziel!

Vor Beginn unserer Reise hatten wir die Route durch die Staaten Neuenglands nicht geplant. Wir wollten uns stattdessen treiben lassen und die Freiheit mit unserem Wohnmobil genießen. Fest stand nur, dass wir nach 14 Tagen unser rollendes Haus in Chicago abgeben müssen. Wir machen es uns deshalb einfach und suchen auf der Straßenkarte die als landschaftlich besonders schön gekennzeichneten Straßen aus und werden nicht enttäuscht. Dabei fällt uns jedoch auf, dass neben vielen schönen und großen Häusern auch viele Bretterbuden den Straßenrand säumen, vor denen meist viel Gerümpel und schrottreife Autos liegen. Dies tut der Schönheit der Landschaft aber keinen oder nur geringen Abbruch. Seit Tagen hält der Frühling heftig Einzug – später als bei uns –, und überall blüht es in vielen bunten Farben. Auch die Pollen fliegen munter durch die Gegend und lassen meinen Heuschnupfen mit voller Kraft ausbrechen.

Wir gelangen nach vielen Stunden Autofahrt nach Lake Placid, in dem 1932 und 1980 die Olympischen Winterspiele stattfanden. Ein wirklich schöner Ort in den Bergen, den wir uns mit unseren Fahrrädern näher ansehen. Wir übernachten wieder ganz allein auf einem Campingplatz, idyllisch an einem Fluss gelegen. Auch hier genießen wir die Ruhe, die Einsamkeit und das wunderschöne Panorama, das uns umgibt.

Das Leben in einem Wohnmobil birgt durchaus seine Besonderheiten. Die wichtigste Aufgabe nach Ankunft auf dem Campingplatz ist die Suche des idealen Stellplatzes. Nicht immer ganz leicht, und bei zwei Reisenden gibt es immer auch mindestens zwei Meinungen. Schwer ist die Entscheidung insbesondere dann, wenn der Campingplatz leer ist, denn dann stellen sich zu viele Alternativen. Der Wagen muss so eingeparkt werden, dass die Anschlüsse auf dem Platz für Strom, Wasser und Abwasser mit den Verbindungen unseres Wohnmobils gut zu erreichen sind. Wichtig ist auch, dass der Wagen so eben wie möglich steht, damit sich das Fett in der Bratpfanne gleichmäßig verteilt und wir nachts nicht aus dem Bett rollen. Dann wird das Elektrokabel in die Steckdose gesteckt, der Wasserschlauch mit Wassertank und Wasserkran verbunden und – schon etwas unangenehmer – der Abwasserschlauch mit den Abwassertanks des Campers und dem Abflussstutzen des Stellplatzes gekoppelt. In der Zwischenzeit wird per Knopfdruck das Wohnzimmer seitlich (»Slide out«) ausgefahren und schon ist das rollende Heim perfekt eingerichtet. Wenn dann noch die kabellose Internetverbindung (»WiFi«) funktioniert, sind wir restlos zufrieden und können das Essen vorbereiten. Das Wohnmobil ist auch mit einem Fernseher ausgestattet, diesen nutzen wir jedoch nie, da das reale Leben um uns herum wesentlich interessanter und abwechslungsreicher ist.

Mit den Amerikanern in Kontakt zu kommen, ist nicht schwer. Bei jeder passenden und unpassenden Gelegenheit wird man angesprochen und gefragt, woher man komme. Wir lernen unzählige ausgesprochen nette Menschen kennen, diskutieren viel und oft auch heftig, erfahren eine unglaubliche Hilfsbereitschaft sowie so manche Lebensgeschichte und haben bei den Begegnungen immer viel Spaß. Die meisten Amerikaner, mit denen wir sprechen, haben entweder einen deutschen Vorfahren oder vor vielen Jahren in der US-Armee in Deutschland gedient. Wir sind sehr überrascht, dass wir als Deutsche in diesen politisch schwierigen Zeiten stets eine große Wertschätzung erfahren.
Die weltberühmten Niagarafälle sind unser nächstes Ziel. Durch die bergige und grüne Landschaft kommen wir nur langsam vo an, oft sind wir völlig alleine auf der Straße. Wir sehen schöne u schnuckelige Häuser, aber auch viele recht armselige Behausung

Um besser voranzukommen, wechseln wir auf die Autobahn und donnern mit Höchstgeschwindigkeit bei eingeschaltetem Tempomat dahin. Da ist die Frage durchaus berechtigt, ob wir noch alle Tassen im Schrank haben, denn es klappert und rappelt an allen Ecken und Enden des Wagens. Zu den Niagarafällen schaffen wir es an diesem Tag dann doch nicht mehr, kurz vor Einbruch der Dunkelheit landen wir in einem Nationalpark in der Nähe des Universitätsstädtchens Ithaca. Hier ist nicht viel los und wir sind froh, dass wir noch genug Erdnüsse und Schokolade gebunkert sowie zwei Flaschen Weißwein aus Neuseeland kaltgestellt haben.

Um bei den Niagarafällen einen schönen Stellplatz zu finden, reservieren wir diesen frühzeitig über das Internet. Am späten Nachmittag erreichen wir dann die amerikanisch-kanadische Grenzregion, nachdem wir uns vorher im Watkins Glen State Park noch jenen Schauplatz angesehen haben, an dem die Schlüsselszene des Films »Der letzte Mohikaner« gedreht wurde.
Dann sind wir da: Die Niagarafälle liegen in ihrer ganzen Pracht vor uns. Sie sind nicht nur einen Umweg, sondern eine ganze Reise wert. 50 Meter hoch und 1.000 Meter breit, so stürzen stündlich Millionen Liter Wasser die Felsen hinunter – wenn sie nicht vorher zur Stromerzeugung abgezweigt werden. Diesen Anblick kann man mit Worten nicht beschreiben, man muss es gesehen und erhaben, wenn die Wassermassen die Abbruchkanten hinunter- ern. Nicht ohne Grund nannten die Indianer die Niagarafälle onnernden Wasser«. Natürlich schippern auch wir mit der f the Mist« (»Jungfer des Nebels«) von unten bis dicht an heran und werden trotz der Plastikponchos nass. Die en scheinen förmlich zu explodieren und setzen un- äfte frei. Solche Urgewalten im wahrsten Sinne des h zu erleben, ist gigantisch. Das Mittagessen mit garafälle wird uns unvergesslich bleiben.

er teilen sich zwei Staaten – die USA und Ka- önste und größte Teil in Kanada, wo wir ndern ist. Wir radeln mit den Rädern über die Grenze in die USA, um den dortigen Teil der Wasserfälle sowie die wunderschönen gepflegten Parkanlagen zu besichtigen. An der Grenze aber gibt es nur einen Übergang für Fußgänger sowie viele Autospuren, Fahrradfahrer sind offenbar nicht vorgesehen. Was also tun? Wir wählen den Übergang für Fußgänger und heben unsere Räder über die Sperranlagen. Die amerikanischen Grenzposten sind so verdutzt, dass sie uns kommentarlos einreisen lassen. Abends sind wir froh, als wir nach unserer kleinen Fahrradtour zum amerikanischen Teil der Niagarafälle wieder in Kanada auf unserem Campingplatz ankommen.

Weil es hier so schön ist, ändern wir unsere Reiseplanung und bleiben noch einen Tag länger. Dies ist das Schöne an einem Plan, dass man ihn ändern kann, insbesondere dann, wenn man mit einem Wohnmobil unterwegs ist. Abends fahren wir noch auf den 162 Meter hohen Skylon Tower und nehmen unser Abendessen im Drehrestaurant ein. Dieses dreht sich in einer Stunde einmal um die eigene Achse, wir absolvieren zwei dieser Drehungen. Die abendliche Aussicht auf die beleuchteten Niagarafälle ist einfach fantastisch und spektakulär. Solche Eindrücke prägen sich unauslöschlich in die Festplatte des Gehirns ein.

Der Muttertag naht und der Campingplatz wird immer voller. Wir ziehen weiter, vorbei an Toronto zum Algonquin Provincial Park. Dort wollen wir wandern, Kanu fahren und versuchen, einige Bären zu erspähen, notfalls reichen auch Elche. Vor der Fahrt in die Wildnis stocken wir unsere Essens- und Getränkevorräte auf.
Einkaufen in Nordamerika ist immer ein Erlebnis, allein die Größe der Supermärkte und die Vielfalt der Angebote beeindruckt und verwirrt zugleich. Es gibt fast alles und das in hervorragender Qualität. Was wir jedoch vermissen, sind ordentliche Papiertaschentücher, die nicht bei der ersten Nutzung zerfleddern, festes und dunkles Brot sowie deutsche Zeitungen. Obst und Gemüse sind immer frisch und schmecken ausgezeichnet, Fisch und Fleisch sind hervorragend. Nur manchmal ist der Erwerb von Alkohol etwas schwierig, vor allem in Kanada und einigen amerika-

nischen Bundesstaaten, da es vielfältige Regelungen hierzu gibt und Alkohol oft nur in besonderen Geschäften erhältlich ist. Aber keine Sorge, wir verdursten nicht und finden selbst auf dem Land manch hervorragenden Weinladen mit einem breiten Angebot.
In einem Supermarkt auf dem Lande schleicht ein Kittelträger unablässig hinter uns her, wir vermuten, dass er uns für Ladendiebe hält. Wenig später spricht er uns an, er wolle nur sehen, was wir kaufen, vor allem bei den Wurstwaren. Er habe an unserer Unterhaltung gehört, dass wir Deutsche seien, und als »Wurstweltmeister« wolle er gerne unseren Geschmack feststellen.
Unser angesteuerter Campingplatz im Park ist wegen des nahenden Muttertages komplett ausgebucht. Der Muttertag scheint hier noch wichtiger zu sein als Weihnachten oder ein Papstbesuch. Geschäfte und Tankstellen sind entsprechend dekoriert und mit riesigen Geschenktischen versehen. Sicherheitshalber habe ich Heidi frühzeitig deutlich gemacht, dass für sie jeder Tag unserer Reise »Muttertag« sei, so dass von mir kein Geschenk zu erwarten ist.

Die Rangerin im Office hat eine schöne Fahne, aber keine kanadische, sondern eine aus Alkohol, bei einem Leben in dieser Einsamkeit irgendwie nachvollziehbar. Abends kochen wir wieder in unserem Bordrestaurant und freuen uns, wenn der Rauchmelder im Wohnmobil Alarm schlägt. Wahrscheinlich ist Kochen und Braten im Wohnmobil bei Amerikanern und Kanadiern eher unüblich. Trotz der vergleichsweise luxuriöseren Einrichtung ist die Ausstattung mit Küchenutensilien für unsere Verhältnisse sehr bescheiden. Beim Eierbraten bricht mir der Griff der Bratpfanne ab, und mit den Messern kann man vieles machen, nur kein Brot schneiden. Trotzdem essen wir stets hervorragend und fühlen uns auch bei regnerischem Wetter in unserem Camper sehr wohl.

Denn es regnet hier im Algonquin Park heftig, an manchem Tag auch ununterbrochen. Als sich die Temperaturen in Richtung 0 °C bewegen, haben wir es dank der Gasheizung immer mollig warm und gemütlich – wir möchten nicht mit einer Suite in einem Luxushotel tauschen.

Es wird schließlich immer kälter, morgens wirbelt leichter Schnee durch die Luft. Die Temperatur fällt auf −3 °C, aber es bleibt trocken mit einigen Sonnenpassagen am Nachmittag. Wir wandern viel im Park, begegnen unterwegs keiner Menschenseele und können die traumhafte Natur genießen. Zwar sehen wir keine Elche und Bären, die vielleicht ebenfalls Muttertag feiern, dafür aber viele Rehe und beobachten einen Biber beim Bau eines Damms. Auch wenn morgens eine dünne Schneedecke unsere Fahrräder bedeckt, fahren wir dennoch los und finden – kaum zu glauben – in der Wildnis einen Fahrradweg. Eine alte, stillgelegte Bahnstrecke ist zum Fahrradweg umfunktioniert worden und führt durch wunderschöne, abwechslungsreiche, urwüchsige und einsame Seen- und Waldlandschaften.

Der Campingplatz wird immer voller, offenbar beginnt die Saison. Interessante und eigenartige Gestalten tummeln sich hier – natürlich sind wir da miteingeschlossen. Hier in der Wildnis folgt das Campingleben eigenen Gesetzmäßigkeiten. Wichtig ist ein großes Feuer vor dem Zelt bzw. Wohnmobil, das wahrscheinlich als Statussymbol fungiert – je größer, umso besser. Man steht dann stundenlang mit einer Dose Bier in der Hand um das Feuer herum, starrt in die Flammen und unterhält sich dabei – oder auch nicht. Wegen der großen Stellplatzflächen sind die Kontakte mit den anderen Campern hier seltener, die Wege zu den sanitären Anlagen – man nennt sie hier »Komfortzonen« – fallen relativ weit aus. Wir beobachten viele, die diese Wege mit dem Auto zurücklegen. Sie parken vor dem Häuschen, erledigen bei laufendem Motor ihr Geschäft und fahren dann wieder zurück. Aber es bleibt dabei: Die Ruhe und die Einsamkeit in der Natur, die direkte Lage am See, der Blick in die weite und unberührte Landschaft, die Freiheit des Lebens – dies sind unschätzbare Vorteile, die unsere Reise in einem Wohnmobil so unvergleichbar schön machen.

Aber das Leben auf derart engem Raum in einem Wohnmobil ist nicht immer stressfrei, häufig treten wir uns im wahrsten Sinne des Wortes auf die Füße. Durch das ungewohnte Zusammenleben auf wenigen Quadratmetern sind – vor allem beim Kochen – Konfliktpotenziale vorprogrammiert. Während früher in der aktiven Berufsphase jeder seinen eigenen Wirkungskreis hatte und die realen Begegnungen im Alltag zeitlich begrenzt waren, eine große Wohnung zudem viele Ausweichmöglichkeiten bietet, sind wir jetzt Tag und Nacht rund um die Uhr zusammen – und das auf allerengstem Raum. Das ist nicht immer einfach, aber die vielen schönen gemeinsamen Erlebnisse lassen gelegentliche Unstimmigkeiten im Zusammenleben schnell vergessen.

Nach dem Motto »Nur der frühe Vogel fängt den Wurm« starten wir um 6 Uhr und entdecken in der Morgensonne eine Elchkuh und einen leibhaftigen Wolf, der vielleicht auch nur ein Kojote ist. Eine tolle Überraschung, doch wir hätten sicherlich morgens noch eher aufstehen müssen, um mehr Tiere in freier Wildbahn beobachten zu können. Die Elche kommen gern frühmorgens aus den Wäldern, um die Streusalzreste des letzten Winters von der Straße zu lecken. Für uns geht es nach dieser Begegnung schnurstracks Richtung Toronto.
Das Tanken ist ein besonderes Erlebnis, wir sind immer wieder überrascht, welch riesiges Fassungsvermögen der Tank unseres Wohnmobils hat. Man sieht und hört die Dollars nur so durchrauschen, der Sprithunger scheint keine Grenzen zu kennen. Beim erstmaligen Tanken nach der Fahrzeugübernahme habe ich den Tankvorgang abgebrochen, weil ich tatsächlich dachte, dass irgendwo ein Loch im Benzintank sein müsse. Und es bleibt während der ganzen Fahrt dabei, dass das Tanken mit Blick auf die Anzeige der Zapfsäule und später auf den Kreditkartenbeleg immer ein schmerzhafter Prozess ist.
Am Rande der Stadt Toronto finden wir einen idyllischen Stellplatz, nur die Geräuschkulisse des nahen Highways stört ein wenig, aber für eine Nacht ist das für uns kein Problem. Von der Vorortbahn lassen wir uns ins Stadtzentrum von Toronto bringen und starten zu einer kurzen Stadtbesichtigung. Vom CN Tower haben wir in 447 Metern Höhe eine fantastische Aussicht auf die Stadt mit ihren Hochhäusern sowie bei klarer Sicht einen weiten

Blick in die Ferne. Wir wagen vorsichtig den Schritt auf den gläsernen Boden mit einem Wahnsinnsblick nach unten, ein mulmiges Gefühl in der Magengegend beschleicht uns, aber die Glasplatte hält. Wir lassen uns mit dem Fahrstuhl wieder nach unten bringen und ziehen durch die Stadt, die auf uns recht steril und langweilig wirkt. Das Leben spielt sich hier weitgehend unterirdisch ab, in der Downtown verbindet das mehr als 27 Kilometer lange unterirdische PATH-System viele Hochhäuser miteinander und erlaubt frei von Wetterkapriolen ein Flanieren zwischen unzähligen Büros, Geschäften, Restaurants und öffentlichen Einrichtungen. Nach einem letzten Blick auf die Harbourfront fahren wir mit dem Vorortzug zurück zu unserem Wohnmobil am Stadtrand.

Wir müssen weiter, die Zeit drängt, noch 800 Kilometer bis Chicago liegen vor uns. Wir wählen die nördliche Route zwischen Eriesee und Lake Huron, weil sie kürzer und landschaftlich sehr schön ist. Der Verkehr auf den Autobahnen – vor allem im Großraum Toronto – ist heftig, aber wir kommen gut voran. An der kanadisch-amerikanischen Grenze müssen wir viele Fragen beantworten, anschließend wird unser Wohnmobil akribisch durchsucht. Da wir weder einen illegalen Mexikaner noch Obst und Gemüse an Bord haben, können wir schließlich weiterfahren. Sicherheitshalber haben wir vorher unseren Schinken und unsere Wurst verzehrt, da wir nicht sicher waren, ob beides im Sinne der amerikanischen Zollbestimmungen in die USA eingeführt werden darf. So verursacht der Blick des amerikanischen Grenzbeamten in unseren Kühlschrank keine Probleme.
In Port Huron, dem Etappenziel des heutigen Tages, regnet es heftig und es wird ungemütlich. Als dann noch die Stromversorgung des Campingplatzes ausfällt, sinkt unsere Stimmung kurzzeitig auf einen absoluten Tiefpunkt. Aber Rettung ist in Sicht: Direkt gegenüber dem Campingplatz finden wir ein Restaurant mit hervorragenden Steaks.
Die ganze Nacht prasselt der Regen auf unser Wohnmobil, trotzdem können wir gut schlafen. Glücklicherweise ist am anderen Morgen auch wieder Strom da. Im Laufe des Vormittags auf

dem Weg nach Michigan klart es dann auf und es scheint fast den ganzen Tag die Sonne. Hinzu kommt ein heftiger Wind, der von Fahrerin und Fahrer volle Konzentration verlangt. Wir verlieren viel Zeit, weil plötzlich die Autobahn von der Polizei gesperrt wird und wir uns mühsam ohne Umleitungsempfehlung und vor allem ohne Navigationsgerät den Weg suchen müssen. Michigan ist landschaftlich sehr schön und wirkt angenehm und sympathisch. Im Zusammenhang mit Michigan denkt man eher an Detroit, die Autostadt mit den vielfältigen Problemen, als an Wiesen, Wälder und vor allem Strände. Er nennt sich auch »Great Lake State«, verfügt über viele schöne Strände und Hafenorte und wird als herausragende Urlaubsregion vermarktet – ein ideales Revier für Aktivurlaub am Meer und im abwechslungsreichen Hinterland.

Wir können nur einen kleinen Eindruck von dieser schönen Gegend gewinnen, morgen geht es weiter nach Chicago. Deshalb sind wir schon ein wenig traurig, dass wir dieses Urlaubsparadies mit schönen Stränden, großen Dünen, ausgedehnten Wäldern, netten Örtchen und Leuchttürmen wie im alten Europa so schnell verlassen müssen. Am nächsten Tag wird der Regen unterwegs immer stärker, das Fahren macht keinen richtigen Spaß mehr. Wir umfahren Chicago großräumig und übersehen möglicherweise die eine oder andere Mautstation, an der wir einen Straßenzoll hätten entrichten müssen. Am späten Nachmittag kommen wir auf einem hochmodernen Campingplatz im Nordosten Chicagos auf dem platten Land an, packen unsere Koffer, plündern den Kühlschrank und reinigen das Wohnmobil. Da die Küche heute kalt und sauber bleiben muss, kehren wir zum Abendessen wieder in ein Steakhaus ein.

Wir sind traurig, als wir unser Wohnmobil abgeben müssen. Es war eine schöne Zeit, frei und unabhängig durch den Osten der USA und Kanadas zu reisen. Mit dem Taxi geht es dann zu jenem Hotel am Flughafen, das wir für die erste Nacht in Chicago gebucht haben. Der Taxifahrer klärt uns während der einstündigen Fahrt über die politischen Verhältnisse in den USA auf. Jetzt wissen wir, warum die Amerikaner keine Krankenversicherung brauchen, eine Frau in den USA nie Präsidentin werden kann, die Demokraten die nächsten Wahlen gewinnen werden und Barack Obama im Grunde nichts zu sagen hat – weil ohnehin der Kongress alles entscheidet. Nur die USA haben nach Meinung unseres Taxifahrers eine echte Demokratie, weil die Amerikaner anders als zum Beispiel die Deutschen ihr Staatsoberhaupt direkt wählen können. Unser Hotel liegt unmittelbar am Flughafen, die Gegend wirkt nicht besonders einladend. Bürgersteige gibt es nicht, dafür aber ein Starbucks-Café und eine Hotelbar mit 30 Fernsehern sowie einem bunt gemischten Publikum. Für eine Nacht ist unser Hotel mehr als ausreichend.

Am nächsten Morgen ziehen wir dann in das Hilton Chicago um, ein alter Prachtbau von 1927, in dem schon viele amerikanische Präsidenten übernachtet haben. Obama hielt hier häufig seine Pressekonferenzen ab, schließlich ist Chicago seine Heimatstadt. Um Geld zu sparen, fahren wir nicht mit dem Taxi für 60 US-Dollar, sondern mit der Vorortbahn für 2,25 US-Dollar pro Person in die Innenstadt. Für einen kleinen Aufschlag (»Upgrade«) bekommen wir im Hotel ein schönes Zimmer mit Blick auf den Lake Michigan. Jetzt hat jeder ein zwei Meter breites Bett mit vielen Kissen, mehr Schlafkomfort gibt es nicht, trotzdem geht uns unser Wohnmobil vorläufig nicht aus dem Kopf.

Chicago ist noch immer mit vielen Vorurteilen behaftet. Die meisten Menschen denken bei diesem Stichwort an riesige Schlachthöfe, Al Capone und organisiertes Verbrechen. Die Schlachthöfe sind Geschichte, und Al Capone ist schon über 60 Jahre tot. Auf jeden Fall aber ist der Spitzname »Windy City« berechtigt, davon können wir uns überzeugen. Das Wetter spielt verrückt, meist scheint zwar die Sonne, aber im Schatten ist es bitterkalt und ein kräftiger Wind pfeift durch die Häuserschluchten. Aber – und das ist viel wichtiger – Chicago ist eine sehr schöne, lebendige und moderne Stadt, in der wir uns sofort sehr wohl fühlen. Das Straßenbild wird bereichert durch Skulpturen und andere Kunstobjekte, die Hochhaussilhouette ist einmalig in der Welt.

Die Stadt hat Architekturgeschichte geschrieben, als sie nach dem Großbrand von 1871 völlig neu aufgebaut werden musste. Hier wurde der erste Wolkenkratzer der Welt errichtet, und weltberühmte Architekten konnten in dieser Stadt ihre Visionen verwirklichen. Auf einer River Tour können wir die beeindruckende Skyline Chicagos von der See- und Flussseite bewundern und sind total begeistert – fast jedes Hochhaus hat nicht nur eine spannende Geschichte zu erzählen, sondern ist auch unvergleichlich schön. Diese Skyline gehört mit Sicherheit zu den eindrucksvollsten der Welt, sie ist für mich sogar schöner als jene von New York, selbst mit den früheren Twin Towers des World Trade Centers.

Nach dem fantastischen Blick aus dem Hotelzimmerfenster mit der über dem Lake Michigan aufgehenden Sonne können wir am nächsten Morgen gegen 5 Uhr vor Entdeckerdrang nicht mehr schlafen und laufen nach dem reichhaltigen Hotelfrühstück durch die allmählich erwachende Stadt zum Willis Tower, dem früheren Sears Tower. Dort fahren wir mit dem Fahrstuhl in einer knappen Minute in die 103. Etage und können bei strahlendem Sonnenschein nochmals einen Überblick über die Wolkenkratzerstadt Chicago mit ihren wunderschönen Hochhäusern gewinnen, nur dieses Mal aus einer anderen Perspektive. Wir mieten uns anschließend wieder Fahrräder, weil der Aktionsradius mit dem Fahrrad deutlich größer ist als der zu Fuß. Mit dem Rad durch Chicago zu fahren ist ein Erlebnis, besonders schön und stressfrei an der Ufer- und Strandpromenade des Lake Michigan. Kaum zu glauben, dass Chicago mitten in der Stadt wunderschöne und kilometerlange Strände besitzt, die zu dieser Jahreszeit abgesehen von ein paar spielenden Kindern und frei laufenden Hunden völlig menschenleer sind.

Pünktlich um 14.15 Uhr ertönt der Abfahrtspfiff. Wir sitzen im Fernreisezug Empire Builder und sind auf dem Weg nach Seattle an der Westküste der USA, wo wir am übernächsten Tag um 10.20 Uhr ankommen und dann mit dem Bus nach Vancouver weiterfahren wollen. Auch hier gilt wieder das Motto »Der Weg ist das Ziel«, wir freuen uns im Augenblick mehr auf die Bahnfahrt als auf die Ankunft auf der anderen Seite des nordamerikanischen Kontinents. Als wir jedoch unser Schlafwagenabteil sehen, sind wir von dessen »Größe« überrascht: Eine Kammer von ein mal zwei Metern Grundfläche soll unsere Heimat für die nächsten zwei Tage und Nächte werden. Wir denken zunächst an Legehennen in Käfighaltung, aber mit einigen Einschränkungen und gymnastischen Verrenkungen klappt alles hervorragend, vor allem wenn man sich auf dem Gang an- und auszieht. Ich habe nur Sorge, dass ich von verklemmten Amerikanern wegen Exhibitionismus belangt werden könnte, als ich mich im Wagenflur umziehe.

Die Mahlzeiten im Speisewagen sind im Fahrpreis inbegriffen und durchaus genießbar. Die Möglichkeit, zwischen Abteil, Aussichtswagen und Speisewagen hin und her zu pendeln, verschafft jede Menge Abwechslung. Im Speisewagen sowie auf den Gängen vor den Abteilen lernen wir viele nette Menschen kennen und führen anregende Gespräche. Zwischendurch veranstaltet die Speisewagenbesatzung zum Zeitvertreib ein Quiz, bei dem ich unter dem Beifall der Mitreisenden einen kleinen Preis gewinne. Dies nicht, weil ich so schlau bin, sondern weil sich die Allgemeinbildung unserer amerikanischen Mitreisenden in überschaubaren Grenzen hält. Zum ersten Mal auf unserer Reise treffen wir im Zug auch einen deutschen Touristen, der uns als ausgewiesener Amerikakenner tolle Reisetipps gibt. Kurzum – trotz der langen Fahrt keine Sekunde Langeweile und immer wieder tolle Eindrücke.

Der Zug rollt hinter Chicago durch eine leicht hügelige Landschaft mit vielen Seen und Flüssen, viele Kilometer lang erhalten wir einen Blick auf wunderschöne und romantische Flusslandschaften des Mississippi, es geht über Milwaukee, Columbus, Wisconsin Dells weiter nach St. Paul-Minneapolis in Montana. Im Aussichtswagen können wir die herrlichen Ausblicke genießen und in Gedanken an viele geschichtsträchtige Orte – auch einige mit deutschen Wurzeln – verweilen.

Um während der Bahnfahrt gut schlafen zu können, werfen wir vor dem Schlafengehen eine Schlaftablette ein, so dass wir hervorragend in unserer engen Koje nächtigen. Ich verschütte beim

Zudecken noch meinen Schlummertrunk – ein Glas Wein, aber das macht mir nichts aus und ich schlafe Dank der Schlaftablette sofort ein. Heidi schläft noch eher als sofort ein, und es wird still im Abteil. Nach einem Bad in der Gemeinschaftsdusche am Ende des Waggons und einem guten Frühstück mit vielen Eiern und fettiger Wurst können wir den neuen Tag im Zug genießen. Heute ist der 20. Mai, unser Hochzeitstag. Es ist der 15. oder 16., so genau wissen wir das nicht mehr, ist eigentlich auch egal.

Der Zug fährt durch Orte, von denen wir noch nie etwas gehört haben, wir sehen viel flaches Land mit Kühen und Pferden, unendliche Weideflächen sowie einsame Siedlungen und nähern uns gegen Abend den Rocky Mountains. Diese Gegend im Mittleren Westen ist der geografische Mittelpunkt Nordamerikas und reich an geschichtsträchtigen Ereignissen der letzten zwei Jahrhunderte. Hier in Fort Bufort hat sich Häuptling Sitting Bull in der Schlacht am Little Big Horn ergeben müssen. Heute scheint alles friedlich, doch leider sind viele Felder und Wiesen überflutet und die Landwirtschaft in Nordamerika ist schwer beeinträchtigt. Unsere Bahnstrecke musste wegen der heftigen und anhaltenden Regenfälle zuvor für eine Woche gesperrt werden, doch heute läuft wieder alles planmäßig.
An das Leben im Zug gewöhnen wir uns schnell, die Atmosphäre ist sehr angenehm. Es ist ein schönes Gefühl, während der Zugfahrt viel Zeit zu haben, in Ruhe zu lesen, aus dem Fenster zu schauen und mal an nichts zu denken. Höhepunkte sind natürlich die Mahlzeiten, auch wenn die Zeiten dazwischen so schnell vergehen, dass wir gern noch einige Tage im Zug verbringen würden. Unsere Mitreisenden sind außergewöhnlich nett. Wir diskutieren mitunter heftig und versuchen, die amerikanische Mentalität besser zu verstehen. Die Amerikaner ticken anders als wir, sind aber bei unseren Begegnungen stets freundlich, oft herzlich und immer hilfsbereit. Wir erhalten viele Einladungen und tauschen Telefonnummern und E-Mail-Adressen aus. Wenn immer wieder behauptet wird, die US-Amerikaner seien nur oberflächlich freundlich, dann denken wir, dass uns eine oberflächliche

Freundlichkeit lieber ist als eine offensichtliche und nachhaltige Unfreundlichkeit, wie man sie in Deutschland häufig vorfindet. Ein besonderes Naturschauspiel bietet die Fahrt durch die Rocky Mountains bei untergehender Sonne, die Eindrücke sind überwältigend und die Sicht aus dem Aussichtswagen auf Berge, Wiesen, Wälder, Flüsse und Seen ist einfach toll. Wir entdecken Rehe, Bären, Adler und Reiher, begleitet von den Erläuterungen zweier sachkundiger Ranger.

Einer der beiden, Steve, war früher Lehrer in Kalifornien, ein äußerst sympathischer Kerl mit für einen Amerikaner erstaunlich kritischen Ansichten über die US-amerikanische Gesellschaft. Die beiden Ranger machen ihren Job ehrenamtlich und können mitreißend erzählen. Als es dunkel wird, unterhalten wir uns noch lange mit ihnen und erfahren viel über ihr früheres und jetziges Leben. Allein diese Fahrt durch die Rocky Mountains lässt die Zugreise von Chicago nach Seattle unvergesslich werden.
Nach fast 4.000 Kilometern und 48 Stunden Fahrt durch die Bundesstaaten Illinois, Wisconsin, Montana, North Dakota und Washington, durch unendliche Wiesen- und Weidelandschaften und zum Schluss durch die wahnsinnig schönen Rocky Mountains kommen wir trotz einer Verspätung auf der Strecke noch vor der planmäßigen Ankunftszeit in Seattle im Bundesstaat Washington an. Wir sind sehr traurig, den Empire Builder verlassen zu müssen, denn die Zugfahrt ist trotz gewisser Komforteinbußen während der Nacht ein einmaliges Erlebnis.
Mit dem Bus geht es nun weiter nach Vancouver, alles verläuft reibungslos und planmäßig. An der Grenze zu Kanada entsteht eine längere Wartezeit. Das Gepäck wird vom Busfahrer ausgeladen, wir müssen damit durch die Grenzkontrolle marschieren, danach kann der arme Busfahrer die Koffer wieder einladen. Irgendwie nervend, schlimmer als in Europa vor 20 Jahren. Vom Busbahnhof in Vancouver aus fahren wir das letzte Stück mit dem Taxi zum Hotel.
Unser Hotel – das Pan Pacific Vancouver – liegt direkt am Hafen und bietet eine wunderschöne Aussicht auf das Meer, die Skyline von Vancouver und die teilweise noch mit Schnee bedeckten Berge.

Wir marschieren sofort nach unserer Ankunft am späten Nachmittag los und landen in einer lebhaften Kneipe, die zu dieser frühen Uhrzeit bereits voll ist. Anschließend sehen wir uns noch Gastown an, ein altes Stadtviertel mit Gaslaternen, vielen Boutiquen und Straßencafés, nicht zu vergessen die Steam Clock, eine dampfbetriebene Uhr, die zu jeder Viertelstunde den Glockenschlag von Big Ben pfeift. Beim Abendspaziergang geraten wir in eine finstere Gegend, von der wir am nächsten Morgen im Reiseführer lesen, dass man sie unbedingt meiden solle – wegen »Drogen, Dirnen, Dealern«. Es ist trotzdem sehr spannend, das echte Leben zu beobachten, auch weil wir sehen, wie eine Frau von zwei Polizisten verhaftet und abgeführt wird – wie im Fernsehen. Wir sind dann aber doch froh, wieder im Hotel zu landen und nach den beiden Nächten im engen Zugabteil in einem ordentlichen Bett schlafen zu können.

Vancouver wird zu Recht als eine der lebens- und liebenswertesten Städte der Welt beschrieben. Eine lebendige Großstadt, eine überwältigende Natur, kulturelle Offenheit, eine wunderschöne Skyline und ein ausgeglichenes Klima – all dies bietet Vancouver. Hier kann man an einem einzigen Tag Segeln und Skifahren, aber wir haben andere Interessen: Heidi begibt sich auf Shoppingtour, während ich zum Friseur und im Reisebüro ein paar Buchungen erledigen muss. Die Friseursalons sehen durchweg sehr edel aus, ich werde stets nach einem Termin gefragt und welchen Designer ich haben wolle. Ich benötige keinen Designer, sondern einen normalen Friseur. Als ich den schließlich finde, kann ich den ganzen Salon mit unseren Reiseerlebnissen unterhalten.
Angesprochen werde ich des Öfteren wegen meines Sweatshirts von den Chicago Blackhawks, die hier am Abend gegen die Red Wings Detroit spielen, was ich natürlich beim Kauf im Klamottenladen in Chicago nicht wusste. Gott sei Dank gewinnen die Chicago Blackhawks und ich kann mit meinem Sweatshirt auch die nächsten Tage erhobenen Hauptes durch die Straßen gehen. Auch auf der weiteren Reise werde ich immer wieder auf dieses Sweatshirt angesprochen, so ergeben sich häufig interessante Gespräche – diese Investition hat sich echt gelohnt.

Das schöne Wetter nutzen wir – Heidi zum Sonnenbaden am Pool und ich zum Joggen an der Uferpromenade. Das Abendessen und den Abendspaziergang sowie den Sonnenuntergang von der Hotelterrasse und aus der Hotelbar erleben wir dann wieder gemeinsam.

Am letzten Tag in Vancouver erkunden wir die Umgebung auf dem Fahrradsattel. Vom riesigen Stanley Park am Rande der Stadt mit seinen schönen Stränden und Fahrradwegen radeln wir weiter zur Lost Lagoon, wo Kanadagänse, Trompeterschwäne und Waschbären leben. Es herrscht ein Verkehr wie auf dem Westenhellweg in Dortmund zum Beginn des Sommerschlussverkaufs; Spaziergänger, Kinderwagen, Radfahrer und Skater müssen sich den Platz teilen.
Gegen Mittag lassen wir uns mit dem Wassertaxi nach Granville Island übersetzen, einem alten Industriegebiet, das zu einem schicken und supermodernen Stadtviertel mit viel Flair umgewandelt worden ist. Die Meeresfrüchteplatte, die laut Eigenwerbung die beste von ganz Vancouver sein soll, entpuppt sich als frittierte Matsche und ist ihr Geld nicht wert, trotzdem essen wir aus Höflichkeit den größten Teil des lieblos dekorierten Gerichts. Abends marschieren wir dann wieder in unsere »Stammkneipe« und holen das verkorkste Mittagessen nach.

Auch wenn es uns bisher überall gefallen hat, fällt uns der Abschied von Vancouver besonders schwer. Wenn wir beim Sonnenuntergang aufs Meer schauen, kleine und große Schiffe vorüberziehen und oben in den Bergen die Pistenwalzen die Skipisten präparieren, können wir uns gut vorstellen, hier auf Dauer zu leben.
Wir brechen auf nach Alaska, das Abenteuer ruft. Um dorthin zu gelangen, haben wir den bequemen und luxuriösen Weg gewählt und eine Kreuzfahrt von Vancouver nach Seward gebucht. Unser Schiff – die MS Statendam – ist ein schönes Schiff mit konservativem Charme, 1.150 Passagieren und 560 Crewmitgliedern, insofern relativ klein, überschaubar und gemütlich. Unsere Mitreisenden sind überwiegend im fortgeschrittenen Lebensalter – wenn ich mich so ausdrücken darf, sie nennen sich »Best Ager«. Aber ich passe zu-

mindest altersmäßig gut in diese Gruppe. Da bin ich schon dankbar, dass Heidi den Altersdurchschnitt ein wenig senken kann.
Das Einchecken verläuft umständlich, die Reiseformalitäten mit den entsprechenden Wartezeiten bewegen sich an der Grenze des Erträglichen. Wir müssen einen Fragebogen über unsere Erkrankungen ausfüllen und insbesondere eventuelle Symptome der Schweinegrippe angeben. Ich halte mir die Nase zu, um einen Niesreiz zu unterdrücken, der mich wegen meines Heuschnupfens plagt, um keinen unnötigen Verdacht zu wecken. Anschließend müssen wir noch ein Merkblatt unterschreiben, mit dem uns elementare Hygienemaßnahmen vermittelt werden. Da kann man sehen, dass Reisen doch bildet.

Die Reise durch die Inside Passage ist geruhsam, wegen der Fahrt durch die Inselwelt vor der Küste gibt es auch keinen Seegang. Links und rechts ziehen teilweise noch mit Schnee bedeckte Berge an uns vorbei, und wir genießen die traumhaften Ausblicke. Die Küstenlandschaft, durch die das Kreuzfahrtschiff gleitet, ist spektakulär: Fjorde, Wasserfälle, Wälder und Gletscher wechseln einander ab, stets vor der Kulisse verschneiter Gipfel.
Endlich zeigt sich auch das Wetter, das wir für Alaska erwartet haben: Regen, Nebel, Wind, und das bei 10 °C. Man muss immer positiv denken und das Beste daraus machen. Auch einen Seetag bei schlechtem Wetter kann man gut ertragen – es gibt stets viel zu sehen, zu tun und zu erleben. Wir gehen nicht zum Kriegsveteranentreffen, nicht zur Kunstauktion und nicht ins Spielcasino, noch nicht einmal beim Willkommensempfang des Kapitäns lassen wir uns blicken. Stattdessen lesen wir viel, hören uns Vorträge über Alaska an und treiben vor allem viel Sport. Beim Spinning – das ist Radfahren auf futuristischen Standrädern zu lauter Musik mit einem Einpeitscher oder, wie auf unserem Schiff, mit einer Einpeitscherin – können wir überzählige Kalorien abbauen. Zum Abendessen des ersten Tages hübschen wir uns ein wenig auf: Heidi zieht ihr kleines Schwarzes an, und ich binde mir sogar eine Krawatte um, die dann für den Rest der Reise fleckenfrei im Koffer verbleibt.

Am nächsten Morgen laufen wir sehr früh in den Hafen von Ketchikan ein, wobei die Bezeichnung »Hafen« etwas übertrieben ist. Ketchikan ist die erste Stadt Alaskas, die der Reisende von Süden kommend mit dem Schiff erreicht. Es führen keine Straßen dorthin, vom Flughafen aus muss man eine Fähre nehmen, um in die Stadt zu kommen. Ketchikan bezeichnet sich selbst als »Regenhauptstadt«, was wir gern aus eigener Erfahrung bestätigen. Ansonsten ist Ketchikan ein schönes Städtchen mit der größten Totempfahlsammlung der Welt. Die kalten Nächte in der Stadt müssen früher regelrecht heiß gewesen sein, das alte Rotlichtviertel aus der Goldgräberzeit wurde liebevoll restauriert und beherbergt heute nette Geschäfte und Restaurants.

Wir lassen uns von dem strömenden Regen nicht abhalten und buchen eine Kajaktour. Dabei werden die Finger klamm und der Wind bläst uns heftig ins Gesicht, aber wir schaffen es, ohne zu kentern wieder an Land zu paddeln. Nach dieser Kanutour habe ich mir geschworen, nur noch bei schönem Wetter in ein Kanu zu steigen.

Als der Kapitän am nächsten Tag in seiner Morgenpredigt – wir haben Ketchikan in der Nacht Richtung Norden verlassen – die Tagestemperatur mit 5 °C angibt, erleiden wir einen kleinen Kälte-Schock: Da kommt richtiges Alaska-Feeling auf. Wir laufen Juneau an, die Hauptstadt Alaskas, die nur per Flugzeug oder Schiff zu erreichen ist. Ihre Bedeutung hat sie durch die günstige Lage nahe den früheren Goldfeldern des Klondike gewonnen, heute ist sie eigentlich nur eine Bretterbudenstadt mit vielen Geschäften und ein paar urigen Kneipen. Zudem wird Juneau auch als »Lachshauptstadt der Welt« bezeichnet.

Aber wir haben es nicht auf Lachse abgesehen, sondern auf Wale und fahren frühmorgens mit einem Ausflugsboot hinaus aufs Meer. Tatsächlich sehen wir eine Reihe von Humpback-Walen und Orcas, auch Killerwale genannt, bisweilen direkt neben unserem Boot. Es ist ein erhabener Anblick, wenn sich ein solcher Meeresriese mit bis zu 14 Metern Länge aus dem Wasser erhebt und

dann wieder mit der Schwanzflosse zuletzt ins Meer abtaucht. Da wirken die Seelöwen und Adler, die unseren Weg bisher begleiteten, schon fast langweilig.
Nachmittags flitzen wir dann noch auf den Mount Roberts, den Hausberg von Juneau, und müssen dabei Schnee- und Eisfelder durchqueren. Trotzdem ist es eine schöne und erholsame Wanderung, um in der Einsamkeit die überwältigende Natur mit immer neuen Ausblicken auf die vorgelagerte Inselwelt, die Stadt Juneau und zum Schluss unser Kreuzfahrtschiff zu genießen. Oben am Gipfel herrscht Trubel, weil auch eine Seilbahn hinaufführt, mit der wir – für Wanderer kostenlos – wieder hinunterfahren.

Am nächsten Morgen steigen die Temperaturen auf immerhin 10 °C, es geht aufwärts. Der Regen hat sich verzogen und wir können die Stadt Skagway – das Eingangstor zum Yukon – in vollen Zügen genießen. Die Indianer nannten Skagway früher »Windiger Platz«, offenbar nicht ohne Grund. Wir wandern durch das Städtchen, natürlich auf eigene Faust, marschieren anschließend zum alten Friedhof vor den Toren der Stadt und schauen uns die Gräber der Glücksritter an. Unzählige Hoffnungen und Illusionen liegen hier begraben. Tausende haben sich auf den Weg gemacht und ihr Glück gesucht, kaum einer ist reich geworden und nur wenige wurden älter als 30 Jahre. Die Ausfahrt aus dem Hafen und der Blick auf die Bucht von Skagway mit dem Sonnenuntergang sowie der Uferlandschaft mit den noch vom Schnee bedeckten Berggipfeln bilden den krönenden Abschluss eines erlebnisreichen Tages in Alaska.

Auch die schönste Kreuzfahrt geht einmal zu Ende. Den letzten Seetag nutzen wir für die alltäglichen Dinge des Lebens: Wäsche waschen, Koffer packen, Mails schreiben, Bilder speichern, Reiseberichte aktualisieren, Unterlagen ordnen und die weitere Reise planen. Eine Kreuzfahrt ist ideal, um einen ersten Eindruck von anderen Ländern zu gewinnen, Lust auf »Mehr«- und »Meer«-Reisen zu bekommen, Menschen zu begegnen und stressfrei ohne dauerndes Kofferpacken zu reisen. Die alten Vor-

urteile – teuer, nur alte Leute, Garderobenzwang, langweilig – gelten für die meisten Schiffe schon lange nicht mehr. Man muss auch nicht ständig essen, sondern kann durchaus eine Mahlzeit ausfallen lassen, und man muss sich den Teller nicht vollschaufeln, wie es viele Mitreisende tun. Man darf auch Sport treiben und Vorträge anhören, Lesen ist ebenfalls nicht verboten. Die Kunst ist hier, wie überall im Leben, von den vielen Möglichkeiten und Angeboten die richtigen auszuwählen. Dabei ist manchmal weniger tatsächlich mehr – nicht nur beim Essen.
Ja, wir sind tatsächlich sehr traurig, als dieser schöne und erlebnisreiche Teil unserer ersten Weltreiseetappe nach sieben Tagen zu Ende geht, wir könnten noch ein paar Tage länger auf der MS Statendam bleiben. Aber neue Erlebnisse und Abenteuer warten auf uns.

Wir verlassen Glacier Bay schon früh und kreuzen Richtung Seward, der Endstation unserer Kreuzfahrt. Das Schiff passiert endlose Gebirgsketten und erreicht gegen Abend den College Fjord, in den wir einfahren und der uns eine schöne Fjordlandschaft mit imposanten Gletscherwelten bewundern lässt.
Ankunft in Seward! Hinter uns liegen 1.659 Seemeilen, das sind rund 3.000 Kilometer, in einer der spektakulärsten Landschaften der Welt. Beim Blick aus dem Fenster unserer Kabine sehen wir nur Regen und Wolken sowie einen Seeotter, der auf dem Rücken schwimmend seine Bahnen durch das Hafenbecken zieht. Wir gehen gegen 8.30 Uhr von Bord und wollen unsere Koffer, die wir abends vor die Kabinentür gestellt haben, damit sie nachts von der Mannschaft abgeholt und morgens an Land gebracht werden, im Fährterminal wieder in Empfang nehmen. Doch sie sind nicht da. Dafür ist Karl-Heinz da, unser Freund und mein früherer Vorstandskollege aus Dortmund, mit dem wir uns schon vor langer Zeit zu einer gemeinsamen Alaska-Rundreise verabredet hatten. Karl-Heinz hat extra einen geräumigen Minibus gemietet, damit wir genug Platz für unser Gepäck haben. Aber – unsere Koffer sind verschwunden.
Trotz intensiver Suche tauchen die Koffer nicht auf. Nahezu alles, was wir auf die lange Reise mitgenommen haben, ist weg,

und die Stimmung sinkt vor allem bei Heidi unter den Nullpunkt. Sie kann über meinen Spruch »Was weg ist, ist weg« nicht lachen, aber es geht im Leben immer irgendwie weiter. Mein Lebensmotto gilt auch hier: »Wir haben kein Problem, wir haben eine Chance!«

Wir müssen eine Verlustanzeige mit vielen unnützen Fragen ausfüllen, aber niemand kann uns eine klare Auskunft geben. Mit Karl-Heinz gehen wir in ein Restaurant und versuchen, die Nerven mit einem kräftigen Frühstück zu beruhigen. Zwischendurch kaufe ich mir einen Pullover und eine Jacke, weil ich nur mit einem Hemd bekleidet von Bord gegangen bin. Es ist ein seltsames Gefühl, in Alaska am Ende der Welt ohne ausreichende Kleidung und Ausrüstung dazustehen. Am Abend jedoch – die Hoffnung stirbt zuletzt – erreicht uns endlich die Nachricht, dass unsere Koffer versehentlich in einen Bus zum Flughafen in Anchorage eingeladen wurden und wir sie am nächsten Morgen in einem Hotel in Seward abholen können.

Wir haben ein modernes Blockhaus – die Bear Paw Lodge – gemietet und sind über das Haus und die Einrichtung total begeistert. Hier ist es gemütlich und bequem, alle technischen Geräte einschließlich Computer und drahtlosem Internetanschluss sind vorhanden. Ein Whirlpool lädt zum Entspannen ein, und mit dem Hund der Vermieter im Nachbarhaus schließen wir sofort Freundschaft.

Wir können es kaum glauben, aber als wir am nächsten Morgen aufwachen, scheint die Sonne und draußen zeigt sich ein traumhaftes Wetter. Nach einem guten Frühstück machen wir uns auf den Weg, das niedliche Städtchen Seward und die Umgebung zu erkunden. Mindestens Elche und Bären wollen wir sehen, mit weniger sind wir nicht zufrieden. Und tatsächlich – in angemessener Entfernung sehen wir immerhin drei Bären und erhalten von einem Ranger einige Tipps zur erfolgreichen Tierbeobachtung. Nach unserer Wanderung bietet Karl-Heinz an, noch schnell ein paar Lachse für ein zünftiges Abendessen zu angeln und zieht los. Ich kaufe sicherheitshalber ein paar geräucherte Fische, die

sehr lecker aussehen. Aber – wir können es nicht fassen – kurze Zeit später steht Karl-Heinz tatsächlich mit drei ausgewachsenen Lachsen vor der Tür. Wir legen einen auf den Grill, den zweiten in den Kühlschrank und schenken den dritten unseren Vermietern. Das ist ein echtes Festessen – Lachs satt, selbst der Hund kapituliert vor den Resten.
Da Karl-Heinz ein »alter« Arbeitskollege und langjähriger Wegbegleiter ist, können wir viel erzählen und die alten Zeiten aufleben lassen. Übereinstimmend stellen wir fest, dass ohne uns nichts gelaufen wäre und die Zeiten immer schlechter werden. Heidi sieht das völlig anders und meint, statt Märchen zu erzählen, sollten wir lieber die Küche aufräumen und den Grill säubern.

Nach drei erholsamen Tagen in Seward und Umgebung machen wir uns mit unserem Mietwagen auf den Weg nach Zentralalaska. Wir nehmen uns viel Zeit, die wunderschöne Landschaft und die spektakulären Ausblicke links und rechts der Straße zu genießen. Höhepunkt der Fahrt ist ein Grizzly, den wir am Straßenrand entdecken. Um ansprechende Bilder zu bekommen, müssen wir mit unseren kleinen Digitalkameras möglichst nahe an die Objekte herangehen, das ist beim Fotografieren von Bären und anderen wilden Tieren nicht immer ungefährlich. Karl-Heinz hat es hier leichter, denn er besitzt eine professionelle Kameraausrüstung mit einem leistungsstarken Teleobjektiv und kann stundenlang aus sicherer Entfernung auf das passende Motiv warten. Gern steht er auch nachts auf, um leicht bekleidet den Mond in seinen verschiedenen Positionen zu fotografieren. Und ich muss zugeben, Karl-Heinz ist nicht nur beim Angeln erfolgreich, er kann auch hervorragende Bilder schießen.

Über Anchorage geht es nach Talkeetna, einem kleinen Städtchen mit Wild-West-Flair am Rande des Mount McKinley. Früher war Talkeetna ein wichtiger Handelsposten, heute ist der Ort wegen seiner Lage nahe dem Denali National Park für Touristen attraktiv. Der Denali National Park ist die Hauptattraktion Alaskas. Hier können zahlreiche Tierarten – vor allem Grizzlys, Elche und Karibus – in freier Wildbahn beobachtet werden. Im Sommer verwandeln Blumen die Tundra in ein einziges Blütenmeer, stets überragt vom majestätischen Mount McKinley. Mit fast 6.200 Metern Höhe ist er der höchste Berg Nordamerikas und gilt klimatisch als einer der extremsten der Erde sowie als sehr schwer zu besteigen.

Unser Häuschen in Talkeetna ist sehr einfach gehalten, um nicht zu sagen primitiv, gewissermaßen das Kontrastprogramm zu unserer Lodge in Seward. Aber wir haben genug Platz und einen funktionierenden Kühlschrank, viel mehr benötigt man nicht zum Leben in der Wildnis.
Zum Frühstück gehen wir in ein Restaurant, weil unsere Küchenausstattung doch recht spärlich ist. Gut, dass wir vorab gewarnt wurden, nicht das »normale« Frühstück zu bestellen. Dieses besteht aus sechs bis acht Eiern, dazu die entsprechenden Mengen an Kartoffeln, Schinkenspeck und Würstchen. Auch die halbe Portion ist selbst für mich zu viel. Hier erhalten wir die erste Lektion, dass in Alaska alles groß und gigantisch ist. Klein und bescheiden passt nicht zu diesem Bundesstaat und seinen Einwohnern. Im Roadhouse haben wir viel Spaß beim Beobachten der anderen Gäste, einer bunten Mischung aus Einheimischen, Touristen und Bergsteigern.
Talkeetna wirbt mit dem Slogan »Wo die Straßen enden und das Leben beginnt«. Zwar hat der Ort nur rund 500 Einwohner, aber viele Touristen und Bergsteiger beleben ihn und schaffen eine besondere Atmosphäre. Hier spielt sich das echte Leben Alaskas ab. Es wird im Sommer fast nie dunkel, selbst um 23 Uhr scheint die Sonne noch als kräftig-roter Feuerball, und die ganze Nacht über ist der kleine Ort unglaublich lebendig.

Weil die Sonne auch am nächsten Tag scheint, buchen wir einen Rundflug um den Mount McKinley mit einer Landung auf einem Gletscher – ein tolles Erlebnis. In einer kleinen Maschine fliegen wir gemeinsam mit zwei weiteren Mutigen durch die bizarre Bergwelt mit unglaublich schönen Ausblicken auf die majestätischen Gipfel und vor allem auf den Mount McKinley, dessen Spitze leider wie fast jeden Tag hinter Wolken verborgen ist. Dafür konnten wir am Tag zuvor den wolkenfreien Gipfel vom Flussufer aus im Sonnenschein bewundern und fotografieren. Höhepunkt unseres etwa zweistündigen Rundfluges ist unzweifelhaft die Landung auf dem Gletscher mitten im Schnee, von Berggipfeln umrahmt. Der anschließende Start auf dem Schnee- und Eisfeld sorgt für gehörigen Nervenkitzel, wir landen wenig später aber wohlbehalten wieder auf dem kleinen Flugplatz von Talkeetna.

Großer Lärm weckt uns am nächsten Tag im Morgengrauen: Unsere Straße wird neu gemacht. Dabei wird sie nicht etwa asphaltiert, sondern der Schotter wird neu verteilt und mit einer riesigen Rüttelplatte verdichtet. Hinterher sieht die Straße nicht viel anders aus als vorher, aber wir sind wach und gehen gleich wieder ins Roadhouse, um ein halbes Frühstück mit vier Eiern und vier Würstchen zur Stärkung für den ganzen Tag einzunehmen. Danach steht eine längere Wanderung durch eine abwechslungsreiche Seenlandschaft auf dem Programm. Wir haben etwas Sorge, dass wir in der Weite Alaskas den Weg zurück nicht finden, weil alle Ecken irgendwie einander ähneln. Unterwegs werden die Mücken immer lästiger und aggressiver. Meine Mitwanderer haben sich kräftig mit Mückenschutzmittel eingeschmiert, Karl-Heinz hat sich die Tinktur sogar über den Kopf geschüttet und auch seine Schuhe mit Autan eingerieben. Ich bleibe fast bis zum Schluss der Wanderung mannhaft, bis auch ich nach einer Reihe von Mückenstichen und genervt vom Brummen der heranfliegenden Moskitos auf ein Mückenschutzmittel zurückgreifen muss, dessen Gestank mir letztendlich auch egal ist. Bären haben uns nicht angefallen, vielleicht stanken wir zu sehr.

Abends haben wir viel Spaß in einer kleinen Kneipe mit Live-Musik und interessantem Publikum aller Altersklassen und mit den unterschiedlichsten Typen. Die Stimmung ist super, nur die Gespräche verlaufen sehr schleppend, was an der lauten Musik, dem hohen Alkoholpegel und der für unsere Ohren merkwürdigen englischen Aussprache der Einheimischen liegt. Aber wir amüsieren uns prächtig, der Abend will kein Ende nehmen.

Nicht vergessen werde ich, wie mich eine Dame zum Tanz auffordert. Sie ist nicht mehr ganz jung – wie ich auch –, hatte schon eine Menge getankt – wie ich auch – und kann nicht tanzen – wie ich auch. Als wir beide letztlich auf dem Boden liegen und zur Erheiterung der übrigen Gäste beitragen, löse ich mich aus der Umklammerung und verschwinde in Richtung Toilette. Das Alaskan Summer Beer schmeckt hervorragend, und der Abschied von der Kneipe wie auch von Talkeetna fällt uns allen schwer.

Um 5 Uhr stehen wir auf, um für die rund 400 Kilometer von Talkeetna nach Homer genügend Zeit zu haben und die Sehenswürdigkeiten unterwegs genießen zu können. Karl-Heinz und ich haben noch einen dicken Kopf vom Vortag und zudem nicht gefrühstückt. Das Wetter ist durchwachsen, aber die Stimmung ist wie immer gut. Wir legen viele Zwischenstopps ein, um die herrliche Landschaft zu bewundern, nach Tieren Ausschau zu halten und um zu fotografieren. Gegen Abend kommen wir müde und erschöpft in Homer an und beziehen sofort unsere Unterkunft – das Ferienhaus Norma's Cove.
Mit diesem Haus haben wir einen absoluten Glücksgriff getan. Lage, Ausstattung, Einrichtung – hier stimmt wirklich alles. Direkt auf einer Klippe am Meer gelegen, mit einem Wahnsinns-Blick auf das Meer, die Gletscher und die schneebedeckten Berge auf der gegenüberliegenden Seite der Bucht, mit einem großen Garten mit Bäumen und Sträuchern – ein wunderbares Haus. Auch unsere Vermieter und Nachbarn sind außergewöhnlich nett. Sie geben uns nicht nur wertvolle Informationen, sondern schenken uns zur Begrüßung einen Lachs, leihen uns ein Handy, bringen frische Früchte vorbei und reparieren drei Fahrräder, die sie uns zur Verfügung stellen. Er ist Kapitän auf einem Forschungsschiff, sie Zahnärztin mit eigener Praxis. Als »Dankeschön« kochen wir unter Heidis Federführung ein deutsches Gericht und laden unsere Nachbarn zu einer Festtafel in unseren Garten ein. Karl-Heinz lässt sich dabei wertvolle Angeltipps geben, die er später nutzbringend anwenden kann. Ich bin erstaunt, wie gut er Englisch spricht und auch die Fachausdrücke der Anglersprache beherrscht.

In einem Baum auf unserem Grundstück sitzt eine Eule mit einem Küken, die beiden Eulen werden ein begehrtes Fotoobjekt. Der Kapitän warnt uns noch vor einer aggressiven Elchkuh mit ihrem Jungen, die häufig über das Grundstück läuft, aber wir sehen sie leider nicht.

Homer am Ende der Kenai-Halbinsel, oft auch als »Heilbutt-Hauptstadt der Welt« tituliert, ist eine 5.000 Einwohner zählende Stadt in einer ausgesprochen schönen landschaftlichen Lage mit sehr mildem Klima. Sie hat sich von einem kleinen Fischerdorf zu einer hübschen Kleinstadt entwickelt, die Ausgangspunkt für vielfältige Outdoor-Aktivitäten ist. Die unglaubliche und vielfältige Schönheit dieser Landschaft war auch für uns Anlass, Homer als Etappenstützpunkt für mehrere Tage zu wählen.
Wir wollen unbedingt Bären in freier Wildbahn sehen! So chartern wir ein Flugzeug und stehen um 7 Uhr mit Gummistiefeln und einem mulmigen Gefühl in der Magengegend am Airstrip Homer. Das Flugzeug ist alt, der Pilot jung, er sieht fast minderjährig aus. Er stellt sich als Jimmy vor und beruhigt uns nach unserer kurzen Nachfrage damit, dass er schon viele Male geflogen sei. Er fliegt tatsächlich wunderbar und geht, immer wenn es etwas zu sehen gibt, im Sturzflug runter. Man merkt ihm seine Freude an, uns vieles zeigen und erklären zu können. Wir landen auf dem Strand einer kleinen Insel, es ruckelt ein wenig, dann können wir aussteigen. Das Wetter ist unglaublich gut – blauer Himmel und für Alaska knallheiß.

Wir ziehen zu Fuß los, Jimmy vornweg und wir drei hinterher. Vorab gab er uns noch strenge Sicherheitshinweise und sah dabei insbesondere mich scharf an. Er nimmt nun seinen Flammenwerfer in die Hand, die einzige Waffe, die er zu unserer Verteidigung vor einem möglichen Bärenangriff mitgenommen hat. Mir steht der Sinn nicht nach Späßen, brav trotte ich hinter Jimmy her. Und da sehen wir sie auch schon: mehrere Bären in vielleicht 50 bis 100 Metern Entfernung, allerdings durch einen kleinen Bach von uns getrennt. Wir schauen den Tieren eine Weile beim Fressen zu, ein unglaublich erhabenes Gefühl, die Bären in freier Wildbahn zu beobachten. Nachdem sich ein Grizzly aufgerichtet und prüfend in unsere Richtung geschaut hat, scheinen sie keine Notiz mehr von uns zu nehmen. Mutig schleichen wir uns immer näher heran, mindestens zehn Bären können wir so aus nächster Nähe beobachten und erleben – ein unvergessliches Erlebnis.

Zwei Bären in unserer Nähe spielen oder kämpfen miteinander – genau können wir das nicht erkennen. Immer wieder richten sie sich auf und gehen aufeinander los, ein packendes Schauspiel zeigt sich direkt vor unseren Augen. Plötzlich – mein Herz bleibt vor Aufregung fast stehen und mir wird übel – rennen beide direkt auf uns zu, drehen aber etwa 20 Meter vor uns wieder ab. Jimmy meint zu unserer Beruhigung, die Attacke habe nicht uns gegolten, die Bären seien allein mit sich selbst beschäftigt. Ich hoffe, die beiden Bären haben dies auch so gesehen.
Vor dem Abflug dreht Jimmy das Flugzeug um, lässt uns einsteigen, startet mit dröhnendem Motor und dreht noch eine Ehrenrunde über unserer Bäreninsel. Wir sind total begeistert über unsere Abenteuer mit den Bären und über Jimmys Flugkünste. Beinahe hindert uns ein auf der Landebahn hin und her rennender Kojote an einer sicheren Landung.

Das Wetter ist schön, für die Verhältnisse in Alaska ungewöhnlich. Selbst die Mücken halten sich zurück. Wir verstehen die Menschen, die behaupten, es gäbe keinen schöneren Platz auf der Erde als Alaska – sie haben Recht.
Nach einem ausgiebigen Frühstück in unserer Küche schippern wir am darauffolgenden Morgen mit einem alten Kahn über die Bucht nach Halibut Cove, früher ein kleines Fischernest, heute eher ein Künstlerdorf mit Ateliers und einem guten Restaurant. Alle Häuser stehen auf Holzpfählen und sind über Brettersteige miteinander verbunden. Die Lage des Ortes ist traumhaft schön und überaus romantisch. Wir erleben Seeadler – der Weißkopfseeadler ist das Wappentier der USA – Papageientaucher, Kormorane und auch Seeotter in einer offensichtlich noch intakten

Natur. Bei einem Glas Weißwein philosophieren wir drei mit einem Traumblick auf die majestätischen Berge über Gott und die Welt und stellen übereinstimmend fest, dass das Leben auch ohne Arbeit wunderbar sein kann.

Abends fahren Karl-Heinz und ich nach Homer Spit, um unser Abendessen zu organisieren. Zuvor müssen wir noch tiefgefrorenen Tintenfisch als Köder kaufen, stärken uns in einer urigen Kneipe mit Alaskan Summer Beer und ziehen dann zum Angeln los. Schon nach kurzer Zeit hat Karl-Heinz eine Scholle am Haken – klein, aber immerhin. Ich greife nun ebenfalls zur Angel und tatsächlich beißt wenig später eine mittelgroße Scholle an. Ich habe den ersten Fisch meines Lebens gefangen! Den Fisch töten und den Haken aus dem Maul ziehen kann ich nicht, dies überlasse ich Karl-Heinz. Der Hunger drängt uns schließlich zum Aufbruch, und wir bringen die bescheidene Beute nach Hause. Ich weiß nicht, ob ich mich über den Fang freuen oder Mitleid mit den armen Fischen haben soll. Auf jeden Fall aber schmecken sie in der Pfanne gebraten und mit frischen Bratkartoffeln von Heidi hervorragend.

Das Abendprogramm kann schöner nicht sein. Nach dem leckeren Abendessen geht es in den herrlich warmen Whirlpool in unserem Garten. Das Wasser blubbert, und bewaffnet mit einem Glas Wein genießen wir den traumhaften Blick auf die Bucht und die Bergkulisse dahinter – nur die beiden Eulen schauen zu. Kaum zu glauben, aber kurz darauf sind die zwei Wochen in Alaska schon wieder vorbei. Auf dem Weg von Homer nach Anchorage halten wir mehrere Male an, auch um die riesigen Heilbutte zu fotografieren, welche die Fischer auf offener See gefangen und an großen Holzgestellen werbewirksam aufgehängt haben. Unterwegs beobachten wir am Straßenrand Elchkühe mit ihren Jungen. Am späten Abend kommen wir erschöpft von der langen Autofahrt in Anchorage an und müssen uns zunächst wieder an das Leben in einer Großstadt gewöhnen. Anchorage, eine Stadt mit immerhin 270.000 Einwohnern, hat sich von einer Zeltstadt für die Versorgung der Alaska Railroad zu einer modernen, aber recht ge-

sichtslosen Großstadt entwickelt. Spannend für uns ist, dass hier mindestens 30 Bären und eine Menge Elche durch die Stadt laufen und Einwohner wie Besucher gleichermaßen belästigen.
Karl-Heinz hat uns zum Abendessen in ein nobles Restaurant eingeladen, sozusagen als Abschiedsessen nach den erlebnisreichen und harmonischen zwei gemeinsamen Wochen Alaska-Abenteuer. Wir essen überbackene Austern, gegrillten Heilbutt und als Nachtisch Zabaglione mit frischen Erdbeeren. Das Essen ist köstlich und bildet einen würdigen Abschluss unserer Reiseetappe.

Heidi und ich fliegen weiter nach Kanada, während Karl-Heinz in Anchorage auf seine Frau Anna wartet, die zwei Tage später ankommen wird. Dann werden die beiden für vier Wochen mit dem Wohnmobil durch den Norden Alaskas reisen und die Wildnis intensiv erleben.
Am Flughafen von Anchorage verabschieden wir uns mit Starbucks-Kaffee von Alaska, Anchorage und Karl-Heinz. Es fällt uns schwer, dieses einmalige Fleckchen Erde zu verlassen und auch ohne Karl-Heinz weiterzureisen. Allein werden wir sicherlich nicht mehr so viel Spaß haben.

Die Sicherheitskontrollen beim Einchecken sind extrem nervig, jedes Stück unseres Handgepäcks wird penibel untersucht, durchleuchtet sowie hin und her gedreht, ausziehen müssen wir glücklicherweise nur unsere Schuhe. Dafür ist der Flug von Anchorage nach Vancouver sehr schön und der Ausblick von oben auf die Bergketten der Coast Mountains und die Inside Passage überaus beeindruckend. Die Stewardess fragt mich, ob ich Kapitän auf einem Kreuzfahrtschiff sei, weil ich ein Hemd mit dem Schriftzug »Crew« trage.
In Vancouver übernehmen wir einen nagelneuen silbergrauen Lincoln und fahren anschließend über den Trans-Canada Highway in Richtung Jasper. Gegen 21 Uhr finden wir ein Motel, etwas schummrig, dafür aber preiswert und in der Nähe des Highways gelegen. In einem Restaurant in der Nähe bekommen wir trotz der späten Uhrzeit noch etwas zu essen, eine Band spielt Country-Musik nur für uns, denn wir sind zum Schluss die einzigen Gäste.

Ursprünglich sollte der erste Teil unserer Weltreise – von Florida nach Alaska – im Norden Alaskas zu Ende sein, aber da Heidi in den kanadischen Rocky Mountains gern die Orte, in denen wir im Winter zum Skifahren waren, auch im Sommer sehen wollte, haben wir diesen kleinen Abstecher eingeplant und unseren Rückflug von Calgary aus gebucht.
Rund 600 Kilometer liegen vor uns, als wir gegen 6 Uhr ohne Frühstück in Richtung Jasper aufbrechen. Wir frühstücken unterwegs bei McDonald's und trinken danach bei Starbucks einen ordentlichen Kaffee. Trotz der langen Strecke ist die Fahrt erholsam; wenig Verkehr und eine abwechslungsreiche wie idyllische alpine Landschaft lassen keine Langeweile aufkommen. Sogar die Sonne tritt zwischen den Wolken hervor, so dass wir unser Schiebedach vollständig öffnen und während der Fahrt zumindest Gesicht und Hände bräunen können.
Kurz vor Jasper passieren wir den zweithöchsten Berg Kanadas, den Mount Robson, und genießen den Anblick des verschneiten Riesen mit fast 4.000 Metern Höhe. Die gesamte Gegend ist als Naturschutzgebiet ausgewiesen, mit gewaltigen Tälern, reißenden Flüssen und tiefen Canyons.

Jasper selbst ist ein munteres Städtchen mit netten Geschäften, Restaurants, Kneipen und Galerien – ein Ort, an dem man auch länger verweilen könnte. Bekannter als der Ort ist der Jasper National Park, eines der größten Naturschutzgebiete Amerikas und der nördlichste Park der Rocky Mountains. Hier findet sich Natur pur, traumhaft verpackt. Wir steigen in der Jasper Park Lodge ab, die in den Zeiten des Baus der Eisenbahn und der Eroberung des Wilden Westens aus einem Zeltlager entstanden ist. Bekannt ist diese Hotelanlage wegen der Kellner, die mit dem Fahrrad die Gäste in den Häuschen rund um das Hauptgebäude mit Speisen und Getränken versorgen. Selbst Marilyn Monroe soll hier gewesen sein, und an der Einrichtung scheint man seit dieser Zeit wenig getan zu haben. Trotzdem handelt es sich um ein Paradies in der Wildnis, mit grandiosen Ausblicken auf den Lac Beauvert und die umliegenden Berggipfel. Heidi findet es hier noch schöner als in Alaska.

Die Tage in der Jasper Park Lodge verbringen wir wie normale Touristen – relaxen am Swimmingpool, baden in der Sonne, fahren Fahrrad, wandern, beobachten Tiere und bummeln durch Jasper. Eines Abends ziehen wir nochmals los und wollen Bären sehen. Wir wandern durch ein Gebiet, von dessen Betreten uns wegen der vielen Bären und anderer Wildtiere abgeraten wurde. Wir wagen es dennoch und marschieren mutig durch das Unterholz. Die winzigen Pfade führen durch eine landschaftlich wunderschöne Gegend an einem kleinen See vorbei, aber ich muss gestehen, dass ich mir vor Angst fast in die Hose mache und dann doch froh bin, als wir auf den Hauptwanderweg gelangen und keinen Bären getroffen haben. Dafür sehen wir viele riesengroße Wapitihirsche, auch eine Wapitikuh mit ihrem Kalb, denen wir vorsichtshalber nicht zu nahe kommen.

Während Heidi am nächsten Morgen durch die Wald- und Wiesenlandschaft rund um die Jasper Park Lodge joggt, um noch ein paar Wapitihirsche zu sehen, genehmige ich mir einige Eier mit Würstchen und Bratkartoffeln und frühstücke in Ruhe und mit Traumaussicht. Anschließend begeben wir uns auf die rund 250 Kilometer lange Strecke von Jasper zur Emerald Park Lodge im Yoho National Park, wobei hier tatsächlich der Weg das Ziel ist. Die Strecke führt fast ausschließlich über den herrlichen Icefields Parkway, eine Straße mitten durch die herrliche Gebirgs- und Gletscherlandschaft der Rocky Mountains. Unzählige Fotostopps unterbrechen unsere Fahrt, die Aussichten und die Fotomotive sind einfach grandios. Das riesige Columbia Icefield bildet die Hauptattraktion – gewaltige Eismassen, auf denen Busse mit Spezialreifen die Touristen herumfahren.

Noch spannender ist für uns, einen Schwarzbären am Straßenrand zu beobachten, der sich beim Fressen von Gras und Blättern weder von uns noch von anderen Autofahrern stören lässt. Solch ein Kraftpaket aus zwei Meter Entfernung – glücklicherweise aus dem sicheren Auto heraus – zu erleben, ist nachhaltig beeindruckend.

Nach einem kleinen Abstecher zum Lake Louise mit seinem türkisblauen Wasser fahren wir weiter zum Yoho National Park. Dieser ist nicht ganz so bekannt wie der Jasper oder der Banff National Park, aber landschaftlich ebenso schön. In den Reiseführern wird der Emerald Lake, ein bis in den Sommer hinein vereister Bergsee, wegen seiner begnadeten Lage und des türkisblauen Wassers als so traumhaft beschrieben, dass wir uns für die letzten zwei Tage in den Rocky Mountains in der exklusiven Emerald Lake Lodge angemeldet haben. Wir treffen am Abend ein – und es beginnt zu regnen.

Die Lodge ist ein Juwel mitten im Nationalpark. Autos müssen auf einem Parkplatz weit entfernt abgestellt werden, und ein Shuttlebus bringt Gäste und Gepäck auf das Gelände der Lodge. Wir wohnen in einem schönen Zimmer mit Blick auf den idyllischen Emerald Lake, das Holz liegt vorbereitet neben dem Kamin und das Ambiente unseres Zimmers ist rustikal-gemütlich. Zum Haupthaus mit dem Restaurant muss man einige Schritte gehen, aber in dieser traumhaften Umgebung mit den grandiosen Ausblicken und der stimmungsvollen Kulisse ist dies selbst bei Regen zu jeder Tages- und Nachtzeit eine wahre Freude.

Wir machen uns am nächsten Morgen auf den Weg und wandern über den Yoho Pass zum Yoho Lake – insgesamt fünf Stunden in einer abwechslungsreichen und majestätischen Landschaft. Gelegentlich müssen wir aus Holzstämmen und großen Steinen Brücken bauen, um die Bäche zu überqueren. Der Blick auf den in vielen Blautönen schimmernden Yoho Lake ist die Strapazen des Anstieges jedoch wert. Wie so oft auf unseren Wanderungen sind wir auch dieses Mal ganz allein unterwegs. Höhepunkt der Wanderung ist der Anblick eines Elchbullen, der in der Nähe unserer Lodge aus dem Wald tritt und zum Trinken an den See marschiert. Derart nah bekommt man in der freien Natur selten ein solch imposantes Tier zu sehen, selbstverständlich halten wir auch diese Begegnung in vielen Bildern fest. Schade, dass auch dieser Tag so schnell zu Ende geht.

Nach dem Abendessen im Restaurant zünden wir das vorbereitete Kaminholz an, leider klappt das nicht so richtig. Nachdem sich das Zimmer mit Qualm gefüllt hat, breche ich die Bemühungen ab, reiße die Fenster auf, stelle die Heizung höher und wir marschieren in die Bar. Ich bin wohl doch kein Mann für die Wildnis.

Wieder fällt es uns schwer, dieses Paradies zu verlassen, auch wenn es am frühen Morgen regnet. Wenige Meter hinter unserer Lodge sehen wir erneut einen Elch – direkt neben der Straße. Es ist nicht jener vom Vortage, dieser hier ist etwas kleiner, sieht aber ebenfalls imposant aus. Wir pirschen uns vorsichtig heran und können das Weiße in seinem Auge fotografieren. Dabei denken wir daran, dass jedes Jahr mehr Menschen von Elchen als von Bären getötet werden.

Unterwegs haben wir wieder Glück und sehen eine Bärenmutter mit zwei Jungen, die aber schnell im Wald verschwinden. Später im Banff National Park können wir noch Bergziegen und Dickhornschafe am Straßenrand beobachten. Nach so viel Natur steuern wir als Zwischenstopp Banff an, ein lebhaftes Städtchen in den Bergen, wo wir nach dem Verzehr einer ordentlichen Pizza in XL-Größe wieder bei Starbucks einkehren.
Mit dem Navigationssystem unseres Mietwagens finden wir problemlos unser Hotel in Calgary – das Fairmont Palliser – und sammeln bei einer großen Portion Nachos und einem Glas Wein in der Lobby Kräfte für das geplante Power-Shopping am Ende unserer 1. Reiseetappe.

Calgary ist eine boomende und lebendige Großstadt, die sich dank Erdöl und Hightech vom Provinznest zur Weltmetropole mit hoher Lebensqualität entwickelt hat. Unzählige Geschäfte, überdachte Einkaufspassagen, ein modernes und vielfältiges Warenangebot sowie akzeptable Preise bei einem aus unserer Sicht günstigen Wechselkurs machen das Einkaufen zu einem stressfreien Erlebnis.

Am Tag darauf sind wir schon früh am Flughafen, nach fast drei Monaten Rundreise durch den nordamerikanischen Kontinent wollen wir den Rückflug in die Heimat auf keinen Fall verpassen. Unser Flugzeug hebt mit leichter Verspätung kurz nach Mitternacht vom Calgary International Airport ab, der Service und das Essen sind – man muss es so sagen – saumäßig, aber wir landen pünktlich, mit vollzähligem Gepäck und ohne Vogelgrippe in Frankfurt. Das Wetter ist wie so oft im sommerlichen Deutschland: 13 °C, gefühlte 10 °C, Regen und leichter Wind.

Viele Tausend Kilometer liegen hinter uns. Wir sind mit großen und kleinen Flugzeugen geflogen, mit Fahrrädern geradelt, mit Kreuzfahrtschiff, Wassertaxi und Fischerboot unterwegs gewesen, haben U-und S-Bahnen genutzt, sind mit der Eisenbahn mit und ohne Schlafwagen gereist, mit der Seilbahn gefahren, haben gelegentlich ein Taxi genommen, Autos und ein Wohnmobil gemietet und sind natürlich immer wieder gern zu Fuß gegangen. Unglaublich schöne Landschaften konnten wir entdecken: schneebedeckte Berge, türkisblaue Seen, tosende Meere, riesige Gletscher, weite Strände, reißende Flüsse, dichte Wälder und majestätische Fjorde, aber auch gigantische Metropolen, idyllische Städtchen und verschlafene Dörfchen. Übernachtet haben wir im Wohnmobil, in großen und kleinen Hotels, bescheidenen Motels, Blockhütten, Ferienhäusern, in einer komfortablen Schiffskabine und im engen Schlafwagen. Die Menschen, denen wir begegneten, waren ausnahmslos herzlich, freundlich und hilfsbereit. Wir haben viel gelernt, auch andere Sichtweisen zu verstehen und ein wenig toleranter zu werden.

Spannend waren auch die Begegnungen mit vielen wilden Tieren, mit Seekühen, Gürteltieren, Bären, Adlern, Kojoten, Wölfen, Elchen, Waschbären, Rehen, Stachelschweinen, Schildkröten, Seeottern, Seelöwen, Walen, Bergziegen, Murmeltieren und nicht zu vergessen mit unseren beiden Eulen im Baum unseres Ferienhauses in Alaska.

Wir haben fast immer gut und oft hervorragend, aber stets genug gegessen, oft auch zu viel. Selten sind wir in Fast-Food-Restaurants eingekehrt, besuchten gelegentlich Spitzenrestaurants in den USA und Kanada, haben viel selbst gekocht, gefangene Fische gegrillt, Butterbrote geschmiert und manchen Müsliriegel verzehrt.

Mit Freunden macht das Reisen noch viel mehr Spaß, man wird mutiger bei den Aktivitäten und kann viele Gespräche in entspanntem Ambiente führen. So waren die gemeinsamen Tage mit unseren Freunden in New York sehr schön, diese Zeit werden wir nie vergessen. Auch die zwei Wochen mit Karl-Heinz in Alaska waren voller Abenteuer, daran werden wir uns gern zurückerinnern.

Gefehlt hat uns in den knapp drei Monaten kaum etwas, ausgenommen deutsche Zeitungen und dunkles Brot. Wer seit Jahrzehnten jeden Montag den SPIEGEL kauft und auch liest, spürt durchaus gewisse Entzugserscheinungen. Aber es ging auch ganz gut ohne. Die Verbindung zu unseren Familien und Freunden hielten wir problemlos über die Segnungen der modernen Technik aufrecht, per E-Mail und über Skype waren wir fast immer und fast überall zu erreichen. Über unser Online-Reisetagebuch konnten wir den Daheimgebliebenen und einer kleinen Fangemeinde praktisch jeden Tag einen Eindruck von unseren Abenteuern versehen mit einigen Bildern vermitteln. So war trotz der großen Entfernung und der fast dreimonatigen Abwesenheit neben der emotionalen immer auch eine faktische Verbindung – wenn auch nur elektronisch – gegeben.

Wir haben den Spruch, den man in Nordamerika jeden Tag viele Male hört, sehr beherzigt: Have fun! Wir sind außerordentlich dankbar, dass wir eine solche Reise erleben durften, freuen uns, wieder in Schwerte zu sein, aber noch mehr freuen wir uns darauf, dass die Reise weitergeht und neue Abenteuer und Herausforderungen vor uns liegen.

2. Etappe
Traumhafte Landschaften:
Durch den Westen Amerikas nach Hawaii

21. August – 01. November 2009

21. August 2009: Heidi und ich sitzen im Condor-Flieger von Frankfurt nach Las Vegas. Der Start zur zweiten Etappe unserer Weltreise klappt planmäßig und tadellos, aber ganz ohne Stress und Aufgeregtheiten kann eine solch lange Reise nicht beginnen. Mit vielen anderen Menschen sitzen wir eng zusammen und warten, dass die 11 Stunden Flug schnell vorübergehen. Einige Mitreisende tragen einen Mundschutz, wahrscheinlich haben sie Angst vor der Schweinegrippe. Kurz nach dem Start werden wir informiert, dass nach neuesten amerikanischen Sicherheitsregeln nicht mehrere Personen im Flugzeug zusammenstehen dürfen, da in diesem Fall eine Verschwörung geplant werden könnte. Vielleicht sogar eine Revolution im Charter-Flieger nach Las Vegas? Manchmal denke ich, die Amerikaner drehen durch. Der Flug verläuft sehr ruhig bis auf ein paar Sekunden, in denen wir in den Sog einer uns überholenden Maschine geraten. Für einen Moment scheint es, als kippe die Maschine kopfüber und schmiere ab.

Nach unserer Ankunft in Las Vegas trifft uns der Hitzeschock, über 40 °C im Schatten. Wir schauen noch ein wenig dem munteren Treiben im Spielcasino unseres Hotels Planet Hollywood zu und gehen nach dem Abendessen früh schlafen; nach deutscher Zeit ist es immerhin schon 4 Uhr morgens.
Wir haben Las Vegas als Start- und Zielpunkt unserer Reise durch den Westen der USA gewählt, weil zum einen die Flugverbindungen sehr gut sind und zum anderen Las Vegas in jeder Hinsicht eine faszinierende Stadt ist. Sie ist nicht nur das Unterhaltungs-

mekka der Welt, sondern hier kann man auch preiswert und komfortabel bis luxuriös wohnen sowie schnell die umliegenden Nationalparks einschließlich des Grand Canyon erreichen. Zum Reisebeginn haben wir nur eine Nacht gebucht und übernehmen am anderen Morgen unser Wohnmobil für die sechswöchige Rundreise durch den Westen der USA.

Heidi ist nicht zufrieden, besser gesagt, sie ist sauer, als sie das für uns reservierte Wohnmobil erblickt: Es ist riesengroß. Ich hatte zwar ein kleineres gebucht, aber ein solches steht in der Vermietstation nicht zur Verfügung. Und weil Größe im Leben normalerweise nie falsch ist, brechen wir schließlich mit dem 30-Fuß-Motorhome auf und decken uns im Walmart mit Grundnahrungsmitteln und Getränken für die lange Reise ein.

Die Luft ist angenehm warm, für den Nachmittag wird eine Hitzewarnung ausgegeben, aber wir wollen ja Sonne und Wärme. Wir fahren zunächst 160 Kilometer in Richtung Norden durch wüstenähnliche Felslandschaften, ein Kontrastprogramm zur künstlichen Glitzerwelt in Las Vegas. In einem Wüstennest namens Pahrump finden wir einen schönen Campingplatz mit Schwimmbad und wunderbar gepflegten Gartenanlagen.

Durch das Death Valley zu fahren, wurde uns vom Vermieter des Wohnmobils untersagt, weil das Auto diese Temperaturen nicht aushalte. Für den nächsten Tag hat die Wettervorhersage dort 49 °C angekündigt! Wir fahren deshalb am »Todestal« vorbei weiter in Richtung Yosemite National Park.

Die Temperaturen sind kaum erträglich, Gott sei Dank ist der Himmel bedeckt und uns bleiben die angekündigten 49 °C erspart. Die Klimaanlage erreicht die Grenze ihrer Leistungsfähigkeit und muss auch nachts laufen, um den Innenraum auf erträgliche Werte herunterzukühlen.

In der Rezeption des Campingplatzes lernen wir Laura und Peter kennen, die uns sofort nach unserer Ankunft mit den notwendigen Informationen über Land und Leute versorgen. Laura und Peter besitzen kein Haus und keine Wohnung, sondern nur ein Postfach in ihrem früheren Heimatort in Texas. Dafür aber haben sie ein riesiges Wohnmobil, fast schon einen Wohn-Bus, mit allem nur erdenklichen Komfort. Stolz zeigt uns Peter das Wunderwerk mit all seinen technischen Spielereien, und wir müssen neidvoll anerkennen, dass uns solcher Luxus in einem Wohnmobil noch nie zuvor begegnet ist. Die beiden haben nach Peters Pensionierung ihr Haus verkauft und ziehen jetzt mit ihrem rollenden Heim durch Nordamerika. Überzeugend äußern sie, dass ihnen nichts fehle und ein Haus nur unnötiger Ballast für ein unbeschwertes Leben auf Reisen sei. Sie kennen in ihrem neuen Leben nur Sommer und Sonnenschein. Wenn das Wetter schlechter wird, fahren sie einfach weiter. Für ihre Familie, Freunde und Bekannten sind sie jedoch immer da: Ein Telefonanruf oder eine E-Mail genügt, und sie machen sich auf den Weg. Uns gefällt diese Freiheit und Unabhängigkeit, auch wenn wir uns ein Leben ohne festen Wohnsitz – noch – nicht so recht vorstellen können.

Die Fahrt durch Nevada führt uns durch einsame Gegenden mit wenig Verkehr und vielen Steinen. Wir fahren über Passstraßen, die für Wohnmobile eigentlich gesperrt sind, aber ein wenig Abenteuer kann schließlich nicht schaden. Mittlerweile hat sich auch Heidi mit dem Wohnmobil angefreundet und fährt gern mit dem riesigen »Schlachtschiff«. Spät abends finden wir einen schönen Campingplatz in Mammoth Lakes, einer alpinen Gebirgslandschaft mit 400 Seen – ein ideales Gebiet für Skifahrer im Winter und für Mountainbiker sowie Wanderer im Sommer. Regen, Regen, Regen. Die ganze Nacht prasseln ununterbrochen Regentropfen auf das Dach unseres Wohnmobils. Irgendwie ein schönes Gefühl, im Trockenen zu liegen und herrlich schlafen zu können. Und für uns sehr angenehm nach der extremen Hitze und der unwirtlichen Dürre in der Wüste. Der Blick auf die Wettervorhersage für die nächsten Tage – dank Internet ist dies ja fast überall möglich – zeigt, dass vorerst keine Wetterbesserung zu erwarten ist. Da helfen auch schlaue Sprüche wie »Es gibt kein schlechtes Wetter, nur unpassende Kleidung« nicht weiter. Überraschenderweise hört der Regen jedoch am Nachmittag auf und wir machen uns zu Fuß auf den Weg, um das Städtchen zu erkunden und die

Kreuzschmerzen vom vielen Sitzen und Liegen zu vertreiben. Angesichts des immer schöner werdenden Wetters ziehen wir unsere Turnschuhe an und joggen in der herrlichen Alpengegend bei glasklarer Höhenluft fast eine Stunde lang. Das Abendessen – es gibt die Reste der mit Hackfleisch und Schafskäse gefüllten Paprikaschoten vom Vortag – schmeckt danach umso köstlicher.

Trotz frühen Aufstehens starten wir am nächsten Tag erst spät: Hauptursache ist ein Problem beim Auffüllen des Frischwassertanks, das nachgefüllte Wasser fließt unten wieder raus und ergießt sich in kleinen Bächen über den Platz. Letztlich klappt es dann doch, und nach Einkaufen, Tanken und Frühstücken – aus Zeitgründen diesmal bei Starbucks – geht es weiter zum Yosemite National Park. Wir wählen die Zufahrt über den Tioga Pass, der die meiste Zeit des Jahres gesperrt und mit über 3.000 Metern die höchste Pass-Straße Kaliforniens ist. Nach der anstrengenden Fahrt über enge und kurvenreiche Straßen finden wir gegen Mittag einen schönen Campingplatz, allerdings ohne Strom, Wasser und Abwasseranschluss. Natürlich gibt es auch keinen Internetanschluss, dafür aber stehen wir auf einem wunderschönen Fleckchen Erde mitten im Wald und einer intakten Natur. Wir entdecken hier neben gewöhnlichen Campern auch viele Naturburschen und einige Ladys mit schwerem Marschgepäck, die wohl längere Zeit in der Wildnis verbringen wollen. Wir wiederum sind froh, den relativen Luxus eines Wohnmobils genießen zu können und nicht im Zelt oder auf dem Waldboden schlafen zu müssen.
Wir fahren am nächsten Tag weiter und sind glücklich, im Park ohne vorherige Reservierung noch einen Stellplatz mit allem Komfort und in herrlicher Lage zu erwischen. Nach dem Einparken unseres Wohnmobils brechen wir sofort zu einem mehrstündigen Marsch in die einmalige und wunderschöne Natur auf. Der Yosemite National Park ist zweifelsohne einer der schönsten in den USA, seine Bilderbuchlandschaften mit gewaltigen Felsen, idyllischen Bergseen, bunten Blumenmeeren, donnernden Wasserfällen und uralten Baumriesen sind einmalig in der Welt. Die majestätischen Gebirgslandschaften versprechen

einzigartige und unvergessliche Naturerlebnisse sowie immer wieder auch Begegnungen mit wilden Tieren.

So rennt abends ein Braunbär direkt an unserem Wohnmobil vorbei, hinterher ein Ranger, der ihn vertreiben will. Wir grillen sicherheitshalber nicht draußen und haben unsere Lebensmittel so verstaut, dass kein Bär sie riechen oder sehen kann. Aber es ist durchaus ein lustiger Anblick, einen Menschen hinter einem Bären herlaufen zu sehen und nicht umgekehrt. Wir gehen nachts auch nicht mehr in den Waschraum, sondern nutzen vorsichtshalber die sanitären Einrichtungen unseres Wohnmobils.
Nach einer ruhigen Nacht fahren wir entlang des Merced River durch das Yosemite Valley, das Zentrum des Nationalparks, in dem sich eine Sehenswürdigkeit an die andere reiht. Über allen wacht der 2.300 Meter hohe Granitfelsen El Capitan – eine Traumlandschaft. Wir müssen immer wieder anhalten, um die wunderschöne Natur und das unvergessliche Panorama intensiver genießen zu können. Unterwegs läuft ein kleiner, unheimlich kuscheliger Braunbär fast vor unser Auto. Heidi will unbedingt, dass ich stoppe – wahrscheinlich möchte sie ihn fangen und mitnehmen. Ich fahre aber weiter, auch wenn ich den kleinen Bären selbst gern gestreichelt hätte, aber ich fürchte, die Bärenmutter ist nicht weit. Kurz vor dem Ende des Nationalparks klettern wir noch auf einen Berggipfel und bewundern das Panorama von oben. Dieses Fleckchen Erde ist derart grandios, dass für uns hier das Paradies sein könnte.

Das Wetter ist schön wie im Bilderbuch und wir beschließen, das Bikerevier in der Region Mammoth Lakes zu testen. Wir mieten zwei Fullys – vorn und hinten gefederte Mountainbikes – und fahren mit der Seilbahn den Berg hinauf, die Bikes werden in einer separaten Gondel transportiert. Als wir unsere Mitfahrer betrachten, überwiegend sehr jung und mit Spezialhelmen und Ganzkörperschutz ausgerüstet, wird uns immer unwohler und mir schließlich richtig schlecht. Einer meint, ich solle besser meine Uhr absetzen für alle Fälle, man könne ja nie wissen. Oben auf über 3.000 Metern Höhe sieht die Welt nicht viel anders aus, vor allem der Blick ins Tal und auf die Fahrrad-Trails erzeugt bei uns mittelschweres Unwohlsein. Während die jungen Leute mehr oder weniger direkt den Berg hinunterdonnern, fahren wir vorsichtig und meist mit angezogener Handbremse einen leichten Weg mit vielen Serpentinen hinunter. Es ist ein berauschendes Gefühl, beim Downhill die faszinierende Bergwelt zu erleben, aber wir sind doch froh, als wir gesund und ohne Stürze unten im Tal ankommen und einen leckeren Latte macchiato genießen können.

Nach einem schnellen Frühstück und einem Einkauf im Supermarkt machen wir uns auf den Weg gen Westen, um die bekannten Nationalparks Zion und Bryce Canyon zu erleben. Zwar waren wir früher bereits dort, aber die Naturwunder sind so einmalig schön und beeindruckend, dass man sie auch mehrere Male besuchen kann.

Wir fahren auf unserem Weg in Richtung Westen viele Kilometer durch nahezu unbewohntes Gebiet, meist wüstenähnliche und vegetationsarme Gegenden. Die Straßen führen oft kilometerlang geradeaus und scheinen im Himmel zu enden. Im Grunde eine lausige Gegend, in der kaum jemand wohnt und in der wir außer ein paar Kühen und einem einsamen Reh auch keine Tiere erblicken. Aber man gewinnt ein Gefühl für die Größe und Weite dieses Landes, obwohl wir nur durch den Bundesstaat Nevada fahren.

Eine der Straßen in dieser unwirtlichen Gegend wird als »Extraterrestrial Highway« bezeichnet, weil hier seit Jahrzehnten immer wieder unerklärliche Lichter beobachtet werden und »Außerirdische« gelandet sein sollen. Die Erklärung hierfür könnte darin liegen, dass sich hier ein riesiges Testgelände der US-Armee befindet. Wir sehen keine Außerirdischen und nur wenige Irdische und suchen nach 600 Kilometern einen Platz für unser Nachtlager. Den Campingplatz, den Heidi im Campingführer ausgesucht hat, gibt es nicht, und so landen wir schließlich auf dem Betonparkplatz eines Casino-Hotels in Mesquite. Nicht romantisch, aber praktisch, da wir alle Hoteleinrichtungen wie Schwimmbad und Freizeitanlagen benutzen können. Die Preise sind günstig, da die Gäste mit vielen Sonderangeboten ins Casino gelockt werden sollen.

Weil es so preiswert ist, frühstücken wir im Hotel und beobachten dabei die Menschen um uns herum. Hier erleben wir das echte Amerika, keine Touristen aus Übersee, nur »normale« Amerikaner. Wir könnten stundenlang zuschauen, aber die Zeit rennt und so machen wir uns auf den Weg zum Zion National Park. Weil dieser wie fast immer überfüllt ist, fahren wir mit dem Shuttlebus hinein, lassen uns bis zum Parkende bringen und starten dort zu unserer ersten Wanderung. Schon kurze Zeit später müssen wir die Wanderschuhe ausziehen und barfuß den Weg durch einen Fluss waten, teilweise knietief im Wasser, aber bei 40 °C im Schatten eine angenehme Erfrischung.

Die Kulisse ist überaus beeindruckend: Schroffe Felswände umfassen ein paradiesisches Flusstal, besonders schön sind die klobigen, buckeligen und tiefroten Berge. Der Canyonboden ist bedeckt von üppiger Vegetation – eine absolut faszinierende und wunderschöne Traumlandschaft.

Die Hitze ist so heftig, dass wir auf unserem Campingplatz Zion River Resort einen Erholungstag einlegen. So können wir in Ruhe und bei einem gelegentlichen Sprung in den Swimmingpool den Ausgang der Kommunalwahlen in Nordrhein-Westfalen am 30.08.2009 beobachten. Über den Laptop verfolgen wir die Wahlparty im Schwerter Rathaus und sind sozusagen live dabei. Es ist ein schönes Gefühl, in dieser traumhaften Gegend bei hochsommerlichen Temperaturen mit der Heimat verbunden zu sein und die Wahlergebnisse in Echtzeit zu erhalten.

Aber wir sind nicht nur zum Ausruhen in den Zion National Park gefahren, sondern wollen uns auch körperlich betätigen und die landschaftlichen Schönheiten wandernd erleben. So unternehmen wir eine nicht ganz ungefährliche Wanderung zum Angels Landing (»Landeplatz der Engel«), einer rund 1.750 Meter hohen Felsnase, von der man eine herrliche Aussicht in das Tal und auf die umliegenden Berge hat. Die letzten 700 Meter des Weges sind sehr steil und mit Drahtseilen gesichert, nur ein schmaler Grat führt nach oben, links und rechts geht es 500 Meter steil nach unten. Man braucht weniger eine gute Kondition als starke Nerven, wir ziehen uns an den Seilen hoch und vermeiden den Blick nach unten. Ein junges Pärchen aus München kehrt um, sie ist nicht schwindelfrei. Aber wir geben nicht auf und quälen uns weiter, bis wir schließlich unser Ziel erreichen. Der Aufstieg hat sich gelohnt, die Aussicht von oben ist genial und ein würdiger Abschluss unseres Besuchs im Zion National Park.

Ein Gewirr unzähliger orange und rot leuchtender Felsnadeln präsentiert sich uns, wir stehen vor einem riesigen Amphitheater mit vielen menschenähnlichen Felsfiguren und Märchenszenen – wir sind im Bryce Canyon National Park, für mich mit weitem Abstand der schönste aller Canyons – noch vor dem Grand Canyon. Eine solch bizarre und spektakuläre Traumkulisse kann nur die Natur erschaffen!

Wir haben einen idyllischen Stellplatz auf einem staatlichen Campingplatz gefunden. »Staatlich« bedeutet in den USA meistens viel Natur und schöne Gegend, aber wenig Infrastruktur wie Wasser-, Abwasser-, Strom- oder Fernsehanschlüsse. Dafür gibt es in der Regel ein herrliches Panorama wie hier mitten im Wald und in unmittelbarer Nähe zum Rande des Bryce Canyon. Nach einer kühlen Nacht – wir sind in 2.700 Metern Höhe – wollen wir ganz früh den Sonnenaufgang mit seinem besonders warmen Licht und der idealen Fotoausleuchtung erleben. Wir frühstücken trotzdem in Ruhe, beobachten die Rehe, die um unser Wohnmobil herumspringen, und genießen die Einsamkeit im Wald.

Weil es hier so traumhaft schön ist, laufen wir alle Wanderwege mit interessanten Namen wie Navajo Loop Trail, Peekaboo Loop Trail und Queens Garden ab, die Szenerie ist auf allen Wegen spektakulär. Wir vergessen schnell Staub und Hitze und lassen uns von der einmaligen Stimmung der bizarren Felsformationen und Steinskulpturen gefangen nehmen. Als ein Donnergrollen im Anmarsch ist und der wolkenlose Himmel sich plötzlich verdunkelt, kürzen wir unsere Wanderung ein wenig ab und laufen zu unserem Campingplatz zurück. Das hereinbrechende Gewitter mit heftigem Regen erleben wir sicher und trocken in unserem Wohnmobil.

Den Sonnenaufgang am nächsten Morgen können wir nicht erleben, weil wir zu spät aufgestanden sind. Nach einem letzten Blick auf die in ständig wechselnden Farben leuchtenden Felsen fahren wir über den Highway 12 in Richtung Moab. Der Highway ist eine einzigartige Nationalstraße, die wegen ihrer Schönheit den Namen All-American Road führen darf. Hier ist wirklich der Weg das Ziel, aber man benötigt sehr viel Zeit, um die vielen Sehenswürdigkeiten zu bewundern sowie die zahlreichen Kurven und Steigungen zu meistern.

Wir sehen uns den Kodachrome Basin State Park mit seinen roten Stelen, Monolithen und anderen bizarren Felsformationen an. Wie Kamine aus rotem Fels recken sich die Steine empor. Anschließend wandern wir durch den Petrified Forest und bewundern die versteinerten Wälder, in denen im Laufe von 200 Millionen Jahren Bäume zu Steinen mit grünen, blauen, violetten und gelben Farbtönen wurden. Wir können uns nicht sattsehen an den vielen Naturschönheiten des Highway 12, ein Highlight jagt das andere. Die Straße führt immer höher hinauf, bis auf 3.200 Meter Höhe. Plötzlich – kurz vor dem Gipfel – bricht ein Gewitter mit kräftigem Hagelschauer über uns herein. Die Straße ist in Sekundenschnelle mit einer dicken Hagelschicht überzogen. Mir rutscht auf dem Beifahrersitz das Herz in die Hose und ich sehe uns schon mit dem schweren Wohnmobil den Abhang hinunterrauschen. Aber Heidi chauffiert uns sicher auf einen Parkplatz in Gipfelnähe. Später geht es wieder bergab, das Wetter wird besser, und die Landschaft verändert sich. Nach den Wüstenlandschaften und roten Gebirgsmassiven durchfahren wir nun Wälder und Wiesen, die an eine voralpine Landschaft erinnern. Auf dem Weg nach Moab übernachten wir in Torrey am Rande des Capitol Reef National Parks und am nächsten Tag in dem kleinen Städtchen Green River, dessen Blütezeit schon lange vorbei ist.
Heidi nutzt die frische Morgenluft zum Joggen, ich decke den Frühstückstisch. Dabei muss ich eine schwere Entscheidung treffen: Eier kochen (deutsch) oder Eier mit Schinken und Käse braten (amerikanisch). Ich entscheide mich heute für die amerikanische Variante, um den neuen Tag gestärkt anzugehen.

Bisher haben wir übrigens vergeblich versucht, Eierbecher zu kaufen, sie scheinen im Wilden Westen unbekannt zu sein. Nach weiteren 100 Kilometern durch die landschaftlich reizvolle Gegend erreichen wir Moab. Wir haben Glück und ergattern trotz des Hochsaisonwochenendes – es ist Labor Day und mindestens die Hälfte aller Amerikaner ist unterwegs – noch einen Stellplatz mitten in der Stadt, es ist der vorletzte.
Moab ist eine Stadt mit rund 5.000 Einwohnern und als Mekka der Outdoor-Aktivisten mit einmaligen Naturschönheiten in der Umgebung gesegnet. Aber auch das Städtchen selbst ist recht nett und die touristische Infrastruktur hervorragend. Man kann die wunderschöne Landschaft per Boot, mit dem Jeep, zu Fuß, mit dem Mountainbike, dem Rennrad, mit dem Pferd, per Quad oder auch mit dem Flugzeug erkunden. Etliche Wildwestfilme wurden hier gedreht, zum Beispiel »Rio Grande« mit John Wayne, »Indiana Jones« mit Harrison Ford und Sean Connery wie auch »Thelma und Louise« mit Susan Sarandon und Geena Davis. Also ein super Standort, um aktive und erlebnisreiche Tage zu verbringen.

Die Nacht verläuft unruhig – unser Stellplatz befindet sich direkt im Eingangsbereich des Campingplatzes nahe der Durchgangsstraße, auf der es auch nachts lebhaft zugeht, zum Glück können wir am nächsten Tag in eine ruhigere Ecke umziehen. Wir müssen feststellen, dass unser Wohnmobil zu den kleineren Exemplaren zählt; viele Amerikaner – die meisten von ihnen im Ruhestand – fahren, wohnen und leben in riesigen Bussen mit allem nur denkbaren Komfort. Zwei Wohnzimmer mit jeweils einem riesigen Flachbildfernseher scheinen zur Grundausstattung zu gehören. Meist hängt hinten noch ein Anhänger mit einem Auto oder zumindest einem Motorrad dran, um jederzeit volle Mobilität zu gewährleisten. Auch wenn unser Camper eigentlich alles hat, was wir benötigen, schauen wir doch gelegentlich ein wenig neidisch in diese Super-Luxus-Wohnmobile. Die Amerikaner freuen sich, wenn man Interesse an ihrem Wohnmobil zeigt, öffnen bereitwillig die Tür und führen stolz ihre technischen Errungenschaften und Spielereien vor. Auf unsere Frage, wohin sie fahren, erhalten wir meist die Antwort, sie seien »retired«, also Rentner. Sie haben kein Ziel, sondern fahren nach Lust und Laune durch die Gegend und bleiben da, wo es ihnen gefällt und vor allem wo die Sonne scheint. Sie sind moderne Luxus-Nomaden, oft ohne festen Wohnsitz und allenfalls mit einer Postfach-Anschrift wie Laura und Peter, die wir in der Wüste Nevadas getroffen haben. Moab wird oft auch als Mountainbike-Hauptstadt bezeichnet, seit Jahrzehnten zieht die felsige Wüstenlandschaft mit ihren Canyons und Tafelbergen Mountainbiker aus aller Welt an. Man muss jedoch kein Radfreak sein, denn auch für durchschnittlich trainierte Fahrradfahrer steht eine Vielzahl von markierten Trails in verschiedenen Längen und Schwierigkeitsgraden zur Verfügung. Zum Einradeln steuern wir den Hurrah Pass hoch über dem Colorado River an, zunächst am Fluss entlang und dann auf staubigen Wegen immer leicht bergauf dem Pass entgegen. Die Sonne brennt gnadenlos und wir sind fast oben, als auf einmal mein Hinterreifen platt ist. Normalerweise kein Problem, aber ich schaffe es nicht, das Hinterrad zu lösen – das topmoderne Rad besitzt eine mir unbekannte Technik. So stehen wir in der glühenden Mittagshitze Utahs, kein Mensch weit und breit, wenig Wasser, auf der ganzen Strecke kein Haus und auch kein Handyempfang. Aber wen sollte ich auch anrufen? Mir wird flau im Magen, aber nach gefühlten 30 Minuten – wahrscheinlich waren es auch nur 15 – naht die Rettung in Gestalt eines profimäßig aussehenden Mountainbike-Pärchens, das den Pass hinunterrauscht. Die beiden stoppen sofort und bieten ihre Hilfe an, die wir gern annehmen. Ihnen ist die Konstruktion meines Rades ebenfalls fremd, aber mit vereinter Kraft schaffen wir es, das Loch im Schlauch zu finden und zu flicken. Die beiden haben ihren Wagen in der Nähe geparkt und fahren noch eine Weile hinter uns her, damit wir sicher und ohne weiteren Plattfuß nach Moab zurückfinden. Nach zwei Weizenbieren – die gibt es auch hier in Moab – ist die Welt für uns wieder in Ordnung.

Die Wetterprognose für die nächsten 14 Tage ist günstig: Sonne mit 30 bis 32 °C, gelegentlich vielleicht ein paar Wölkchen. Wir bleiben einige Tage länger als geplant und erkunden die wunderschöne Natur mit unseren Mountainbikes. Das Fahren auf dem felsigen Untergrund, den sogenannten »Slickrocks«, ist traumhaft, ein wahrer Genuss und eine besondere Herausforderung für jeden Mountainbiker. Obwohl wir immer früh aufstehen, geraten wir jeden Tag in die Mittagshitze, dennoch fühlen wir uns in dem Traumpanorama der roten Bergwelt, die von der Sonne zum Glühen gebracht wird, pudelwohl. Wir sind uns einig: Moab hat den Titel »Mountainbike-Hauptstadt der Welt« wirklich verdient.

Zur Abwechslung geht es aufs Wasser – wir fahren mit einem Schlauchboot den Colorado River hinunter. Gemeinsam mit unserem Bootsführer und vier weiteren Abenteuerlustigen treiben wir flussabwärts, paddeln müssen wir nur in den Stromschnellen, die gefährlicher aussehen als sie sind. Trotzdem geht eine junge Lady über Bord, die wir aber schnell wieder einfangen und in das Boot ziehen können. Nach einem typisch amerikanischen Barbecue treiben wir gemütlich in Richtung Moab und kühlen uns beim Schwimmen im kalten Colorado ab; mit unseren Schwimmwesten ist dies sehr bequem. Zwar fehlt uns ein wenig der zuvor versprochene Nervenkitzel, aber wir erleben eine abwechslungsreiche Bootstour und einen wunderschönen Tag in einer einmaligen Landschaft.
Die Hitze ist heftig. Wir machen es jetzt wie die Amerikaner: Wenn wir das Wohnmobil morgens verlassen, schalten wir die Klimaanlage an, und wenn wir nach einigen Stunden zurückkommen, ist es herrlich kühl in unserem temporären Zuhause – so kann man es hier gut aushalten. Das schlechte Gewissen bezüglich der enormen Energieverschwendung vergeht nach ein paar Tagen.
Ursprünglich hatten wir geplant, mit dem Wohnmobil in den Arches National Park zu fahren und in der weltweit größten Ansammlung von natürlichen Felsbogen zu übernachten, um vor allem die herrlichen Sonnenauf- und Sonnenuntergänge mit dem besonderen Farbenspiel zu erleben. Leider kommen wir zu spät und alle Plätze sind belegt, teilweise schon seit Monaten ausgebucht. Mit dem Schild »CAMPGROUND FULL« haben wir nicht gerechnet. So parken wir unseren Camper am Straßenrand und wandern

durch die außergewöhnliche Bogenlandschaft. Mehr als 1.500 Felsbogen, in 300 Millionen Jahren durch die Witterung geformt, bilden ein faszinierendes Naturschauspiel. Für uns ist neben dem Blick auf den Delicate Arch die Wanderung durch Devil's Garden mit vielen unterschiedlich großen Steinbrücken und Felsnadeln, von denen der Doppelbogen Double-O-Arch sicherlich der spektakulärste ist, ein besonderer Höhepunkt. Kaum zu glauben, dass einige rote Steine ein solch grandioses und spektakuläres Naturwunder schaffen und uns derart begeistern können. Nach dem Sonnenuntergang fahren wir notgedrungen zurück nach Moab und landen wieder auf dem Campingplatz inmitten der Stadt, auf dem wir schon zuvor ein paar schöne Tage und Nächte verbracht haben.

Uns läuft die Zeit davon, selbst sechs Wochen für eine Wohnmobil-Rundreise im Westen der USA sind knapp kalkuliert. Wir modifizieren unsere Planung, fahren nicht nach Denver und durch die Rocky Mountains, sondern wollen unsere Route abkürzen und gen Osten in Richtung San Diego und dann weiter nach Los Angeles reisen, wo wir unser Wohnmobil abgeben müssen. Wir gönnen uns noch einen Tag in Moab und fahren mit einem vorn wie hinten gefederten Hightech-Rad durch die Gegend. Es macht Spaß, viele Kilometer über die Slickrocks bergauf und, mit noch mehr Spaß, bergab zu fahren. Im Arches National Park ist das Radfahren nur auf den offiziellen Straßen und Wegen erlaubt, so dass wir uns lieber außerhalb des Parks im freien Gelände austoben.

Natürlich müssen auch wir zum Monument Valley, *dem* Symbol des amerikanischen Westens. Von Moab aus nehmen wir zunächst für das Natural Bridges National Monument noch einen kleinen Umweg in Kauf, um die fantastischen Sandsteinbrücken aus nächster Nähe zu sehen. Die Sipapu Bridge mit 88 Metern Spannweite ist der zweitgrößte Felsbogen der Welt. Der Umweg hat sich gelohnt, wir können dieses monumentale Naturwunder aus nächster Nähe betrachten.
Die Spannung wächst: Am Horizont tauchen im Dunst die ersten »Monumente« auf, wir nähern uns dem weltbekannten Monu-

ment Valley, selbst Nichtrauchern aus der Marlboro-Zigarettenwerbung bekannt. Hier wurden viele Western gedreht, so auch »Spiel mir das Lied vom Tod«, hier wurde John Wayne zum Filmstar. Dabei ist das Monument Valley gar kein Tal, sondern eine Ebene mit vielen unterschiedlich geformten Sandsteinmonolithen. Jeder von ihnen sieht anders aus, und vor allem wenn die Sonneneinstrahlung wechselt, ergeben sich wunderschöne Stimmungsbilder. Wir haben das Glück, das Monument Valley im Gewittersturm zu erleben, die Blitze tauchen die markanten Felsformationen in bizarres Licht. Als plötzlich noch ein Sandsturm aufkommt, flüchte ich in unser Wohnmobil, Heidi hingegen lässt sich das besondere Naturschauspiel nicht entgehen und macht draußen noch ein paar eindrucksvolle Fotos.
Das Gelände liegt im Hoheitsgebiet der Navajo-Indianer, so dass hier der Alkoholverkauf und -konsum strikt verboten sind. Aber unser Kühlschrank ist voll mit Bier und Wein, und die Abendstimmung vor der traumhaften Kulisse der roten Bilderbuchfelsen lässt sich mit einem eiskalten Bier oder einem Glas gekühltem Weißwein noch viel besser genießen.
Mit letzten Blicken auf die von der Morgensonne angestrahlten Steinformationen des Monument Valley fahren wir am nächsten Tag schweren Herzens weiter, von der unvergesslichen Aussicht können wir uns kaum trennen. Ursprünglich wollten wir von hier aus direkt zum Grand Canyon fahren, aber wir entscheiden uns spontan für einen Abstecher zum Lake Powell. Diese Entscheidung war goldrichtig, wir finden einen fantastischen Platz mit vorbildlicher Infrastruktur sowie einer wahnsinnig schönen Aussicht auf den Lake Powell. Dieser ist einer der größten Stauseen der Welt und windet sich über 300 Kilometer in viele Canyons und Buchten. Alle nur denkbaren Wassersportarten können hier ausgeübt werden, das Wetter ist perfekt und geeignet für einen längeren und erholsamen Urlaub.
Hauptsehenswürdigkeit dieses riesigen Erholungsgebietes ist die Rainbow Bridge, die erst 1909 entdeckt wurde und mit ihren 94 Metern die größte natürliche Brücke der Welt ist. Da sie als Alternative zu einer längeren umständlichen Wanderung auch be-

quem vom Wasser aus zu erreichen ist, lassen wir uns mit einem Ausflugsboot über den Lake Powell dorthin bringen. Wir sind doppelt überrascht: Zum einen ist die Fahrt entlang der Felsküsten unheimlich schön und erholsam, zum anderen ist die Rainbow Bridge tatsächlich sehr sehenswert. Der Eindruck aus unmittelbarer Nähe ist gigantisch, die New Yorker Freiheitsstatue passt bequem darunter, auch eine Boeing 737 könnte locker durch den Felsbogen fliegen. Schade nur, dass die Sonne zum Fotografieren nicht günstig steht, aber wir können nicht auf die Abendsonne warten. Die Brücke dürfen wir nicht unterqueren, da den Indianern dieses Naturwunder heilig ist und sie argumentieren, dass man auch unter einem Regenbogen nicht hindurchgehen könne. Auch wenn die Begründung nicht ganz einleuchtend ist, respektieren wir wie auch die übrigen Mitreisenden diesen Wunsch.

Wir sind auf dem Weg zum Grand Canyon und nehmen die Sehenswürdigkeiten am Wegesrand mit. Das erste Highlight ist der Antelope Canyon, eine sehr schmale Sandsteinschlucht, die erst kürzlich als Touristenattraktion entdeckt worden ist. Da das Sonnenlicht nur in der Mittagszeit senkrecht in die enge Schlucht fällt, brechen wir erst am späten Vormittag auf, um die bizarren Gesteinsformationen in der Schlucht im Sonnenlicht zu erleben. Diese weniger bekannte, aber umso traumhaftere Schlucht liegt im Reservat der Navajo-Indianer, die überaus geschäftstüchtig sind und sich den Eintritt teuer bezahlen lassen. Man darf auch nicht mehr allein hineinwandern, sondern wird mit einem Geländewagen auf staubigen und mit Schlaglöchern gespickten Sandpisten an den Anfang des Canyons gefahren und von einem Indianer durch die Schlucht geführt. Es ist ein tolles Erlebnis, durch dieses enge und von der Sonne erleuchtete Felsenlabyrinth zu gehen, immer neue Formen- und Farbvariationen tun sich vor uns auf. Unser Führer kennt die besten Fototricks und ist uns beim Fotografieren dieses Naturschauspiels behilflich. Allerdings fällt mit der Sonne auch der Sand von oben in die Schlucht und bereitet uns sowie den Fotoapparaten einige Probleme. Es knirscht zwischen den Zähnen und in der

Mechanik der Kameras, so dass wir inständig hoffen, dass uns die Technik nicht im Stich lässt.
Der Horseshoe Bend Scenic Lookout, der wiederum über staubige Pisten und eine kurze Wanderung zu erreichen ist, erlaubt den fantastischen Blick auf eine Flussschleife des Colorado River, der sich hier wie ein Hufeisen durch den 100 Meter tiefen Canyon windet.
Der Abend rückt näher, und wir haben noch immer kein Nachtquartier. Da wir hier in der Nähe keinen Campingplatz finden, fahren wir erneut zurück zum Lake Powell und verbringen dort eine weitere Nacht mit herrlichem Blick auf die Schluchten des Glen Canyon.

Endlich liegt er vor uns – der Grand Canyon, eines der größten Naturwunder der Erde. Er gehört zweifellos zu den Höhepunkten einer jeden USA-Reise und fasziniert den Besucher immer wieder aufs Neue, selbst wenn man wie wir schon mehrere Male hier war. Allein die Größe ist gigantisch, der Grand Canyon erstreckt sich über eine Länge von rund 450 Kilometern und ist an einigen Stellen über 1.500 Meter tief, unglaublich gewaltig und wahnsinnig beeindruckend. Wie die Mehrzahl der Reisenden fahren wir zum South Rim, der höher gelegene und einsamere North Rim ist nur sehr umständlich zu erreichen. Zwar sind alle Campingplätze ausgebucht – hier muss man vor allem in der Hochsaison unbedingt einen Stellplatz reservieren –, aber wir bekommen schließlich doch noch einen Platz für Behinderte zugeteilt, wunderschön mitten im Wald gelegen.
Nach dem Einparken unseres Wohnmobils machen wir uns sofort auf den Weg und marschieren zum Canyon-Rand. Da liegt er in seiner majestätischen Größe und Schönheit vor uns – der aufgeschlitzte Bauch der Erde mit den Innereien von Millionen Jahren. So formulierte es mal ein Reiseberichterstatter in tiefer Bewunderung. Die Aussicht ist grandios, aber das echte Grand-Canyon-Feeling kommt erst auf, wenn man die Schlucht zum Colorado hinunterwandert. Dies haben wir bei unserem letzten Besuch getan, sind über den Bright Angel Trail hinuntergelaufen und dann bei geschätzten 45 °C am selben Tag in unendlich vielen Kehren über

1.000 Meter wieder aufgestiegen. Eine schweißtreibende Angelegenheit, aber ein unvergessliches Abenteuer. Diesmal wählen wir einen bequemeren und weniger zeitaufwendigen Weg, wandern am Rande des Canyons entlang und erleben die herrlichen und spektakulären Aus- und Einblicke von oben. Wir haben geglaubt, durch frühes Aufstehen den Touristenströmen entkommen zu können, aber diese Idee hatten auch unzählige andere Touristen und die jährlich rund fünf Millionen Besucher dieser Mammutschlucht können sich leider nicht unsichtbar machen.

Besonders eindrucksvoll sind die Sonnenuntergänge am und im Grand Canyon. Deshalb ziehen wir am späten Nachmittag los, ausgerüstet mit frisch gebratenen Frikadellen und einer kalten Flasche Sauvignon Blanc. Den Sonnenuntergang am Rim müssen wir zwar mit vielen Menschen teilen, aber es herrscht eine sehr schöne Stimmung und wir genießen den Sonnenuntergang mit seinen Farb-, Licht- und Schattenspielen – ein schöner Abschluss eines ereignisreichen Tages.

Auf gut ausgebauten Straßen fahren wir weiter über Flagstaff nach Sedona, unserem heutigen Ziel. Durch Flagstaff verläuft die berühmte Route 66, eine knapp 4.000 Kilometer lange Straße von Chicago nach Los Angeles. Um diese legendäre Route 66 ranken sich viele Geschichten und Mythen, sie ist wohl die berühmteste Straße der USA. Nach wie vor es ist der Traum vieler junger Leute und auch älterer Herren, mit einem Cadillac oder noch besser auf einer Harley Davidson die »Main Street of America« ganz oder teilweise zu befahren. Wir erinnern uns in diesem Zusammenhang gern an den Roman »Die Früchte des Zorns« von John Steinbeck und an Henry Fonda in »Easy Rider«, damals wurde unser Fernweh geweckt. Aber für uns ist die Route 66 heute eher eine normale Straße mit einigen interessanten historischen Wegmarken, das Gefühl der grenzenlosen Freiheit will sich nicht so recht einstellen.
Unser Traum geht stärker in Richtung Sedona, einer auf 1.400 Metern Höhe idyllisch in den roten Bergen gelegenen Stadt. Sie ist nicht nur ein bekannter Künstlerort, sondern auch ein fantasti-

sches Freizeitparadies mit unzähligen Wander- und Fahrradwegen. Allein schon die Fahrt von Flagstaff nach Sedona durch den Oak Creek Canyon beeindruckt wegen der gewaltigen roten Felsen sowie des satten Grüns der Wälder und wird trotz der vielen Kurven und engen Abschnitte zu einem Erlebnis. Wenn man diese Gegend gesehen hat, kann man verstehen, warum derart viele Filme hier gedreht wurden.

Sedona ist aber nicht nur ein perfekter Ferienort, sondern auch bekannt für seine New-Age-Läden sowie als Zentrum für spirituelle und metaphysische Erlebnisse. Wir lesen Angebote, eine Begegnung mit Gott herzustellen und mit ihm zu sprechen, entscheiden uns aber doch für handfestere irdische Aktivitäten. Von der Spitzenqualität Sedonas als wahres Paradies für Naturliebhaber sind wir eher überzeugt.

Die Fahrradwege, die uns empfohlen werden, sind traumhaft, immer wieder fasziniert uns die eindrucksvolle Landschaftskulisse mit den roten Felsmonolithen, die von der Sonne je nach Tageszeit schwach erleuchtet, angestrahlt oder zum Glühen gebracht werden. Wir radeln mit unseren Mountainbikes durch Kiefernwälder, über Felsplateaus und durch endlose Kakteenfelder, stets die roten Felsen im Blick. Wir finden nie den richtigen Weg, verfahren uns oft, kehren aber immer wieder gesund und munter zu unserem Campingplatz zurück – von ein paar Schürfwunden durch überhängende Sträucher und unbeabsichtigte Berührungen mit Felsbrocken abgesehen.

Die Infrastruktur unseres Campingplatzes ist verbesserungswürdig, dafür ist die Lage in der traumhaften Bergwelt direkt am Fluss ideal. Da hier einige Sanitärräume renoviert werden, dürfen in den noch funktionsfähigen Teil die Damen in der ersten halben Stunde hinein und die Herren in der zweiten. Das scheint einige Damen zu überfordern, aber nach einigen Irritationen klappt es dann doch. Auf jeden Fall entstehen viele Kontakte und Gespräche, auch hier treffen wir einige Amerikaner mit deutschen Wurzeln und Interesse an der aktuellen deutschen Politik.

Das Magazin »USA WEEKEND« hat Sedona zum »schönsten Ort Amerikas« gekürt. Das ist nicht übertrieben. Die wunderschöne

Landschaft in den roten Bergen und das ideale Klima – laut den Einheimischen regnet es nie länger als 10 Minuten – haben seit Jahrzehnten kreative und unternehmungslustige Menschen aus aller Herren Länder angezogen, auch aus Deutschland. Überall begegnet man dem künstlerischen und spirituellen Potenzial und spürt man das kulturelle Engagement. Wir sind fest davon überzeugt, dass auch wir hier leben könnten.
Über Prescott und Jerome, zwei interessante Städte in den Bergen mit gut erhaltenen bzw. restaurierten Innenstädten, geht es anschließend viele Meilen auf den schnurgeraden Wüstenhighways in Richtung Colorado, bis die Landschaft langsam grüner und lieblicher wird und wir den Lake Havasu bzw. die Stadt Lake Havasu City erreichen. Deren Wahrzeichen ist die London Bridge, die im Jahre 1967 für 2,5 Millionen US-Dollar erworben und hier Stein für Stein wieder aufgebaut wurde. Heute ist Lake Havasu ein bekanntes und beliebtes Wassersportzentrum im Westen der USA.

Wir finden zunächst einen sehr schönen Campingplatz direkt am See, der aber leider so unverschämt teuer ist, dass wir gleich weiterziehen. Ein paar Kilometer außerhalb der Stadt landen wir auf einem ebenso schönen Platz am Ufer des Colorado und können hier mitten in der Natur den Sonnenuntergang genießen.
Die Nacht ist grausam – es kühlt nicht ab und die Klimaanlage verursacht einen derartigen Lärm, dass an erholsamen Schlaf nicht zu denken ist. Die Temperaturen liegen tagsüber bei 43 °C, nachts geschätzt bei gut 30 °C. Wir springen morgens noch vor dem Frühstück in den Colorado, das bringt eine leichte Abkühlung wie auch einen schönen Blick auf das gegenüberliegende Colorado-Ufer, das von der aufgehenden Sonne rotbraun angestrahlt wird.

Am nächsten Morgen geht es weiter. Der Weg zum Joshua Tree National Park führt über rund 200 Kilometer durch die Wüste – nur Steine, Sand, Geröll und ein paar Sträucher, wohin das Auge blickt. Unterwegs gibt es nichts, deshalb haben wir in Parker noch vollgetankt und den Kühlschrank mit Lebensmitteln und Getränken aufgefüllt. Bier und Wasser legen wir ins Tiefkühlfach, damit es die richtige Temperatur erhält. Der Joshua Tree National Park umfasst verschiedene Wüstenlandschaften mit einem reichhaltigen Tier- und Pflanzenleben. Besonders markant und interessant sind die unterschiedlich geformten mächtigen Granitbrocken sowie die seltsam anmutenden Joshua Trees, die dem Nationalpark ihren Namen gaben. Dabei handelt es sich gar nicht um Bäume, sondern um Liliengewächse, die bis zu zwölf Meter hoch werden können und das Landschaftsbild prägen. Aufgrund der Hitze beschränken wir unsere Wanderungen auf kurze Spaziergänge und fahren mit dem Auto die bekanntesten Aussichtspunkte mit den spektakulären Gesteinsformationen bei Jumbo Rocks, Wonderland of Rocks und Indian Cove an. Kurz vor Palm Springs beenden wir unser Tagesprogramm und springen mitten in der Wüste in den Pool unseres Campingplatzes.

Wo die Stars und Sternchen von Hollywood ihre Freizeit verbringen, da müssen natürlich auch wir hin. Palm Springs ist bzw. war nicht nur die Heimat vieler Politiker und Schauspieler, wie Frank Sinatra, Bob Hope oder Kirk Douglas, sondern hier scheint auch 350 Tage im Jahr die Sonne vom strahlend blauen Wüstenhimmel. In der Stadt soll es 87 Golfplätze und in der Region 600 Tennisplätze geben, ein Weltrekord bezogen auf die Zahl der Einwohner. Die Hauptsaison läuft von Januar bis März, in den übrigen Monaten ist es zu heiß für Outdoor-Aktivitäten. Das merken auch wir, denn der Campingplatz hier in Palm Springs ist nur schwach besucht. Trotz der hohen Promidichte entdecken wir weder besonders berühmte noch außergewöhnlich schöne Persönlichkeiten.

Wir machen uns wieder auf den Weg in Richtung Pazifikküste und fahren weiter durch teilweise trostlose Gegenden zum Anza-Borrego Desert State Park, während des Goldrauschs im 19. Jahrhundert Anziehungspunkt für viele Glücksritter, heute ein abgeschiedener Park mit einer einzigartigen Wüstenlandschaft. Die Gegend wird immer karger und unwirtlicher, uns begleiten nur wenige grüne Sträucher und Kakteen, dafür aber viel Sand, Fels und Geröll. Auch wenn hier keine Häuser zu sehen sind, ist der Verkehr doch anders als in den Wüsten Nevadas und Utahs recht lebhaft. Parallel zur mexikanischen Grenze fahren wir weiter in Richtung San Diego. Der Wind nimmt zu und wir sehen unglaublich viele Windräder, da wird uns klar, dass hier offensichtlich immer eine solch steife Brise weht. Der Anblick der Grenzanlagen zwischen den USA und Mexiko ist erschreckend, Erinnerungen an den Todesstreifen zwischen den beiden deutschen Staaten werden wach. Wir geben Gas und brausen weiter auf San Diego zu. Unterwegs ist der Highway gesperrt und bis an die Zähne bewaffnete Polizisten und Grenzschützer halten alle Fahrzeuge an. Wir haben keinen Mexikaner in der Toilette versteckt und können nach kurzem Stopp unbehelligt weiterfahren.

In Chula Vista, einer Stadt südlich von San Diego und rund 20 Kilometer von der mexikanischen Grenze entfernt, finden wir einen schönen Campingplatz direkt am Pazifik mit vielfältigen Freizeit- und Erholungsmöglichkeiten. Mit dem Trolley – einer Mischung aus Straßenbahn und Vorortzug – fahren wir bis zur mexikanischen Grenze, marschieren dann zu Fuß durch die Grenzkontrollen nach Tijuana in Mexiko und tauchen dort in eine völlig andere Welt ein.

Tijuana, die meistbesuchte Grenzstadt der Welt, besteht aus unzähligen Restaurants, Kneipen, Geschäften und Amüsiereinrichtungen, auch ein paar offensichtlich käufliche Damen stehen gelangweilt herum. Hier ist es zwar sehr spannend und abwechslungsreich, aber die permanenten Versuche, uns in Geschäfte oder Restaurants zu lotsen, gehen uns auf die Nerven. Wir weichen auf Nebenstraßen aus, wo es erträglicher ist, aber die offen sichtbare Armut trübt schon unsere Stimmung. Da Hunger und Durst immer größer werden, kehren wir in ein typisch mexikanisches Restaurant ein. Nach dem Besuch der Toilette und dem Blick in die Küche würden wir am liebsten fliehen, aber wir halten tapfer aus und spülen das uns empfohlene Gericht mit mexikanischem Bier hinunter. Die Rechnung ist erfreulich niedrig und die Leute sind sehr freundlich, vor allem als sie merken, dass wir keine Amerikaner, sondern Deutsche sind. Während des Essens muss ich mindestens 20 Straßenmusiker zum Teufel jagen, weil wir keine mexikanische Musik mehr hören wollen. Als wir nach unserem Kurzbesuch in Tijuana wieder in die USA zurückgekehrt sind und noch ein wenig durch Chula Vista laufen, stellen wir übereinstimmend fest, dass diese Welt schon eher unseren Lebensgewohnheiten entspricht.

San Diego ist eine tolle Stadt, der Inbegriff der Leichtigkeit und Unbekümmertheit des kalifornischen Lebens mit Sonne, Strand, Surfen und Leben wie im Dauerurlaub. Die Einheimischen können sich nicht daran erinnern, wann es hier zum letzten Mal geregnet hat. Deshalb sind wir ein wenig überrascht, dass wir morgens immer in eine Nebelsuppe blicken: Die warme Luft vom Festland trifft auf die relativ kalten Luftmassen des Pazifiks und lässt die feuchte Luft kondensieren und zu feinem Nebel werden. Aber die Sonne hat so viel Kraft, dass sie im Laufe des Vormittags die feuchte Luft vertreibt, bis diese abends wieder die Oberhand gewinnt.

Um einen Überblick über die zweitgrößte Stadt Kaliforniens zu bekommen, entschließen wir uns zu einer Stadtrundfahrt mit einem offenen Touristenbus – die Fahrt und vor allem der Fahrer mit seinem Unterhaltungsprogramm sind ihr Geld wert. San Diego ist eine liebenswerte Stadt, die Innenstadt mit dem Horton Plaza, die Altstadt mit ihren historischen Wurzeln aus der spanisch-mexikanischen Ära und der Balboa Park, in dem sich viele Museen und andere kulturelle Sehenswürdigkeiten in einem herrlichen Gelände mit Springbrunnen, Palmen und Blumen befinden, sind sehenswert und bestätigen den Ruf San Diegos als Ferien- und Erholungszentrum Kaliforniens in beeindruckender Weise.

Wir nehmen uns viel Zeit für den Zoo, ein weiteres Highlight der Stadt. Einige meinen, er sei der schönste Zoo der Welt. Die Tiere werden in – soweit es in Gefangenschaft möglich ist – artgerechten Gehegen gehalten, die für die Besucher durch abwechslungsreiche Erlebnispfade miteinander verbunden sind. Besonders putzig sind die Koalas und die Erdmännchen, aber auch dem munteren Treiben der Eisbären schauen wir gerne zu.

In fünf Tagen müssen wir unser Wohnmobil in Los Angeles abgeben, daher fahren wir weiter an der Küste Südkaliforniens entlang nach Norden. Der Verkehr ist heftig, schließlich ist Sonntag und viele suchen einen schönen Platz am Meer zum Schwimmen und Relaxen. Wir fahren weiter, Stunde um Stunde, sehen schöne Orte, traumhafte Villen, mondäne Hotelanlagen und immer wieder den Pazifik. In Newport Beach, ebenfalls ein berühmter und sehr schöner Badeort an der Küste Kaliforniens, übernachten wir idyllisch an einer Lagune mit einem großen Yachthafen und vielen Freizeiteinrichtungen. Überall wird gefeiert, wir lassen uns von der ausgelassenen Stimmung anstecken und denken mit Schrecken daran, dass unsere Rundreise mit dem Wohnmobil in wenigen Tagen zu Ende geht.

An das Leben im und mit dem Camper haben wir uns sehr gewöhnt. Auch wenn dieses Leben nach anderen Spielregeln als im Hotel verläuft, wollen wir es nicht mehr missen: früh aufstehen, joggen, ein wenig Gymnastik, duschen, Betten machen, Wohnmobil aufräumen, Eier braten, Kaffee kochen, Frühstückstisch decken, Unterlagen studieren, den Tag planen, Reiseroute festlegen, E-Mails checken und schreiben, Tisch abräumen und spülen, Zähne putzen, Wohnmobil reinigen, Wassertank auffüllen, Abwassertanks leeren, Wasser- und Abwasserschläuche demontieren, reinigen und verstauen, Fenster und Dachluken schließen, Slideout einfahren, Stromkabel abziehen und verstauen, Unterlegkeile entfernen, Ölstand prüfen, Müll wegbringen, im Office »Goodbye« sagen, losfahren, unterwegs kleine Pausen und Fotostopps einlegen, Starbucks-Café suchen, Supermarkt ansteuern, Lebensmittel im Kühlschrank verstauen, Zeitungen kaufen, unterwegs Sehenswürdigkeiten anschauen, Mittagessen einplanen, Etappenziel festlegen und Campingplatz aussuchen. Dann einchecken, einen schönen Stellplatz suchen, richtig einparken, Stromkabel anschließen, Klimaanlage einschalten, Wasser- und Abwasserschlauch ausrollen und anschließen, Slideout ausfahren, Nachbarn begrüßen, Essen kochen, Tisch decken, Weinflasche aufschrauben, in Ruhe essen, spülen, aufräumen, Wäsche waschen und trocknen, Bilder auf

Computer übertragen, Reisebericht schreiben, Bilder für die Veröffentlichung hochladen, im Internet surfen, E-Mails schreiben, zu Fuß eine Runde drehen, eine Kneipe suchen, lesen, Vorhänge zuziehen, Klimaanlage ausschalten, noch einen Blick aus dem Fenster werfen, auf verdächtige Geräusche achten, schlafen, frühmorgens schauen, wie das Wetter wird, und dann wieder – früh aufstehen. Wir fühlen uns pudelwohl, das Camperleben dürfte nie aufhören!

Bevor wir Los Angeles erreichen, machen wir noch einen Abstecher nach Anaheim. Hier haben deutsche Siedler aus dem Rheinland einst Wein angebaut, heute gibt es hier nur noch Zitronen und Orangen. Wir wollen uns in Anaheim den Riesenrummelplatz »Disneyland« ansehen, die Top-Attraktion Kaliforniens und auch für Erwachsene eine Pflichtveranstaltung. Zwölf Millionen Besucher pro Jahr können nicht irren, der Park hat jeden Tag ohne Pause geöffnet. Obwohl wir schon um 10 Uhr zur Eröffnung da sind, sehen wir an allen Attraktionen mehr oder weniger lange Schlangen. Wir flitzen sofort zum »Tomorrowland«, um zu sehen, wie sich die Amerikaner die Welt von morgen vorstellen. Aber die Begegnung mit außerirdischen Gestalten in »Star Tours« und die Reise zu fernen Galaxien in »Space to Mountain« bringen keine neuen Erkenntnisse und auch der Spaßfaktor ist zumindest nach meinem Geschmack begrenzt, zumal mir bei dem heftigen Gewackel auf der Fahrt zu den Sternen schlecht wird. Interessanter sind für mich die Attraktionen in der »Innovations Hall«, da hier Siemens, Honda, Microsoft und Hewlett-Packard Regie führten. Einige Spielereien sind recht nett und für den Durchschnittsamerikaner sicherlich auch lehrreich. Nach der Zukunft tauchen wir dann lieber wieder in die Gegenwartswelten ein und kreuzen mit dem Mississippi-Schaufelraddampfer und einem Expeditionsboot auf den hübsch angelegten Wasserstraßen Disneylands. Absoluter Höhepunkt ist das abendliche Feuerwerk, das einen stimmungsvollen Abschied vom »Magic Kingdom« bildet.
Zum Abschluss unserer Wohnmobil-Rundreise wollen wir uns einige Erholungstage am Meer gönnen. Wir quälen uns durch Los Angeles und erleben endlich mal einen richtigen Stau im Auto-

land USA. Man muss in dieser Mega-Stadt, in der allein das Auto zählt, höllisch aufpassen, bei dem Gewirr an vielspurigen Highways nicht die Orientierung und in den Staus nicht die Nerven zu verlieren. Irgendwie schaffen wir es aber doch, Santa Monica zu erreichen. Was wir nicht finden, ist ein ordentlicher Parkplatz für unser Wohnmobil. Am Strand werden 28 US-Dollar Parkgebühr verlangt, was ich dankend ablehne und dabei das volle Verständnis des Parkwächters finde. Schließlich stellen wir uns an die Straße und füttern zwei Parkuhren mit ein paar Münzen.

Santa Monica ist ein schöner Küstenort, ideal für Touristen. Viele Filme wurden hier gedreht, so zum Beispiel »Forrest Gump« und »Titanic« sowie die Serie »Baywatch«. Hier zeigt man seinen muskulösen Körper und seine gebräunte Haut. Wir haben nicht viel vorzuzeigen und fahren weiter nach Malibu, wo die Reichen und Superreichen in ihren Villen in den Bergen mit Blick auf den Pazifik wohnen. Wir fühlen uns ebenfalls reich, als wir unsere Paprika mit Hackfleisch-Käse-Füllung aus dem Bordrestaurant essen und dabei den herrlichen Sonnenuntergang mit Traumblick auf das Meer genießen.
Da ich mich seit Tagen mit einer Bronchitis herumplage, möchte ich das amerikanische Gesundheitssystem testen. Ich brauche eigentlich nur ein Rezept für ein Antibiotikum. An der Rezeption der Arztpraxis soll ich vorab 160 US-Dollar bezahlen mit dem deutlichen Hinweis, dass es nach der Untersuchung beim Arzt noch teurer werden könnte. Auf meine Frage, ob es auch billiger werden könnte, wird mir ein klares »Auf keinen Fall« entgegnet. Ich bedanke mich, verschwinde und vertraue auf die Selbstheilungskräfte meines Körpers – was tatsächlich funktioniert.
Es ist eine noble Gegend, die wir uns hier in Malibu näher ansehen. Viele Filmschauspieler, darunter auch der ehemalige Gouverneur Arnold Schwarzenegger, sollen hier wohnen, aber die Prachtvillen sind zumeist hinter hohen Mauern und Hecken verborgen. In Santa Monica mieten wir uns »Beachcruiser«, das sind bequeme Fahrräder mit hohem Lenker, und radeln nach Venice Beach, um dort das pralle Leben und interessante Menschen zu

beobachten, die sich auf jede nur denkbare Weise zur Schau stellen. Man sieht Ausgeflippte, Kaputte, Schöne und Sportliche neben vielen Straßenhändlern und Musikanten, aber auch hin und wieder einige »Normalos«. Von hier ging in den achtziger Jahren die Fitness-Welle um die ganze Welt. Man kann sich hier auch ambulant mit Botox die Falten wegspritzen und durch viele andere Maßnahmen seinen Körper in Form bringen lassen.

Das Wetter zeigt sich von seiner besten Seite und wir springen noch einmal in die Fluten des Pazifiks. Danach aber müssen wir Koffer packen, rund 6.000 Kilometer liegen hinter uns, eine spannende und abwechslungsreiche Zeit, fast jeder Tag gespickt mit unvergesslichen Highlights. Die letzten 30 Kilometer geht es von der Küste mit ein paar schönen Ausblicken auf die Santa Monica Mountains nach Los Angeles, wo wir unser rollendes Haus abgeben und eine Nacht im Hilton Airport Hotel verbringen.
Ein lang gehegter Traum wird wahr: Wir fliegen nach Hawaii, dem Inbegriff des Urlaubsparadieses. Aber bevor wir die Schönheiten und Wunderwelten dieser Inselgruppe erleben können, müssen wir etliche Stunden im Flugzeug sitzen – über zwei Stunden von Los Angeles nach Seattle und dann noch sechs Stunden von Seattle nach Honolulu. Die Inselgruppe liegt 4.000 Kilometer von der Westküste der USA entfernt. Gott sei Dank habe ich wenige Tage zuvor in Santa Monica einen alten SPIEGEL aufgetrieben, so dass ich wenigstens eine deutsche Zeitung lesen kann. Das Gepäck muss bei Alaska Airlines extra bezahlt werden, eine Unsitte, die mittlerweile auch nach Europa herüberschwappt.

Als wir in Honolulu – der Hauptstadt der Inselkette – ankommen, ist es schon dunkel und es regnet. Eigentlich ist dies unser erster »richtiger« Regen seit sechs Wochen, aber den Empfang auf Hawaii haben wir uns anders vorgestellt. Wir haben Schwierigkeiten, in der Dunkelheit unser Hotel zu finden, und schaffen es trotz Navigationsgerät erst nach mehreren Anläufen und einigen Irrfahrten. Mitten in einer dunklen Seitenstraße in der Hafengegend kreischt die Frauenstimme im Navi auf Deutsch (immerhin!):

»Sie haben Ihr Ziel erreicht.« Wir wussten zuvor nicht, dass Honolulu eine echte Großstadt mit den entsprechenden Verkehrsproblemen ist und auch als das »Manhattan des Pazifiks« bezeichnet wird. Von Hawaii-Feeling keine Spur! So sind wir froh, unser Hotel erreicht zu haben, und finden trotz der späten Abendstunde noch die Kraft, ein Absacker-Bier in einem nahegelegenen Luxushotel zu trinken, in unserem Hotel hat die Bar schon geschlossen.

Die Nacht ist kurz – Vollmond, Straßenlärm und drei Stunden Zeitverschiebung lassen keinen erholsamen Schlaf zu. Der Entdeckerdrang treibt uns schließlich hinaus, Oahu mit der Hauptstadt Honolulu zu erkunden. Auch tagsüber sieht die Stadt mit ihren Hochhäusern riesig aus, von Hawaii-Romantik ist auch hier im Zentrum nichts zu spüren. Exklusive Geschäfte, zahlreiche Gourmet-Tempel und vielfältige Freizeitangebote vermitteln ein Bild hoher Kaufkraft. Der größte Teil der Touristen kommt aus Japan, der Rest aus Amerika, und dann folgen ein paar Europäer, unter denen sich nur wenige Deutsche tummeln. Hier ist rund um die Uhr viel los, der Rummel ist gewaltig. Noch spätabends sind die Straßen voll und frühmorgens um 6 Uhr die Strände schon gut besucht. Viele Surfer kämpfen mit den Wellen, unzählige Jogger laufen kreuz und quer durch die Gegend. Heidi hat sich von der Sporteuphorie anstecken lassen und läuft morgens den weltberühmten Waikīkī-Strand rauf und runter. Wer hier ohne Surfbrett spazieren geht oder nicht mindestens eine Luftmatratze unterm Arm trägt, fällt auf. Aber spätabends – ob Surfboy oder Beachgirl – mit dem Surfbrett unterm Arm halbnackt und barfuß durch die Straßen oder die Hotelhalle zu flanieren, dazu gehört schon eine gehörige Portion Selbstbewusstsein. Aber klar ist auch: Derart schöne Körper muss man zur Schau stellen, solange sie noch knackig sind!

Vor dem Strandbesuch fahren wir erst einmal nach Pearl Harbour, dem großen Kriegsschiffshafen der USA, wo die Japaner 1941 die gesamte US-amerikanische Pazifikflotte ausradierten, was bekanntlich zum Eintritt der USA in den Zweiten Weltkrieg führte.

Wir möchten uns diese historischen Gedenkstätten näher ansehen, aber die Parkplätze sind hoffnungslos überfüllt, so dass wir wieder nach Waikīkī zurückfahren. Auch wollen wir es uns nicht nehmen lassen, am weltberühmten Strand, dem Waikīkī Beach, zu relaxen, ein wenig Sonne auf die morschen Körper scheinen zu lassen und im Pazifik zu schwimmen. Zwischen japanischen Mäuschen und amerikanischen Matronen finden wir noch ein schönes Plätzchen und schauen dem munteren Treiben am Strand und auf dem Meer zu. Die Atmosphäre ist entspannend, auch wenn die bis an den Strand reichenden Hochhäuser hier deplatziert wirken. Später fahren wir mit unserem Mietwagen noch einige Stunden an der Küste entlang, beobachten die Surfer und Wellenreiter, wandern auf den 232 Meter hohen Gipfel des Diamond Head und werden mit einem traumhaften Blick über die Insel belohnt. Essen kann man in Honolulu ebenfalls hervorragend, an den Lava Flow – eine mit Erdbeersaft veredelte Piña Colada – gewöhnen wir uns schnell.

Mit Hawaiian Airlines fliegen wir in knapp 30 Minuten nach Lihue auf die Garteninsel Kauai. Diese Insel ist bei Deutschen sehr beliebt, obwohl es hier ständig regnet. Dafür ist die Landschaft wunderschön und immergrün, viele Landschaftsaufnahmen für Film und Fernsehen wurden hier gedreht, so zum Beispiel für den Film »Jurassic Park«. Die üppige Vegetation und die Ruhe auf der Insel stehen in starkem Kontrast zu dem lebhaften Treiben Honolulus, dem El Arenal Hawaiis. Schwer zu sagen, wo es uns auf Dauer besser gefallen würde, aber wir sind davon überzeugt, dass der Reiz unsere Reise gerade im Wechsel der in fast jeder Beziehung unterschiedlichen Reiseziele besteht.

Wir wohnen in Kapaa, einem kleinen Örtchen mit netten Geschäften und Kneipen. Die Zeit scheint hier stehen geblieben zu sein, aber auch die Hauptstadt Lihue strahlt Ruhe und einen Hauch von Vergangenheit aus. Mit dem Wagen fahren wir über die Insel und werden immer wieder mit neuen Ausblicken auf Traumlandschaften belohnt. Das Zusammenspiel von Wolken, Sonne und kurzen Regenschauern schafft eine stimmungsvolle Atmosphäre und eröffnet den Blick in eine surreal erscheinende Welt. Wir können verstehen, dass Kauai als das schönste und verlockendste Reiseziel

Hawaiis bezeichnet wird. Das Abendessen auf der Hotelterrasse mit Blick auf die Palmen im üppigen Garten, mit dem Meeresrauschen im Hintergrund und mit auch abends idealen tropischen Wohlfühltemperaturen gerät da schon fast zur Nebensache.

Störend sind nur die Hähne, die jeden Morgen bei Sonnenaufgang kräftig krähen. Seit der Engländer James Cook 1778 bei seiner Entdeckung Kauais ein paar Hühner und wohl auch mindestens einen Hahn ausgesetzt hat, haben sich diese rasant vermehrt und bevölkern die gesamte Insel. Beim Autofahren muss man aufpassen, kein Federvieh zu erwischen.
Auch wenn die Strände traumhaft und verlockend sind, wandern wir an Kaffeeplantagen, Ananasfeldern und Palmenhainen vorbei in den üppigen Regenwald hinein. Nass geschwitzt erreichen wir den Waimea Canyon, von Mark Twain auch als »Grand Canyon des Pazifik« bezeichnet. Unsere Anstrengungen werden mit wunderbaren Blicken in und über den Canyon honoriert; die Farb- und Lichterspiele sind faszinierend, an den grünen Farbtönen kann man sich nicht sattsehen.

Da nur 20 Prozent der Insel mit dem Auto zu erreichen sind, buchen wir einen Hubschrauberrundflug. Von oben sehen wir traumhafte Landschaften, wilde Canyons, unberührte Strände ohne einen einzigen Menschen, felsige Küstenabschnitte, zerklüftete Bergwelten, verschlungene Flusstäler und jede Menge Wasserfälle. Wir entdecken auch Drehorte für die Filme »King Kong« und »Jurassic Park« und fliegen zum regenreichsten Ort der Erde, dem Mount Waialeale. Der Berg ist wie fast immer von Wolken umhüllt, und natürlich regnet es. Uns wird flau im Magen, als der Hubschrauber bei diesem unruhigen Wetter in die Schluchten und ganz nah an die Berghänge heranfliegt und in der Luft stehen zu bleiben scheint. Das satte und abwechslungsreiche Grün der tropischen Vegetation bestätigt eindrucksvoll, dass Kauai die Bezeichnung »Garteninsel« absolut verdient hat. Und – der Regen ist nicht überall: An den traumhaften weißsandigen Stränden scheint die Sonne ebenso wie auf den anderen Hawaii-Inseln.

Das Leben verläuft hier irgendwie anders – ruhiger und entspannter. Das Restaurant in unserem Hotel schließt schon um 20 Uhr, nur die Bar hat noch eine Stunde länger geöffnet. Wenn wir später von unseren Ausflügen zurückkehren, müssen wir uns von Erdnüssen, Käsestücken und tropischen Früchten wie Mangos und Papayas ernähren – auch nicht schlecht und vor allem gesund. Um mich der Landesmode anzupassen, habe ich mir eine kurze rote Hose und ein blaues Hawaii-Hemd gekauft. Zum Rasieren bin ich zu bequem, ich fühle mich jetzt ganz als Beach-Boy. Heidi meint allerdings, ich sähe mehr wie ein Penner aus. Auf jeden Fall passe ich so in kein Büro der modernen Welt, und das ist auch gut so. Die ruhige Gangart hier wirkt entspannend und ansteckend, man schaltet automatisch einen Gang zurück. Die hawaiianische Musik, die überall dudelt, versetzt uns unweigerlich in die richtige Hawaii-Stimmung.

Aber so sehr wir uns an das schöne Leben hier gewöhnt haben, wollen wir doch noch zwei weitere Inseln – Maui und Big Island – kennen lernen. So fliegen wir mit einer kleinen Propellermaschine der Island Air von Lihue nach Kahului auf Maui. Der Flug selbst dauert nur rund eine Stunde, aber wegen der aufwendigen Sicherheitskontrollen sind wir etliche Stunden unterwegs. Als wir dann endlich in den Flieger steigen können, geht ein heftiger Regenschauer über dem Flughafen nieder und wir werden klatschnass, obwohl wir vom Terminal im Laufschritt zum Flugzeug rennen. Aber der Regen ist warm und deshalb angenehm, nur meine gerade erworbene Zeitung überlebt den Wolkenbruch nicht. Als wir in Kahului landen, scheint schon wieder die Sonne und das Wetter wirkt angesichts einer frischen Brise traumhaft. Ein kleiner Schreck ereilt uns am Rande, unser Gepäck ist nicht da. Aber es gibt schnell Entwarnung: Das Gepäck wurde bereits mit einer früheren Maschine transportiert. Die Übernahme des reservierten Mietwagens verläuft unbürokratisch, wir können uns aus der großen Fahrzeugflotte ein passendes Auto aussuchen. Wir nehmen das schönste und brausen los.
Schon während der kurzen Fahrt vom Flughafen zum Hotel kommt echtes Hawaii-Feeling auf – schöne Strände, blaues Meer, angeneh-

mer Wind, wilde Steilküsten, tropische Vegetation und natürlich die strahlende Sonne. Wir finden ein schönes Hotel in Lahaina, der früheren Hauptstadt des Königsreichs Hawaii, zwar nicht direkt am Strand, aber am Rande der historischen Altstadt mit ihren rund 100 Jahre alten Holzhäusern in einer parkähnlichen Gartenanlage gelegen. Der Tag ist schon fast vorbei, so gehen wir zum Abendessen in ein Restaurant direkt an der Küste mit wunderschönem Blick auf das Meer und genießen den Sonnenuntergang mit den herrlichen Lichteffekten und dem lebendigen Spiel der unzähligen Wolken. Heidi findet schon am ersten Tag die Stimmung auf Maui so eindrucksvoll und so einmalig, dass sie hier sterben möchte. Ich würde dann auch hierbleiben und ihr Grab pflegen, verspreche ich ihr.

Bis 1846 war Lahaina die Hauptstadt von Hawaii, wirtschaftliche Bedeutung erlangte sie aber als »Walhauptstadt« und wurde in diesem Zusammenhang auch als »Höllenloch im Pazifik« bezeichnet. Damals muss hier noch wesentlich mehr los gewesen sein als heute, dafür ist die Stadt nun das touristische Zentrum von Maui. Das Bummeln durch dieses schöne Städtchen mit dem historischen Ambiente macht sehr viel Spaß und ist unglaublich vielseitig. Die ganze Stadt steht unter Denkmalschutz und man kann den Geist der Vergangenheit hautnah spüren. Schöne und auch exklusive Geschäfte, gute Restaurants und viele Bars lassen keine Langeweile aufkommen, vor allem abends herrscht eine ausgelassene Stimmung. Den Sonnenuntergang auf einer der vielen Restaurantterrassen bei einem guten Essen und einem Glas Sauvignon Blanc mit Blick auf den Pazifik in dieser herrlichen Abendluft und dem ungezwungenen Ambiente zu erleben, ist einmalig. Sowohl mit der Wahl Lahainas als Standort auf Maui als auch mit der Wahl des Hotels Outrigger Aina Nalu haben wir eine ausgezeichnete Entscheidung getroffen und bedauern schon jetzt, hier nur fünf Tage bleiben zu können.

Mit dem Auto fahren wir die Westküste entlang und schauen uns die schönen Strände an. In einer Bucht schwimmen wir zum Schnorcheln hinaus und bewundern einige bunte Fische und Korallen. Eine kleine Wanderung entlang der Küste verschafft

spektakuläre Blicke auf die Westküste Mauis. Beim Einkaufen im Supermarkt fragt mich die Kassiererin angesichts des Sixpacks Bier doch tatsächlich nach meinem Alter – Alkohol darf in den USA erst ab 21 Jahren gekauft und getrunken werden. Na ja, schwer übertrieben, aber vielleicht hat mich mein verwegenes Hawaii-Outfit um Jahrzehnte jünger aussehen lassen.
Heute ist Sonntag. Eigentlich egal, weil für uns jeder Tag ein Sonntag ist. Wir fühlen uns unglaublich wohl und genießen die Freiheit des Reisens. Den Wochentag bemerken wir beim Vorbeigehen an einer katholischen Kirche, aus der Musik herausschallt. Die Kirche ist brechend voll, viele Menschen warten deshalb draußen und singen begeistert mit.

Das Wetter ist wie so oft traumhaft und wir erklären den heutigen Sonntag auch für uns zum Ruhetag. Wir fahren zu einem der schönsten Strände Hawaiis, dem Big Beach, und legen uns ein paar Stunden an den Strand. Früher tummelten sich hier Könige, heute trifft man vor allem Einheimische. Einige liegen nackt im Sand, wir schließlich auch. Das Publikum ist bunt gemischt, etliche Alt-Hippies stopfen ihre Haschpfeifen und zünden sie an. Einige spielen Gitarre, man rückt zusammen und süßlicher Haschisch-Duft liegt in der Luft. Als ein Polizist auftaucht, verschwinden wir schnell und wandern durch riesige Lavafelder weiter an der Küste entlang. Die Straße nach Hana im Osten der Insel soll die schönste auf Maui sein. Frühmorgens machen wir uns auf den Weg und legen in Paia, dem internationalen Zentrum für Windsurfer, eine kurze Pause ein, um die Surfer beim Training in den meterhohen Wellen zu beobachten. Die Straße an der Nordküste entlang wird schließlich immer enger und der Regen immer stärker. Hinter jeder Kurve bieten sich neue wunderschöne Ausblicke – grüner Regenwald, tiefblaues Meer und viele Wasserfälle. Der Regenwald macht seinem Namen alle Ehre und wir beschließen nach dem Überqueren von geschätzt 20 einspurigen Brücken und dem Passieren unzähliger Kurven spontan, umzukehren und wieder in die Sonne zu fahren. Die Fahrt geht durch mehrere Klimazonen: Nach dem Regenwald gelangen wir kurze Zeit später in eine Gegend, die dem Sauerland oder dem Schwarzwald ähnelt, wir fahren durch grüne Felder mit Kühen und Pferden, dann vorbei an Zuckerrohrplantagen, und nach ein paar Kilometern durchqueren wir Wüstenzonen mit blühenden Kakteen, bis wir letztlich wieder an der Küste sind.

Das Baden in den Wellen des Pazifiks hat seinen Reiz – das Wasser ist klar, die Temperaturen sind angenehm, fast schon zu warm, die Wellen heftig, die Sonne scheint fast ununterbrochen, es weht ein leichtes Lüftchen und gelegentlich eine steife Brise. Unter diesen Bedingungen kann man es am Strand durchaus ein paar Stunden oder länger aushalten. Außergewöhnlich gut ist auf Maui auch das Essen, vor allem der Fisch und andere Meerestiere sind stets frisch, es gibt viele lokale Produkte, raffiniert zubereitet mit polynesischer Note und kunstvoll angerichtet – besser geht es nicht. Wenn man dann noch einen Tisch direkt am Meer ergattert und die untergehende Sonne über den rauschenden Wellen im Abendlicht beobachten kann, wird man endgültig und unwiderruflich vom Zauber Hawaiis gefangen genommen.
Da Maui unglaublich viele Wassersportmöglichkeiten bietet, fahren wir am letzten Tag unseres Aufenthaltes auf dieser unglaublich schönen Insel mit einem Power-Katamaran zum Schnorcheln hinaus aufs Meer. Das Schnorcheln vor der Kraterhalbinsel Molokini ist ganz nett, das Wasser wie gewohnt warm, die See etwas unruhig und die Sicht klar – nur Fische sehen wir nicht, von einigen klitzekleinen Exemplaren abgesehen. Die Korallen sind ebenfalls recht blass, so dass wir auf den zweiten Schnorchelgang verzichten. Ansonsten ist die Bootstour sehr angenehm, der Kapitän kann unterhaltsam spannende Geschichten über das Leben auf Maui und vor allem über die Promis aus Film und Fernsehen erzählen. Vom Wasser aus sehen wir die Glasvilla von David Bowie mit 360°-Rundumsicht sowie das Anwesen von Tiger Woods mit benachbartem Golfplatz. Später wissen wir auch, dass Mai Tai kein hawaiianischer Gott ist, sondern ein leckerer Rum-Drink, der auf dem Schiff angeboten wird. Als auf der Rückfahrt plötzlich rund 20 Delfine zwischen den Wellen auftauchen und verspielt vor unserem Boot hin und her springen, sind wir fasziniert

von diesem Naturschauspiel und haben die verpassten Fische und die ausgebleichten Korallen längst vergessen.

Dass es sich hier gut leben lässt, haben vor uns schon viele andere erkannt. So schrieb bereits Mark Twain ganz begeistert über seinen Aufenthalt auf Maui: »Ich kam für eine Woche nach Maui, und blieb dann fünf. Noch nie habe ich einen so angenehmen Urlaub verbracht, und noch nie hat es mir so leid getan, mich zu verabschieden.« Diesen Worten ist nichts hinzuzufügen.
Zum krönenden Abschluss unserer Hawaii-Rundreise fliegen wir nach Hawaii Island, auch »Big Island« genannt. Die Insel ist in jeder Hinsicht »big«, denn sie ist nicht nur fast zweimal so groß wie alle übrigen Hawaii-Inseln zusammen, sie bietet auch einige der spektakulärsten Naturwunder der Welt, und man findet hier bis auf zwei alle Klimazonen der Erde. Der Flug dauert nur schöne 30 Minuten, aber für die Strecke zu unserem Hotel, dem Waikoloa Beach Marriott, benötigen wir drei Stunden. An der Nordostküste fahren wir durch verschiedene Klimazonen, tropische Landschaften mit üppiger Vegetation wie auch Wiesen- und Weidegegenden mit zahlreichen Rinderfarmen und weiter an der felsigen, zerklüfteten Küste entlang.
Unser Hotel ist eine traumhafte Ferienanlage, direkt am Meer gelegen, mit riesiger Poollandschaft und eigenem Sandstrand. Hier herrscht eine entspannte und angenehme Atmosphäre, vor allem den Sonnenuntergang kann man hier sehr stimmungsvoll erleben. Unser Nachbarhotel – das Hilton Waikoloa Resort – ist noch ein Stück exklusiver, ein Luxus-Hotelkomplex der besonderen Art. Hier wurden in eine unwirtliche Lavalandschaft unzählige Löcher geschlagen, um für 1,5 Millionen US-Dollar Kokospalmen zu pflanzen. Traumhafte Gartenanlagen mit Teichen, in denen Delfine schwimmen, sind durch eine kleine Eisenbahn und Boote mit den Zimmern, Restaurants und Veranstaltungsräumen verbunden. Einmalig schön – eine Empfehlung für jene, die (nochmals?) heiraten wollen. Romantischer geht es nicht.
Um mehr von dieser schönen und äußerst vielfältigen Insel zu erleben, fahren wir mit dem Mietwagen mit weit geöffnetem

Schiebedach die Westküste entlang in Richtung Süden, durch unendliche Lavafelder und bezaubernde Orte. Wir finden eine traumhafte Bucht, stürzen uns in die Wellen und schnorcheln ein wenig in dem angenehm warmen Wasser. Viele Fische, teilweise große Fischschwärme, sind unterwegs, aber besonders begeistern uns einige Schildkröten. Beim Verlassen des Wassers stelle ich fest, dass mein Fuß blutet, ich habe mir einen Riss in der Fußsohle zugezogen. Sofort bietet mir eine Amerikanerin ihre Hilfe an und versorgt mich mit Desinfektionstüchern. Das ist sehr nett, aber für mich ist der Tag gelaufen.

Drei Stunden müssen wir am nächsten Tag mit dem Auto fahren, um zur Hauptattraktion Hawaiis, dem Hawaii Volcanoes National Park, zu gelangen. Die Fahrt dorthin ist sehr abwechslungsreich, wir passieren wieder mehrere Klimazonen und erleben hinter jeder Kurve neue und schöne Ausblicke. Der Vulkan ist sehr unruhig, zuletzt kam es im Jahre 2008 zu massiven Ausbrüchen. Der Besuch des Geländes soll aber relativ sicher sein, weil der Gasgehalt der hawaiianischen Lava sehr gering ist. Als wir ankommen, sind jedoch weite Teile des Nationalparks wegen zu hoher Gaskonzentrationen in der Luft gesperrt. Trotzdem ist es aufregend, in den nicht gesperrten Bereichen über die Lavafelder zu wandern, durch eine Lavaröhre zu gehen, aus dem Krater die Dampfwolken aufsteigen zu sehen und den Gasgeruch wahrzunehmen. Bei der Fahrt durch den Park sehen wir, dass die ursprüngliche Straße unter Lavamassen begraben wurde und an verschiedenen Stellen immer wieder neu angelegt werden musste. Es ist ein prickelndes Gefühl, über die Lavafelder zu gehen oder zu fahren und daran zu denken, dass darunter die Erde brodelt, um sich mit Gewalt den Weg nach oben zu suchen und sich dann ins Meer zu stürzen. Auf diese Weise wird der Big Island immer größer. Die beiden Berge Mauna Kea und Mauna Loa sind übrigens die höchsten der Welt, wenn sie von ihrer Basis auf dem Meeresboden bis zu ihrem Gipfel gemessen werden. Hier auf Big Island findet jedes Jahr im Oktober mit dem Ironman Hawaii der älteste und gleichzeitig bekannteste Ironman statt – 3,86 Kilometer Schwimmen im Meer, dann 180 Kilometer

auf dem Rennrad bis zur Nordspitze der Insel und anschließend ein Marathonlauf bei oft widrigen Witterungsbedingungen müssen bewältigt werden. Um ein wenig Ironman- und Ironwoman-Feeling zu erleben, wollen wir uns Rennräder ausleihen und einen Teil der Strecke abfahren. Aber der Wind frischt so stark auf, dass wir schweren Herzens verzichten. In unserem Hotel treffen wir dafür einen echten Ironman, der den Wettkampf in zehn Stunden geschafft hatte – der Sieger brauchte nur acht, eine übermenschliche Leistung.
Wir müssen heute nichts leisten, sondern genießen das Leben am Pool und am Strand, mieten ein Kanu und paddeln ein Stück auf das offene Meer hinaus. Draußen begegnen wir etlichen Meeresschildkröten, die zum Luftholen an die Oberfläche kommen. Plötzlich fährt uns der Schreck in die Glieder, wir entdecken einen großen schwarzen Schatten direkt unter unserem gelben Plastikboot: Ein riesiger Mantarochen schwebt unmittelbar unter uns, er lässt sich dabei aber glücklicherweise von uns nicht stören.

Auf dem Weg zum Flughafen in Hilo – hier regnet es an 280 Tagen im Jahr, somit auch heute – wird uns schmerzhaft bewusst, dass die traumhafte Zeit auf Hawaii endgültig vorbei ist. Beim Einchecken entstehen einige Irritationen, weil unsere Namen nicht auf der Passagierliste zu finden sind. Die Airline hat mit einer anderen fusioniert, die wiederum alle Flüge gestrichen hatte. Aber letztendlich nimmt uns Hawaiian Airlines nach zähen Verhandlungen an verschiedenen Schaltern doch noch mit. Wir fliegen über Honolulu, unser Flugzeug ist bis auf den letzten Platz besetzt. Der Flug verläuft ziemlich unruhig, es kommt zu heftigen Turbulenzen. Beim Landeanflug auf Seattle hat Heidi ein süßes kleines Mädchen auf dem Schoß. Die beiden verstehen sich prächtig, auch wenn jeder seine eigene Sprache spricht. Spätabends finden wir in der Nähe des Hotels eine Kneipe, in der wir noch ein – die Betonung liegt auf »ein« – Bier bekommen.

Am anderen Morgen der große Schock: Nebel und Dunst in den Straßen, beim Blick aus dem Hotelzimmer Menschen in Jacken und

Mänteln, keine knappen Tops, keine Aloha-Hemden und keine kurzen Hosen. Dazu stressiger Straßenlärm und nach vielen Wochen wieder das Sirenengeheul der Einsatzfahrzeuge. Wir erleben einen Temperatur- und Kulturschock sowie eine andere Welt. Das Thermometer zeigt nur 10 °C, nachdem wir die letzten Wochen immer rund 30 °C und zu Beginn unserer Etappe sogar mehr als 40 °C ertragen durften. Die wenigen verbliebenen Blätter auf den Bäumen Seattles sind braun, und natürlich schmücken auch keine blühenden Pflanzen und keine Palmen das Straßenbild. Und: kein fröhliches »Aloha« (»hallo«, »willkommen« oder »ich liebe dich«) und auch kein nettes »Mahalo« (»danke«), das fehlt uns sehr.
Seattle ist eine sehr interessante Stadt, etwa so groß wie Dortmund, relativ jung und sehr modern, vergleichbar vielleicht mit der nördlich in Kanada liegenden Stadt Vancouver. Hier baut Boeing seine Riesenflugzeuge, die Firma Microsoft verdient Milliarden, und Starbucks hat hier die leckeren Kaffeespezialitäten erfunden und in die ganze Welt exportiert. Die Stadt hat einen sehr hohen Freizeitwert und zählt zu den beliebtesten in den USA.

Wir machen uns zu Fuß auf den Weg in die Innenstadt und schließen uns eher zufällig einer Führung in die »Unterwelt« – das riesige und weit verzweigte Kanalnetz – an. Seattle wurde nach dem großen Brand 1889 praktisch auf den Gassen und Ruinen der alten Stadt neu aufgebaut, so dass wir viele Meter unter der Straßenoberfläche die Reste dieser alten Pioniersiedlungen sehen können und spannende Einblicke in die Stadtgeschichte erhalten. Nachdem wir ganz unten waren, fahren wir auch (fast) ganz nach oben – im Smith Tower mit einem der ältesten noch in Betrieb befindlichen Aufzüge. Noch spannender ist der anschließende Besuch des Pike Place Market, eines Bauern-, Fisch- und Obstmarktes mit rund 50 Kneipen und Restaurants. Wir merken, dass wir für Seattle zu wenig Zeit eingeplant haben.
Endlich wieder eine Zugfahrt: Mit dem Coast Starlight geht es von Seattle über Emeryville nach San Francisco. Wir fühlen uns in unserem geräumigen Schlafwagenabteil sofort heimisch und genießen die Zugfahrt, zumal auch das Wetter besser wird und

die Sonne zum Vorschein kommt. Die vorbeiziehende Landschaft erinnert uns an das heimatliche Sauerland, und der bunt gefärbte Laubwald, unterbrochen von zahlreichen Seen und Flüssen, wirkt beruhigend beim Lesen unserer in Seattle erworbenen deutschen Zeitungen. Trotz der vielen Stunden im Zug wird es keine Minute langweilig. Wir sprechen mit vielen Mitreisenden und wundern uns immer wieder, dass sich die Gesichter bei der Frage nach ihrem Präsidenten Barack Obama oft schmerzhaft verziehen.

Während des Abendessens erreichen wir Sacramento, die Hauptstadt Kaliforniens. Die Szenerie draußen wird immer wilder und spektakulärer, wir fahren durch die Cascade-Range-Bergwelt mit ihren schneebedeckten Gipfeln. Heidi fühlt sich schlecht, vielleicht vom Schaukeln des Zuges oder der Weinprobe im Speisewagen oder ihrer Erkältung. Zwischenzeitlich ist es dunkel geworden und die reizende Schlafwagenbetreuerin hat unsere Betten hergerichtet. Mithilfe einer Schlaftablette – das Verfahren hat sich bei früheren Zugfahrten bestens bewährt – schlafen wir sofort ein und sind morgens um 6 Uhr bereits wach, als uns die Schlafwagenschaffnerin wecken möchte. Mit leichter Verspätung kommen wir in Emeryville an, wo wir in den Bahnbus umsteigen und noch knapp 20 Kilometer nach San Francisco fahren müssen.
San Francisco ist eine einmalig schöne Stadt. Selbst wer schon mehrere Male hier war, wird immer wieder vom Reiz dieser charmanten und pulsierenden Stadt mit ihrer einzigartigen Lage auf den Hügeln am Pazifik gefangen genommen. Jeder kennt sie zumindest aus Film und Fernsehen durch Sendungen wie »Die Straßen von San Francisco«, »Is' was, Doc?« oder »Flucht von Alcatraz«. Auch die Golden Gate Bridge, die wunderschöne drei Kilometer lange Hängebrücke, hat jeder zumindest schon auf Bildern gesehen. Wir kommen in einem Hotel nahe am Wasser – Holiday Inn Express Fisherman's Wharf – unter, ein idealer Standort mit kurzen Wegen zu den Hauptsehenswürdigkeiten, den historischen Vierteln und natürlich zu den vielen guten Restaurants. San Francisco kann man gut zu Fuß erkunden, hier ist jeder Spaziergang

ein Erlebnis. Die Zeit verfliegt rasend schnell, weil es immer wieder Neues, Interessantes und Aufregendes zu sehen gibt.

Auch wir tun es – wir fahren mit der altertümlichen, aber weltbekannten Cable Car, dem Wahrzeichen San Franciscos. Da die Bahnen stets voll sind, stellen wir uns bereits früh an und ergattern einen Platz auf der hinteren Plattform mit der Möglichkeit, sich während der Fahrt hinauszuhängen. Dabei kommt echtes San-Francisco-Gefühl auf und auch ein wenig Nervenkitzel, wenn dieses altertümliche Gefährt bei der Bergabfahrt doch noch rechtzeitig zum Stehen kommt. Die Fahrt ist ein tolles Erlebnis und verschafft einen schönen Überblick über San Franciscos Innenstadt. Den Rückweg gehen wir zu Fuß – vom Union Square durch die Einkaufsviertel und den Finanzdistrikt, anschließend bummeln wir noch durch das quirlige Chinatown. Hier hat sich die größte chinesische Gemeinde außerhalb Chinas entwickelt, und es ist immer wieder faszinierend, Einblicke in diese völlig andere Welt zu nehmen.

Heidi gefällt es in Chinatown derart gut, dass sie sich gleich in einem Friseursalon anmeldet und sich in stundenlanger Handarbeit von zwei sehr netten Chinesinnen aufhübschen lassen will. Das funktioniert zu ihrer großen Enttäuschung nicht so richtig, denn die Damen versuchen, die Locken herauszubügeln, so dass Heidi jetzt fast wie eine blonde Chinesin aussieht – zumindest auf dem Kopf. Ich sage lieber nicht dazu, sondern genehmige mir in der Zwischenzeit in der berühmten Eis- und Schokoladenfabrik Ghirardelli ein Rieseneis und besichtige den luxussanierten Fabrikkomplex.
Gern würden wir uns die Welt der Verbrecher auf Alcatraz ansehen, aber alle Bootsfahrten dorthin sind restlos ausverkauft und zum Anstehen vor den Schaltern ist uns die Zeit zu kostbar. Alcatraz ist das wohl berühmteste und berüchtigtste Gefängnis der Welt, in dem Schwerverbrecher wie Al Capone viele Jahre ausbruchssicher inhaftiert waren. Statt im Gefängnis landen wir somit in einem netten italienischen Restaurant, nachdem wir vom Coit Tower aus zum vorerst letzten Mal den Sonnenuntergang über der Golden Gate Bridge erlebt haben.

Mit dem Auto kann man auf dem 49-Mile Scenic Drive die wichtigsten Sehenswürdigkeiten und reizvollsten Ecken San Franciscos erleben, wir aber schwingen uns am nächsten Tag auf unsere Mieträder und radeln in Richtung Golden Gate Bridge. Auch im Sonnenschein ist diese nicht »golden«, sondern eher rostrot, nichtsdestotrotz unheimlich beeindruckend und daher eine beliebte Touristenattraktion sowie die vielleicht schönste Hängebrücke der Welt. Deswegen ist es auf der Brücke auch rappelvoll, aufgrund des schönen Wetters tummeln sich hier jede Menge Touristen und viele einheimische Rennradfahrer. Von der Brücke aus genießen wir den schönen Blick auf San Francisco, ein herrliches Hochhauspanorama, das aus dem gespenstigen Dunst der Großstadt herausragt.

Wir radeln danach weiter nach Sausalito, einem beliebten und mondänen Vorort San Franciscos mit Boutiquen, Schmuckgeschäften und Fischrestaurants. Zum Einkaufen haben wir keine Zeit, kein Geld und keine Lust, so geht es ohne Pause weiter, immer an der Küste entlang in Richtung Tiburon. Dabei kommen wir an der berühmten Hausboot-Kolonie vorbei, die seit der Hippie-Zeit ein Inbegriff des freien und ungebundenen Lebens ist. Einige Hausboote sind mittlerweile schwimmende Schrotthaufen, andere hingegen modern und luxuriös; auf jeden Fall ist hier eine interessante und abwechslungsreiche Wohnalternative entstanden. Tiburon ist ein kleines schnuckeliges Hafenstädtchen mit schöner Uferpromenade. Die Restaurants und Garten-Cafés sind wegen des schönen Wetters brechend voll, mit viel Glück finden wir aber noch einen Tisch direkt am Wasser. Nach dieser kurzen Pause fahren wir mit der Fähre nach San Francisco zurück und können in der Spätnachmittagssonne noch einige großartige Blicke auf Alcatraz und die Hochhäuser des Traumreiseziels San Francisco genießen.

In Las Vegas sind wir gestartet, und in Las Vegas endet die 2. Etappe unserer Weltreise. Am Flughafen von San Francisco erleben wir die moderne Welt der Fliegerei: Das Servicepersonal wurde wegrationalisiert, die Bordkarten müssen wir selbst ausdrucken, und Essen im Flieger nach Las Vegas gibt es ohnehin nicht.

Ansonsten verläuft der Flug planmäßig. Neben mir sitzt eine Managementtrainerin, die mich unvermittelt fragt, ob ich glücklich sei. Ich kann das voll und ganz bejahen, und wir sind uns schnell einig, dass man glücklich sein muss, wenn man nach Las Vegas fahren kann. Für viele Amerikaner bedeutet ein Aufenthalt in Las Vegas tatsächlich sehr viel, wir hören des Öfteren, dass man mindestens einmal im Jahr in Las Vegas gewesen sein muss.
Wie eine Fata Morgana erhebt sich die Stadt aus der steinigen Wüste Nevadas und bietet ein unglaublich breites Unterhaltungsangebot. Fast 40 Millionen Besucher kommen jährlich in dieses bedeutende Touristenzentrum und lassen sich von den einmaligen und erstklassigen Unterhaltungsangeboten in den Bann ziehen. Dabei ist interessant, dass längst nicht mehr das Glücksspiel der tragende Wirtschaftszweig in Las Vegas ist, sondern drei Viertel des Umsatzes in der Stadt durch Eintrittskarten für Shows, durch Souvenirs und Luxusartikel generiert werden.
Bill Clinton ist hier, Paris Hilton ist hier und jetzt sind auch wir hier. In dieser Stadt ist immer etwas los – Tag und Nacht, das macht sie so reizvoll und unverwechselbar. Allein 80 Kongresse finden hier jährlich statt, Restaurants aller Klassen, Museen, Kulturtempel und unzählige Einkaufszentren bieten ihre Leistungen zu in aller Regel erschwinglichen Preisen an. Las Vegas ist zudem relativ sicher, man kann auch spätabends und mitten in der Nacht allein durch die Gegend laufen, das Geld wird hier meist auf legale Art und Weise aus der Tasche gezogen.
Wir steigen wieder im Planet Hollywood ab und bekommen für ein paar Dollar mehr ein schönes großes Eckzimmer in der 21. Etage mit grandioser Aussicht auf die Hotel-Szenerie des Las Vegas Boulevard. Vom Bett aus sehen wir das gegenüberliegende Luxushotel Bellagio mit seinem See und den zur Musik von Frank Sinatra und anderen Welthits tanzenden Wasserfontänen. Direkt vor unserem Hotel befinden sich der Eiffelturm und der große Ballon des Hotels Paris – einfach fantastisch, lebendig bei Tag, glitzernd und bunt in der Nacht und romantisch beim Sonnenaufgang. Eigentlich wollen wir gar nicht hinausgehen, so spektakulär ist die Aussicht aus unserem Hotelfenster.

Aber natürlich gehen wir trotzdem hinaus. Was im Moment nicht zu Las Vegas passt, sind die Temperaturen. Schlappe 14 statt 40 °C sind für diese Jahreszeit nicht normal. Aber das Leben spielt sich ohnehin in klimatisierten Räumen ab, so dass das Wetter für uns keine Rolle spielt.

Jeden Abend ist Show-Time, und die Shows, die wir uns ansehen, sind durchweg grandios. Wir haben Karten für die Show Le Reve im relativ neuen, 2,6 Milliarden US-Dollar teuren Hotel Wynn bekommen. Das Theater ist natürlich ebenfalls neu, die Sitzplätze sind rund um das in der Mitte befindliche Wasserbecken angeordnet. Die künstlerischen Aktionen spielen sich unter, im und auf dem Wasser ab, eine perfekte Show mit wunderschönen Bildern und spektakulären artistischen Leistungen. Die Aufführung ist wirklich sehenswert, vergleichbar mit der Show »O« des Cirque du Soleil. Siegfried und Roy sind nicht mehr da, auch David Copperfield lässt sich nicht in der Stadt blicken. Dafür gehen wir in die Beatles-Show des Cirque du Soleil, wir bekommen die letzten Tickets. Ein grandioses Schauspiel – die beliebten Hits der Beatles kombiniert mit den artistischen und tänzerischen Aktionen der Zirkus-Truppe. Man weiß wirklich nicht, wo man zuerst hinschauen soll, so spannend, vielfältig und abwechslungsreich sind die Aktionen und die mitreißende Musik. Allein wegen des Besuchs dieser Shows hat sich für uns die Reise nach Las Vegas gelohnt.

Die Temperaturen fallen weiter, die Sonne sieht man kaum, dafür kommt frischer Wind auf – eigentlich unvorstellbar für Las Vegas. Es sieht lustig aus, die Einheimischen mit Wollmützen, Daunenjacken und Stiefeln zu sehen, die Schwimmmeister legen sich Badetücher um die Schultern. Heidi nutzt das schlechte Wetter und geht auf Einkaufstour. Ich darf abends bei der Endauswahl ihrer Beutestücke mitwirken, die meisten Entscheidungen werden einstimmig getroffen. Einkaufen kann man, vor allem wegen des aktuell günstigen Dollar-Kurses, sehr gut in Las Vegas – es gibt hohe Qualität zu vernünftigen Preisen bei einer riesigen Auswahl. Allein in unserem Hotelkomplex bieten 130 Geschäfte ihre Waren an.

Ich nutze die Zeit während Heidis Einkaufstouren für einen Streifzug durch die einzigartige Hotelwelt mit den Casinos und vielfältigen Freizeitattraktionen und sehe viel Außergewöhnliches, Imposantes, Großkotziges und Beklopptes, aber immer irgendwie Faszinierendes, Interessantes und Einmaliges. 14 der 18 größten Hotels der Welt befinden sich in Las Vegas, das Venetian Resort ist mit mehr als 7.000 Suiten und Zimmern der größte Hotelkomplex der Welt. Ich sehe mir im Hotel Paris den Eiffelturm an, bestaune im Mandalay Bay – gegen Eintritt – Haie und Rochen, betrachte im Mirage schlafende Löwen, bewundere vor dem Hotel New York die Mutigen in der Achterbahn und trinke im tropischen Garten des Caesars Palace ein Bier. Weiter geht es zum gigantischen Bellagio, dessen imposante Wasserspiele wir von unserem Hotelzimmer aus sehen können. Meinen Trip beende ich in der Luxusherberge The Venetian, die mit Dogen-Palast, Rialto-Brücke und Markusplatz bekannte Bauwerke aus Venedig nachgebaut hat. Auf den künstlichen Kanälen verkehren Gondeln mit Gondolieros, die italienische Arien schmettern – eine grandiose Kunstwelt, schöner und perfekter als die Realität.

Einmal in meinem Leben wollte ich mit einem Cabriolet durch Las Vegas fahren. So bestelle ich bei Dreamcars einen Ford Mustang Cabrio, aber das gestaltet sich nicht ganz einfach. Ich muss alle denkbaren und undenkbaren Fragen beantworten, meinen Arbeitgeber und auch meine Position nennen. Als ich »Direktor« sage, schaut mich die unscheinbare Office-Lady irritiert an und das Misstrauen ist komplett, liegt wohl an meinem Hawaii-Look. Als Arbeitgeber trage ich »Deutsche Rentenversicherung« ein, das hört sich gut an und die Lady scheint zufrieden zu sein. Ich muss Dutzende von Unterschriften leisten und schließlich noch meine Fingerabdrücke auf mehreren Papieren hinterlassen. Aber wenn man einen Traum hat, darf man nicht aufgeben, obwohl ich mehrmals kurz davor stehe, die Brocken hinzuwerfen. Dann endlich können wir unseren Ford Mustang in Empfang nehmen und losbrausen. Das Problem: Es ist schweinekalt und es weht ein böiger Wind, so dass wir das Dach nicht öffnen wollen.

Wir fahren glücklich und mit geschlossenem Dach in den Red Rock Canyon mit den wunderschönen und abwechslungsreichen Felsformationen. Auch wenn wir schon genug rote Felsen gesehen haben, sind wir immer wieder begeistert von diesen bizarren Steinen mit ihren unterschiedlichen Farbvarianten. Das Wandern im Canyon ist unmöglich, der Wind mit sturmartigen Böen wird immer stärker wird. Zurück in Las Vegas lässt der Wind etwas nach und wir wagen es, das Verdeck zu öffnen und das echte Cabrio-Feeling zu genießen. Wir drehen das Radio voll auf, brausen zweimal den Strip hinauf und hinunter und fühlen uns um 20 Jahre jünger – ein irres Gefühl. Nur schade, dass mir während der Fahrt meine neu erworbene Kappe vom Kopf fliegt. Dann ist der Traum vorbei, wir geben das Cabrio pünktlich ab und wärmen uns in einem mexikanischen Restaurant mit Nachos und Corona-Bier auf. Von Las Vegas sind wir immer wieder begeistert und glauben unseren amerikanischen Gesprächspartnern gern, dass es sich hier hervorragend leben lässt. Auch Steffi Graf scheint sich hier wohl zu fühlen – wir können sie gut verstehen. Aber wir müssen zurück, die 2. Etappe unserer Weltreise geht zu Ende, und Condor bringt uns in 11 ½ Stunden planmäßig nach Frankfurt.

Eine wunderschöne Zeit mit unvergesslichen Eindrücken und einer Vielzahl spannender Erlebnisse liegt hinter uns. Wir hatten viele Begegnungen mit netten Menschen und konnten auf den beiden Etappen in Nordamerika während fast sechs Monaten einen nachhaltigen Einblick in das Leben der Amerikaner gewinnen. Fest steht, dass die USA und Kanada ideale Reiseländer mit traumhaften Landschaften und außergewöhnlichen Sehenswürdigkeiten sind. Die Menschen zeigten sich sehr hilfsbereit, kontaktfreudig und serviceorientiert, wenngleich ihre politischen Ansichten und religiösen Einstellungen für uns häufig nicht nachvollziehbar sind. Aber es bleibt dabei, die Zeit in den Vereinigten Staaten, dem »Land der unbegrenzten Möglichkeiten«, war fantastisch und unvergesslich. Uns wird immer mehr bewußt, welch ein Glück wir haben, solche unglaublich schönen Momente an den herrlichsten Ecken unserer Erde erleben zu dürfen und sind unendlich dankbar dafür.

3. Etappe
Einzigartige Natur, Kultur und Lebensfreude:
In und um Mittel- und Südamerika

11. Januar – 14. April 2010

Eine Reise durch Süd- und Mittelamerika zu planen ist eine echte Herausforderung. Der Kontinent ist so riesig und die Länder und Regionen sind so vielfältig und unterschiedlich, dass selbst bei einem Zeitbudget von immerhin drei Monaten die Auswahl der Reiseziele extrem schwierig ist. So haben wir aus Zeitgründen schon in der Planungsphase die Amazonas-Region und auch die Iguaçu-Fälle, die großartigsten Wasserfälle der Welt, von unserer Reiseroute streichen müssen.
Bei tiefen Minustemperaturen und geschlossener Schneedecke steigen wir am 11. Januar 2010 in den Condor-Flieger und landen nach 11 Stunden Flugzeit in Salvador da Bahia – Außentemperatur gut 30 °C. Die Einreise nach Brasilien verläuft problemlos, in der Flughafenhalle inmitten einer unübersichtlichen Menschenmenge werden wir von Ana, unserer Reiseleiterin, in Empfang genommen. Ana war viele Jahre mit einem Deutschen verheiratet und spricht daher perfekt deutsch. Zur Begrüßung informiert sie uns über die Sicherheitsprobleme in Salvador und Brasilien und rät uns eindringlich, im Falle eines Falles besser alles abzugeben und auf keinen Fall Widerstand zu leisten. Sie hat eine gesunde Einstellung und ist fest davon überzeugt, dass sich die Armen das holen werden, was sie brauchen, und dass auf diese Weise ein aus ihrer Sicht gerechter Vermögensausgleich stattfindet.
Salvador da Bahia ist bekannt als Brasiliens Hauptstadt des Glücks, vor allem wegen ihrer unzähligen Feste, der lebenslustigen Bevölkerung und der vielfältigen tänzerischen und musikalischen Traditionen. Salvador war die erste Hauptstadt Brasiliens, dies ist allerdings schon lange her, und ist mittlerweile eine le-

bendige und hektische Großstadt mit fast drei Millionen Einwohnern. Unübersehbar sind die afrikanischen Wurzeln vieler Einwohner, die braune und noch mehr die schwarze Hautfarbe ist im Straßenbild vorherrschend, schließlich war Salvador einst Brasiliens Hauptumschlagplatz für Sklaven.

Mit Ana fahren wir am nächsten Tag durch ihre Heimatstadt Salvador und schauen uns die schönsten Ecken an. Beeindruckend ist die historische Altstadt, insbesondere das Pelourinho-Viertel, das vor mehr als 25 Jahren von der UNESCO zum Weltkulturerbe erklärt wurde. So ist Salvador dank des afrikanischen und europäischen Kulturerbes eine gute Adresse in Brasilien, dies zeigt sich vor allem im einzigartigen Architekturensemble aus portugiesischen Kolonialhäusern, alten Stadtpalästen und einer Vielzahl von Kirchen. Abends ist es hier noch spannender, dann verwandeln sich die Straßen und Plätze in belebte Flaniermeilen und Spielorte – überall gibt es Musik, Tanz und Theater sowie natürlich Restaurants und Bars. Die brasilianische Lebensfreude und Unbekümmertheit ist ansteckend, aber wir müssen früh ins Bett, denn morgen ist für uns um 5 Uhr die Nacht vorbei.

Natürlich sprechen wir mit Ana auch über das tägliche Leben in Brasilien. Wir erhalten viele Informationen über die sozialen und wirtschaftlichen Probleme dieses Landes. Ana ist nicht nur überzeugt, dass sich die Armen auf ihre Weise das nehmen müssen, was sie brauchen, sondern dass sich auch die Reichen, insbesondere die Politiker, ihren Anteil auf eine andere Art und Weise sichern. Der Mindestlohn in Brasilien liegt bei umgerechnet rund 200 Euro, die Preise für das tägliche Leben sind relativ hoch. Trotzdem wird gern und viel gefeiert, gelacht, gesungen und diskutiert, und jetzt nach den Weihnachts- und Neujahrsfeierlichkeiten werden bereits die Tribünen für den Karneval aufgebaut.

Aufstehen um 5 Uhr, Sachen packen, ohne Frühstück zum Busbahnhof in Salvador – so beginnt unser dritter Tag in Brasilien. Am Busbahnhof verabschieden wir uns von Ana, trinken schnell einen Kaffee und essen ein Sandwich, immer unser Gepäck im Auge behaltend. Wir stellen fest, dass portugiesische Sprach-

kenntnisse hilfreich wären, dass man aber auch mit etwas Spanisch und viel Gestikulieren weiterkommt.
Unser Bus nach Lençóis ist erstaunlich komfortabel, die Reservierung der Sitzplätze über Internet hat tatsächlich funktioniert. Pünktlich um 7 Uhr geht es los, zunächst durch wenig schöne Vorstädte mit armseligen Behausungen und dann weiter durch eine nur dünn besiedelte Landschaft, die nach einigen Stunden zunehmend schöner wird. Kakteen und Büsche, viele kleine Tafelberge und ein allgegenwärtiges Grün verschaffen uns angenehme Aussichten während der Fahrt.

Etwas befremdlich ist die Trennung des Buscockpits vom Fahrgastteil, die Verbindungstür bleibt während der gesamten siebenstündigen Fahrt geschlossen. Im Bus gibt es weder zu essen noch zu trinken, dafür hält der Busfahrer nach fünf Stunden für eine kurze Pause vor einem kleinen Restaurant. Als er satt ist, haut er auf die Hupe und wir müssen schnell die Reste unseres Essens hinunterschlingen. Gegen 14 Uhr kommen wir am Busbahnhof in Lençóis an, wobei »Busbahnhof« stark übertrieben ist, denn es handelt sich eigentlich nur um einen kleinen Kiosk.
Wir haben für 10 Tage ein Zimmer in der schönen Pousada Alto de Cajueiro gebucht, um den Nationalpark Chapada Diamantina zu erkunden, viel Fahrrad zu fahren, durch die spektakuläre Landschaft zu wandern und um auch ein wenig vom alltäglichen Leben in Brasilien mitzubekommen. Unsere Pousada – im Grunde eine Pension – liegt romantisch am Ortsrand mit schönem Blick auf das Städtchen Lençóis, direkt dahinter beginnt der Urwald. Sie ist etwas spartanisch eingerichtet, wir müssen uns erst an das einfache Leben in der Wildnis gewöhnen. Heidi fehlt der Swimmingpool, mir die Internetverbindung und uns beiden ein Kühlschrank im Zimmer. Aber wir fühlen uns trotzdem sofort wohl, vor allem nachdem Heidi im Zimmer Dutzende Ameisen gekillt und die Löcher in der Außenwand mit Seife und Zahnpasta zugeschmiert hat.
Lençóis ist eine schöne Stadt mit 8.000 Einwohnern, die in der Mitte des 19. Jahrhunderts einen gewaltigen Aufschwung erlebte, nachdem Diamanten gefunden worden waren. Nach 50 Jahren

war der Spaß vorbei, aber die kolonialen Bauten blieben erhalten und stehen heute unter Denkmalschutz. Die Häuser wurden mit viel Farbe restauriert und erzeugen ein lustiges wie abwechslungsreiches Stadtbild.

Heute ist Lençóis ein beliebtes Tourismuszentrum und das Tor zur Chapada Diamantina, einem einzigartigen Hochplateau von der Größe Belgiens. Alles läuft hier ruhig und stressfrei ab, die Atmosphäre ist sehr entspannt. Die Menschen sind außergewöhnlich freundlich und hilfsbereit, Sicherheitsprobleme scheint es nicht zu geben. Für uns ist dies ein ideales Städtchen, um in eine völlig andere und für uns aufregende Welt auf dem südamerikanischen Kontinent einzutauchen.

Beim abendlichen Besuch im Restaurant ist die Stimmung ausgelassen und das Steak groß und lecker. Doch plötzlich – mir fährt der Schreck in die Glieder – merke ich, wie sich meine Zahnbrücke löst und schließlich ganz herausfällt. Das ist mir nicht nur peinlich, sondern mitten in der brasilianischen Wildnis auch höchst unpassend. Tatsächlich gibt es aber in dem kleinen Ort seit ein paar Wochen einen Zahnarzt, den wir am nächsten Tag sofort aufsuchen. Unten im Treppenhaus sitzt eine junge Lady, die pausenlos mit ihrem Handy spielt. Sie versteht nicht, was ich ihr sagen will, aber als ich ihr meine Brücke zeige und meinen Wunsch pantomimisch vorführe, kann ich sofort zum Doktor hochgehen. Der ist jung und nett, nur die Verständigung klappt nicht so richtig. Er spricht weder Englisch noch Spanisch, sondern ausschließlich Portugiesisch, macht aber ansonsten einen kompetenten Eindruck und hat das Problem nach einem kurzen Hin und Her im Griff. Es ist durchaus ein merkwürdiges Gefühl, mit dem Kopf nach unten auf dem Zahnarztstuhl zu liegen und nichts zu verstehen. Umgerechnet 8 Euro muss ich bezahlen – das ist das Erlebnis wert.

Um die Attraktionen des wunderschönen Nationalparks Chapada Diamantina mit seiner atemberaubenden Landschaft und der üppigen Vegetation intensiv zu Fuß und mit dem Fahrrad zu erleben, haben wir über das Internet Luca, einen Englisch sprechenden, kenntnisreichen und engagierten Führer, gefunden.

Das klappt hervorragend. Mit der Hand schreibt er seine Tourenvorschläge auf einen abgerissenen Zettel, wir sind uns sofort handelseinig und sagen: »Okay!« Mit Luca unternehmen wir nicht nur viel, sondern erhalten von ihm auch einen überaus interessanten Einblick in die brasilianische Denk- und Lebensweise, den uns so kein Reiseführer vermitteln kann.

Zum Eingewöhnen wandern wir mit Luca zum höchsten Wasserfall Brasiliens, dem Cachoeira da Fumaça. Zwei Stunden hinauf, oben eine Stunde Besichtigung der landschaftlichen Schönheiten mit dem beeindruckenden Wasserfall und dann wieder zwei Stunden hinunter. Bei 36 °C Lufttemperatur und hoher Luftfeuchtigkeit geraten wir an die Grenzen unsere körperlichen Leistungsfähigkeit. Da ist es für uns nur ein schwacher Trost, dass auch Luca offensichtlich einige Erholungspausen benötigt. Von Vorteil ist, dass unterwegs bis zum Gipfel Einheimische mit Kühlboxen am Wegesrand stehen und kalte Getränke verkaufen. Für Naturliebhaber somit eine faszinierende, aber auch schweißtreibende Tour. Auf unsere erste Fahrradtour im Nationalpark haben wir uns lange gefreut. Mit dem Auto geht es in zwei Stunden nach Capoa, einem kleinen Städtchen am Ende der Welt: ein paar bunte Häuser, drumherum nichts als unberührte Natur. Bereits die Autofahrt ist für uns interessant, nicht nur weil wir durch landschaftlich schöne Gegenden des Nationalparks fahren, sondern weil Luca uns auch viel über die politischen, wirtschaftlichen und sozialen Probleme Brasiliens erzählt. Die Auswirkungen der erstarkenden Wirtschaft Brasiliens seien nach seinem Empfinden hier auf dem Lande nicht zu spüren. Luca hat seinen Beraterjob in Sao Paulo gekündigt, weil er zu viel arbeiten musste, wie er meint. Stattdessen will er frei sein und in Zukunft nur noch Mountainbike fahren.

Die Straßen sind in einem durchweg passablen Zustand, der Verkehr auf der Nationalstraße mit unzähligen Lkws ist heftig. An Lucas Fahrweise müssen wir uns erst gewöhnen, nach jedem Überholvorgang sind wir froh, dass wir es gerade noch geschafft haben. Ich sterbe fast vor Schreck, als uns ein Lkw rechts auf dem unbefestigten Seitenstreifen überholt. Spätestens jetzt merke ich, dass Luca bezüglich des brasilianischen Temperamentes offensichtlich noch zu den disziplinierten und vorsichtigen Fahrern gehört.

Endlich steigen wir am späten Vormittag nach einer Stärkung mit Zuckerrohrsaft auf unsere Räder. Luca fährt mit dem Auto zum vereinbarten Treffpunkt an der Hauptstraße, und wir radeln mit Gustav Fischer – so heißt Lucas Freund und unser heutiger Fahrrad-Guide, er hat deutsche Vorfahren – durch unvergleichlich schöne Landschaften zum Berg Pai Inácio.

Die Fahrt ist einmalig, und dies in jeder Beziehung. Der Weg ist ein alter Reiterpfad mit vielen Steinen, sehr schmal und mit dem Fahrrad nur schwer zu befahren. An manchen Stellen ist der Weg völlig zugewachsen, des Öfteren bleiben wir mit den Pedalen hängen. Kleine Kratzer an Armen und Beinen können wir nicht vermeiden. Am späten Nachmittag lassen schließlich die Kräfte nach, aber wir sind immer noch nicht am vereinbarten Treffpunkt angekommen. Mittlerweile haben wir keinen Blick mehr für die einzigartige Landschaft aus Felsen, Tafelbergen und Wiesen, sondern versuchen nur noch, uns tapfer auf den Rädern zu halten. Bis Gustav plötzlich anhält und aufgelöst ruft: »We are lost!« Das heißt im Klartext, wir sind mitten in der Weite des Nationalparks, zwar mit Führer, aber ohne Orientierung und wissen nicht weiter. Ich sehe uns bereits die Nacht im Gras verbringen und überlege, welche wilden Tiere hier beheimatet sind. Es soll Sumpfhirsche, Wasserschweine, Wildkatzen und sogar Jaguare (Raubkatzen, nicht Autos) geben. Da naht die Rettung in Gestalt eines alten zahnlosen Reiters, der uns fragt, ob wir ein Pferd gesehen hätten. Wir haben kein Pferd gesehen, sind aber unendlich dankbar, dass der Alte uns auf unsere Bitte hin helfen möchte. Er reitet immer wieder vor und zurück, kreuz und quer und findet tatsächlich nach mehreren Versuchen den richtigen Weg. Selten haben wir uns über einen alten Mann derart gefreut.

Nach mehreren Flussdurchquerungen und einem harten Anstieg kommen wir völlig erschöpft zur Tankstelle, an der Luca schon auf uns wartet. Er kennt keine Gnade und gönnt uns nur eine kurze Pause. Wir fahren mit dem Auto noch ein paar Kilometer weiter, klettern auf den Poço do Diablo und genießen vom Gipfel die wunderschöne Aussicht auf die Chapada Diamantina in der untergehenden Sonne.

Nach diesen Erlebnissen und Strapazen gönnen wir uns einen Ruhetag und testen die Hängematten in unserer Pousada – bei 38 °C im Schatten und relativ hoher Luftfeuchtigkeit keine schlechte Entscheidung. In dem Örtchen Lençóis fühlen wir uns mittlerweile sehr wohl und haben uns an das einfache Leben sowie das bunte Treiben gewöhnt. Die Menschen hier sind unglaublich nett, sie grüßen und winken, und wir haben den Eindruck, dass sie sich tatsächlich freuen, wenn sie uns sehen. Höhepunkt jedes Tages ist das Abendessen. Dann werden Tische auf das Kopfsteinpflaster gestellt und die ganze Innenstadt verwandelt sich in ein großes Freiluft-Restaurant. Die Qualität des Essens ist ausgezeichnet, die Portionen sind riesig und man kann hier zu zweit schon für umgerechnet 6 Euro einschließlich Getränken sehr gut satt werden. Regen, starker Regen, tropischer Regen – die ganze Nacht regnet es in Strömen. Wir machen uns Sorgen wegen unserer geplanten Ausflüge mit dem Rad, aber pünktlich um 8 Uhr hört der Regen auf und die Sonne bricht durch die Wolken, das Wetter zeigt sich dann wie fast immer von seiner besten Seite.

Luca ist nicht zu bremsen, von morgens bis abends sind wir unterwegs. Beim Autofahren bin ich stets nass geschwitzt, und dies nicht nur, weil die Klimaanlage seines Autos versagt. An Lucas flotten Fahrstil kann ich mich nur schwer gewöhnen. Er erzählt dabei aber ununterbrochen und wir hören gern zu. So erfahren wir, dass die Menschen hier im Bundesstaat Bahia sehr arm sind, die Arbeitslosigkeit bei 40 Prozent liegt und die Mindestlöhne kaum ausreichen, um ein auch nur bescheidenes Leben zu führen. Immer noch werden viele junge Frauen schon im Alter von 12 bis 14 Jahren schwanger, und wir sehen tatsächlich viele sehr junge Mütter mit süßen Babys auf dem Arm. Auch Familien mit zehn und mehr Kindern seien auf dem Land immer noch üblich.

In der Chapada Diamantina befinden sich rund 100 Höhlen und Grotten, die wir nicht alle besichtigen können, auch wenn Luca uns gern alle zeigen würde. Ein besonderes Highlight ist die Grotte Poço Azul, in die wir mit Sportausrüstung abtauchen. Es ist ein tolles Erlebnis, in dem klaren kalten Wasser der dunklen Grotte mit künstlicher Beleuchtung zu schwimmen bzw. zu schnorcheln.

Nach der Besichtigung der Grotte schwingen wir uns auf unsere Fahrräder, Luca folgt in gebührendem Abstand. Bei einer Reifenpanne ist er sofort zur Stelle, flickt den Reifen, und wir können durch unendlich weites Farmland auf roten Staub- und Schotterpisten weiterfahren. Als wir auf eine Kuhherde treffen, reagieren die Kühe panisch und rennen um ihr Leben, offenbar haben sie noch nie zuvor Fahrradfahrer gesehen. Bei Herannahen eines Autos bewegen sie sich hingegen keinen Zentimeter von der Stelle.

Am letzten Tag unseres Lençóis-Aufenthaltes besichtigen wir das alte Diamantenstädtchen Igatu, in dem vor 150 Jahren 12.000 Sklaven unter schwierigsten Bedingungen Diamanten waschen mussten. Bereits die Autofahrt dorthin ist abenteuerlich, es geht über Straßen, die diesen Namen nicht verdienen. Bei der Überquerung eines Flusses mit einer kleinen Fähre, die mittels eines Seilzuges bedient wird, müssen wir den beiden jungen Fährleuten nach längeren Verhandlungen erst ein Bier – für jeden eins, versteht sich – versprechen, bevor sie uns übersetzen. Lucas Informationen über die wechselhafte und leidvolle Geschichte der Menschen dieser Gegend sind interessant, ansonsten gibt es in Igatu jedoch nicht viel zu sehen. Auf einer alten Steinpiste, die noch von Sklaven gebaut worden ist, geht es dann im Schritttempo in Richtung Hauptstraße und anschließend zurück nach Lençóis.

Die zehn Tage im hübschen Städtchen Lençóis und im faszinierenden Nationalpark Chapada Diamantina gehen zu schnell vorbei. An die ansteckende Lebensfreude und unaufdringliche Freundlichkeit gewöhnen wir uns gern. Obwohl viele Brasilianer mit der Politik und vor allem den wirtschaftlichen Rahmenbedin-

gungen unzufrieden sind, lieben sie ihr Land vorbehaltlos. Auch ohne Luca sind wir viel unterwegs und genießen ebenso wie die Einheimischen vor allem das Baden im Fluss mit den vielen kleinen Wasserfällen, großen Pools und den Naturrutschbahnen.
Nach einer schwülheißen Nacht müssen wir um 5 Uhr aufstehen, um den Bus nach Salvador da Bahia zu erreichen. Der Bus ist voll, überwiegend mit jungen Rucksackreisenden und einheimischen älteren Damen mit ihren vielen Einkaufstüten. Wir freuen uns, als ein Polizist zusteigt, weil uns die Gräuelgeschichten über Busüberfälle in Brasilien und anderen südamerikanischen Staaten schon einige Sorgen bereiten. Aber die Busfahrt verläuft ruhig, fast schon langweilig und wird wie auf der Hinfahrt lediglich von einer kurzen Pause an einem kleinen Restaurant unterbrochen.

Wir fahren mit dem Bus weiter nach Costa do Sauípe, ein Ferienparadies an der brasilianischen Atlantikküste, 100 Kilometer nördlich von Salvador und 20 Kilometer hinter Praia do Forte, einem ehemaligen Fischerdorf am Rande eines riesigen Naturschutzgebietes. Der Ort präsentiert sich schön und elegant, die Strände sind weiß und unendlich lang. Unser Hotel – der Superclub Breezes Costa do Sauípe – ist ein All-inclusive-Hotel, d. h., Essen und Trinken stehen rund um die Uhr ohne weitere Kosten zur Verfügung. Wir sträuben uns gegen das Tragen eines Armbändchens, das uns als Gäste des Hotels ausweist, müssen diesen Widerstand aber nach einigen Diskussionen aufgeben.
In den folgenden Tagen genießen wir das Strand- und Badeleben mit seinen Vor- und Nachteilen. Wie wohl überall auf der Welt ist auch hier das Reservieren der Liegen am Pool und auch am Meer sehr beliebt, schon im Morgengrauen schleichen die ersten Gestalten mit Handtüchern bewaffnet zur Tat. Der Strand erscheint wie aus dem Bilderbuch – schneeweißer Sand, Kokospalmen, lauwarmes Wasser und kräftige Wellen. Im Schatten des Sonnenschirms zu liegen, zu lesen und das Rauschen der sich brechenden Wellen zu hören, ist überaus erholsam. Das Wetter zeigt sich traumhaft, Sonne von morgens bis abends. Die relativ hohe Luftfeuchtigkeit lässt sich bei der angenehmen Brise wunderbar aushalten.

Wer die Bilder der Sambatänzerinnen oder der Strandschönheiten an der Copacabana im Fernsehen gesehen hat, wird wie ich von den Brasilianern am Strand enttäuscht sein. Die Damen – und natürlich auch die Herren – sehen irgendwie anders aus, die nordamerikanischen Figuren sind auf dem Vormarsch. Vor allem die Kinder sind häufig dick. Oben-ohne-Baden ist in Brasilien zwar verpönt, aber die Bikinis bestehen oft nur aus winzigen Stofffetzen, die von einem Bindfaden zusammengehalten werden, meist ganz nett anzusehen.

An das geruhsame Strandleben gewöhnen wir uns schnell. Die alte Tropenregel »Kein Alkohol vor Sonnenuntergang« brechen wir sofort und schlürfen schon am Mittag unseren ersten Cocktail. Zum Verbrennen der vielen zusätzlichen Kalorien nutzen wir die vielfältigen Sportangebote unserer Ferienanlage – Heidi mehr, ich weniger.
Natürlich aber wollen wir nicht die ganze Zeit im Luxusgetto eingesperrt sein, sondern erkunden mit dem Bus die Umgebung. Interessant ist das Projeto Tamar, in dessen Rahmen entlang der brasilianischen Küste Meeresschildkröten geschützt aufgezogen und anschließend ins Meer entlassen werden. Der Hauptsitz des Projekts ist zu einem kleinen Erlebnispark ausgebaut worden, der nicht nur für Kinder sehenswert ist.

Die Schulferien in Brasilien gehen zu Ende, und auch unsere Zeit an der brasilianischen Küste ist vorüber. Wir sind nun bereits zweieinhalb Wochen in Brasilien, haben aber bisher nur einen winzigen Bruchteil dieses aufstrebenden und pulsierenden Landes kennengelernt. Beim Besuch eines Landes, das fast die Hälfte des südamerikanischen Kontinents einnimmt und wesentlich größer als z. B. Australien ist, muss man eine Auswahl treffen. Der Höhepunkt einer jeden Brasilien-Reise, der Besuch der Touristenhochburg Rio de Janeiro, steht aber in jedem Fall auf dem Programm. Diese Metropole ist unser nächstes Reiseziel.
Dort werden wir am Flughafen von unserer Reiseleiterin Lieselotte – 82 Jahre jung, total fit, ihr Vater war Deutscher – abgeholt und

zum Hotel gebracht. Der erste Eindruck von Rio de Janeiro – oft als die schönste Stadt der Welt bezeichnet – ist alles andere als umwerfend, und auf der Fahrt vom Flughafen zu unserem Hotel ist vor allem der Blick auf die vielen Favelas, die Armensiedlungen, und die in die Jahre gekommenen Gebäude in der Hafengegend sehr gewöhnungsbedürftig. Aber – und das sieht man erst auf den zweiten Blick – keine Millionenmetropole liegt schöner. Die Umgebung Rio de Janeiros ist ein Sonntagswurf der Natur: breite Sandstrände, tiefgrüner Bergwald und glatte Granitkegel umschließen die Häusermeere. Rio wird somit zu Recht auch als Cidade Maravilhosa – die wunderbare Stadt – bezeichnet. Mit Lieselotte fahren wir kreuz und quer durch Rio und hören aufmerksam ihren lebhaften Ausführungen zu. Alle Besichtigungswünsche werden sofort erfüllt, so auch jener des Besuchs einer Karnevalswerkstatt, in der die Vorbereitungen für die Karnevalsumzüge im nächsten Monat auf Hochtouren laufen. Diese Umzüge finden übrigens nicht wie allgemein angenommen auf den Straßen Rios statt, sondern nur in dem einen Kilometer langen Sambadrom. Lieselotte lädt uns freundlicherweise für das nächste Jahr in ihr Appartment ein, um den Karneval Rios live und hautnah zu erleben.

Die zahlreichen monumentalen Bauwerke – teilweise noch aus der portugiesischen Kolonialzeit – sind sehr beeindruckend und geben Zeugnis der Glanzzeiten vergangener Epochen. Das Fußballstadion Maracanã fasst 180.000 Zuschauer, und die moderne Kathedrale São Sebastião bietet Platz für 20.000 Gläubige. Wir wollen schnell weiter – auf eines der Wahrzeichen von Rio, den Zuckerhut. Bereits die Auffahrt mit zwei Seilbahnen ist einzigartig. Überwältigend fällt dann der Blick vom Berggipfel auf das faszinierende Zusammenspiel des Atlantiks, der weißen Strände, der bis in die Berge reichenden Häusermeere, der nackten Felskegel und der grünen Wälder aus – und dies bei strahlendem Sonnenschein.
Auch der Besuch der weltberühmten Christusstatue ist ein Erlebnis. Mit der Zahnradbahn geht es mehrere Kilometer durch den Regenwald auf den Bergrücken des Corcovado hinauf. Rio ist die einzige Großstadt der Erde, die über einen großen Ur-

wald als Stadtgarten verfügt. Schon aus der Ferne sehen wir die 38 Meter hohe Statue und sind fasziniert. Auf dem Gipfel lassen wir die monumentale Größe dieses Wahrzeichens auf uns wirken. Aber auch der fantastische Blick von oben auf die Stadtteile Rios ist spektakulär.

Kein Aufenthalt in Rio ist jedoch vollständig ohne den Besuch des wunderschönen Copacabana-Strandes. Um nicht bestohlen zu werden, gehen wir halbnackt – d. h. in Badekleidung mit Badelatschen und ohne Uhr – vom Hotel zum Strand, ein paar Brasilianische Real diskret in der Badehose versteckt. Es ist uns etwas peinlich, in diesem Aufzug an den Schlipsträgern und dem Hotelpersonal in der Lobby vorbeigehen zu müssen, aber so fühlen wir uns sicher, denn einem nackten Mann kann man bekanntlich nicht in die Tasche greifen. Wir legen uns an den weltberühmten Strand und schauen dem munteren Treiben und den vielen sportlich Aktiven zu. Das Strandleben hier an der Copacabana hat eine besondere Klasse, und nicht nur wegen der Bikini-Schönheiten hätte ich noch einige Stunden länger bleiben können.

Lieselotte wird trotz ihrer 82 Jahre nicht müde, uns ihre Stadt zu zeigen und uns mit vielen Informationen über das Leben in Brasilien und vor allem in Rio de Janeiro zu versorgen. Wir fahren durch mondäne Wohngegenden und bekommen auf der Tour auch viele Elendsquartiere zu Gesicht. Die Häuser in den Favelas sind oft nur aus Brettern und Blechen zusammengezimmert, teilweise ziehen sich aber auch stabile Hütten aus Stein und Holz die Berghänge hinauf. Der Anblick dieser Elendsquartiere hinterlässt bei uns ein beklemmendes Gefühl, das uns die ganze Zeit unseres Aufenthaltes in Rio begleitet. Natürlich sprechen wir mit Lieselotte auch über die extremen sozialen Unterschiede in der brasilianischen Gesellschaft, aber man scheint diese gelassen hinzunehmen. Das sei schon in den früheren Zeiten so gewesen, als die Sklaven in die Freiheit entlassen wurden, meint Lieselotte, und werde sich wohl trotz des Wirtschaftsaufschwungs nicht nachhaltig ändern. Jeder müsse halt sehen, wie er zurechtkomme. Essen kann man in Rio hervorragend. Mit Lieselotte kehren wir in eine Churrascaria ein, ein typisches brasilianisches Barbecue-Restaurant. Die Kellner kommen so oft mit ihren Fleischspießen, von denen am Tisch Scheiben abgeschnitten werden, bis der Gast die rote Karte zeigt. Lieselotte weiß genau, welches Fleisch am besten schmeckt, und zeigt dem Kellner so lange die rote Karte, bis die besten Fleischstücke serviert werden. Der Abend ist sehr unterhaltsam, wir müssen Lieselotte versprechen, im nächsten Jahr zum Karneval wiederzukommen, und sie erneuert ihr Angebot, jederzeit kostenlos in ihrem Appartment übernachten zu können.

Am Abreisetag ist der Blick von der Dachterrasse unseres Hotels um 6 Uhr morgens einfach umwerfend. Die Sonne geht über der Copacabana auf, in der Ferne leuchtet die Christusstatue – traumhafte und unvergessliche Blicke, die sich tief in unsere Erinnerungswelt einprägen. Leider müssen wir uns von dieser fantastischen Aussicht trennen, das Taxi zum Flughafen wartet vor der Tür.
Der Flug mit der argentinischen Aeroleneas von Rio de Janeiro nach Buenos Aires ist angenehm, wir sitzen in der ersten Reihe und haben genügend Beinfreiheit. In Buenos Aires angekommen fahren wir sofort in unser Hotel im Zentrum der Stadt. Schon unmittelbar nach unserer Ankunft stellen wir fest, dass wir hier in Argentinien in einer anderen Welt gelandet sind. Hier sind die Menschen weiß, wirken europäisch, während in Brasilien sowohl in der Stadt als auch auf dem Land das Schokoladenbraun von Vollmilch bis Zartbitter vorherrschend ist. Alles wirkt viel ordentlicher und strahlt eine ruhige Atmosphäre aus. Die Hitze stellt besondere Anforderungen an unsere Kondition und unseren Entdeckerwillen, denn wir haben den heißesten Tag des Jahres erwischt.

Buenos Aires mit seinen drei Millionen Einwohnern ist eine Stadt mit vielen Gesichtern. Es gilt als unmöglich, die Hauptstadt Argentiniens zu Fuß zu erkunden, aber wir tun es trotzdem, denn die Idee, mit dem Fahrrad durch die Straßen zu kurven, müssen wir angesichts der hohen Temperaturen und des sehr lebhaften Verkehrs aufgeben. So schlendern wir durch die Stadt und bewundern die alten Stadtpaläste sowie die neoklassizistischen

Bürohäuser, die das Gesicht der Innenstadt prägen. Viele Straßenzüge erinnern an italienische oder französische Großstädte. Eine 33 Meter breite Prachtstraße verbindet den Plaza del Congreso mit dem Plaza de Mayo, dem Herzen der Stadt und jenem Ort, an dem noch immer jede Woche argentinische Frauen wegen ihrer während der Militärdiktatur verschwundenen Ehemänner und Söhne demonstrieren. Sehr schön geworden ist auch das alte Hafenviertel Puerto Madero mit den restaurierten Lagerhäusern und den modernen Neubauten am Ufer des Rio de la Plata.

Nach unserem Motto »Die Törichten besuchen in fremden Ländern die Museen, die Weisen aber gehen in die Tavernen« kehren wir immer wieder ein. In einem Restaurant erleben wir, wie plötzlich einem deutschen Touristen am Nachbartisch blitzschnell der Rucksack mit allen Unterlagen und Wertgegenständen gestohlen wird. Die Polizei ist zwar sofort da, kann aber auch nichts retten. Buenos Aires ist tatsächlich ein heißes Pflaster – in jeder Beziehung. Auf der Suche nach deutschen Zeitungen landen wir nach mehreren Anläufen bei Hans, der vor vielen Jahren hierher ausgewandert ist und den Verlag seines Schwiegervaters übernommen hat. Es gibt in Argentinien noch immer einige ältere Damen, die gern den Klatsch und Tratsch in deutschen Illustrierten lesen. Die Zeitschriften werden aus Kostengründen mit dem Schiff versandt und kommen erst nach drei Monaten hier an. Auf diese alten Illustrierten können wir gut verzichten, dafür erzählt uns Hans viele Geschichten aus dem Leben hier in Buenos Aires, auch die von seinem letzten Überfall, als drei bewaffnete Banditen ihm das Auto abnahmen. Nach diesen Horrorgeschichten flitze ich schnell ins Hotel, und Heidi geht allein auf Einkaufstour.

Ein bisschen Kultur muss schon sein – so besuchen wir abends eine Tangoshow in einem vorwiegend von Einheimischen frequentierten Lokal. Die Show ist – entgegen unseren Erwartungen – wirklich klasse, bei den Musikern, Sängern und Tänzern kommen das argentinische Temperament und die südamerikanische Lebensfreude sehr gut rüber. Ein wenig getrübt wird unsere aufgekratzte

Stimmung auf dem Rückweg durch den Anblick der vielen Menschen, die in den Straßen den Müll nach Verwertbarem bzw. Essbarem durchsuchen. Einige scheinen dies profimäßig zu tun, sie sind mit Werkzeug und fahrbaren Untersätzen gut ausgerüstet.

Ein alter Traum geht in Erfüllung – wir starten von Buenos Aires zu einer Südamerika-Kreuzfahrt mit der Umrundung des berühmt-berüchtigten Kap Hoorn. An Bord unseres Kreuzfahrtschiffes Norwegian Sun zu gelangen, ist nicht so einfach, denn wir müssen unzählige Kontrollen passieren und durch Unterschrift bestätigen, dass wir frei von Schweinegrippe und sonstigen ansteckenden Krankheiten sind. Beim Einchecken muss ich deshalb mit aller Kraft einen Niesreiz unterdrücken, damit kein Verdacht auf mich fällt. Ansonsten verläuft das Boarding reibungslos und wir freuen uns beim Beziehen der Kabine auf eine spannende und abwechslungsreiche Kreuzfahrt.
Die Route führt uns über Montevideo (Uruguay) und Puerto Madryn (Argentinien) zu den Falklandinseln, dann rund um Kap Hoorn, weiter nach Punta Arenas (Chile), durch die Magellanstraße nach Puerto Chacabuco und bis nach Valparaiso (beide Chile), von dort wollen wir unsere Südamerika-Rundreise mit dem Auto und dem Flugzeug fortsetzen.

Die Norwegian Sun ist ein 2001 auf der Lloyd Werft in Bremerhaven gebautes Kreuzfahrtschiff der Norwegian Cruise Line. Sie verfügt über elf Bars, elf Restaurants, Fitnesscenter, Schwimmbäder, Spielcasino, Kino, Theater und viele andere Freizeitangebote, Langeweile kann also auch an Seetagen nicht aufkommen. Es gibt nicht wie auf anderen amerikanischen Schiffen feste Essenszeiten mit zugewiesenen Tischen, sondern man kann im Rahmen der Öffnungszeiten der Restaurants essen, wann und wo man will und natürlich auch was und wie viel man möchte. In einigen Spezialitäten-Restaurants muss allerdings ein Aufpreis bezahlt werden, der sich in der Regel auch lohnt. Rund 2.000 Passagiere passen auf das Schiff, sie werden von über 900 Besatzungsmitgliedern aus vielen Ländern der Welt betreut.

Unsere Mitreisenden wirken meist nicht mehr ganz jung, im Altersdurchschnitt scheinen wir noch zu den Jüngeren zu zählen – kaum zu glauben. Erstaunlicherweise sind auch 170 Deutsche an Bord, die übrigen Passagiere verteilen sich auf viele weitere Nationalitäten, die meisten sind US-Amerikaner. Wir fühlen uns in unserer Außenkabine mit dem kleinen Balkon sofort wohl. Am späten Nachmittag läuft das Schiff aus dem Hafen von Buenos Aires aus; wir werfen einen letzten Blick auf diese lebendige Metropole, die in den Schein der untergehenden Sonne getaucht ist, und sind gespannt auf die Erlebnisse und Eindrücke der vor uns liegenden Kreuzfahrt.

Als wir am nächsten Morgen wach werden, sind wir bereits in Montevideo, der Hauptstadt Uruguays. Wir müssen früh raus, da wir uns zur Stadtrundfahrt »Highlights von Montevideo« angemeldet haben. Die Warteschlangen am Frühstücksbuffet wirken nicht gerade stimmungsfördernd, aber letztlich werden wir auch ohne Eier und warme Würstchen satt und können pünktlich zur Stadtrundfahrt starten.

Hier in Montevideo leben rund 1,3 Millionen Menschen und damit fast die Hälfte der Gesamtbevölkerung Uruguays. Ein buntes Völkergemisch überwiegend europäischer Herkunft hat sich hier niedergelassen; die alten Prachtbauten vermitteln einen Eindruck, welcher Reichtum hier früher geherrscht haben muss. Montevideo hat offensichtlich seine besten Jahre hinter sich, und die großzügigen Alleen sowie die heruntergekommenen Straßen strahlen den morbiden Charme vergangener Blütezeiten aus.

Den Nachmittag nutzen wir zum Relaxen auf unserem Schiff. Ich bin glücklich, dass ich jeden Tag von der Borddruckerei die FAZ in die Kabine geliefert bekomme, und es ist durchaus ein besonderer Genuss, auf dem Balkon eines Schiffes bei 32 °C im Schatten mit Blick auf den Atlantik eine deutsche Zeitung lesen zu können. Heidi nutzt die Zeit zum Sonnenbaden auf dem Pooldeck, da wir nicht wissen, wie lange uns noch solche Hochsommertemperatu-

ren vergönnt werden. Auf der Südhalbkugel wird es bekanntlich umso kälter, je tiefer wir in den Süden fahren.
Solch ein Tag auf hoher See geht erstaunlich schnell vorbei, da es immer etwas zu tun gibt. Vor allem unser Sportprogramm wollen wir intensivieren, da trotz der notwendigen Disziplin beim Essen die Kalorienzufuhr den Kalorienverbrauch in aller Regel deutlich übersteigt. Zur Planung unserer Aktivitäten müssen wir sogar einen Terminplan ausarbeiten, damit wir alle Interessen unter einen Hut bringen können.

Aus der Presse erfahren wir, dass in der Region der alten Inka-Ruine Machu Picchu durch sintflutartige Regenfälle und Erdrutsche die Straßen- und Bahnverbindungen völlig zerstört sind und noch nicht alle Touristen aus den Überschwemmungsgebieten gerettet werden konnten. Die Gegend um die alte Stadt Cuzco ist zum Katastrophengebiet erklärt worden. Wir sind sehr traurig, dass wir die alten Inka-Stätten nicht besuchen können, der Machu Picchu stand stets ganz oben auf der Liste jener Orte, die wir unbedingt sehen wollten. Aber das Leben ist kein Wunschkonzert, und so müssen wir umplanen. Dank des Internets und eines flexiblen heimischen Reisebüros ist dies kein Problem; wir streichen Peru aus unserer Planung und verteilen die Tage auf Aufenthalte in Santiago de Chile und in San Pedro in der chilenischen Atacama-Wüste.

Gegen 9 Uhr morgens laufen wir in den Hafen von Puerto Madryn in Argentinien ein, wir sind in Patagonien gelandet. Diese Region erstreckt sich über fast 2.000 Kilometer bis zur Südspitze Südamerikas und ist flächenmäßig größer als Frankreich. Die quirlige Hafenstadt Puerto Madryn mit rund 85.000 Einwohnern an der rauen patagonischen Küste bildet das Tor zur Halbinsel Valdés, die von der UNESCO 1999 zum Weltnaturerbe ernannt wurde. Die Landschaft ist karg, aber die vielfältige Tierwelt fasziniert Gäste aus aller Welt.

Auch wir starten mit einem Bus zu einer vom Schiff organisierten Reise, für viel Geld und gemeinsam mit vielen anderen Leuten.

Wir sitzen 7 ½ Stunden im Bus und fahren 400 Kilometer, davon die Hälfte auf Schotterpisten. Es ist windig und staubig, der Wind bläst den Sand in alle Löcher und Ritzen. Das Wetter ist typisch für Patagonien: ein Mix aus Sonne und Wolken und immer viel Wind. Die Gegend draußen wirkt trostlos, aber die Fahrt lohnt sich dennoch. In einem Naturreservat im Osten Patagoniens sehen wir niedliche alte und junge Pinguine. Dicke See-Elefanten und Seelöwen liegen bewegungslos im Sand, die jungen haben ihren Spaß beim Planschen im Wasser. Im Winter kann man hier hervorragend Wale beobachten, vor allem wenn die Killerwale Jagd auf die jungen Seelöwen machen. Aber bis zum Winter – also unserem europäischen Sommer – wollen wir dann doch nicht warten, dafür ist die Gegend hier zu einsam, zu staubig und zu lausig.

Auf dem Weg zu den Falklandinseln meldet der Kapitän Windstärke 8, der Wind bläst heftig und das Schiff schaukelt ohne Unterlass. Die Schaukelei vertragen wir gut, nur die Geräusche sind störend – der Wind jault, pfeift und heult, ein Mix aus vielen Geräuschen, die ein ruhiges Schlafen unmöglich machen. Dafür ist es am Frühstücksbuffet schön leer, wahrscheinlich liegen einige Herrschaften seekrank im Bett; in den Gängen sind Brechtüten ausgelegt.

Wir müssen nun tatsächlich wieder unsere Wintersachen herauskamen – dicke Jacke, Schal und Mütze. Auf dem Weg zu den Falklandinseln wird es kalt, maximal 9 °C, und es weht ein sehr frischer Wind bei einem Wechselspiel von Sonne und Wolken. Mit Tenderbooten werden wir nach der Ankunft in Stanley an Land gebracht, unsere Norwegian Sun ankert draußen in der Bucht. Heidi und ich ziehen auf eigene Faust los und fragen uns, nachdem wir erste Eindrücke gesammelt haben, warum wegen dieser unwirtlichen Gegend immer wieder Kriege geführt werden. Zuletzt glaubten im Jahre 1982 die Argentinier, sie hätten Anspruch auf diese Inselgruppe, und marschierten hier ein, aber in einem kurzen Krieg zeigten ihnen die Briten, was Sache ist. Und so gehören die Falklandinseln nach wie vor zum britischen Überseegebiet. Überall sieht man Reste von Heldengedenken und -verehrung, alles wirkt durch und durch britisch, einschließlich des Linksverkehrs. Beliebt sind die Falklandinseln bei Naturliebhabern und Ornithologen, vor allem wegen der gigantischen Albatrosse und der Königspinguine.

Im Hafen von Stanley kann man auf einem Lehrpfad entlang einer Reihe von Schiffswracks, die dort teilweise bereits seit der ersten Hälfte des 19. Jahrhunderts liegen, laufen und die tragischen Geschichten auf Schautafeln nachlesen. Die historischen Spuren zu betrachten und sich vorzustellen, wie Menschen sich hier niedergelassen und gelebt haben, ist sehr interessant. Als dann aber ein zweites amerikanisches Kreuzfahrtschiff den Hafen von Stanley anläuft und seine Menschenmassen ausspuckt, ergreifen wir die Flucht und lassen uns mit dem Tenderboot wieder auf unser Schiff zurückbringen.

Wieder ein Seetag, wir nehmen Kurs auf Kap Hoorn und werden morgen früh Ushuaia, die südlichste Stadt der Welt, erreichen. Der Wind ist bei Windstärke 7 bis 8 recht frisch und erzeugt vier Meter hohe Wellen, die Temperaturen liegen wie zuhause deutlich unter 10 °C. Bei diesem Seegang ist es nicht ganz leicht, sich auf dem Spinning-Rad zu halten oder eine Tasse Kaffee unfallfrei zum Tisch zu tragen.

Für mich ist das Highlight des Tages und die Erfüllung eines alten Traums die Umrundung von Kap Hoorn, zwar nicht mit einem eigenen Segelboot, dafür aber komfortabel und sicher mit einem Kreuzfahrtschiff. Kap Hoorn ist, emotionslos betrachtet, nur ein von Sturm und Wellen umtoster Granitfelsen, an dem Pazifischer und Atlantischer Ozean aufeinandertreffen. Das Kap wurde 1616 auf einer privaten Erkundungsreise von Nicht-Einheimischen entdeckt, finanziert von einer niederländisch-ostindischen Firma, und ist heute Traumziel vieler Freizeitkapitäne aus der ganzen Welt.

Für uns ist es ein besonderes Erlebnis und auch ein wenig aufregend, dieses legendäre Kap zu umrunden und auf der anderen Seite Amerikas anzukommen. Kap Hoorn liegt übrigens noch 2.000 Kilometer südlicher als das Kap der Guten Hoffnung in Südafrika, und wir sind an diesem Punkt der Erde nur schlappe 843 Kilometer von der Antarktis entfernt. Letztes Jahr waren wir in Alaska im hohen Norden, heute sind wir tief im Süden, sozusagen am »Ende der Welt«. Das ist durchaus ein abenteuerlicher Spannungsbogen, der das Reisen durch die Welt zu einem nachhaltigen Eindruck im Leben werden lässt.

Natürlich feiern wir diesen Moment gebührend, wir haben eine Flasche Wein kalt gestellt. Wegen des heftigen Windes trinken wir den Wein in unserer Kabine und gehen nur gelegentlich auf den Balkon, um ein paar Fotos zu machen. Wir fühlen uns gut, die Umrundung von Kap Hoorn geschafft zu haben, auch wenn wir hierzu keinen seefahrerischen Beitrag geleistet haben.

Als wir den Hafen von Ushuaia erreichen, regnet es in Strömen und die Wolken hängen tief über der Stadt. Das sieht zwar nicht einladend aus, aber wir sind dennoch gespannt auf die Eindrücke, die uns hier erwarten. Ushuaia, eine frühere Sträflingskolonie, ist nicht nur die südlichste Stadt Argentiniens, sondern gleichzeitig die Hauptstadt Feuerlands und liegt tatsächlich am Ende der Welt. Sie windet sich sehr schön am Beagle-Kanal entlang und erinnert mit ihren Blech- und Holzhäusern an eine Holzfäller- oder Pionierstadt in Alaska. Die Anden erstrecken sich hier bis direkt an die Küste. Die Stadt mit ihren 60.000 Einwohnern ist durchaus reizvoll und mittlerweile eine beliebte Touristenstadt.

Ushuaia ist nicht nur bekannt und beliebt als Endpunkt vieler Abenteuertouren durch Südamerika, sondern auch als Startpunkt für Exkursionen und Expeditionen in die Antarktis sowie in die unberührte und wild-romantische Natur Feuerlands. Für 2.000 US-Dollar kann man sich für einen Tag in die Antarktis fliegen lassen, aber wir haben uns stattdessen für eine Busrundfahrt durch die urig-schöne Landschaft des Nationalparks Tierra del Fuego entschieden. Wie sonst nirgendwo in Argentinien vereinigen sich hier Meer, Wälder und Berge zu einer unglaublich faszinierenden Gegend. Wir fahren entlang der felsigen Meeresküste, durch Buchenwälder und Torfsümpfe, sehen Biberdämme und malerische Seen mit den schneebedeckten Andengipfeln im Hintergrund. Zum Glück hat der Regen aufgehört, aber noch immer bläst ein frischer Wind bei 8 °C und gefühlten 0 °C – ein Sommertag am Ende der Welt in Feuerland. Trotz der unwirtlichen Wetterbedingungen würden wir gern länger hier bleiben und die atemberaubende Landschaft intensiver erleben. Immerhin haben wir noch etwas Zeit, um durch die lebendige Stadt Ushuaia zu bummeln und unsere letzten argentinischen Pesos auszugeben.

Welche Stadt ist die südlichste der Welt? Die Antwort ist nicht eindeutig, auf jeden Fall ist Puntas Arenas an der Magellanstraße, unser nächster Hafen, mit fast 120.000 Einwohnern die südlichste Großstadt der Welt. Sie war früher ebenfalls eine Sträflingskolonie, erlebte eine wirtschaftliche Blütezeit durch die europäischen Einwanderer, welche die Ureinwohner fast vollständig ausrotteten, und bildet heute einen beliebten Ausgangspunkt für Ausflüge und Expeditionen in eine der landschaftlich reizvollsten Gegenden der Welt.

Die Geschichte dieser chilenischen Stadt lässt sich eindrucksvoll auf ihrem Friedhof nachvollziehen. Noch nie haben wir einen solch schönen und imposanten Friedhof gesehen. Gewaltige Gräber und Kapellen zeugen vom unermesslichen Reichtum der Farmer, Viehzüchter und Händler, die sich hier ein Denkmal gesetzt haben. Die Grabinschriften sind selten auf Spanisch, sondern meist auf Englisch, Deutsch und häufig auch Kroatisch verfasst. Viele Einwohner glauben, dies sei der schönste Friedhof Südamerikas und vielleicht sogar der ganzen Welt. Wir sind von dem Friedhof und den Blicken in die Vergangenheit derart begeistert, dass wir anschließend sofort ins Museo Regional Salesiano gehen, um noch mehr über die spannende Geschichte im tiefen Süden Chiles zu erfahren.

Natürlich mischen wir uns auch unter die Lebenden und erkunden die Innenstadt von Punta Arenas, um einige Einkäufe zu erledigen. Mitten in der Stadt auf dem Plaza de Armas steht ein großes Indianer-Denkmal. Der Sage nach kommt man wieder hierhin zurück, wenn man den großen Zeh des Indianers küsst bzw. anfasst. Da ich nicht weiß, ob ich zurückkehren möchte, berühre ich den Zeh sicherheitshalber nicht. Ein wenig wehmütig stimmt das Schild an einem Mast: »Borussia Dortmund 13.643 km« – so weit ist die Heimat entfernt.

Auf der Fahrt durch den Beagle-Kanal erleben wir ein weiteres landschaftliches Highlight. Unser Schiff fährt nahe der Küste durch die zerklüftete Landschaft, so dass die Berge mit den schneebedeckten Gipfeln zum Greifen nah scheinen. Diese imposante Gletscherkulisse so »hautnah« vom Balkon unserer Kabine aus mit einem Glas Sauvignon Blanc in der Hand zu erleben, ist nachhaltig beeindruckend und ein würdiger Abschied vom in jeder Beziehung großen Land Argentinien. Dass es leicht zu schneien beginnt, passt zu dieser außergewöhnlichen Gegend – wir sind tatsächlich am Ende der Welt. Heute feiern wir Halbzeit unserer Kreuzfahrt, eine Woche voller unvergesslicher Eindrücke ist vorüber, rund 4.000 Kilometer mit dem Schiff liegen hinter uns und weitere sieben Tage bis Valparaiso in Chile noch vor uns.

Noch zwei Seetage bis Puerto Chacabuco! Die Fahrt durch die Magellanstraße erinnert an die norwegische Fjordlandschaft; es ist sehr reizvoll, durch diese zerklüftete Landschaft mit ihren großartigen Fjorden und den vielen großen und kleinen Felsinseln zu fahren. Das Wetter ist saumäßig, es regnet den ganzen Tag und der Wind frischt auf. Am späten Nachmittag erreichen wir Windstärke 10, der Kapitän meldet Sturm und beruhigt uns, dass er alles im Griff habe und wir uns keine Sorgen machen müssten. Wir vertrauen ihm, zumal er aus Norwegen kommt und mit diesen Rahmenbedingungen vertraut sein müsste. Gegen Abend lässt der Wind dann bis auf Windstärke 4 nach, so dass wir wie auch die übrigen Mitreisenden die vielfältigen Sport- und Freizeitangebote unserer Norwegian Sun wieder genießen können.

Die Küste Chiles ist unglaublich lang, sie umfasst von der Grenze Perus bis zum Kap Hoorn rund 5.300 Kilometer. In Chile leben fast 16 Millionen Menschen, davon rund 40 Prozent im Großraum der Hauptstadt Santiago. Das Land ist unglaublich reich an Naturschönheiten, weswegen wir nicht mehr ganz so traurig sind, dass wir die Inka-Kultstätte Machu Picchu wegen der katastrophalen Überschwemmungen nicht besuchen können, so haben wir ein paar Tage mehr Zeit für Chile gewonnen.

In Puerto Chacabuco muss man nicht gewesen sein. Im Ort selbst ist nichts los, nach 10 Minuten sind wir durchgelaufen, und noch nicht einmal eine Kneipe oder ein Internet-Café sind zu sehen. Das einzig Schöne an Puerto Chacabuco ist seine traumhafte Lage am Rande eines Naturparks mit Blick auf die schneebedeckten Berge der Anden, die auch hier bis unmittelbar zur Küste reichen. Mit dem Taxi fahren wir im Nationalpark am Rio Simpson entlang in die Provinzhauptstadt Coyhaique und durchqueren dabei eine dramatische und pittoreske Landschaft mit Canyons, Bergen mit und ohne Schnee, Flüssen und vielen sattgrünen Wiesen. Beim Anblick der grasenden Kühe und Schafe kommen Erinnerungen an alpine Landschaften in Europa auf, nur dass hier alles noch ein wenig ausgeprägter und gewaltiger wirkt.

Schöner und interessanter ist unser nächster Hafen in Puerto Montt, einer quirligen Stadt mit 170.000 Einwohnern. Nach dem Erdbeben 1960 wurde die Stadt völlig neu aufgebaut, ihre Einwohner leben von der Lachszucht, den Meeresfrüchten, der Holzwirtschaft und neuerdings von Kreuzfahrttouristen.

Die Lage ist wiederum traumhaft und die Umgebung einmalig schön. Die malerische Landschaft wird vom schneeweißen Kegel des Vulkans Osorno überragt, der das Panorama dieser Region beherrscht.

Wir schnappen uns erneut ein Taxi und lassen uns ins schöne Hinterland bringen. Besonders faszinierend ist der kleine Ort Frutillar, ein bezauberndes Dorf, das 1856 von deutschen Siedlern gegründet wurde. Es ist überaus interessant, in Patagonien auf deutsche Architektur und die Spuren deutscher Siedler zu stoßen. Weiter geht es mit dem Taxi nach Puerto Varas, auch als Hauptstadt der Rosen bezeichnet und wie Frutillar malerisch am Llanquihue-See gelegen. Diese Stadt ist ebenfalls stark deutsch geprägt mit vielen historischen Gebäuden aus der Gründerzeit wie der »Deutschen Kirche«, offensichtlich die Nachbildung einer Kirche aus dem Schwarzwald. Nach unserer Rückkehr noch ein kurzer Rundgang durch das Hafengebiet Angelmó in Puerto Montt, anschließend eine Pause in einem kleinen Restaurant in der Fischmarkthalle, und dann müssen wir zurück auf unser Kreuzfahrtschiff.

Bis zur Hafenstadt Valparaiso bzw. der Hauptstadt Santiago de Chile, dem Ziel unserer Kreuzfahrt, sind es nun noch 1.100 Kilometer. Unsere Schiffsreise neigt sich langsam dem Ende zu. An das Leben auf dem amerikanischen Kreuzfahrtschiff haben wir uns schnell gewöhnt, auch wenn der Zahn der Zeit bereits daran genagt hat. Die bekannten Vorurteile über Kreuzfahrten, die wir bereits bei unserer Fahrt mit der MS Statendam widerlegt sahen, stimmen auch auf der Norwegian Sun in keiner Weise, die Stimmung an Bord ist locker und entspannt. Einzig nervig ist der Hygienefimmel der Amerikaner. Überall wird gesprüht: Beim Betreten des Schiffes und vor jedem Restaurantbesuch werden die Hände mit einem Desinfektionsmittel zwangsbesprüht, viele Male am Tag. Am Buffet gibt es keine Selbstbedienung mehr, sondern die Kellner schaufeln das Essen auf den Teller, damit keine Viren überspringen. Apropos Essen: Wir haben in den zwei Wochen 20.000 Eier gegessen, allerdings nicht wir allein, sondern alle Gäste zusammen, aber ich war bestimmt mit mindestens 50 Eiern dabei. Die Liste der während der Kreuzfahrt verbrauchten Lebensmittel ist beeindruckend, der logistische Aufwand, der dahinter steckt, gewaltig.

Die Fahrt auf einem Kreuzfahrtschiff ist eine ideale Art des Reisens, wir sprechen mit vielen Menschen, alle sind begeistert. Auch wir genießen es, nicht immer wieder die Koffer packen zu müssen und aus den vielfältigen Freizeitangeboten nach Lust und Laune das Passende auswählen zu können. Auch wenn die Aufenthalte an Land naturgemäß recht kurz sind, gewinnt man doch einen hervorragenden ersten Eindruck und kann später wiederkommen, um Land und Leute intensiver kennen zu lernen. Auch Zeit und Gelegenheit zu finden, mit vielen Menschen zu sprechen und auch über ernste Probleme zu diskutieren, ist eine große Chance für uns, die wir gern nutzen. Und nicht zuletzt ist die Gewissheit, ein kleines Hospital mit Ärzten und Krankenschwestern an Bord zu haben, sehr beruhigend.

Um 6 Uhr legen wir im Hafen von Valparaiso an, der Lotse kam um 5 Uhr an Bord. Eine unvergessliche Reise liegt hinter uns – wir sind von Buenos Aires an der Ostküste Südamerikas mehr als 4.000 Kilometer hinunter nach Kap Hoorn gefahren, dann durch die Fjorde Patagoniens und weiter entlang der chilenischen Küste nach Norden. Wir konnten die landschaftlichen Schönheiten Argentiniens und Chiles erleben und die Kontraste zwischen gewaltigen Gletschern, sattgrünen Wiesen, majestätischen Andengipfeln, patagonischen Inseln und der rauen Gegend rund um die Südspitze Südamerikas bewundern. Auch wenn die Bräune unserer Haut langsam verblasst, die Erinnerungen an diese Kreuzfahrt werden ewig bleiben.

Der Abschied vom Schiff fällt uns schwer, aber neue Abenteuer warten auf uns. Die Einreiseprozedur ist wie so oft etwas aufwendig, wir müssen uns in einer langen Reihe im Hafenterminal aufstellen und das Handgepäck auf den Boden legen. Dann kommen Schnüffelhunde und suchen nach Obst, Gemüse und anderen Lebensmitteln, die man unter Androhung höchster Strafen nicht nach Chile einführen darf. Unsere Müsli-Riegel bleiben unentdeckt, und so dürfen wir unsere Reise unbeanstandet fortsetzen.

Bei unserer Ankunft liegt Valparaiso vollständig im Nebel, deswegen verzichten wir auf eine Besichtigung der Hafenstadt und fahren gleich weiter nach Santiago, der Hauptstadt Chiles. Diese ist eine lebendige Sechs-Millionen-Metropole und verschafft schon auf den ersten Blick einen äußerst angenehmen Eindruck: viele schöne historische Gebäude, großzügige und gepflegte Parkanlagen, breite Straßen mit viel Grün, zwei Hügel in der Stadt, die Anden im Hintergrund, der Rio Mapocho auf dem Weg zum Meer, eine Reihe von Märkten und trotz des Sonntages überall munteres Treiben.

Wir sind in einem schönen Hotel mit Schwimmbad auf der Dachterrasse im 13. Stock untergebracht, das Hotel liegt in einem modernen Bürostadtteil mit futuristischen Hochhäusern unterschiedlichster Architektur. Auch wenn der oft gewählte Vergleich von Santiago mit Manhattan etwas übertrieben ist, kann man doch aufgrund der Schönheit und Vielfalt der Wolkenkratzer eine gewisse Ähnlichkeit feststellen. Um möglichst viel von dieser schönen Stadt zu sehen, lassen wir uns in einem offenen Touristen-Doppeldeckerbus hindurchkutschieren. Am historischen Zentrum – dem Plaza de Armas – steigen wir aus und erkunden die Innenstadt mit ihren kolonial-historischen Gebäuden zu Fuß und auf eigene Faust, denn nach dem Studium unserer Reiseliteratur sind wir bestens vorbereitet.

Den nächsten Morgen gehen wir entspannt an. Wir schlendern durch den modernen Teil Santiagos, das Wetter ist perfekt und die Wohn- und Geschäftsviertel sind überaus beeindruckend. Alles wirkt sehr gepflegt, überall sehen wir freundliche und hilfsbereite Menschen, viel Grün in den Straßen und vor den Häusern, schöne Wohnungen, selbst die Gärtner und Hausmeister tragen Krawatten. Spontan kommt uns die Idee, dass man als verwöhnter Europäer in der Hauptstadt Chiles auch längere Zeit gut leben könnte.

Aber wir wollen und müssen weiter – die Wüste ruft. Nach einem kurzen Sonnenbad auf der Terrasse unseres Hotels geht es mit dem Taxi zum futuristisch und großzügig angelegten Flughafen von Santiago de Chile. Das Einchecken und die Sicherheitskontrollen laufen stressfrei ab. Unsere Airline – die chilenische LAN – macht einen sehr modernen Eindruck, die Lufthansa soll einige Ideen und Konzepte von ihr übernommen haben.

Der Flug über die Anden und das unwirtliche Wüstengebiet verläuft planmäßig und wegen der herrlichen Sicht von oben recht aufregend. Wir landen in der trockensten Wüste der Welt, der Atacama. Hier gibt es Ecken, in denen es seit den regelmäßigen Wetterbeobachtungen noch nie geregnet hat. Am Flughafen in Calama werden wir von zwei Damen abgeholt, einer einheimischen Fahrerin und unserer Reiseleiterin, einer Deutschen, die hier geheiratet hat und in San Pedro ein Kunstgewerbegeschäft betreibt. Die ersten Eindrücke auf der Fahrt von Calama nach San Pedro sind fantastisch – schöne Steinformationen, bizarre Wüstenlandschaften und weite Blicke in das Dreiländereck Chile – Argentinien – Bolivien, immer mit den Andengipfeln im Hintergrund. Kurz vor Einbruch der Dämmerung kommen wir nach einer Fahrzeit von gut zwei Stunden in San Pedro an.

Die Stadt wirkt wie eine Mischung aus Westernstadt und Outdoor-Zentrum. Einstöckige Lehmbauten und eine weißgetünchte Kirche prägen das Bild des Wüstenortes. Einheimische, Abenteurer aus aller Welt und streunende Hunde sind auf den unbefestigten, staubigen Straßen unterwegs. Unser Hotel – das Kimal – wurde ausschließlich mit Materialien der Region, vor allem mit in der Sonne gebrannten Lehmziegeln und Kakteenholz, erbaut, ist sehr puristisch und sparsam eingerichtet, bildet aber eine individuelle Anlage mit Stil. Wir müssen uns angesichts der einzigen Steckdose im Zimmer entscheiden, ob wir lieber den Kühlschrank oder den Ventilator laufen lassen – wir entscheiden uns für den Kühlschrank.

Alle wollen nach San Pedro de Atacama – Hippies, Wüstenliebhaber, Archäologen, Sportfans und jetzt auch wir. Aus einer winzigen Oase zu Füßen einer berauschend schönen Vulkanlandschaft am Rande der Wüste ist ein beliebtes Touristenzentrum geworden. San Pedro ist ein hübsches Örtchen mit 5.000 Einwohnern, die Zeit scheint hier stehen geblieben zu sein. Zu Fuß erobern wir unter fachkundiger Begleitung unserer Reiseleiterin San Pedro und erhalten in dem kleinen örtlichen Museum eine exklusive Führung durch 11.000 Jahre Geschichte der Atacama-Wüste.

Die Wüste erkunden wir mit dem Auto und auch auf kleinen Wanderungen. Wir durchqueren dabei vegetationslose Landschaften, erklimmen eine alte Befestigungsanlage aus der Vor-Inka-Zeit, laufen durch Sanddünen und beobachten im Tal des Todes »Sandboarder« beim Sanddünensurfen. Höhepunkt ist zweifelsohne der Besuch der Salar de Atacama, der Salzwüste von Atacama, eines fast ausgetrockneten Salzsees, fünfmal so groß wie der Bodensee und Heimat unzähliger Flamingos, die durchs knöcheltiefe Wasser waten. Nach den Erläuterungen unserer Reiseleiterin können wir nun einen Anden-Flamingo von einem chilenischen Flamingo oder einem James-Flamingo unterscheiden. Krönender Abschluss dieses erlebnisreichen Tages ist der Sonnenuntergang im Valle de la Luna, in dem die sinkende Sonne Schatten auf die bizarre Erosionslandschaft wirft. Schade nur, dass wir dieses Naturschauspiel mit vielen anderen Menschen teilen müssen.

Die Nacht ist kurz, denn wir wollen den Sonnenaufgang und das Explodieren der Geysire am Tazio-Vulkan erleben. Um 4 Uhr ist Wecken angesagt, um 5 Uhr stehen die beiden Damen vor der

Tür. Wir haben ohnehin schlecht geschlafen, unser Zimmer liegt direkt hinter einer Mauer an der Hauptstraße. Diese ist zwar nicht stark befahren, aber bei jedem vorüberfahrenden Auto wackelt die Bude und eine Staubwolke rollt über die Mauer auf unser Zimmer zu. Unsere Reiseleiterin erklärt uns zunächst den Sternenhimmel auf der Südhalbkugel und zeigt uns das Kreuz des Südens, aber ich bin zu müde, um ihren Ausführungen zu folgen.

Dann fahren wir weiter auf die rund 4.300 Meter hohe Ebene, die Luft wird immer dünner und die Temperaturen sinken auf –5 °C. Uns fällt das Atmen schwer, so dünn ist die Luft. Unsere Reiseleiterin beruhigt uns mit dem Hinweis, dass sie für eventuelle Notfälle ein Sauerstoffgerät im Auto habe. Und dann beginnt ein einmaliges Schauspiel. Erst langsam und dann immer heftiger und stärker brechen die heißen Quellen aus dem Inneren der Anden durch den in der Nacht gefrorenen Boden. Um uns herum steigen mehrere Meter hohe Dampffontänen in den Himmel, überall zischt, brodelt, dampft und faucht es, manchmal stinkt es auch nach Schwefel – eine beeindruckende Kulisse und ein gigantisches Naturschauspiel. Wir sind froh, als die Sonne herauskommt, denn trotz unserer Winterausrüstung frieren wir entsetzlich. Es wird allmählich immer wärmer und wir freuen uns über das Frühstück, das die beiden Damen dort oben zubereiten. Auf der Rückfahrt schauen wir uns noch einige schöne Ecken in der Wüstenlandschaft an, um uns am späten Nachmittag am Pool unseres Hotels auszuruhen.

Die schöne und erlebnisreiche Zeit in der Atacama-Wüste ist vorbei, am Flughafen von Calama warten wir auf unseren Flug nach Santiago, um von dort nach fünf Stunden Aufenthalt weitere sieben Stunden nach Quito, der Hauptstadt Ecuadors, weiterzufliegen. Solch ein langer Flugtag schlaucht, wir sind froh, gegen 21.30 Uhr Ortszeit in Quito anzukommen. Wir haben eine »Rundreise Galápagos intensiv: Island Hopping« gebucht und sind gespannt, was uns erwartet. Bisher musste ich während unserer Weltreise stets sagen, wo es langgeht – im wahrsten Sinne des Wortes, jetzt gibt Gabriela, unsere Reiseleiterin, den Ton an. Sie holt uns am Flughafen ab, lotst uns durch die Menschenmassen in der Ankunftshalle und bringt uns zu unserem Hotel Mercure Alameda im modernen Stadtteil Mariscal. Vor der Tür stehen Jungs mit Gewehren, im Hotelkomplex ist eine Spielbank integriert. Gabriela klärt uns über die Sicherheitslage in Quito auf, so dass wir auf unseren Abendspaziergang verzichten und unseren Schlummertrunk in der Hotellobby einnehmen.

Neugierig warten wir auf unser erstes Gruppentreffen für die Rundreise: 13 Damen und Herren, Jung und Alt, Ost und West. Der 13. aber ist ein pensionierter Lehrer, der schon vor der Begrüßung durch die Reiseleiterin zwei Fragen hat. Wir sind gespannt, wie sich die gruppendynamischen Prozesse während der Reise entwickeln werden.

Quito ist eine der höchstgelegenen Hauptstädte der Welt, die Andenmetropole erstreckt sich über 50 Kilometer in atemberaubenden 2.850 Metern Höhe. Früher war sie eine wichtige Inka-Stadt, heute ist sie pulsierende Geschäftsstadt und wichtiges Handelszentrum Ecuadors. Aufgrund der jahrhundertealten prachtvollen Kolonialarchitektur und der zahlreichen Kulturschätze erklärte die UNESCO die Altstadt Quitos 1979 zum Weltkulturerbe. Wir besichtigen die wunderschöne Innenstadt zu Fuß, Gabriela immer vornweg. Die außerhalb der Altstadt gelegenen Sehenswürdigkeiten und Aussichtspunkte erobern wir mit dem Bus. Wir besichtigen etliche Kirchen und Klöster, besonders beeindruckend ist die gewaltige Iglesia de San Francisco. Das Leben und Treiben in den engen Gassen und auf den großen Plätzen ist aufregend, wir haben eine andere Welt betreten.

Einzig die permanente Sorge um unsere Sicherheit trübt die Stimmung ein wenig. Viele anscheinend und scheinbar zwielichtige Gestalten schleichen um uns herum, ein kleiner Junge hat es auf Heidis Kamera abgesehen und kann nur durch Gabrielas entschlossenes Eingreifen vertrieben werden. Derart viele Polizisten und Sicherheitskräfte selbst in den Kirchen haben wir bisher noch nirgendwo gesehen.

Wir sind den ganzen Tag unterwegs und sehen viel von Quito, auch weniger schöne Wohnviertel und natürlich viel Armut. Gabriela kann unterhaltsam erzählen, so dass es auch im Bus nie langweilig wird. Zum Abschluss unserer Stadtrundfahrt besichtigen wir noch den Obelisken Mitad del Mundo, der genau auf dem Äquator errichtet wurde und wo man mit einem Bein auf der Nord- und mit dem anderen auf der Südhalbkugel stehen kann – eine interessante Perspektive.

Ecuador ist ein äußerst vielseitiges Land – Pazifikanrainer, Andenstaat, am Äquator gelegen, mit Teilen des Amazonasbeckens und natürlich den Galápagosinseln. Nirgendwo sonst auf der Erde bietet die Natur eine solche Fülle auf so engem Raum. Die verschiedenen Naturräume weisen gewaltige Unterschiede auf und machen Ecuador zu einem spannenden Reiseland. Für Sportbegeisterte und Outdoorfans eröffnen sich in der noch weitgehend unberührten Natur ideale Möglichkeiten, aber auch Kulturbegeisterte werden von den Kulturschätzen und Zeugnissen der Vergangenheit überwältigt sein. Ecuador ist trotz Erdölförderung und -export wirtschaftlich noch immer nicht richtig auf die Beine gekommen und zählt zu den ärmsten Ländern Südamerikas. Nach Aussage unserer Reiseleiterin leben 45 Prozent der fast 14 Millionen Einwohnern unter der Armutsgrenze von 350 US-Dollar im Monat.

Mit dem Bus fahren wir durch das Land – meist auf der Panamericana, die mit einer kleinen Unterbrechung in Kolumbien von Alaska bis nach Feuerland führt. Von Gabriela erfahren wir viel über Land und Leute und durchqueren dabei zauberhafte Gebirgslandschaften sowie fruchtbare Felder in fünf Klimazonen. Besonders beeindruckend ist die Stadt Otavalo mit ihrem berühmten farbenfrohen Indiomarkt, der in erster Linie nicht für die Touristen, sondern für die Einheimischen aus der näheren und weiteren Umgebung abgehalten wird. Hier können wir einen kleinen Einblick in das Leben der Indios gewinnen, denn mehr als die Holzschnitzereien und die landestypischen Textilien interessieren uns die Menschen. Interessant ist auch, auf dem Lebensmittelmarkt den Indios beim Essen zuzusehen oder im Zentrum der Stadt eine Indio-Hochzeit zu beobachten. Spezialität in Ecuador ist gebratenes Meerschweinchen mit Kartoffeln, wir bestellen im Restaurant lieber Fleisch eines »normalen« Schweines, aber ob wir das auch wirklich bekommen haben, wissen wir nicht.

Die bereits erwähnte Rundreise haben wir gebucht, um uns einen Traum zu erfüllen und eines der letzten Naturparadiese dieser Erde zu erleben – die Galápagosinseln. Über 1.000 Kilometer östlich des ecuadorianischen Festlandes liegen die weltberühmten Inseln, im Pazifik um den Äquator verstreut. Wegen der unglaublichen Vielfalt an Tieren und Pflanzen werden die Galápagosinseln auch als »Arche Noah« bezeichnet und sind ein Eldorado für Naturliebhaber und Wissenschaftler. Man muss jedoch wissen, dass es für Individualreisende schwer ist, die Galápagosinseln auf eigene Faust zu erkunden, weil viele Inseln nur im Rahmen einer geführten Tour besucht werden dürfen. So haben wir uns zu dieser Gruppenreise entschlossen und die Idee verworfen, die Inselwelt auf eigene Faust zu erkunden.

Gegen Mittag, nach einer Flugzeit von dreieinhalb Stunden, landen wir auf der Isla San Cristóbal, einer alten Zuckerinsel im äußersten Osten der Inselgruppe. Bei der Ankunft wird unser Gepäck durchsucht, weil hier die große Sorge besteht, dass Krankheitserreger eingeschleppt werden und das empfindliche Ökosystem gefährden könnten. Nach der Zahlung von 100 US-Dollar Eintrittsgeld dürfen wir ins Paradies.

Die Schwüle bei der Ankunft macht uns zu schaffen, schließlich kommen wir aus 2.850 Metern Höhe in Quito mit relativ ausgeglichenem Klima. Wir stellen die Koffer im Hotel ab und gehen sofort über die Straße an den Strand. Was wir sehen, ist überwältigend – überall liegen Seelöwen herum, auch auf dem Bürgersteig, den Bänken und Mauern. Sie scheinen keine Angst vor den Menschen zu haben, man kann sich ihnen unmittelbar nähern, dabei heben sie allenfalls den Kopf und reißen das Maul auf.

Nach einem schnellen Mittagessen trifft sich unsere Gruppe zum ersten Ausflug. Mit unserem Reiseleiter – Daniel heißt er – marschieren wir zum Interpretationszentrum, wo wir eine Einführung in die Erdgeschichte sowie die Flora und Fauna der Galápagosinseln erhalten. Anschließend wandern wir zu verschiedenen Aussichtspunkten mit großartigen Blicken auf den Hafen, die Strände und die Küstenlandschaft. Überall entdecken wir Fregattvögel, Reiher, Pelikane, Möwen und erneut viele, viele Seelöwen. Ein schöner Eindruck vom ersten Tag im Paradies!

Mit dem Bus fahren wir über die Insel San Cristóbal und steuern verschiedene biologisch und zoologisch interessante Plätze an. Besonders sehenswert ist die Schildkrötenaufzuchtstation, in der man Riesenschildkröten in ihrer natürlichen Umgebung beobachten kann. Allein schon durch ihre Größe und die langsamen Bewegungen wirken die Tiere sehr majestätisch. Wir lernen viel, denn unser Reiseleiter kann lebhaft erzählen.

Bei einem Badestopp lassen wir es uns nicht nehmen, in die hohen Wellen des Pazifiks zu springen. Das Wetter ist nicht ideal, es regnet viel, denn hier ist Regenzeit. Aber trotzdem ist diese Zeit die beste für Tierbeobachtungen, zumal das Meerwasser mit 25 bis 28 °C relativ warm ist. Wir wandern viel in der schönen und sattgrünen, üppig wuchernden Landschaft. Der Boden ist total matschig, unsere Schuhe und Hosen starren geradezu vor Dreck. Beim Aufstieg auf den El Junco kommen wir mit zwei Wanderern ins Gespräch, von denen der eine plötzlich schreit: »Sie kenne ich doch!« Er ist ein ehemaliger Geschäftspartner aus Dortmund, der seit Anfang Januar mit einer Dortmunder Mannschaft um die Welt segelt und wie wir gestern in San Cristóbal angekommen ist. Die Wiedersehensfreude ist groß, und so verabreden wir uns für den Abend in einem Restaurant, haben viel zu erzählen – nicht nur von früher – und wundern uns, wie klein die Welt und wie schön das Reisen um den Globus ohne belastende berufliche Verpflichtungen ist.

Die ganze Nacht regnet es, dabei ist es so laut, dass wir immer wieder vom klatschenden Regen wach werden. Die Außenwand unseres Zimmers wird immer feuchter, bald darauf fließt das Wasser unter dem Türspalt in das Zimmer. Auf der Straße ergießen sich Sturzbäche aus dem Inselinneren, die Promenade steht unter Wasser. Den Seelöwen scheint das nichts auszumachen, sie dösen wie gewohnt auf ihren angestammten Plätzen. Das Wetter spielt heute für uns jedoch keine Rolle, denn wir wollen die vielfältige Unterwasserwelt erkunden. Mit dem Motorboot geht es zur Insel Lobos, einem felsigen Eiland mit Seelöwen und etlichen Vogelkolonien. Wir springen mit Schnorchelausrüstung in das warme Wasser und beobachten riesige Fischschwärme sowie eine Reihe interessanter Einzelfische unterschiedlichster Größe, Form und Farbe.

Dann geht es weiter über die offene See zum Leon Dormido (»Schlafender Löwe«), einer steil aus dem Meer ragenden Felsformation. Diese ist durch eine tiefe Schlucht geteilt, durch die wir bei munterem Wellengang schnorcheln müssen bzw. dürfen. Dafür ist schon voller Krafteinsatz nötig, denn das Meer wird rauer und wir kämpfen uns durch die Wellen. Auch wenn wir nicht allein sind, komme ich mir so mitten auf dem Meer mit andächtigem Blick auf den riesigen Felsen doch recht einsam und verloren vor. In dem glasklaren Wasser sehen wir viele Fische, drunter auch kleine Haie, so dass ein stärkerer Adrenalinausstoß spürbar wird. Am Ende der Schlucht werden wir von unserem Boot wieder eingesammelt, und nach einer rauen und nassen Rückfahrt am frühen Nachmittag lassen wir den Tag in San Cristóbal ruhig ausklingen.

Unser Hotel Miconia ist momentan Stützpunkt der Segelregatta »Round the World Rally«, in deren Rahmen Segelyachten in 14 Monaten die Erde umrunden. Es ist interessant, dem munteren Treiben zuzusehen und mit den Regattateilnehmern zu sprechen. Wenn sie vom Leben und Leiden auf hoher See berichten, sind wir froh, nachts in einem anständigen Hotelbett schlafen zu können.

Die Begegnungen mit den Seelöwen sind immer ein Erlebnis, vor allem abends, wenn sie sich ein gemütliches Plätzchen für die Nacht suchen. Einige Jungtiere robben am Strand entlang auf der Suche nach ihrer Mutter und heulen unaufhörlich. Wenn wir uns irgendwo hinsetzen, kommen die Tiere näher und legen sich zu unseren Füßen, so als ob sie gekrault werden wollen. Einmal sehen wir, wie ein ausgewachsener Seelöwe in das Büro des Hafenkommandanten watschelt, wo er aber sofort rausgeschmissen wird. Er robbt weiter zur nächsten Tür in ein Restaurant, fliegt aber auch hier raus und zieht davon.

Mit dem Boot geht es um angenehme 9.30 Uhr zur nächsten Insel, der Isla Floreana, die im normalen Linienverkehr nicht zu erreichen ist. Über die bewegte See benötigen wir mehr als drei Stunden, um unser heutiges Tagesziel zu erreichen. Dank der vorher eingenommenen Pillen gegen Seekrankheit überstehen wir wie auch unsere Mitreisenden die Fahrt gut. Die Isla Floreana ist ein abgelegenes Naturparadies, nur 130 Menschen wohnen hier. Fernsehen gibt es auf der Insel, aber nicht im Hotel, zudem gibt es keinen Handy-Empfang, kein Internet und Strom erst ab 16 Uhr. Früher war die Insel bei Piraten und Walfängern beliebt, heute ist sie Anziehungspunkt für naturverbundene Touristen.

Bei einer anschließenden Bootsfahrt und einer kleinen Wanderung auf einer unbewohnten Nachbarinsel gewinnen wir einen ersten Eindruck von der Schönheit der Landschaft und sehen viele Tiere wie Meeresschildkröten, Pinguine, Blaufußtölpel, Flamingos und verschiedene Möwen aus unmittelbarer Nähe.

Wir sind im einzigen Hotel der Insel, dem Hotel Wittmer, untergebracht, das sich seit Jahrzehnten im Eigentum der Kölner Familie Wittmer befindet. Das Abendessen ist deshalb auch urdeutsch: Gulasch mit Spargel und Salzkartoffeln. Von unserem Zimmer aus schauen wir direkt auf den schönen Sandstrand und den weiten Pazifik, begleitet vom Rauschen der Wellen und dem Bellen der Seehunde.

Das Hotel strahlt den Charme der 60er Jahre in Deutschland aus. Pulverkaffee, Marmeladenbrote und Pfirsiche aus der Dose, da kommen nostalgische Gefühle auf. Aber wir sind zufrieden und haben uns auch an das Leben in und mit der Gruppe gewöhnt. Alle sind recht nett und haben ihre positiven Seiten. Letztlich ist es auch eine Frage der Lebenseinstellung, in jedem Menschen – natürlich gibt es auch Ausnahmen – das Positive zu sehen. Unser pensionierter Lehrer nervt zwar bisweilen, ist aber hervorragend über die Galápagosinseln und andere Reiseziele informiert und kann alle unsere Fragen beantworten, besser noch als unser Reiseleiter Daniel. Wir nennen ihn ab sofort nur noch Mr. Google.

In den Tropen ist es auch nachts mollig warm, in den Zimmern sind es immerhin 30 °C – unser Lehrer hat gemessen. Wenn man Türen und Fenster offen lässt, sinkt die Zimmertemperatur auf 28,5 °C, dafür kommt allerlei Getier ins Zimmer. Mücken gibt es auf Floreana reichlich, sie sollen zwar erst ab 16 Uhr stechen, bei uns haben sie aber eine Ausnahme von dieser Regel gemacht.

Das satte Grün und die Vielfalt der Pflanzen sind immer wieder aufs Neue faszinierend und auf jeder Insel anders. Wir fahren in die Berge und lassen uns auf kleinen Wanderungen von unserem Reiseleiter Flora und Fauna erklären. Die schönsten Momente erleben wir jedoch, als wir mit Taucherbrille und Schnorchel ins Wasser steigen, zahlreiche Fische sehen, Meeresschildkröten beobachten und Seelöwen uns umkreisen, ohne von uns Notiz zu nehmen. Den Regen, der auf unseren Rücken prasselt, spüren wir kaum, so sehr sind wir fasziniert von der lebendigen Unterwasserwelt.

Und weiter geht es, denn das Paradies hat viele wunderschöne Ecken. Die Überfahrt zur Insel Isabela verläuft wieder unruhig, aber die bewährte Pille gegen Seekrankheit verschafft uns eine angenehme Reise. Kurz vor Isabela fahren wir an der vorgelagerten Insel Tortuga vorbei, auf der wir einige Vogelkolonien aus direkter Nähe beobachten können.
Die Insel Isabela ist die größte der Galápagosinseln und bietet – wie könnte es hier anders sein – vielfältige wie einmalige Naturerlebnisse und lädt zu spannenden Exkursionen ein. Wir landen in Puerto Villamil, einem verschlafenen 1.800-Seelen-Nest. Die Straßen stehen nach langen Regenfällen unter Wasser, und die meisten Häuser könnten eine Komplettsanierung gebrauchen. Internet gibt es hier schon, funktioniert aber nicht, der Regen soll schuld sein.

Die Natur hier auf der Insel Isabela ist überwältigend, Flora und Fauna sind von besonderer Einzigartigkeit und Vielfalt. Mit einem kleinen Boot fahren wir zu verschiedenen Buchten und kleinen Inseln und wandern durch eine bizarre Lavalandschaft. Neben unzähligen Vogelkolonien sehen wir auch Hunderte von Meeresleguanen und Lavaechsen in ihrer natürlichen Umgebung. Sie haben keine Scheu vor uns, so dass wir aufpassen müssen, nicht auf sie zu treten. Wir fühlen uns in eine prähistorische Welt versetzt, irgendwie irreal, aber unglaublich faszinierend.
Auch unter und im Wasser zeichnen sich die Tiere durch ihre Furchtlosigkeit aus, sie verhalten sich gerade so, als würden wir dazugehören. Wir bekommen wieder viele Fische und riesige Fischschwärme zu Gesicht, aber auch Meeresschildkröten, Pinguine und Rochen, nur Haie sind heute nicht dabei. Ein kleiner Pinguin pickt immer wieder gegen Heidis Taucherbrille, irgendetwas scheint ihn zu faszinieren, vielleicht will er auch nur spielen. Keiner will aus dem Wasser, die Eindrücke und Erlebnisse sind einfach zu stark, wir sind ein Teil der Natur – ein unglaublich schönes und intensives Gefühl.
Gewaltiger Schreck in der Morgenstunde! Gegen 6 Uhr hören wir plötzlich vor unserem Zimmerfenster aufgeregte Stimmen und laute Telefonate. Mit dem Ruf »Tsunami-Warnung, sofort das

Hotel verlassen und nur das Nötigste mitnehmen!« werden wir von Daniel unsanft aus dem Zimmer gejagt. Unsere Mitreisenden stehen schon an der Straße. Wir können die Nachricht noch nicht richtig verarbeiten, ziehen uns aber schnell an, greifen reflexartig unser Geld, den Reisepass, Handy, Laptop sowie ein paar Süßigkeiten und laufen zu unserer Gruppe. Niemand weiß so recht, was passiert ist, die Meldungen widersprechen sich. Lastwagen und Busse brausen an uns vorbei, die Einheimischen bringen sich in Sicherheit. Daniel versucht, einen Lkw aufzutreiben, aber ohne Erfolg. Die Panik nimmt zu, schließlich laufen wir los in Richtung Inselmitte, um uns vor der drohenden Flut auf einen höher gelegenen Platz zu retten. Wir haben noch die Bilder der Tsunami-Katastrophe in Südostasien von Weihnachten 2004 vor Augen und unsere Angst wächst weiter. Eine halbe Stunde später hält ein Lkw neben uns, der Fahrer ist der Bruder unseres Reiseleiters Daniel. Der Lkw ist zwar schon voll mit Menschen, aber irgendwie finden wir noch Platz auf der Ladefläche und fühlen uns gerettet. Der Fahrer braust mit Höchstgeschwindigkeit davon und bringt uns zu einem Campingplatz 120 Meter über dem Meeresspiegel.

Der Campingplatz ist eine herrliche tropische Idylle, unter normalen Umständen hätten wir uns hier wohl gefühlt. Doch auch wenn alles friedlich aussieht, ist die Stimmung getrübt. Wir erfahren bruchstückhaft, dass sich vor der chilenischen Küste nahe der Stadt Concepción ein schweres Erdbeben ereignet hat und für den gesamten pazifischen Küstenraum eine Tsunami-Warnung ausgegeben wurde. Gott sei Dank funktioniert mein Handy und ich erhalte aus der Heimat konkrete und beruhigende Nachrichten. Es stellt sich heraus, dass die Tsunami-Warnung für unseren Raum eine reine Vorsichtsmaßnahme ist.
So richten wir uns im Rahmen unserer Möglichkeiten gemütlich ein und essen frisches Brot, das es auf dem Campingplatz gibt, sowie unsere mitgebrachten Süßigkeiten. Überall wachsen Bananen, Mangos, Ananas und viele andere Früchte, die ausgezeichnet schmecken. Die Stimmung entspannt sich wieder, bis wir von einer zweiten Tsunami-Warnung erfahren, die sich

allerdings als Fehlalarm herausstellt. Nach fünf Stunden Aufenthalt werden wir wieder in unser Dorf gekarrt und können das letzte Stück bis zu unserer Hotelanlage zu Fuß zurücklegen. Rückblickend betrachtet war es ein interessanter und abwechslungsreicher Tag, schöner kann eine Evakuierung nicht sein.
Die Bilder im Fernsehen über das Erdbeben in Chile sind schrecklich und holen uns in die raue Wirklichkeit zurück. Hunderte von Menschenleben sind zu beklagen, Tausende wurden obdachlos und zahlreiche Gebäude wurden zerstört. Vor wenigen Tagen noch sind wir vom modernen internationalen Flughafen Santiagos gestartet, jetzt ist er ein Trümmerhaufen und geschlossen. Wir sind unendlich glücklich, dass wir von dieser Katastrophe verschont geblieben sind.
Am Tag nach der Tsunami-Evakuierung kehrt wieder der Alltag ein und die Aufregungen und Sorgen des gestrigen Tages sind weitgehend vergessen. Das Wetter ist ebenfalls in Ordnung, zum ersten Mal seit vielen Tagen regnet es nicht, und überall herrscht eine fröhliche Stimmung. Heute steht eine längere und anstrengende Wanderung ins Landesinnere auf dem Programm. Mit dem Auto geht es zunächst in die Berge, anschließend wandern wir auf einem matschigen Weg mühsam zum Kraterrand des Vulkans Sierra Negra. Mit einer Höhe von 1.200 Metern und einem Kraterdurchmesser von fast zehn Kilometern ist er der zweitgrößte Vulkankegel der Erde. Am Kraterrand entlang marschieren wir mit wunderschönen Ausblicken weiter bis zum Vulkan Chico, einem noch aktiven Vulkan mit aufsteigenden Schwefeldämpfen. Wir dürfen nicht daran denken, dass die umliegenden Lavafelder gerade einmal 30 Jahre alt sind. Oben werden wir für die Strapazen mit beeindruckenden Ausblicken auf weite Teile der Insel Isabela sowie die vorgelagerten Inseln entschädigt. Diese geologisch wie auch landschaftlich interessante Wanderung dauert rund sieben Stunden und führt über morastigen und steinigen Untergrund. Wir sind froh, als uns unser Kleinbus am Ausgangspunkt der Wanderung wieder abholt. Nach dieser Anstrengung können wir auf unserer Terrasse den wunderschönen Sonnenuntergang erleben, der einen würdigen Abschluss des heutigen Tages bildet.

Auf zur letzten Station unserer Galápagos-Rundreise, der Isla Santa Cruz! Vor der Abfahrt wird unser Gepäck gründlich durchsucht, ob wir nicht irgendwelche Gegenstände von der Insel mitnehmen. Unsere Schadenfreude ist riesig, als die Zollbeamten im Koffer unseres schlauen Lehrers eine große Feder finden, die sofort beschlagnahmt wird. Die Seefahrt über den wiederum rauen Pazifik macht keinen Spaß und wir sind froh, als wir wieder festen Boden unter die Füße bekommen. Wir landen in Puerto Ayora und sind von dem munteren Treiben im Hafen überrascht. Hier findet sich mehr Zivilisation als auf den anderen Inseln, sogar eine asphaltierte Straße führt rund um die Insel. Puerto Ayora ist das wirtschaftliche und wissenschaftliche Zentrum der Inselgruppe, es soll sogar – so schreibt ein Reiseführer – ein Krankenhaus und drei Freudenhäuser geben. Wir brauchen beides nicht, sondern freuen uns über die vielen Internet-Cafés mit jeder Menge Bandbreite.

Unser Hotel – das Red Booby – ist gewöhnungsbedürftig, aber für zwei Tage bzw. Nächte wird es reichen. Nach dem Essen in einem ordentlichen Restaurant marschieren wir zur Charles-Darwin-Station, die ein überlebenswichtiges Aufzuchtprogramm für Elefantenschildkröten durchführt. Wir besuchen dort auch den »Einsamen Georg«, die einzige überlebende Landschildkröte ihrer Art. Er soll 70 Jahre alt sein oder auch 120, man weiß es nicht so genau, auf jeden Fall wartet er seit 35 Jahren auf die Frau seiner Träume. Mit den beiden weiblichen Artverwandten in seinem Gehege klappt es nicht, aber er hat hoffentlich noch ein paar Jahre Zeit. Durch die Erläuterungen während der Führung in der Station erfahren wir viel Neues und Interessantes über Flora und Fauna der Galápagosinseln und die wissenschaftlichen Leistungen des britischen Forschers Charles Darwin. Auf dem Rückweg wagen wir es dann, einen Seelöwen zu streicheln; dies ist zwar streng verboten, ist aber ein sehr schönes Gefühl, hoffentlich auch für den Seelöwen.

Die letzten Stunden im Paradies brechen an, wir müssen dieses schöne Fleckchen Natur mitten im Pazifik verlassen. An die Gruppe haben wir uns gewöhnt, selbst an unseren nervigen Lehrer mit seinen Fragen wie: »Welche Schuhe muss ich heute anziehen?«, »Wann sind wir zurück?«, »Wie ist der Boden der Wanderwege?«, »Trockene oder nasse Landung?«, und immer wieder: »Ist das Getränk im Preis enthalten?« Heidi wollte ihm eine Reinigung für seine total verschmutzte Hose spendieren, dies hat er aber nicht angenommen, die Hose sei noch sauber genug. Es waren zwei schöne Wochen in und mit der Gruppe, aber wir bleiben dabei: Auf eigene Faust mit freier Zeiteinteilung zu reisen ist zwar anstrengender, aber für uns doch schöner und erlebnisreicher. Dabei steht schon die nächste Gruppenreise an: Morgen fliegen wir von Guayaquil nach Havanna, um dort unsere Fahrradgruppe zu treffen, mit der wir 14 Tage durch Kuba radeln wollen.

Aber noch sind wir auf Santa Cruz. Mit Bus und Fähre werden wir morgens zur Flughafeninsel Baltra gebracht. Ein letzter Blick auf die Seelöwen und Pelikane stimmt uns sehr wehmütig, weil wir dieses einzigartige Universum mit der einmaligen Flora und Fauna verlassen müssen. Der Flieger bringt uns zunächst nach Guayaquil, der größten Stadt Ecuadors, in der wir nur eine Zwischenübernachtung eingeplant haben. Trotz der vielen Sicherheitswarnungen – die uns auch Daniel mit auf den Weg gab – ziehen wir los und schauen uns ein wenig in der Zwei-Millionen-Stadt um. Im Stadtzentrum gibt es eine Reihe sehenswerter alter und neuer Gebäude; nach den ruhigen Tagen auf den Galápagosinseln empfinden wir die Hektik und die Lautstärke in der Stadt als sehr anstrengend und sehnen uns nach dem Paradies zurück. Durch den Parque Bolivar gegenüber unserem Hotel streifen Hunderte von Leguanen auf der Suche nach Futter. Wir ziehen weiter zum Malecón, der direkt hinter der Kaimauer verläuft und sich 2 ½ Kilometer am Ufer des Rio Guayas entlangzieht. Die gesamte Uferpromenade ist komplett eingezäunt und wird Tag und Nacht von der Polizei bewacht, so dass man hier hervorragend bummeln und das Leben genießen kann. Wir können jedoch nicht lange bleiben, denn morgen um 3.30 Uhr klingelt unser Wecker.
Reisen ist nicht immer schön, es gibt Tage, die möchte man aus dem Kalender streichen. Mich hat in der Nacht Montezumas Rache

erwischt, an Schlaf ist nicht zu denken. So sehe ich dem bunten nächtlichen Treiben auf der Straße vor unserem Hotel zu, die ganze Nacht über ist hier etwas los. Um 3.30 Uhr müssen wir raus und werden kurz darauf zum Flughafen Guayaquil gebracht. Über Panama fliegen wir frühmorgens in die kubanische Hauptstadt.

Sozialismus unter Palmen, Zigarren und Rum, Fidel Castro und Che Guevara, amerikanische Straßenkreuzer und spanische Kolonialbauten, Merengue-Tanz und Salsa-Musik, karibische Freundlichkeit und bürokratischer Schlendrian – wir sind sehr gespannt, was uns auf Kuba erwartet. Wir wollen das Reiseland der besonderen Art näher kennen lernen und freuen uns auf die zweiwöchige Fahrradrundreise durch die tropische Landschaft. In Havanna trifft uns der Schock – es sind bestenfalls 20 °C. Nach den stets über 30 °C der letzten Wochen empfinden wir dies als sehr kalt. Die zweite Überraschung folgt sogleich: Im gebuchten Hotel ist kein Zimmer für uns frei. Wir lassen uns die Gästeliste zeigen, und – in der Tat – unsere Namen finden wir darauf nicht. Wir sollen in das auf der anderen Seite des Parks gelegene Hotel Plaza gehen, in dem ein Zimmer für uns reserviert sei. So ziehen wir mit unserem Gepäck quer durch den Park und sind erfreut, dass uns nach einigen Diskussionen auf Englisch, Spanisch und Deutsch tatsächlich ein Zimmer zugewiesen wird. Das Hotel ist eine alte Kiste, die ihre beste Zeit vor 50 oder noch mehr Jahren erlebt haben könnte. Unser Zimmer wirkt gammelig, so dass wir uns ein neues geben lassen, dessen Zustand ist jedoch nur wenig besser.

Wir ziehen sofort los und lassen den morbiden Charme der alten Kolonialstadt Havanna auf uns wirken. Kubas Hauptstadt ist mit rund 2,3 Millionen Einwohnern eine der größten Metropolen der Karibik. Die Altstadt wurde von der UNESCO zum Weltkulturerbe erklärt, das Ensemble der vielen Kolonialbauten ist einzigartig auf der Welt. Wir fühlen uns wie in einem lebendigen Museum und sind sofort vom Reiz der Stadt eingenommen. Bunte amerikanische Straßenkreuzer, schrottreife überfüllte Busse, alte Taxis, knatternde Mopeds und unzählige Fahrräder beherrschen das

Straßenbild. Die städtebauliche Pracht mit den vielen Arkaden, den schönen Innenhöfen und den großzügigen Plätzen wurde im Zentrum aufwendig restauriert und saniert. Überall laden moderne Restaurants und hippe Bars zum Verweilen ein.

Aber wir sehen auch andere Ecken Havannas – Baustellen, eingestürzte Häuser und Fassaden, hinter denen sich außer Trümmern nichts befindet, sowie immer wieder lange Schlangen vor staatlichen Lebensmittelgeschäften. Die Bausubstanz im Stadtteil Centro Habana ist weitgehend dem Verfall preisgegeben, nach der Sanierung des historischen Stadtteils Habana Vieja werden aber auch hier mittlerweile einige Gebäude saniert.
Das Wasser in unserer Dusche kommt mit Verspätung. Als es dann endlich da ist, bleibt es kalt, zwar nicht eiskalt, aber kalt. Das Frühstück ist ausreichend, nur die Kaffeemaschine funktioniert nicht. Schließlich wird sie repariert – ich denke, es fehlte nur Wasser –, und das Personal bedient sich zunächst einmal selbst, bevor wir an die Reihe kommen. Spätestens jetzt merken wir, dass wir im realen Sozialismus angekommen sind.

Oskar – so heißt unser Reiseleiter, den wir wie auch die übrigen Mitreisenden nach dem Frühstück kennen lernen – hat in der ehemaligen DDR gearbeitet und spricht perfekt Deutsch. Er redet uns mit »Kollegen« an, wahrscheinlich das Resultat gewerkschaftlicher Schulungen, aber wenigstens nicht mit »Genossen« und bereitet uns auf die Fahrradrundreise vor. Angesichts unserer Mitreisenden, drei netter Damen (mit Heidi) und drei ebenso netter Herren (mit mir), mehr oder weniger sportlich aussehend, verspricht dies eine angenehme und harmonische Reise zu werden.
Das Wetter ist sonnig, aber noch recht frisch. Die Kinder haben schulfrei, weil sie die Kälte von 17 °C in der Schule nicht vertragen. Heizungen gibt es auf Kuba nicht, auch unser Hotel besitzt keine. Also holen wir die Decken aus dem Schrank, um nachts im Bett nicht frieren zu müssen.
Mit Oskar ziehen wir durch die historische Altstadt. Ich muss mich gelegentlich ausklinken, weil mich immer noch Montezu-

mas Rache im Griff hat. Mittlerweile habe ich mir einen Vorrat an Toilettenpapier organisiert, da die Versorgung mit Hygieneartikeln selbst in guten Hotels und Restaurants unzureichend ist. Mit den Erläuterungen Oskars ist die Stadtführung sehr interessant, wir erfahren viel über das sozialistische Leben in der Stadt und im Land. Oskar ist zwar linientreu, weiß aber durchaus charmant auf die Schwächen und Mängel des Systems und die zaghaften Reformbemühungen der Regierung hinzuweisen. Wir wandern entspannt in angenehmer Atmosphäre von einem schönen Platz zum nächsten und sehen die hervorragend restaurierten Kolonialgebäude sowie viele andere architektonische und kulturelle Schätze.

Gern würden wir in eines der vielen modernen Restaurants einkehren, aber Oskar gönnt uns nur ein kurzes Mittagessen, dann wird die Stadtbesichtigung mit dem Fahrrad fortgesetzt. Wir starten am Malecón. Hier treffen sich Einheimische und Touristen und genießen das Leben. Wir haben keine Zeit zum Genießen und radeln weiter durch die modernen Stadtteile Havannas mit ihren Botschaften und prachtvollen Bürgerhäusern. Heutige Endstation ist der Plaza de la Revolución, ein riesiger Platz mit einer gigantischen Granitstatue des kubanischen Nationalhelden José Martí. Um den Platz herum gruppieren sich viele Regierungsgebäude, so auch das Innenministerium mit einem riesigen Wandbild Che Guevaras. Im Hintergrund sehen wir den Regierungspalast und Amtssitz Castros. Nach der Stadtrundfahrt lädt Toni, unser Busfahrer, unsere Räder auf den Anhänger und bringt uns zu unserem Hotel zurück.

Gegen 9 Uhr des nächsten Tages fahren wir mit dem Bus zunächst in die Provinzhauptstadt Santa Clara, mit 200.000 Einwohnern eine Großstadt. Die Gegend ist ziemlich eintönig, wir fahren durch endlose Zuckerrohrplantagen und sind nach rund 270 Kilometern bzw. knapp vier Stunden am Ziel. Die Hauptattraktion der Stadt ist das Monument Ernesto Che Guevara, das wir natürlich besichtigen. Wir erfahren zudem viel über die wechselvolle Geschichte Kubas, die kubanische Revolution und ihre Helden. Oskar ist mit großem Eifer bei der Sache, er hat übrigens nicht nur in Kuba, sondern auch in Angola für die Freiheit gekämpft. Leider biss ihn dort eine Schlange, so dass er das Kämpfen lassen musste und nach Hause geflogen wurde.

Am Denkmal satteln wir die Räder und radeln durch die Stadt zu unserem Hotel. Die Räder stammen aus deutscher Wertarbeit und sind gut gepflegt. Weniger gepflegt sind für unsere Verhältnisse vor allem die Nebenstraßen, angesichts der vielen Schlaglöcher müssen wir aufpassen und uns konzentrieren. Oskar legt kurz vor Erreichen unseres Hotels einen Sturz hin, als er sich während der Fahrt nach einer jungen Dame umsieht. Wie sich später herausstellt, hat er sich zwar nichts gebrochen, sich aber einige schmerzhafte Prellungen und Schürfwunden zugezogen. Während er im Krankenhaus verarztet wird, genießen wir in der untergehenden Sonne einen Abendtrunk auf der Terrasse unseres Hotels und freuen uns, im Gegensatz zu Oskar den Tag sturzfrei überstanden zu haben.

Die Pferde- und Ochsenkarren auf der Straße sind für uns ungewohnte Verkehrsteilnehmer. Ich muss scharf bremsen, um nicht mit einem Pferd zusammenzustoßen, das plötzlich die Straßenseite wechselt. Aufgrund der wenigen Autos und des angenehmen Klimas macht das Radfahren ausgesprochen Spaß. Wir fahren 50 Kilometer von Santa Clara durch die Sierra del Escambray nach Topes de Collantes. Die Landschaft ist leicht hügelig mit streckenweise steilen Abschnitten; Oskar sitzt im Begleitbus, er hat starke Schmerzen im Arm und in der Schulter. An Kreuzungen fährt der Bus vor uns her oder Oskar bzw. Toni stehen auf der Kreuzung und weisen uns den richtigen Weg.
Das Mittagessen gibt es unterwegs in einer schlichten Bauernhütte bei einem Freund Oskars. Es ist eine völlig andere Welt, in die wir hier eintauchen, aber das Essen schmeckt hervorragend. Die Familie ist überaus nett und gastfreundlich; mit Oskars Hilfe, Händen und Füßen sowie einigen wenigen Spanischbrocken unterhalten wir uns lebhaft. Im Vergleich zur Toilette des Hauses ist ein Dixi-Klo eine hochmoderne sanitäre Anlage.

Heidi spielt mit dem Papagei, ich kraule ein kleines Ferkel – eine Idylle wie aus einer anderen Zeit. Abends erreichen wir Topes de Collantes, einen Kurort inmitten von üppig grünen Wäldern, Riesenfarnen und Kaffeeplantagen, wo wir im Hotel Los Helechos unser Nachtquartier beziehen.

Morgens um 9 Uhr machen wir uns – natürlich mit dem Rad – auf den Weg nach Trinidad. Die Strecke ist erneut wunderschön, zwar wieder leicht hügelig, aber das Fahren ist dennoch außerordentlich schön und entspannend. Trotz der vielen Fotostopps sowie der Regelung, dass der Letzte das Tempo bestimmt, kommen wir zügig voran. Wir freuen uns, wenn wir unterwegs einen Pferdewagen oder auch schon mal ein Moped überholen können. Rast machen wir im Tal der Zuckerrohrmühlen – mittlerweile ebenfalls Weltkulturerbe – und in einer alten, von Zuckerbaronen bzw. deren Sklaven errichteten Hacienda. Spätnachmittags nach abwechslungsreichen 65 Kilometern erreichen wir unser Clubhotel in der Nähe von Trinidad, in dem wir zwei Nächte bleiben werden.

Solch ein Ruhetag auf einer Fahrradrundreise wirkt sehr erholsam. Wir lassen die Fahrräder auf dem Anhänger, legen uns am Strand in die Sonne, treiben ein wenig Sport und lesen viel. Zum Lesen kamen wir bisher kaum, nach dem Abendessen mit der entsprechenden alkoholischen Begleitung sind wir derart müde, dass wir wie auch unsere Mitreisenden früh schlafen gehen. Höhepunkt des Ruhetages ist zweifelsohne der Sundowner am Strand mit einem herrlichen Sonnenuntergang – Oskar hat Zigarren, Rum und Cola organisiert. Schöner kann ein Tag nicht zu Ende gehen.

Oskar zeigt uns Trinidad, die wohl schönste mittelalterliche Stadt Kubas und natürlich auch UNESCO-Weltkulturerbe. Sie ist eine der wichtigsten Touristenattraktionen der Insel. Herrschaftliche Paläste, strahlend bunte Bürgerhäuser, große Plätze und prachtvolle Kirchen bestimmen das Straßenbild. Nach der Stärkung mit einem Canchanchara, einem erfrischenden Cocktail aus Schnaps, Zitrone und Honig, machen wir uns auf den 80 Kilometer langen Weg entlang der Küste nach Cienfuegos. Mit einem leichten Rückenwind, der strahlenden Sonne, dem Blick auf das Meer und ohne viel Verkehr macht das Radfahren großen Spaß, bei uns kommen echte Glücksgefühle auf. Kurz vor Cienfuegos besucht ein Teil der Gruppe den Botanischen Garten, der andere – zu dem auch Heidi und ich gehören – radelt weiter bis zum Hotel La Jagua, das wunderschön am Stadtrand liegt und unser bisher bestes Hotel auf Kuba ist.

Cienfuegos gilt als eine der schönsten Großstädte Kubas. Sie besticht durch französisches Flair, großzügige Parkanlagen, breite Straßen und schöne Kolonialbauten. Wir schlendern durch die Stadt, flanieren über den Prado, die Haupteinkaufsstraße, und fühlen uns in eine südeuropäische Hafenstadt versetzt. Dann geht es mit dem Rad weiter, wieder meist an der Küste entlang und wieder mit angenehmem Rückenwind. Unterwegs hat Toni ein Picknick mit Tomaten und Ananas vorbereitet, Brot gibt es leider nicht. Oskar und Toni haben in mehreren Orten versucht, Brot zu kaufen, aber selbst für alles Geld der Welt – wir haben jede Menge Euros und kubanische Pesos dabei – gibt es kein Brot. Die Tomaten und Ananas schmecken zwar sehr lecker, aber ich werde nicht satt. Auch unterwegs irgendwo Schokolade, Kekse oder Nüsse zu kaufen, stellt sich als unlösbares Unterfangen heraus, die Geschäfte sind leer.

So radeln wir mehr oder weniger hungrig weiter, durch viele Sumpfgebiete hindurch, zur legendären Schweinebucht, wo im Jahr 1961 Exilkubaner mit Unterstützung des amerikanischen Geheimdienstes eine Invasion starteten. Im Museum hören wir uns die Heldenverehrung Oskars an, und finden es spannend, für uns neue Geschichten aus dem Leben der Revolutionäre zu erfahren. Oskar wäre wohl auch damals gern dabei gewesen. Da uns die Zeit davonläuft und die Mücken zum Generalangriff geblasen haben, steigen wir anschließend in den Bus und fahren nach Guama. Von dort geht es mit einem kleinen Motorboot zu einer Inselgruppe im Lago di Tresero. Die dortigen Bungalows sind auf Pfählen errichtet und durch Brücken und Stege miteinander verbunden. Wir beziehen einen eigenen Rundbungalow mitten im Wasser – sehr schön, aber einfach und rustikal eingerichtet. Romantischer als in dieser Traumkulisse kann man nicht wohnen. Hier soll es noch Krokodile geben, wir sehen zwar keine, essen sie aber abends, zumindest Teile davon. Der Rückweg vom Restaurant zu unserem Bungalow ist angesichts der verschlungenen Pfade, der schwachen Beleuchtung und der vielen Biere zum Abendessen nicht leicht zu finden, aber irgendwie finden wir dann doch nach einige Umwegen zurück.

Kormorane und Pelikane begleiten uns, als wir nach dem Frühstück mit dem Boot zum Festland übersetzen. Wir radeln bis zur Autobahn und werden dann mit dem Bus 250 Kilometer zur Sierra del Rosario gebracht, von der UNESCO 1984 zum Biosphärenreservat erklärt. Die Autobahn ist gähnend leer, nur alle paar Minuten überholen wir ein Auto, mal rechts, mal links, wie es gerade passt. An einer Raststätte halten wir an, dabei parken wir auf der Autobahn und gehen gemütlich auf die andere Seite, um uns mit Süßigkeiten und Getränken einzudecken.

Für die letzte Etappe steigen wir wieder auf unsere Räder. Auch hier ist die Landschaft ausgesprochen idyllisch und die tropische Vegetation abwechslungsreich. Die Begegnungen mit den Einheimischen sind stets fröhlich und freundlich, Kinder und Erwachsene winken am Straßenrand, und wir haben das Gefühl, tatsächlich willkommen zu sein. Wenn wir unterwegs anhalten, kommen wir sofort ins Gespräch, werden nach unserer Nationalität gefragt und freudig begrüßt, wenn wir uns als Deutsche zu erkennen geben. Soroa, ein grünes Städtchen in den Bergen der Sierra del Rosario und unser heutiges Etappenziel, ist ein nettes Ferienzentrum und berühmt für Hunderte von Orchideenarten im zweitgrößten Orchideengarten der Welt.

Morgens radeln wir weiter durch die landschaftlich reizvolle Sierra del Rosario. Die Straßen sind wie so oft kaum befahren, und im hügeligen Gelände mit subtropischen Pflanzen legen wir locker 65 Kilometer bis nach San Diego de los Baños zurück. Wieder Son-

nenschein, leichter Wind, eine landschaftlich schöne und abwechslungsreiche Strecke, kaum störende Autos und immer wieder fröhlich winkende Menschen am Straßenrand – das ist Fahrradfahren unter idealen Bedingungen, auch wenn man sich schon mal bei der Überwindung des einen oder anderen Hügels quälen muss.
Unser Hotel in San Diego de los Baños wirkt bescheiden – freundlich ausgedrückt. Aber braucht man unbedingt eine WC-Brille, geht es nicht auch ohne Klimaanlage, und kann man sich nicht auch mit kaltem Wasser die Haare waschen? Dafür ist der Abend höchst unterhaltsam, eine siebenköpfige Band spielt schon zum Abendessen kubanische Musik. Im Laufe des Abends setzen sich die Musiker mit an unseren Tisch, das heimische Bucanero-Bier schmeckt hervorragend und die Stimmung ist ausgezeichnet.

Das traumhafte Viñales-Tal gehört zu den landschaftlich schönsten Gegenden Kubas, es wurde 1999 von der UNESCO mit dem Titel »Kulturlandschaft der Menschheit« ausgezeichnet. Wir radeln 70 Kilometer auf hügeligen Straßen durch die Mahagoni- und Zedernwälder der Sierra de los Órganos (»Orgelpfeifengebirge«) und erreichen am Nachmittag den Ort Viñales. Unterwegs gibt es anstelle des Mittagessens wieder nur Tomaten und Ananas, aber wir fühlen uns fit und ausgesprochen wohl. Unser Hotel Los Jazmines liegt sehr schön inmitten der spektakulären Landschaft. Wir genießen von unserem Bungalow einen traumhaften Blick auf das weite Tal mit den einzigartigen Mogotes, einzeln in der Landschaft herumliegende runde Felsblöcke aus Kalk, die vollständig begrünt sind – eine beeindruckende und idyllische Szenerie.

Die Kellner im Hotel sind unwillig und unfreundlich, die Qualität des Essens ist ebenfalls nicht berauschend. Vielleicht sind die Angestellten durch die langjährige sozialistische Praxis verdorben. Nach unseren persönlichen Erfahrungen gilt das Lob für die Freundlichkeit, Fröhlichkeit und Hilfsbereitschaft der Kubaner ausdrücklich nicht für den überwiegenden Teil des Servicepersonals in den staatlichen Hotels. Allerdings kann dort die eine oder andere Dollarnote Wunder wirken.

Da wir zwei Tage in dem schönen Hotel in Viñales bleiben, können wir in Ruhe den Ort und die nähere Umgebung erkunden. Zum letzten Mal steigen wir auf unsere Räder, die wie immer hervorragend von Toni gewartet werden. Wir fahren durch den Ort und anschließend weiter durch Tabakfelder zur Cueva del Indio. Die Höhle ist beeindruckend, allein schon wegen ihrer Größe und der Verschiedenartigkeit der gewaltigen Felsformationen. Einen schönen Abschluss bildet die Fahrt auf dem Höhlensee mit einem kleinen Motorboot; wer genügend Fantasie hat, kann jede Menge Gestalten und Figuren an den Wänden und an der Decke erkennen.

Für uns hochinteressant ist die Besichtigung einer Tabakfabrik, wobei wir viel über den Tabakanbau und die Tabakverarbeitung erfahren. Die besten Zigarren der Welt kommen hier aus dem Tal von Viñales. Es soll übrigens nicht stimmen, dass die Zigarren am besten schmecken, wenn sie auf dem Oberschenkel einer Kubanerin gerollt wurden, wie oft behauptet wird. In einem Restaurant am Fuße der Mural de la Prehistoria – einer mit Dinosauriern und Steinzeitmenschen bemalten Felswand – essen wir zu Abend, es gibt wie so oft Huhn und Schwein mit Bohnen und Tomaten, und wie (fast) immer schmeckt es sehr gut. Zum Abschluss des Abends besuchen wir noch eine Open-Air-Disko mit Live-Musik, schauen ein paar Dorfschönheiten bei der Suche nach zahlungskräftiger Kundschaft zu und gewinnen einen interessanten Einblick in das Nachtleben einer kubanischen Kleinstadt.

Unser Timing ist ideal – als wir am nächsten Tag in den Bus steigen, beginnt es zu regnen. So fällt uns der Abschied nicht ganz so schwer. In gut drei Stunden geht es über die wie immer leere Autobahn zurück nach Havanna, dem Start- und Zielort unserer Fahrradrundreise. Wir werden wie geplant im Hotel Inglaterra untergebracht, dies soll eines der besten Häuser der Stadt sein. Die einen sagen so, die anderen so. Wir gehören zu den anderen. Aber die Lage am Parque Central inmitten der lebendigen Stadt ist ideal. Berühmte Persönlichkeiten haben hier im Laufe der Jahrzehnte übernachtet, ob sie aber auch wie wir kein Fenster hatten, ist nicht überliefert. Dafür sind die Lobby und die Terrasse, beide direkt an der Straße gelegen, sehr schön, man sitzt unmittelbar im Geschehen und kann das muntere Treiben sowie die vielen Personen und Persönlichkeiten bei einem Drink und kubanischer Live-Musik beobachten. Meine Hauptbeschäftigung am Nachmittag besteht darin, in der Innenstadt Hotels oder Cafés mit funktionierender Internet-Verbindung zu suchen. Diese gibt es aber entweder nicht oder sie ist kaputt oder ganz langsam oder alle Plätze sind belegt. Wenn ich in holprigem Englisch die Antwort »Internet no work« höre, werde ich leicht ungehalten. Irgendwo in einem Hotel werde ich dann doch fündig und teile mir mit einem russischen Pärchen den Computer.

Den Abschied von unserer Gruppe feiern wir in einem schicken Restaurant in der Altstadt ohne Oskar und Toni, sie müssen zu ihrem nächsten Einsatz. Das Essen schmeckt ausgesprochen gut, der Wein ist trocken und gut gekühlt und – ich werde richtig satt. Wir tauschen unsere Erfahrungen aus und sind uns einig, dass wir zwei unvergessliche Wochen auf und mit dem Fahrrad in einem wunderschönen und aufregenden Land erlebt haben.

Nach der Rundreise lassen wir uns mit einem Taxi ins Hotel Nacional de Cuba bringen. Das Nacional liegt direkt am Malecón und ist das größte und angesehenste Hotel der Stadt. Hier haben schon Berühmtheiten wie Winston Churchill, Frank Sinatra und Ava Gardner übernachtet – und nun auch wir. Mit einem Drink in der Hand auf den Malecón mit dem Meer dahinter sowie auf die von der Sonne angestrahlte Altstadt zu schauen, hat schon einen besonderen Reiz. Das Hotel ist klasse, die Lage super und die Aussicht genial. Spätabends besuchen wir die Show Parisien, ein großes, buntes Spektakel mit vielen leicht bekleideten Tänzerinnen und Tänzern sowie mitreißender Musik, ein Feuerwerk aus Tanz, Bewegung, Rhythmik und Lebensfreude. Wir genießen die zwei Tage im Luxushotel ohne Reiseleiter, ohne Fahrräder und ohne Gruppenzwang und sind froh, wieder als Individualisten reisen zu können. In Ruhe zu frühstücken und von einem reichhaltigen Frühstücksbuffet auswählen zu können, begeistert uns nach 14 Tagen Fahrradrundreise. Ohne festes Programm ziehen wir los und erkunden die pulsierende Hauptstadt Kubas zu Fuß. Die Stadt sprüht Tag und Nacht vor Energie und wir bewundern wie schon bei unserer Ankunft das einmalige Stadtbild. Überall finden sich bedeutende nationale Gedenkstätten, moderne Hochhäuser und schöne Fassaden, ein paar Straßen weiter aber auch verfallende Gebäude und viele Ruinen. Leben könnten wir hier nicht, aber für uns als Reisende mit genug konvertiblen Pesos und einem Faible für den Charme und die Geschichte vergangener Zeiten ist Havanna eine ideale und angenehm zu erobernde Metropole. Wir können gut verstehen, dass sich der Literaturnobelpreisträger Ernest Hemingway hier wohl gefühlt hat. In seiner Stammbar El Floridita trinken wir einen Mojito zu Ehren dieses in Kuba äußerst beliebten Schriftstellers und leidenschaftlichen Fischers.

Schon um 4.45 Uhr klingelt das Handy, wir müssen zum Flughafen Havanna. Der Taxifahrer kann den Kofferraum seines Autos nicht öffnen, so dass wir unser Flugzeug bereits ohne uns davonfliegen sehen. Aber letztlich klappt es dann doch und wir fliegen planmäßig über Panama nach Santo Domingo, der Hauptstadt der Dominikanischen Republik. Dort gibt es nach der Landung Stress, denn in Teilen des Flughafens ist der Strom ausgefallen und wir können nicht am Terminal andocken. Nach längerer Wartezeit auf dem Flugfeld werden wir im Schneckentempo in den Bereich für Frachtflugzeuge gezogen und warten dort erneut endlose zwei Stunden – natürlich ohne ausreichende Informationen. Wir sind gleichwohl froh, dass nicht mehr passiert ist, und erreichen schließlich doch unser vorbestelltes Taxi, das uns zu unserem Hotel in Punta Cana bringt. Der Fahrer gähnt ununterbrochen, scheint ebenso müde zu sein wie wir, fährt aber trotzdem zügig durch das Dunkel der Nacht. Mit der Dominikanischen Republik verbindet man gemeinhin weiße Sandstrände, blaues Meer und karibische Sonne, beste Voraussetzungen für einen idealen Urlaub. Auch wir wollen uns nach der Fahrradrundfahrt ein paar Tage am Meer erholen, fliegen aber in erster Linie in die Dominikanische Republik, weil wir mit dem Kreuzfahrtschiff AIDAaura von La Romana über den Atlantik nach Europa zurückfahren wollen. Einmal im Leben über den Großen Teich – das war immer mein Traum, am liebsten mit der Queen Elisabeth oder der Queen Mary. Heidi leidet jedoch unter den typischen Kreuzfahrt-Vorurteilen – zu steif, zu teuer – und war nicht zur Überfahrt mit einem Luxusliner zu bewegen. Als Alternative blieb die Überfahrt mit der AIDAaura aus der Karibik nach Palma de Mallorca, ebenfalls eine ausgezeichnete Lösung, den Atlantik komfortabel zu überqueren. So erleben wir einige schöne Strandtage in Punta Cana, bevor unsere Kreuzfahrt in die europäische Heimat startet.

Wir sind in einem riesigen Ferienkomplex am Playa Bavaro im Westen der Dominikanischen Republik gelandet. Unser Hotel, das Bahia Principe Ambar, ist ein Fünf-Sterne-Ferienresort am Strand inmitten großzügiger Garten- und Parkanlagen. Es ist im karibischen Stil mit kolonialen Details erbaut und besitzt eine Vielzahl von Erholungs- und Freizeiteinrichtungen sowie 528 großzügige Zimmer. Hier spielt nicht das wirkliche Leben, dies ist nicht die Dominikanische Republik, sondern eine touristische Kunstwelt, aber ideal für Bade- und Strandurlauber. Das Publikum ist international, auch viele Russen scheinen sich hier wohl zu fühlen. Nach den gelegentlich entbehrungsreichen und anstrengenden Tagen auf Kuba spielt hier das völlige Kontrastprogramm, und es ist angenehm, auch mal nichts oder nahezu nichts tun zu müssen und sich nur verwöhnen zu lassen.

»Überfall!«, schreit Heidi aufgeregt, als wir morgens gegen 3.30 Uhr unsanft durch Schläge an unserer Zimmertür geweckt werden. Mutig wie wir sind, geht Heidi voran und ich operiere aus der Deckung. Sie öffnet die Tür, davor stehen drei stark angetrunkene Männer unbekannter Nationalität mit zwei Hotelangestellten und wollen unbedingt in unser Zimmer. Offenbar handelt es sich um eine Verwechslung. Nach kurzer Diskussion ziehen die Besucher unter »Sorry, sorry« wieder ab und wir können noch ein paar Stunden weiterschlafen.

Die AIDAaura hat die richtige Größe für ein Kreuzfahrtschiff und ist mit 1.200 Gästen und 400 Besatzungsmitgliedern eher klein. Unsere Mitreisenden sind altersmäßig gut gemischt, die 200 Kinder an Bord sorgen für lebendiges Treiben. Wir ziehen uns in ruhige Ecken zurück – auch die gibt es auf einem Kreuzfahrtschiff – und genießen die Sonne sowie die noch ungelesenen Bücher. Das Essen schmeckt erheblich besser als auf dem amerikanischen Dampfer. Wir müssen unser Sportprogramm deutlich intensivieren, um die Menge der aufgenommenen Kalorien in etwa mit jener der verbrauchten in Übereinstimmung zu bringen. Das Wetter ist wie aus dem Bilderbuch: 27 °C im Schatten, Wassertemperatur nach Aussage des Kapitäns ebenfalls 27 °C, lockerer Passatwind und leichter Wellengang.

Schöner kann die Karibik nicht sein – St. Lucia, unser erster Hafen, gehört zu den wahren Trauminseln der Karibik. Eine ganze Reihe von Sehenswürdigkeiten wartet darauf, entdeckt zu werden: farbenfrohe Fischerdörfer, romantische Strände, unendliche Regenwälder und eine exotische Blütenpracht. Den schönsten Anblick aber bieten die beiden Vulkane Gros Piton und Petit Piton, die – so sieht es der einheimische Dichter und Nobelpreisträger Derek Walcott – wie ein Busen aus dem Meer in den karibischen Himmel ragen.

Wie in einem Aquarium fühlen wir uns nach dem Sprung ins Wasser. Die Vielzahl der bunten Fische und Fischschwärme ist ein Erlebnis, zum ersten Mal sehen wir auch Tintenfische in ihrem Element. Leider ist die Zeit schnell vorüber, wir könnten es in dem warmen Wasser mit der vielfältigen Unterwasserwelt noch länger aushalten. Die Rückfahrt mit dem Katamaran entlang der zauberhaften Küste mit der berühmten Marigot Bay bildet einen schönen Abschluss dieser Schnorcheltour.

Neuer Tag, neue Insel. Grenada, eigentlich nur ein kleiner Klecks im Karibischen Meer mit nicht einmal 100.000 Einwohnern, bietet unglaublich viele Möglichkeiten, einen aktiven Urlaub in einer

Traumlandschaft zu gestalten. Wir buchen eine Fahrradtour, um mehr von dieser schönen Insel und insbesondere dem Hinterland mit der üppigen Vegetation, den Schluchten und Vulkanen zu sehen. Grenada ist auch als Gewürzinsel bekannt, vor allem Muskat, Zimt und Nelken kommen von hier. Überall blüht es, und ein milder Duft von Gewürzen liegt in der Luft, wenn man mit dem Fahrrad nicht gerade die Hauptstraße entlangfährt.

Das Panorama während unserer Fahrradtour ist beeindruckend, der Fahrstil einiger Autofahrer auch. So sind wir froh, als wir das Städtchen St. George's – die Inselhauptstadt mit ihren weißen und pastellfarbenen Häusern gilt als die attraktivste Hafenstadt der Karibik – verlassen können, um nach der Durchquerung eines wildromantischen Tals, vorbei an kleinen Siedlungen, einen traumhaften Badestrand zu erreichen. Hier kommt echtes Karibik-Feeling auf, das Wetter ist auch heute wieder ideal – Sonne, leichter Wind und 27 °C Luft- und Wassertemperatur. Ich wäre gern noch ein wenig weitergeradelt, aber der Rest der Gruppe lässt sich nicht mehr vom Bilderbuchstrand vertreiben. Nach der gemütlichen Rückfahrt zum Schiff bummeln Heidi und ich noch ein wenig durch St. George's und lassen die karibische Atmosphäre auf uns wirken.

Zum letzten Mal vor der Atlantiküberquerung haben wir festen Boden unter den Füßen – wir sind auf Barbados gelandet. Die Insel ist die östlichste der Kleinen Antillen und als einzige Karibikinsel nicht vulkanischen Ursprungs. Geprägt von englischen, afrikanischen und westindischen Einflüssen entwickelte Barbados eine eigene karibische Identität. Die Inselbewohner behaupten, das Leben sei hier zwar nicht entstanden, aber von ihnen perfektioniert worden. Wer an Barbados denkt, kommt um den Rum nicht herum. Überall wird Zuckerrohr angebaut, aus dem der berühmte Barbados-Rum gewonnen wird.

Aber Barbados hat noch viel mehr zu bieten, vor allem ist die Insel ein Karibik-Paradies, wie es im Bilderbuch steht. Alles, was man sich von der Karibik erhofft, ist hier zu finden: kristallklares Wasser, eine stete leichte Brise, geringe Luftfeuchtigkeit und angenehme Temperaturen das ganze Jahr über. Nicht ohne Grund werden hier viele Werbefilme gedreht. Die Hauptstadt Bridgetown, in deren etwas außerhalb gelegenen Hafen wir heute Morgen mit drei weiteren Kreuzfahrtschiffen angelegt haben, ist typisch britisch, eine schöne Mischung aus karibischer Gelassenheit und englischer Korrektheit.

Das Schnorcheln auf St. Lucia hat uns derart begeistert, dass wir uns auch hier zunächst für einen Schnorchelausflug entscheiden, da das Leben auf Barbados nicht nur über, sondern auch unter Wasser besonders abwechslungsreich, farbenprächtig und faszinierend ist. Aber ich fahre dann doch nicht mit, weil ich die letzte Gelegenheit vor der Atlantik-Überquerung nutzen will, meine E-Mails zu checken, die noch ausstehenden Reiseberichte für unser Tagebuch zu schreiben und ein paar andere Büroarbeiten zu erledigen. Die 30 Euro für eine Stunde Internetnutzung auf der AIDAaura sind mir eindeutig zu viel, nicht zuletzt auch deshalb, weil die Verbindung schlecht ist und häufig abbricht.

Fast den ganzen Tag liegt ein Tankschiff neben unserer AIDAaura, der Kapitän wird wohl gesagt haben: »Einmal volltanken, bitte.« Wir sind ein wenig aufgeregt, als unser Schiff schließlich mit leichter Verspätung in die dunkle karibische Nacht mit Kurs auf Europa ablegt. Rund 5.000 Kilometer und sieben Tage bis Madeira, dem ersten Hafen in Europa, liegen vor uns, ein kleines Abenteuer, zumindest für uns. Die Transatlantik-Passage kann beginnen. Wir hoffen, dass das Meer gnädig ist und sich der Seegang in bekömmlichen Grenzen hält.

Mittlerweile liegen 1.000 Kilometer hinter uns, noch 4.000 vor uns und 4.000 unter uns. Seit unserem Auslaufen aus dem Hafen von Barbados haben wir noch kein anderes Schiff gesehen. Es ist ein mulmiges Gefühl, so allein – naja, mit weiteren 1.200 Mitreisenden – auf dem Atlantik zu schwimmen. Vorn, hinten, rechts – der Seemann nennt das Steuerbord – und links – Backbord – immer nur

Wasser, Wasser und nochmals Wasser, weit und breit kein Land in Sicht. Das Wetter ist erstaunlich gut, nur Windstärke 3, und einige Mitreisende meckern schon, dass dies keine richtige Seereise sei. Wir sind zufrieden und hoffen, dass die See auch weiterhin ruhig bleibt und sich das Wetter nicht wesentlich ändert.
Geruhsam gleitet die AIDAaura mit einer Geschwindigkeit von 33 Kilometern pro Stunde über den Atlantik, am Abend des dritten Tages erreichen wir den »point of no return«, haben also die Hälfte unserer Transatlantik-Strecke zurückgelegt. Das Wetter ist noch immer traumhaft, tagsüber Sonne, nachts sternenklar und kaum Wellen. Der Kapitän spricht von »Glück«, es muss auf dem Atlantik wohl auch andere Wetterverhältnisse geben. Heute sehe ich zum ersten Mal ein Schiff, einen gewaltigen Tanker, der eine Weile neben uns herfährt. Wir müssen jede Nacht die Uhren um eine Stunde vorstellen, um schrittweise die Mitteleuropäische Zeit zu erreichen. Auch daran merken wir, dass die Seereise und damit auch unsere 3. Etappe der Weltreise bald zu Ende geht. Ansonsten ergeben sich keine besonderen Vorkommnisse – Entspannung und Erholung pur, so kann es noch einige Tage bleiben.

Für uns sind die Reisen mit den AIDA-Kreuzfahrtschiffen ideale Gelegenheiten, den Luxus einer Schiffsreise mit den Möglichkeiten einer Abenteuer- bzw. Studienreise zu kombinieren. Wir genießen den Komfort eines schwimmenden Hotels und natürlich auch die vielfältigen kulinarischen Köstlichkeiten. Die Atmosphäre an Bord ist entspannt und leger, es gibt weder feste Essenszeiten noch zugewiesene Tische. Die Wellness- und Fitnessangebote sind ausgezeichnet und lassen selbst auf einer längeren Atlantiküberquerung keine Langeweile aufkommen. Wie auch bei früheren AIDA-Kreuzfahrten lernen wir ausgesprochen nette Menschen kennen, mit einigen von ihnen sind wir noch heute befreundet. Heidi ist begeistert von den Show-Programmen, ich hingegen nehme lieber eine gepflegte Auszeit, um ein Buch oder meine Zeitungen zu lesen. Es bleibt dabei: alles in allem eine hervorragende Art, sich in schönem Ambiente zu erholen und die Welt stressfrei kennen zu lernen.

Entgegen den gängigen Vorurteilen kann ich auf einem Kreuzfahrtschiff auch und ganz besonders während einer Ozean-Überquerung Ruhe und Einsamkeit genießen. Der weite Blick auf das unendliche Meer, das leichte Rauschen der Wellen, das Lesen eines Buches im schwachen Licht der Außenbeleuchtung, der heiße Kaffee beim Sonnenaufgang ganz allein auf dem Deck, aber auch der Schlummertrunk am Heck des Schiffes in stockdunkler Nacht – das sind besondere und unglaublich schöne Augenblicke, die man in dieser Intensität nur auf einem Schiff erleben kann.

Keine Eisberge, keine Monsterwellen, keine Piraten und keine Stürme – das Meer ist weiterhin ruhig und die Sonne scheint den ganzen Tag, wenn auch nicht mehr ganz so kräftig. Die Wellen sind maximal zwei Meter hoch und der Wind bläst mit Stärke 4. Das Leben an Bord hat sich gut eingespielt, wir fühlen uns überaus wohl. Jeder macht das, wozu er Lust hat. Zeit zu haben ist für uns ein schönes Gefühl und ein besonderer Luxus, und so genießen wir die anregenden Gespräche beim Essen oder an einer der vielen Bars mit einigen netten Mitreisenden.

Nach sechs Tagen auf dem Atlantik bekommen wir wieder festen Boden unter die Füße – bereits etwas vor der fahrplanmäßigen Ankunft machen wir im Hafen von Funchal, der Hauptstadt von Madeira, fest. Das Abenteuer »Atlantik-Überquerung« ist vorbei, und eigentlich war es überhaupt nicht abenteuerlich, sondern eine angenehme, erholsame und abwechslungsreiche Kreuzfahrt. Das zu Portugal gehörende Madeira liegt westlich von Marokko und nördlich der Kanarischen Inseln im Atlantik – eine Art Vorposten Europas. Die Blütenpracht und die weiteren Naturschönheiten Madeiras, häufig auch als »Insel des ewigen Frühlings« bezeichnet, haben schon viele Persönlichkeiten hierhergelockt, zum Beispiel die österreichische Kaiserin Sissi oder den englischen Premierminister Winston Churchill.

Wieder ein Tag auf See, diesmal aber mit einem frischen Wind und nur 17 °C Außentemperatur. In der Nacht wird der Wind heftiger – Gott sei Dank erst nach dem Abendessen – und erreicht Windstärke 8; das Schiff schaukelt heftig und gibt ungewohnte Geräusche von sich. Die Nacht verläuft unruhig und wir sind froh, als wir im Morgengrauen die Lichter der spanischen Küste sehen und wenig später im Hafen von Cádiz festmachen. Cádiz ist unser letzter Hafen auf dieser Kreuzfahrt, bevor wir am Sonntag in Palma de Mallorca ankommen werden.

Cádiz ist die älteste Stadt Europas, die heute noch bewohnt ist. Sie liegt mit ihrer Nähe zu Afrika und als Sprungbrett nach Amerika ideal in Europa und ist nach wie vor eine wichtige Handels- und Marinebasis sowie ein beliebter Urlaubsort an der Costa de la Luz. Die AIDAaura liegt direkt in der Stadt, wir müssen nur über die Straße gehen und sind mitten im Geschehen. Die Altstadt wirkt modern und historisch zugleich, schöne und auch exquisite Geschäfte sowie viele enge Gassen, kleine Plätze und weiße Häuser schmiegen sich aneinander.

Windstärke 10 – das Schiff wackelt und knarrt bedenklich. Nach dem Verlassen des geschützten Hafens von Cádiz wird der Wind zum Sturm und frischt in der Straße von Gibraltar noch weiter auf. Heidi hat sich vorsichtshalber ins Bett gelegt, ich aber gehe nach Mitternacht auf das Außendeck und schaue mir die nur 15 Kilometer breite Straße von Gibraltar an. Auf der Steuerbordseite sehe ich die Lichter der marokkanischen Hafenstadt Tanger, auf Backbord reicht der Blick bis zur spanischen Küstenstadt Tarifa und zur englischen Enklave Gibraltar. Durch den starken Wind und den hohen Wellengang wird mir an der Reling leicht mulmig. Doch der Kapitän hat alles im Griff. Er ändert leicht den Kurs, um im Windschatten der spanischen Küste zu bleiben und den Passagieren eine einigermaßen ruhige Nacht zu verschaffen.

Im Mittelmeer herrscht reger Schiffsverkehr, ganz anders als auf dem Atlantik, wo wir tagelang kein anderes Schiff gesehen haben. Uns kommt das zweitgrößte Schiff der Welt entgegen, ein gewaltiges Containerschiff mit 400 Metern Länge. Gegen 6 Uhr macht die AIDAaura im Hafen von Palma de Mallorca fest. Unser kleines Abenteuer Atlantik-Überquerung geht zu Ende und damit auch die 3. Etappe unserer Weltreise rund um und durch Süd- und Mittelamerika. In Palma frühstücken wir noch in Ruhe mit Blick auf die imposante Kathedrale und fliegen dann von Palma direkt nach Dortmund. Dort ist es noch kälter, höchstens 8 °C, für uns viel zu wenig nach langer Zeit mit tropischen und subtropischen Temperaturen. Aber der Wetterbericht hat leichte Besserung versprochen.

Am 10. Januar 2010 sind wir gestartet und am 14. April wieder in Schwerte angekommen. Wir haben auch auf dieser Etappe eine einmalig schöne Zeit voller Höhepunkte und Erlebnisse verbracht, die wir nie vergessen werden. Aber nach etwas mehr als drei Monaten in einer anderen Welt freuen wir uns total, wieder zu Hause zu sein.

4. Etappe

Im Fernen Osten:
Japan, China, Indonesien

28. Mai – 31. Juli 2010

Wir sind auf dem Weg nach Tokio, der ersten Station der 4. Etappe unserer Weltreise, die uns nach Japan, China und Indonesien führen wird. Mit SAS fliegen wir über Kopenhagen nach Tokio, der zehnstündige Nachtflug verläuft ruhig und stressfrei, über der Weite Sibiriens können wir sogar ein wenig schlafen. Wir sind aufgeregt, weil wir wieder in eine für uns völlig neue und andersartige Welt eintauchen werden, und freuen uns auf die Erlebnisse im Fernen Osten.

Vom Flughafen Tokio-Narita zu unserem Hotel in der City zu gelangen, ist nicht ganz einfach. Wegen der großen Entfernung und der damit verbundenen hohen Taxikosten beschließen wir, mit dem Bus ins Zentrum zu fahren. Das letzte Stück mit dem Taxi vom Busbahnhof zum Hotel bereitet einige Probleme, da sich die Englischkenntnisse unseres Taxifahrers in engen Grenzen halten. In den Reiseunterlagen finden wir den Lageplan unseres Hotels, zeigen ihn dem Fahrer, und dessen Miene hellt sich schlagartig auf. Er schaut wissend und fährt zügig los.

Unser Hotel liegt direkt neben dem Asakusa-Kannon-Tempel, dem beliebtesten und meistbesuchten Tempel Tokios. Entsprechend gewaltig sind die Besuchermassen, bestehend aus vielen Schulklassen und anderen Jugendgruppen, aber auch aus vielen Touristen aus allen Ländern der Erde.

Die buddhistische Tempelanlage mit dem gewaltigen »Donnertor« im Eingangsbereich erlaubt uns einen ersten Einblick in die fernöstliche Kultur. Für uns ist es aber ebenso interessant, die Menschen zu beobachten und das Klischee bestätigt zu sehen, dass Japaner die Sehenswürdigkeiten und vor allem auch sich

selbst ununterbrochen fotografieren. Ungewohnt für uns ist, dass auch wir im Mittelpunkt ihres Interesses stehen und immer wieder gebeten werden, als Fotoobjekte zur Verfügung zu stehen. Dazu sind wir natürlich gern bereit.
Abends fahren wir mit der U-Bahn nach Shibuya, wobei schon der Kauf der Fahrkarten ein Erlebnis ist. Das Gewirr der unzähligen U-Bahn-Linien mehrerer Betreibergesellschaften ist uns ein Rätsel, aber irgendwie schaffen wir es, dem Automaten zwei Fahrkarten, vielleicht sogar die richtigen, zu entlocken, und lassen uns vom Strom der anderen Reisenden in die Bahn ziehen. Beim Anblick der berühmten Kreuzung in Shibuya mit den riesigen Videobildschirmen und beleuchteten Werbetafeln sind wir überwältigt, der Anblick ist gigantisch. In einer einzigen Grünphase gehen bis zu 15.000 Menschen über diese Kreuzung, nirgendwo sonst auf der Welt sind es mehr. Nett anzusehen sind auch die vielen schrill gekleideten Manga-Girls mit ihren ausgefallenen Outfits als Ausdruck gelebter Pop-Kultur. Trotz der Menschenmassen fühlen wir uns sofort pudelwohl in Tokio, die Stimmung ist überall ausgesprochen positiv und entspannt. Beim Abendessen sind wir die einzigen Ausländer im Restaurant, wir verstehen nichts, weder auf der Karte noch den Kellner, lachen aber trotzdem viel und werden auch noch satt.

Um einen Einblick in die japanische Kultur und Geschichte zu bekommen, haben wir eine organisierte zehntägige Rundreise durch Japan mit Start in Tokio gebucht, nachdem wir Tokio für zwei Tage auf eigene Faust erlebt haben. Unser Reiseleiter, ein erfahrener und sehr engagierter deutscher Japanologe, hat die Gruppe mit insgesamt 23 Teilnehmern gut im Griff. Durch seine Lauf- und Sprechgeschwindigkeit werden wir auf Trab gehalten, er versteht es hervorragend, sein umfangreiches Wissen über das Leben in Japan und die Geschichte des Landes spannend zu vermitteln.
Tokio ist eine Stadt der Superlative, mit den Vororten leben hier insgesamt rund 35 Millionen Menschen in einem der größten Ballungsräume der Welt. Die Stadt ist unglaublich faszinierend, die Zukunft findet hier bereits heute statt. Wir erleben ein buntes

Durcheinander in vielen Bereichen, deutlich sichtbar vor allem an der wilden Architektur sowie den durch die Wolkenkratzer und Wohn- und Geschäftsviertel geschlagenen Schneisen für Autos und Schnellbahnen. Das Leben läuft trotz der riesigen Menschenmassen geordnet und diszipliniert ab, wir fühlen uns überall zu jeder Tages- und Nachtzeit wohl. Sorge bereitet uns allenfalls die Tatsache, dass das letzte große Erdbeben 1923 Tokio fast völlig zerstört hat und die Experten errechnet haben, dass ein solches Beben ungefähr alle 90 Jahre stattfinden wird. Da muss man nicht lange rechnen, wir schreiben das Jahr 2010 ...
Unter der fachkundigen Begleitung unseres Reiseleiters absolvieren wir das touristische Pflichtprogramm für Tokio. Wir sehen uns den Kaiserpalast von außen an, da sein Inneres der Öffentlichkeit nicht zugänglich ist. Es ist interessant, einen Blick auf die Anlagen zu werfen und sich die Geschichte und Bedeutung der japanischen Kaiserfamilie erklären zu lassen. Der Kaiser wird nach wie vor sehr verehrt, darf aber auf keiner Briefmarke verewigt werden, weil man den Kaiser nicht leckt und auch nicht stempelt. Mit dem Bus geht es zum prächtigen Meiji-Schrein, der wunderschön inmitten einer riesigen Parkanlage gelegen ist. Wir erhalten von unserem Reiseleiter Lektionen über Shintoismus und Buddhismus, haben aber eher Augen für die Hochzeiten, die auf dem Gelände nach alter japanischer Tradition prunkvoll gefeiert werden.

Das moderne Tokio ist interessant und aufregend zugleich. Architektonisch auffällig sind die Hochhauskomplexe der Roppongi Hills, von der Aussichtsplattform des Mori Tower erleben wir einen grandiosen Rundblick über die japanische Hauptstadt. Am frühen Abend fahren wir noch zur Ginza, der nobelsten Einkaufsmeile Tokios. Zielgruppe hier sind vor allem die Damen 55+ sowie die sogenannten »Office Ladies«, die noch zu Hause wohnen und den größten Teil ihres Geldes für Kleidung und sonstige Accessoires ausgeben. Im Sony Building schauen wir uns die neuesten Hightech-Produkte des Weltkonzerns an und dürfen sie sogar ausprobieren. Am nächsten Tag setzen wir uns von der Gruppe ab und erkunden die aufregende Metropole lieber auf eigene Faust. Ein wenig bedauern wir es, dass wir mangels Zeit nicht die prunkvollste Tempelanlage Japans in Nikko sehen können, aber wir entscheiden uns für das moderne und zukunftsorientierte Japan. Auf dem Weg zum Miraikan, dem Nationalmuseum für Entwicklung von Wissenschaft und Innovation, bleiben wir im Ueno-Park hängen, dem ersten öffentlichen Park Tokios mit Tempeln, Seen, Ausstellungen und vielen, vielen Menschen. Bei einer Demonstration im Park wollen wir herausbekommen, wofür oder wogegen demonstriert wird, aber so ganz gelingt uns das nicht. Zumindest erfahren wir, dass in Japan grundsätzlich nur sonntags demonstriert werden darf. Hier scheint alles, aber auch wirklich alles, in sämtlichen Lebensbereichen bis ins Detail geregelt zu sein.

Mit einer supermodernen Hochbahn ohne Fahrzeugführer fahren wir weiter zum Nationalmuseum – wie in einer Achterbahn, mitten durch die Wohn- und Geschäftshäuser mit tollen Ausblicken auf den Hafen und die Skyline des modernen Tokio. Die japanische Hauptstadt betreibt das effektivste Nahverkehrssystem der Welt, wir können uns von der absoluten Zuverlässigkeit, Sauberkeit und Pünktlichkeit der U- und S-Bahnen überzeugen. Der Miraikan ist auf jeden Fall einen Besuch wert, auch wenn wir ASIMO, den am weitesten entwickelten humanoiden Roboter der Welt, nicht live erleben können; die letzte Vorführung des Tages geht bei unserer Ankunft soeben zu Ende. Dafür ist Heidi umso mehr von dem Roboter-Hund fasziniert, der unglaublich viele Kunststückchen fertigbringt und große wie kleine Kinder zu begeistern vermag.
Sonntag ist in Tokio Haupteinkaufstag und entsprechend voll sind die Geschäfte. Überall – auch auf den Bahnhöfen und in den Unterführungen – ist es blitzblank, wir sind begeistert von der schönen und entspannten Atmosphäre. Das Warenangebot in den Lebensmittelabteilungen der großen Einkaufszentren ist überwältigend, die Preise sind es allerdings auch. So kostet eine Banane mindestens einen Euro und eine Clementine, einzeln verpackt, schlappe zwei Euro, ein Kilo Erdbeeren ist für 70 Euro zu haben. Wir verzichten auf den eigentlich notwendigen Vita-

minschub und treffen abends wieder unsere Gruppe zu einem gemeinsamen Abendessen mit 14 Gängen in einem typisch japanischen Restaurant. Das Essen ist ausgezeichnet, allein auf das Pferdefleisch hätte ich gut und gerne verzichten können.
Ruhe, Harmonie und Erhabenheit strahlt der gewaltige, 13 Meter hohe Buddha aus. Wir sind in Kamakura, einer Stadt mit interessanter Geschichte und vielen Kulturdenkmälern. Zu Fuß pilgern wir zum Hase-dera-Tempel mit seinen Tausenden Mini-Buddhas als Schutzheilige für die tot geborenen und abgetriebenen Kinder, sehr beeindruckend und zum Nachdenken anregend.
Der Fuji-san, der berühmteste und heiligste Berg Japans, zeigt sich heute nicht von seiner schönsten Seite. Als wir den Fuji-Hakone-Izu National Park erreichen, ist der Berg vollständig von Wolken umhüllt. Wir übernachten im Nationalpark und haben die Hoffnung, das Wahrzeichen Japans später doch noch in seiner vollen Pracht erblicken zu können.
Kein Japan-Besuch ist vollständig, ohne die japanische Badekultur kennen gelernt zu haben. Wir trauen uns in die Badeabteilung, auch wenn wir die Schilder mit den japanischen Schriftzeichen nicht verstehen können. Zumindest ahnen wir, dass Frauen und Männer getrennt baden müssen und vor dem Eintauchen in die Thermalbecken eine sorgfältige Körperreinigung zwingend notwendig ist. So gehe ich allein in die Männerabteilung, Heidi verschwindet hinter einer anderen Tür. Ich schrubbe meinen Körper intensiv und für alle gut sichtbar, bevor ich in das heiße Thermalbecken eintauche und das warme Wasser wie die anderen japanischen Gäste schweigend genieße. Übrigens: Auch John Lennon und Yoko Ono sollen schon hier gewesen sein.

Um 5 Uhr reißt uns der Wecker aus dem Schlaf, wir wollen unbedingt den Fuji sehen. Der aber – immerhin 3.776 Meter hoch – zeigt sich auch heute nicht in seiner vollen Pracht, immer wieder ziehen Wolken vor den Berggipfel. Die Japaner verehren den Fuji als heiligen Berg, spekulieren aber auch über seinen nächsten Ausbruch mit gewaltigen Folgen. Uns wird stets ein wenig mulmig, wenn wir überall in Japan die Taschenlampen in den Hotelzimmern, die Schilder mit den Fluchtwegen und den Evakuierungsrouten sehen.

Nicht nur für Eisenbahn-Fans ist die Fahrt mit dem Shinkansen ein besonderes Erlebnis. Dabei handelt es sich um den berühmten japanischen Hochgeschwindigkeitszug, Vorbild an Pünktlichkeit, Schnelligkeit und Zuverlässigkeit für alle Schnellbahnen dieser Welt. Noch nie gab es mit dem Shinkansen einen tödlichen Unfall. Für die 750 Kilometer von Tokio nach Hiroshima benötigt der Superzug nur knapp drei Stunden. Wir legen einen Zwischenstopp in Himeji ein, um die schönste und größte Burg Japans, immerhin UNESCO-Weltkulturerbe, zu besichtigen. Die Wehranlage, weithin sichtbar majestätisch auf einem Berg gelegen, war wegen ihrer imposanten Ausstrahlung Drehort für eine Reihe von Filmen. Leider sind die Sicht auf die Burg sowie die Besichtigung des Burginneren durch Baugerüste und Bauarbeiten stark eingeschränkt. Unserem Reiseleiter gelingt es dennoch, durch seine anschaulichen Erzählungen die Geschichte dieser Burg lebendig werden zu lassen. So lernen wir auch, wie die Samurai früher einen ordentlichen Selbstmord (»Harakiri«) planten und ausführten – nicht ganz einfach, sehr blutig und nicht unbedingt zur Nachahmung empfohlen.

Nach einer weiteren Stunde Fahrzeit im Shinkansen erreichen wir Hiroshima, wo wir zwei Tage bleiben werden. Für die Taxifahrt vom Bahnhof zum Hotel müssen wir dessen Namen auf Japanisch auswendig lernen. Unser Reiseleiter weist darauf hin, dass die Taxifahrer in Hiroshima in der Regel ältere Herren seien, die schlecht hörten, keinen Orientierungssinn besäßen und natürlich nicht Englisch sprächen. Derart gut vorbereitet klappt alles bestens, alle 23 Teilnehmer unserer Reisegruppe kommen wohlbehalten und ohne Umwege an unserem Hotel an.

In einem Okonomiyaki-Restaurant essen wir eine kulinarische Besonderheit dieser Region, eine Art Pfannkuchen mit Meeresfrüchten und Gemüse – sehr lecker. Es muss nicht immer Sushi sein.

6. August 1945, 8.15 Uhr Ortszeit. In unmittelbarer Nähe unseres Hotels warfen die Amerikaner damals aus 500 Metern Höhe eine Atombombe über Hiroshima ab und schrieben damit ein neues, schreckliches Kapitel der Menschheitsgeschichte. Eine unglaubliche Zerstörung der Stadt und die Vernichtung ihrer Menschen mit unvorstellbarem Elend war die brutale Folge.

Unserem Hotel gegenüber – vor dem Bombenabwurf war hier das Bankenviertel Hiroshimas – befindet sich der Friedenspark mit 80 beeindruckenden Gedächtnisstätten, die an das grausame Schicksal der Toten und Verwundeten erinnern. Landschaftlich perfekt eingebunden verleiht der Friedenspark dem Gedenken einen angemessenen Rahmen, ohne zu erdrücken. Eindrucksvoll in Erinnerung bleiben auch die Ruine der früheren Industrie- und Handelskammer, die große Friedensglocke und die vielen bunten Ketten aus von Kindern gefalteten Papierkranichen am Kinderdenkmal.

Ein Betroffener, der zum Zeitpunkt des Bombenabwurfs noch im Bauch seiner Mutter war, zeigt uns Bilder aus seinem familiären Umfeld. Mir dreht sich der Magen um, und ich kann die Bilder des unvorstellbaren Grauens zusammen mit den emotional vorgetragenen Erklärungen nicht länger ansehen. Den Abschluss des offiziellen Besichtigungsprogramms bildet ein Besuch des Friedensmuseums, in dem die unglaubliche Zerstörung durch die Atombombe und das unvorstellbare Leid der Opfer sehr anschaulich dokumentiert sind.

Heute ist Hiroshima mit 1,2 Millionen Einwohnern deutlich größer als vor dem Krieg und sehr schön angelegt. Riesige überdachte Einkaufspassagen und eine vielfältige Restaurant- und Kneipenszene zeugen vom ungebrochenen Lebenswillen der Einwohner dieser geschundenen Stadt.
Einmalig schön ist der Anblick des berühmten »schwimmenden« Tores des Itsukushima-Schreins, der vielleicht schönsten Kultstätte der Shintō-Heiligtümer, nur einen Katzensprung von Hiroshi-

ma entfernt. Zunächst mit der Straßenbahn und dann mit dem Boot fahren wir auf die heilige Insel Miyajima, um diesen idyllischen Ort mit dem Schrein und dem gewaltigen roten Tor im Wasser zu erleben. Nach der Besichtigung der Tempelanlagen schlendern wir durch die Gassen des Ortes, füttern die zahmen Hirsche und probieren die hier gezüchteten frischen Austern, bevor wir wieder mit Boot und Straßenbahn zurück nach Hiroshima fahren.

Mit unserem Reiseleiter wird das Programm exakt wie geplant durchgezogen. Heute müssen wir um 6.00 Uhr aufstehen, 6.45 Uhr die Koffer runterbringen, 7.00 Uhr frühstücken, 7.30 Uhr auschecken, 7.45 Uhr die Koffer einladen, und pünktlich um 7.50 Uhr fährt der Bus nach Kyōto ab. Niemand wagt, zu spät zu kommen, alles läuft nach Plan. Selbst während der langen Busfahrt wird keine Ruhepause eingelegt. Unser Reiseleiter kann unglaublich spannend über die Geschichte, die Kultur und auch das aktuelle wirtschaftliche, politische und gesellschaftliche Leben in Japan berichten. Ihm zuzuhören ist ein Genuss, er beantwortet kompetent jede Frage zu jedem Thema. Derart intensiv hätten wir Japan als Individualreisende nicht erleben können.

Heidi und ich überlegen während der fünfstündigen Busfahrt, was Japan im täglichen Leben von Deutschland unterscheidet. Uns fallen viele Dinge ein: So sehen wir im Straßenverkehr zwar viele Fahrradfahrer, aber nur auf dem Bürgersteig. Das Radfahren auf der Straße ist streng verboten. Die Freundlichkeit, Höflichkeit und Zurückhaltung ist allgegenwärtig, immer und überall wird gelächelt. Interessant ist auch die unterschiedliche Toilettenkultur. Zum einen gibt es traditionell japanische Toiletten, die nur aus einem Becken im Boden ohne Sitzgelegenheit bestehen, zum anderen sind hier die westlichen Toiletten mit Sitzmöglichkeit ein Wunderwerk an Technik und Komfort. Die WC-Brille ist angewärmt, und an der Seite findet man ein kompliziertes Schaltpult mit unglaublich vielen Einstellmöglichkeiten, auch beim Musikprogramm gibt es eine große Auswahl. Auf einer angewärmten

WC-Brille zu sitzen, flotte Musik zu hören und zum Schluss mit dem warmen, wohldosierten Wasserstrahl ganz ohne Papier gereinigt zu werden – das hat schon was.

Überall ist es sauber, wir sehen keine Dreckecken. Nirgendwo gibt es Gedrängel, alle warten geduldig, bis sie an der Reihe sind. Auffällig und für uns ungewohnt ist das permanente Verbeugen der Japaner. Auch unser Busfahrer macht gegenüber jedem, der den Bus betritt, eine Verbeugung, ebenso wie der Schaffner im Shinkansen beim Verlassen und Betreten des Waggons. Je länger wir durch das Land reisen, umso mehr fallen uns die deutlich erkennbaren unterschiedlichen Lebensweisen zwischen Japanern und Deutschen auf.

Bevor wir Kyōto erreichen, legen wir einen Zwischenstopp in Nara ein, der ersten ständigen Hauptstadt Japans. Wir fahren sofort zur Hauptsehenswürdigkeit der Stadt, der gewaltigen Tempelanlage mit dem Großen Buddha. Der Tempel ist mit einer Höhe von 47 und einer Breite von 57 Metern der größte Holzbau der Welt. Der Buddha im Inneren strahlt aufgrund seiner Größe eine unglaubliche Stärke und Erhabenheit aus.

In Kyōto schauen wir uns zuerst den Hauptbahnhof an, ein riesiger topmoderner Neubau mit vielen Geschäften und Restaurants – einen solch schönen Bahnhof haben wir noch nie gesehen. Von der Dachterrasse erleben wir einen herrlichen Blick über die Stadt. Anschließend beobachten wir das bunte Treiben im und um den Bahnhof und gehen zur Abwechslung mal nicht in ein japanisches, sondern in ein italienisches Restaurant, zum Glück mit englischer Speisenkarte. Mit großem Appetit essen wir Pasta und Spaghetti statt Sushi und Sashimi.

Kyōto war 1.100 Jahre lang Sitz des Kaisers von Japan und zählt mit seiner Fülle an Kulturgütern zu den interessantesten Städten des Landes. Die wechselvolle Geschichte hat der Stadt ein reiches kulturelles Erbe hinterlassen. Wir besichtigen schöne

Tempel und eindrucksvolle Zen-Gärten, so auch den »Goldenen Pavillon«, nach einem Brand frisch vergoldet das wohl meistfotografierte Objekt in Kyōto. Durch die interessanten Ausführungen unseres Reiseleiters erfahren wir viel über den Zen-Buddhismus sowie den Shintoismus und gewinnen einen tiefen Einblick in das religiöse Denken und Leben der Japaner.

Heidi und ich setzen uns von der Reisegruppe ab und begeben uns auf Abenteuerfahrt – wir mieten Fahrräder und wollen Kyōto mit dem Rad erkunden. Das klingt einfach, ist aber hochkompliziert und auch ein wenig aufregend. Die Karte, die wir beim Radverleih bekommen, enthält nur japanische Schriftzeichen und ist somit für uns unleserlich. Die Räder sind zwar grundsätzlich fahrtüchtig, sind für uns aber zu klein, die Bremsen quietschen und die Schaltung hakt.

Wir stürzen uns sofort in den Verkehr. Auf den Bürgersteigen ist das Radeln kein Problem, wir müssen nur – für uns ungewohnt – ständig den Fußgängern und Radfahrern, die uns rechts und links entgegenkommen, ausweichen. In Gion, dem alten Geisha-Viertel mit den traditionellen Vergnügungslokalen, fahren wir zunächst durch die engen Gassen und dann weiter vorbei an vielen Tempeln den Philosophenweg entlang, einen kombinierten Fuß- und Radweg, wunderschön am bewaldeten Berghang gelegen. Ständig müssen wir anhalten, weil die Japaner Heidi in ihrem auffälligen Fahrrad-Trikot fotografieren wollen, ich muss mich mit einer Nebenrolle zufriedengeben.

Natürlich sehen wir uns auch den »Silbernen Schrein« mit dem außergewöhnlichen Zen-Garten an, auf den Heian-Schrein werfen wir nur einen flüchtigen Blick von außen. Tatsächlich ist an fast jeder Ecke eine kulturelle Sehenswürdigkeit zu finden, und Kyōto wird zu Recht als Kulturhauptstadt Japans bezeichnet. Um in dieser schönen Großstadt nicht die Orientierung zu verlieren, bleiben wir möglichst in Sichtweite des Kyōto durchziehenden Kamo-Flusses, sind aber dennoch froh, als wir wohlbehalten den Startpunkt unserer Fahrradtour und unser Hotel erreichen.

Unsere Japan-Rundreise nähert sich dem Ende, zehn spannende und erlebnisreiche Tage in einer völlig anderen Welt liegen hinter uns. Auch wenn wir normalerweise lieber auf eigene Faust durch die Welt reisen, haben wir diese organisierte Gruppenreise doch sehr genossen. Zum einen waren die meisten Mitreisenden recht nett und unterhaltsam, zum anderen hätten wir ohne unseren engagierten und sachkundigen Reiseleiter niemals derart viel von diesem Land gesehen und derart viel über die Geschichte, die Menschen, die Religion, die Kultur und das Alltagsleben der Japaner erfahren. Uns ist bewusst geworden, dass zehn Tage für ein solch großes und vielfältiges Land in keiner Weise ausreichen. Aber wenn wir unseren Plan realisieren wollen, in drei Jahren um die ganze Welt zu reisen, müssen wir Prioritäten setzen und können einige Länder leider nur im Schnelldurchgang erleben.

Wir wollen weiter – von einem Weltreich ins nächste, vom »Land der aufgehenden Sonne« in das »Reich der Mitte«, von Japan nach China. Wir haben in Japan im Spannungsfeld zwischen Tradition und Moderne derart viele neue Eindrücke gewonnen, dass wir eigentlich eine Pause benötigen, um all die Erlebnisse zu verarbeiten. Aber wir ziehen weiter, denn noch viele Etappen auf der Reise um die Welt liegen vor uns. Erholung ist für später geplant.

Der futuristische Flughafen von Ōsaka – der Kansai International Airport – liegt auf einer u. a. mit Müll aufgeschütteten künstlichen Insel, technisch genial, aber wirtschaftlich eine Katastrophe – jedes Jahr über 500 Millionen US-Dollar Verlust. Wir verabschieden uns von unserer Reisegruppe; ohne Reiseleiter und ohne Mitreisende fühlen wir uns zwar frei, aber doch ein wenig mulmig, weil wir nicht wissen, was uns in China erwartet.

Wir landen in Peking. Auch für unsere China-Reise haben wir eine organisierte Tour gebucht, diesmal jedoch individuell mit eigenem Pkw, Fahrer und deutsch sprechenden Reiseleitern vor Ort. China ist ein riesiges Land mit 1,3 Milliarden Menschen, dessen Durchquerung selbst mit dem Flugzeug rund fünf Stunden dauert. Wir wissen, dass wir nur einen kleinen Ausschnitt aus der Palette der unzähligen Sehenswürdigkeiten erleben können, wollen aber trotzdem in kurzer Zeit möglichst viel sehen, dies in Anlehnung an das chinesische Sprichwort: »Einmal sehen ist besser als hundertmal hören.«

Im modernen und großzügig angelegten Flughafen Pekings werden wir von unserem Reiseleiter abgeholt, draußen wartet der Fahrer mit dem Wagen auf uns. Eigentlich wollen wir zunächst ins Hotel fahren und uns dort ein wenig frisch machen, aber laut Programm ist erst ein Mittagessen vorgesehen, da kennt unser Reiseleiter keine Gnade. Das Essen in dem Touristen-Restaurant ist sehr lecker, auch wenn wir nicht alle Zutaten definieren können. Gern würden wir uns dabei mit unserem Reiseleiter unterhalten, denn wir sind hungrig nach Informationen über China, aber Reiseleiter und Fahrer müssen getrennt von uns essen, so will es die chinesische Reiseagentur. Da ist Diskutieren zwecklos.

Der Wechsel von Japan nach China bringt für uns einen Kulturschock mit sich. Bereits in den ersten Stunden erleben wir vielfältige Unterschiede zwischen diesen beiden fernöstlichen Ländern. Hier in China ist alles laut und hektisch, im Straßenverkehr herrschen Gedränge und dauerndes Hupen, viel Dreck liegt auf den Straßen und in den Restaurants wird munter geraucht. Die Bedienungen und vor allem ihr Service sind nach westlichen Maßstäben gelegentlich gewöhnungsbedürftig, aber die meisten Servicekräfte sind sehr nett. Eine Kellnerin popelt vor unserem Tisch in der Nase, zusätzliche Bestellungen werden durch geflissentliches Wegsehen ignoriert. Dies erfordert eine gewaltige Umstellung, es ist aber mit der notwendigen Toleranz auch manchmal lustig und meistens interessant, in die fremden Welten einzutauchen und sich auf die unterschiedlichen Verhaltens- und Denkweisen der Menschen einzulassen.

Sofort nach dem Essen startet unser Besichtigungsprogramm, wir fahren zum 20 Kilometer nordwestlich des Stadtzentrums gelegenen Sommerpalast. Die riesige, wunderschöne Parkanlage mit dem großen See besteht aus über 3.000 Hallen, Türmen, Pavillons und Brücken. Sie ist ein außergewöhnliches Beispiel klassischer Gartenbaukunst und diente den chinesischen Kaiserinnen und Kaisern als Sommersitz. Heute kommt die Anlage als lebendiger und gut besuchter Freizeitpark den Einwohnern Pekings zugute. Durch die Erläuterungen unseres Reiseleiters werden uns die Kultur und die Geschichte Chinas ein wenig nähergebracht. Es ist zwar spannend, in die chinesische Vergangenheit einzutauchen, aber wir sind schließlich doch froh, angesichts des schwülwarmen Wetters mit gut 30 °C in unserem klimatisierten Hotel anzukommen.

Im »DoubleTree by Hilton« schlafen wir hervorragend und können in Ruhe das umfangreiche chinesische, japanische und amerikanische Frühstücksbuffet genießen, da unser Fahrer noch an irgendeiner »Sitzung« teilzunehmen muss. Mit dem Auto geht es dann in Richtung Kaiserpalast, mitten in Peking gelegen und durch mächtige Mauern und Wassergräben von der übrigen Stadt abgeschirmt. Zuvor laufen wir noch über den »Platz des himmlischen Friedens« mit dem Mao-Mausoleum. Der Platz gilt als größter der Welt, eine Million Menschen sollen sich hier versammeln können. Die Größe des Platzes, die Menschenmassen und das bunte Treiben sind beeindruckend, die Sicherheitskontrollen aber auch. Ich frage unseren Reiseleiter, was genau denn 1989 hier passiert sei. Er erklärt uns tatsächlich, dass kriminelle Elemente ihr Unwesen getrieben hätten und beseitigt werden mussten. Als ich versuche, ihm unsere Sicht der Dinge näherzubringen, spüre ich sofort, dass er zwar bestens informiert ist, aber wie auch bei späteren Diskussionen die offizielle Linie nicht verlassen kann oder will. Der Held des Volkes Mao Zedong wird immer noch sehr verehrt, obwohl er mehr als 50 Millionen Menschen auf dem Gewissen haben soll.

Der Kaiserpalast ist eher eine Palast-Stadt mit vielen Palästen, umfasst angeblich 9.999 1/2 Zimmer und ist die größte Residenz, die je ein Herrscher hat erbauen lassen. Nur im Himmel soll es nach der Legende 10.000 Zimmer geben, deswegen musste der Kaiserpalast etwas kleiner geplant werden. Die Größe und Pracht der Anlage wie auch die vielen Kunstschätze sind unglaublich beeindruckend. Der Kaiserpalast wird auch als »Verbotene Stadt« bezeichnet, weil Normalsterbliche ihn früher nicht betreten durften. Mehrere Stunden verbringen wir hier und sehen trotzdem nur einen kleinen Teil des Prunks vergangener Zeiten.

Nach so viel Kultur haben wir uns eine Mittagspause verdient, aber nach einem schnellen Essen müssen und wollen wir gleich weiter zum Himmelsaltar und Himmelstempel. Die aufwendige Architektur und die raffinierte Symbolik dieser größten und bedeutendsten Tempelanlage Chinas sind faszinierend, gemeinsam mit den Erläuterungen unseres Reiseleiters wird die Geschichte der vergangenen Jahrhunderte lebendig.

Abends ziehen wir allein los und werfen einen kleinen Blick auf das echte Peking. Wir gehen in Kaufhäuser und Geschäfte, in Wohnblocks und Restaurants und sind überall die einzigen »Langnasen«. Niemand versteht uns, wir können uns kaum unterhalten, allenfalls beim Einkaufen und im Restaurant mit Zeichensprache. Die Preise in den Geschäften und Restaurants sind extrem günstig, wir können kaum glauben, dass für viele Artikel im Supermarkt nur umgerechnet ein paar Cent zu bezahlen sind.

Gut, dass das Nummernschild unseres Autos nicht die Endziffer 2 oder 7 hat, dann dürften wir heute in Peking mit diesem Auto nicht fahren. Die Stadtverwaltung hat dieses System zur Begrenzung des Autoverkehrs in der Hauptstadt eingeführt. Wir haben eine 9 und können los. Einige Bewohner Pekings umgehen das System und haben sich einen Zweitwagen mit einer anderen Endziffer zugelegt, um stets mobil zu sein.

Unser Fahrer fährt wie ein Henker und betätigt die Hupe öfter als Blinker oder Bremse. Der Verkehr ist unglaublich dicht und geordnet chaotisch. Jeden Tag werden in Peking 1.300 Pkws neu zugelassen, und auf unsere Frage, wie dieser Verkehr künftig bewältigt werden soll, erklärt uns der Reiseleiter mit stoischer Gelassenheit, dass die Regierung schon die richtige Antwort finden werde. Bereits heute sind im Zentrum Pekings tägliche kilometerlange Staus völlig normal. Wir brauchen jeweils viel Zeit und starke Nerven, bis wir unsere Ziele in Peking und dessen Umgebung erreichen. Die Stadt erleben wir nur im Smog, die Sonne kann die Dunst- und Staubschicht nicht durchdringen.

Ein Traum geht in Erfüllung – einmal auf der Großen Mauer stehen, die sich rund 8.850 Kilometer durch eine gebirgige Landschaft windet. Sie ist nicht nur eines der Sieben Weltwunder und natürlich UNESCO-Weltkulturerbe, sondern auch das einzige Bauwerk der Erde, das aus dem Weltall zu sehen sein soll. Auch hier sind die Menschenmassen gewöhnungsbedürftig, aber nach einer kurzen Wanderung auf der Mauer sind wir fast allein, zumal sich unser Reiseleiter zu einem Nickerchen ins Restaurant zurückgezogen hat. Es ist ein schönes und erhabenes Gefühl, dieses gewaltige Bauwerk zu sehen und darauf ein wenig durch die schöne und gebirgige Landschaft zu wandern. An die unzähligen Menschen, die im Laufe der Jahrhunderte bei der Errichtung dieses größten Bauwerks der Erde ihr Leben lassen mussten, wollen wir nicht denken.

Eindrucksvoll sind auch die berühmten Ming-Gräber, die wir am Nachmittag besuchen. Die gewaltigen Grabtempel liegen in einem landschaftlich schönen riesengroßen Talkessel und sind streng nach den Regeln des Feng Shui ausgerichtet. Außergewöhnlich ist ebenfalls der Weg hin zum Gräberkomplex, auch als Seelenweg oder Geisterallee bezeichnet, gesäumt von 24 monumentalen steinernen Tierfiguren und hohen Beamten, die symbolisch Tag und Nacht Wache halten.

Wir quälen uns durch den unglaublich zähflüssigen und zeitraubenden Feierabendverkehr, halten für einen kurzen Fotostopp am Olympiagelände und sind froh, wieder in unserem Hotel anzukommen. Bei einem kleinen Einkaufsbummel gönnen wir uns einen chinesischen Döner und zahlen für zwei Portionen umgerechnet 0,80 Euro. Auch mit einer pantomimischen Darstellung verschiedener Tiere können wir nicht in Erfahrung bringen, welche Art von Fleisch wir essen. Vielleicht ist es Katzen- oder Hundefleisch, auf jeden Fall schmeckt es mit der braunen Soße sehr lecker.

Auf der Fahrt zum Flughafen am nächsten Tag löchern wir unseren Reiseleiter mit vielen Fragen, die er, soweit sie nicht politisch heikel sind, bereitwillig beantwortet. Am meisten interessieren uns die Geschichten aus dem täglichen Leben in Peking. So erfahren wir, dass die Schüler im Rahmen der zentralen Abschlussprüfung einen Aufsatz schreiben müssen über die Themen »Ich stehe auf dem Boden und schaue in den Himmel« oder »Die Katze hat die Fische und soll noch Mäuse fangen«. Ich denke, dass sich hier ein Stück der chinesischen Mentalität widerspiegelt, nie mit dem Erreichten zufrieden zu sein und stets nach mehr zu streben. Auf jeden Fall werden wir durch die lebhafte Diskussion von der aggressiven Fahrweise unseres Chauffeurs abgelenkt.

Nun kann ich auch den Spruch nachvollziehen, dass das Gefährliche am Fliegen die Fahrt zum Flughafen sei. Unser Fahrer wühlt sich auf seine eigene ruppige Art durch den morgendlichen Verkehr in Peking, überall Staus, aber er findet immer noch eine Lücke, in die er mit Vollgas hineinfährt. Wir sind schließlich wirklich froh, pünktlich und gesund am Flughafen anzukommen.

Nach einigen Turbulenzen und mit leichter Verspätung landen wir in Xi'an und werden am Flughafen von einer netten Reiseleiterin in Empfang genommen. Xi'an ist Chinas geschichtsträchtigste Stadt und vielleicht sogar die älteste Stadt der Welt. Hier begann und endete die berühmte Seidenstraße. Xi'an war auch lange Zeit Kaiserstadt und hat mittlerweile neun Millionen Einwohner.

Wir starten sofort mit dem Besichtigungsprogramm und schauen uns die 14 Kilometer lange und zwölf Meter hohe Stadtmauer an. Von dort haben wir einen schönen Blick sowohl auf das alte als auch auf das moderne Xi'an. Die Besichtigung der »Großen Moschee« der muslimischen Minderheit steht als Nächstes auf dem Programm, und wir können sehr schön die harmonische Verbindung islamischer und chinesischer Baustile bewundern. Bei einem Rundgang durch das muslimisch-chinesische Marktviertel tauchen wir abseits der ausgetretenen touristischen Kulturpfade ein wenig tiefer in das chinesische Leben ein.

Das Wetter wird besser, die Sonne scheint, aber der auch hier allgegenwärtige Dunst will nicht ganz verschwinden. Das Autofahren mit unserem Fahrer in Xi'an ist eine Wohltat, auch wenn er ebenfalls sehr zügig fährt und die Hupe zu bedienen weiß. Wir lassen uns erklären, dass diese Fahrweise von den Chinesen als »chaotische Harmonie« bezeichnet wird. Das Chaos hat somit Methode, und wir bekommen in der Tat während unseres China-Aufenthalts nur wenige kleinere Unfälle mit Blechschäden zu Gesicht.

Vor dem Besuch eines Höhepunktes unsere China-Rundreise – der weltberühmten Terrakotta-Armee – schauen wir uns ein weiteres Wahrzeichen Xia'ns, die Große Wildganspagode, an, die zur Aufbewahrung buddhistischer Schriften errichtet wurde.

Der Anblick der Terrakotta-Armee ist überwältigend. Über 7.000 Soldaten und Pferde ließ der erste chinesische Kaiser als Grabbeigabe für sich errichten, weil er der Meinung war, auch im Jenseits Kriege führen zu müssen. Darüber hinaus wollte er sich ein Denkmal setzen, das die Welt noch nicht gesehen hat. Dies ist ihm hervorragend gelungen, auch wenn bisher erst knapp 2.000 Figuren ausgegraben worden sind. Alle haben individuelle Gesichter und waren ursprünglich bunt bemalt, die Farben sind jedoch durch die Witterung leider zerstört worden. Wir verbringen in den Ausstellungshallen – die Terrakotta-Armee ist überdacht – mehrere Stunden und können uns nur schwer vom Anblick dieser beeindruckenden Figuren trennen.

Abends fliegen wir weiter nach Guilin, der nächsten Station unserer Rundreise. Die Stadt liegt in Südchina, und wir erfahren von unserer reizenden Reiseleiterin, dass die Menschen hier alles essen, was vier Beine hat und kein Tisch ist, alles, was schwimmt und kein Schiff ist, und alles, was fliegt und kein Flugzeug ist. Nach dieser Einstimmung besuchen wir einen großen Markt mit einem reichhaltigen Obst- und Gemüseangebot, aber interessanter ist für uns die Fleischabteilung. Nicht nur Hühner, Enten und Kaninchen werden hier verkauft, sondern auch lebende Würmer, Schildkröten, Frösche, Schlangen, Käfer und anderes Getier. Als wir sehen, wie einem Hund das Fell abgezogen wird, gehen wir schnell weiter.

Aber wir sind nicht wegen des Essens hier, sondern wollen die zauberhafte Landschaft auf dem Li-Fluss zwischen Guilin und Yangshuo erleben. Zehn Millionen Besucher, meist Chinesen, kommen jedes Jahr hierher und fahren wie wir die Strecke flussabwärts, um die einmalig schönen Karstkegel inmitten der Reis- und Gemüsefelder zu bewundern. Diese Berge gehören zu den berühmtesten Naturwundern der Welt, ihr Anblick ist derart überwältigend, dass es uns die Sprache verschlägt. Die Sonne ist den ganzen Tag nicht zu sehen, aber vielleicht bewirken gerade die Wolken und Nebelfelder den mystischen Reiz dieser Bergkegel-Landschaft. Am Flussufer spielt sich das alltägliche Leben der Bauern ab, und wir haben das Gefühl, die Zeit sei hier stehen geblieben.

Zurück in Guilin – das Wetter wird etwas besser – gönnen wir uns eine traditionelle chinesische Fußmassage. Die zierlichen Damen kneten mit Leidenschaft unsere Füße. Als Heidi neben mir zu schnarchen beginnt, merke ich, dass bei ihr die Entspannungsphase eingesetzt hat. Nach der kurzen Erholungsphase marschieren wir durch Guilin und lassen uns von dem geschäftigen Leben begeistern. Die Stadt ist sehr schön, liegt idyllisch am Li-Fluss und verfügt über viele Seen und Parks im Stadtzentrum sowie über moderne Fußgängerzonen. Das Warenangebot im Bekleidungsbereich ist topmodern, alle Nobel-Marken sind vertreten, und das Angebot an Restaurants aller Art sowie an Cafés ist vielfältig. Wir kehren natürlich beim »Chinesen« ein, wissen aber wieder nicht, was wir bestellt haben, und noch weniger, was wir bekommen. Deshalb bin ich froh, als ich bei meinem Entengericht zum Schluss noch den Kopf mit dem Schnabel in meiner Suppenschüssel finde.

Wir landen in Chongqing, mit 33 Millionen Einwohnern neben Mexiko-City die größte Metropole der Welt und flächenmäßig so groß wie ganz Österreich. Der Flug von Xi'an nach Chongqing verläuft wie bisher alle Flüge in China planmäßig, aber gelegentlich wären mehr Informationen in englischer Sprache wünschenswert. Im Flughafen und im Flugzeug geht es laut und hemdsärmelig zu, wir müssen überall aufpassen, dass wir nicht weggedrängt werden. In Chongqing hält sich das früher beliebte »Rotzen« auf der Straße in Grenzen, wird aber noch gelegentlich praktiziert. Die Chinesen nennen uns Weiße übrigens »Langnasen« oder »Wasserbüffelaugen«, weil wir sie als »Schlitzaugen« bezeichnen, erfahren wir von unseren Reiseleitern.

In der Metropole Chongqing gibt es viel zu sehen und zu erleben, wir verabschieden uns deshalb von unserer Reiseleiterin sowie dem offiziellen Programm und ziehen allein los, um einen kleinen Einblick in das reale Leben einer chinesischen Mega-Stadt zu bekommen. Wir sind weit und breit die einzigen »Langnasen«, fühlen uns aber in der etwas schummerigen Hafengegend trotzdem nicht unwohl. Vieles spielt sich auf der Straße ab: Essen vorbereiten und kochen, Waren verkaufen, Schuhe reparieren, Zähne ziehen, Kleider nähen, Karten spielen und vieles mehr. Die Eindrücke sind vielfältig und unvergesslich.

Immer wieder ist Heidi begehrtes Fotoobjekt, gelegentlich darf auch ich mit auf das Bild, das war auch schon in Japan so.

Bei trübem Wetter starten wir zu unserer Minikreuzfahrt auf dem Yangtze. Die »Century Diamond« ist mit Baujahr 2008 ein relativ neues Flusskreuzfahrtschiff und bietet normalerweise 264 Passagieren Platz. Heute sind 280 an Bord, darunter mit uns sechs Deutsche, die vom österreichischen Hotelmanager und einer chinesischen Reiseleiterin, die sehr gut Deutsch spricht, betreut werden und uns mit wertvollen Informationen und Reisetipps versorgen.

Von Chongqing bis zu unserem Ausschiffungshafen Yichang werden wir 668 Kilometer auf dem Yangtze zurücklegen. Dieser ist mit über 6.300 Kilometern nach dem Nil und dem Amazonas der drittlängste Fluss der Erde, der längste Fluss Chinas und zudem Ort zahlreicher wichtiger Ereignisse in der chinesischen Geschichte.

Erste Station unserer Schiffsreise ist die sagenumwobene Geisterstadt Fengdu mit ihren Mythen aus der Unterwelt. Durch die Erzählungen unserer Reiseleiterin gewinnen wir tiefe Einblicke in die chinesische Welt des Glaubens und Aberglaubens der vergangenen Jahrhunderte. Schade nur, dass die Roten Garden Maos diese Kulturstätten zerstört haben, die jetzt aufwendig wiederhergestellt werden.

Konfuzius sagt: »Denke nicht so oft an das, was dir fehlt, sondern an das, was du hast.« – Eine Weisheit, die wir beherzigen sollten. Uns fehlt außer Schlaf nichts, wir stehen mitten in der Nacht um 2.30 Uhr auf, um das Fußballspiel Deutschland – Australien anzusehen. Beim Frühstück nehmen wir die Glückwünsche der Besatzung entgegen, viele Mitreisende betrachten Deutschland schon als Fußball-Weltmeister. Warten wir es ab.

Höhepunkt jeder Yangtze-Fahrt ist die Passage der »Drei Schluchten« mit spektakulären Aussichten. Das Wetter zeigt sich wie immer dunstig, erst gegen Nachmittag schaut die Sonne ein wenig durch die Wolken. In Badong legen wir an und durchfahren in kleineren Ausflugsbooten die nicht weniger beeindruckenden Schluchten des Shennong. Diese bezaubernde Landschaft des Yangtze-Nebenflusses gehört zweifelsohne zu den schönsten Chinas.

Das letzte Stück legen wir in kleinen Holzbooten zurück. Wo das Wasser zum Rudern zu flach ist, zieht die Besatzung die Boote mit Seilen flussaufwärts. Früher waren die Männer nackt, weil sie ständig im Wasser standen, heute sind sie mit Rücksicht auf die Touristen bekleidet. Wir bedauern die ausgemergelten Kerle, die sich für uns derart quälen müssen. Trotz mancher gefährlich aussehender Situationen erreichen wir sicher unsere Century Diamond, auf der das Abendessen und die Grand-Finale-Show mit Artisten und Zauberern auf uns warten.

Es ist bereits dunkel, als wir die erste der fünf Schleusen des »Drei-Schluchten-Staudammes« erreichen. Nach dessen Fertigstellung im Jahre 2008 wurden 150 Städte und mehr als 1000 Dörfer überflutet, 1,2 Millionen Menschen waren zuvor für das Staudammprojekt umgesiedelt worden. Das Wasserkraftwerk ist das größte der Welt und soll fünf Prozent des Energieverbrauchs Chinas decken. Die Nacht verläuft unruhig, denn das Durchfahren der Schleusen ist mit viel Lärm verbunden. Aber es ist interessant, trotz Dunkelheit einen Eindruck von diesem gigantischen Bauwerk mit seinen immensen Auswirkungen auf die Umwelt zu gewinnen.

Mittags werden wir ausgeschifft, zum Flughafen in Yichang gebracht und fliegen von dort nach Shanghai. Die Chinesen sagen: Xi'an ist die Vergangenheit, Peking die Gegenwart und Shanghai die Zukunft. Wir haben die Vergangenheit und die Gegenwart erlebt, jetzt sind wir gespannt auf die Zukunft.

Shanghai, einst ein kleines Fischerdorf, hat mit seinen 20 Millionen Einwohnern Peking mittlerweile den Rang abgelaufen.

Die Stadt ist das wirtschaftliche und finanzielle Zentrum Chinas, unheimlich spannend und sehr lebendig, einerseits mit moderner Hochhauskulisse, andererseits aber auch mit alten Stadtteilen aus früheren Zeiten. Hier endet unsere Rundreise, aber wir bleiben noch vier Tage, um diese Weltmetropole und die EXPO 2010 auf eigene Faust zu erleben.

Im Rahmen der organisierten Rundreise sind wir noch für eine Nacht im Crowne Plaza am Rande der Innenstadt untergebracht. Nebenan findet im Kinocenter das 13. Shanghai International Film Festival statt. Auch deutsche Filme werden gezeigt, aber die hier aufmarschierenden Stars sind zumindest uns nicht bekannt. Trotzdem schauen wir im Hotel und im Kongresszentrum gern dem bunten Treiben der Stars und Sternchen zu.

Draußen sieht die Welt schon anders aus. Ein paar schummerige Ecken gibt es hier; viele kleine Geschäfte und Handwerksbetriebe sowie noch viel mehr Menschen bestimmen das Straßenbild. Immer wieder spannend sind die offenen Küchen und die Verkaufsstände, an denen vor allem viele tote wie auch lebendige Tiere angeboten werden. Eine andere Welt, nie langweilig, aber kein idealer Altersruhesitz für verwöhnte Europäer. Wir bedauern, dass wir uns nicht mit den Menschen unterhalten können, denn Englischkenntnisse sind hier, wenn überhaupt, nur rudimentär vorhanden.

Der letzte Tag unserer China-Rundreise ist einer Stadtbesichtigung Shanghais gewidmet. Wir bummeln mit unserer Reiseleiterin durch die Altstadt, wo die Zeit stehen geblieben zu sein scheint. Zahllose kleine Händler und Restaurants reihen sich um das bekannte Teehaus Huxinting, in dem schon Marco Polo und später Gerhard Schröder ihren Tee getrunken haben sollen. Wir sind begeistert von der chinesischen Gartenbaukunst im Yu-Yuan-Garten, einer populären Oase inmitten der geschäftigen Großstadt. Auf unseren Wunsch hin bauen wir noch eine Hafenrundfahrt in das Besichtigungsprogramm ein und erleben beeindruckende Blicke auf die futuristische Skyline Shanghais.

Nach dem Mittagessen in einem japanischen Restaurant – eine Idee des Reiseveranstalters – müssen wir den Zwangsbesuch in einer kleinen Fabrik über uns ergehen lassen. Diese Zwangsbesuche von Verkaufsausstellungen, Galerien und Fabriken sind in aller Regel ein Ärgernis für die Besucher, gehören aber immer noch zum offiziellen Programm der meisten Reiseveranstalter. Dafür ist der Jadebuddha-Tempel mit seiner aus einem großen Jade-Block gefertigten Buddha-Statue überaus sehenswert. Zum Abschluss des Tages bummeln wir über die bekannte Nanjing Road mit ihren vielen Einkaufstempeln und Edelboutiquen und fühlen uns hier in eine westliche Großstadt versetzt.

Für die nächsten vier Tage ziehen wir in das luxuriöse Hyatt on the Bund um, ein schönes Hotel am Huangpu-Fluss und am Bund, einer der stimmungsvollsten Uferpromenaden der Welt und die prächtigste Straße Shanghais mit vielen imposanten Bauten vergangener Zeiten. Aus unserem Zimmer im 6. Stock haben wir einen wunderbaren Blick auf die Uferpromenade, der nur übertroffen wird vom Blick aus der Bar im 32. Stock. Vor allem abends schaffen die beleuchtete Szenerie der bunten Schiffe auf dem Fluss und die futuristisch beleuchteten Wolkenkratzer eine einmalig schöne Stimmung. Ganz oben auf dem Dach des Hotels befindet sich noch eine Freiluftterrasse mit Whirlpool und Ruhezonen – die Schickeria Shanghais scheint sich dort sehr wohl zu fühlen.

In Shanghai wollen wir vor allem die Expo 2010 besuchen. Schon früh sind wir am Expo-Gelände, aber die zahlreichen chinesischen Besucher scheinen noch vor uns aufgestanden zu sein. Wir laufen sofort zum Deutschen Pavillon, die Wartezeit beträgt jedoch so früh am Morgen bereits mehr als vier Stunden und die Polizei nimmt weitere Absperrungen auf der Straße vor. So verzichten wir auf den Besuch dieses Pavillons und schauen uns dafür viele andere an, vor allem solche, vor denen keine langen Schlangen zu sehen sind. Hochinteressant ist für uns eine Zukunftsshow in einer von Siemens gesponserten Ausstellungshalle über das Leben von morgen mit anschaulichen Demonstrationen. Wir sind hier die einzigen »Langnasen«, es wird ausschließlich chinesisch gesprochen. Aber wie durch ein Wunder erscheint plötzlich eine adrett gekleidete junge Dame, die uns alles in perfektes Englisch übersetzt und unsere zahlreichen Fragen gern beantwortet – ein tolles Erlebnis.

Die Sonne auf der Expo scheint gnadenlos, die Schwüle ist unerträglich und die Hemden sind klatschnass geschwitzt, so dass ich mir auf dem Ausstellungsgelände ein neues T-Shirt kaufen muss. Es ist aufregend und keine Minute langweilig, dem bunten Treiben zuzuschauen und auch die Verhaltensweisen unserer chinesischen Mitbesucher zu beobachten. Erschöpft vom Laufen wie auch von der Hitze brechen wir den Besuch am späten Nachmittag ab und wollen ihn am nächsten Tag fortsetzen.

Aber für längere Erholungspausen in unserem schönen und luxuriösen Hotel haben wir keine Zeit, dafür ist Shanghai viel zu spannend. Nach einer kurzen Erholungspause schwärmen wir erneut aus. Auf der Promenade ist der Teufel los: Menschenmassen flanieren auf und ab und wir mittendrin. Wir kommen nur langsam voran, weil vor allem Heidi immer wieder als Fotomotiv herhalten muss. Große Menschentrauben bilden sich, um uns zu fotografieren. Schön sind die Freudentänze der jungen Damen, wenn sie uns erfolgreich mit ihrem Handy oder Fotoapparat erwischt haben. Endlich erreichen wir den Huangpu-Park, der früher für Chinesen und Hunde verboten war – heute sehen wir zwar ebenfalls keine Hunde, dafür aber viele Chinesen und ein paar Touristen. Es dämmert langsam, und die stimmungsvolle Kulisse mit den angestrahlten Prachtbauten und der einmaligen Skyline Shanghais mit dem Flusspanorama ist überwältigend.

Von der Stadt aufs Land: Wir wollen nicht nur die Großstadtluft der Weltmetropole Shanghai schnuppern, sondern auch ein wenig das Landleben Chinas kennen lernen. Deshalb engagieren wir nochmals unsere reizende und quirlige Reiseführerin Fu und fahren mit ihr nach Zhujiajiao, einem der schönsten und ursprünglichsten Wasserdörfer des Yangtze-Deltas. Viele Steinbrücken überspannen die Kanäle, daher wird das Dorf auch als »Venedig Chinas« bezeichnet. Das historische Zentrum ist sehr malerisch und erlaubt aufschlussreiche Einblicke in das ländliche Leben. Während unserer Fahrt erhalten wir viele wertvolle Informationen über Land und Leute, Fu spricht lebendig und ununterbrochen. Bei Fragen zur Zukunft Chinas und der weiteren politischen Entwicklung antwortet sie gern mit dem Beckenbauer-Spruch: »Schau›n mer mal.« Den Fußballer-»Kaiser« hat sie mehrere Male im Fernsehen gesehen und ist von ihm schwer begeistert.

Bevor wir uns wieder auf den Weg zur Expo machen, erkunden wir die Einkaufsviertel und Shopping-Malls des modernen Shanghai. Wir spazieren über die Uferpromenade und lassen uns immer wieder gern fotografieren. Mit einer futuristischen Bahn – extra für Touristen gebaut – fahren wir unter dem Fluss hindurch auf die andere Seite in das Finanzviertel Pudong. Wegen der vielen Multimediaeffekte im Tunnel gleicht die Bahn einer Mischung aus Geisterbahn, Bergbahn und Disneyland-Gondel. Da es auf der anderen Flussseite leicht zu regnen beginnt, flüchten wir in die luxuriösen Shopping-Malls und schauen den Chinesen beim Einkaufen zu.

Die Hoffnung, dass es auf der Expo nachmittags und abends leerer sein würde, erfüllt sich nicht. Zwar muss man nun vor dem Deutschen Pavillon nicht mehr vier, sondern nur noch drei Stunden warten, aber hierzu haben wir weder Zeit noch Lust. In den Chinesischen Pavillon lässt man uns ohne Reservierung nicht hinein, auch hier ist die Nachfrage gewaltig. Aber es gibt auch sonst genug zu sehen und zu erleben, vor allem der Themenpark unter dem Expo-Motto »Better City, better Life«, auch mit Beiträgen deutscher Städte, ist für uns interessant. Gegen 21 Uhr treten wir dann den Rückzug aus dem bunt illuminierten Expo-Gelände an. Nur gut, dass wir den Namen unseres Hotels auf Chinesisch auf einen Zettel haben schreiben lassen, sonst würde der Taxifahrer uns nicht verstehen. Ansonsten macht das Taxifahren Spaß, die Preise sind unschlagbar günstig.

Am nächsten Tag sitzen wir ehrfürchtig im Transrapid, der uns vom Zentrum Shanghais zum Flughafen bringt. Er erreicht eine Höchstgeschwindigkeit von 430 Kilometern pro Stunde und bringt uns in 30 Minuten ans Ziel. Man kann ein wenig wehmütig werden, dass diese Technik zwar in Deutschland entwickelt wurde, aber bei uns keine Chance auf Realisierung hatte und hier als modernes Verkehrsmittel der Zukunft bestens funktioniert.

Mit der Dragonair fliegen wir nach Hongkong, der letzten Station unsere China-Rundreise. Wie bisher immer in China läuft alles planmäßig, selbst das Essen im Flieger ist erstaunlich lecker und der Wein genießbar. Mit dem Airport-Express und einem Zubringerbus lassen wir uns zu unserem Hotel, dem mitten in der Stadt gelegenen Hyatt Regency Hong Kong, bringen. Hongkong ist wie Shanghai eine aufregende und anstrengende Weltstadt, aber wegen der langen britischen Kolonialzeit sehr stark englisch und damit auch weniger chinesisch geprägt. Wir wohnen im Stadtteil Kowloon, in dem sich Einheimische wie Touristen Tag und Nacht dem Kaufrausch hingeben können. Zahlreiche Malls – die größte beherbergt 700 Geschäfte – und viele Restaurants aller Geschmacksrichtungen lassen keine Langeweile aufkommen. Störend sind die vielen Versuche vornehmlich indischer und pakistanischer Händler, uns Uhren, Schmuck oder Massagen zu verkaufen. Auch die Schwüle ist gewöhnungsbedürftig, so dass wir immer wieder froh sind, uns in einer der zahlreichen klimatisierten Einkaufspassagen abkühlen zu können.

Wie in Shanghai haben wir auch in Hongkong einen traumhaften Blick aus dem Fenster unseres Hotels, vor uns liegt der Hafen mit bei Tag und Nacht spektakulärem Anblick. Insbesondere die abendliche Licht- und Lasershow über dem Hafen fällt unheimlich bunt und imposant aus. Spätabends marschieren wir noch zum Night Market und betrachten das bunte Treiben in der basarähnlichen Atmosphäre. Ich kann mich an den Ramschwaren und dem Gedrängel zwischen den Verkaufsständen nicht berauschen, aber Heidi ist wie viele andere Touristen in ihrem Element und lässt sich von hier nur widerwillig in ruhigere Gegenden fortlocken.

Wir kaufen keine Rolex und lassen uns auch keinen Anzug schneidern, sondern uns am nächsten Morgen mit einem Boot der Star Ferry über den Victoria Harbour auf die andere Seite nach Hong Kong Island bringen. Die Überfahrt dauert nur wenige Minuten, bietet aber eine atemberaubende Aussicht auf die beiden Teile Hongkongs. Anschließend fahren wir mit einem offenen Doppeldecker-Sightseeing-Bus (»Hop on, hop off«) durch die Hochhausschluchten – ein schönes Erlebnis, die lebhafte Welt der Banken und Finanzen aus dieser Perspektive zu betrachten. Unterwegs steigen wir aus, um mit einer nostalgischen Seilbahn in acht Minuten auf den Victoria Peak zu fahren, und werden mit einer fantastischen Aussicht auf das Hochhäusermeer Hongkongs belohnt.

Letzter Tag in Hongkong, letzter Tag in China – dann fliegen wir weiter nach Bali. Schweren Herzens verabschieden wir uns von China, es waren wie auch in Japan sehr schöne Tage mit neuen unvergesslichen Eindrücken und vielfältigen Erlebnissen in der fernöstlichen Welt.

Bei strömendem Regen fällt der Abschied von Hongkong dann doch nicht so schwer. Wir haben den Wecker auf 2.25 Uhr gestellt, nicht weil wir so früh am Flughafen sein müssen, sondern um das WM-Spiel Deutschland gegen Ghana zu sehen. Das Ergebnis – 1 : 0 für Deutschland – ist okay, das Spiel selbst ist bestenfalls mittelmäßig.

Vor dem Abflug nach Denpasar, der Hauptstadt Balis, müssen wir mehr als eine Stunde im Flugzeug auf der Rollbahn warten, bevor wir in die Luft gehen. Informationen gibt es weder auf

Chinesisch noch auf Englisch, erst später erfahren wir, dass auf dem Flughafen von Denpasar ein kleines Flugzeug gebrannt hat und das Flugfeld gesperrt werden musste. So ist es schon dunkel, als wir endlich unseren Zielflughafen erreichen.

Bei der Einreise beschleicht uns ein ungutes Gefühl, weil wir am Flughafen nur ein Einreisevisum für 30 Tage bekommen und eigentlich ein paar Tage länger auf Bali bleiben wollen. Aber die Einreise selbst klappt problemlos, wir werden von unserem Reiseleiter Made sowie einem Fahrer abgeholt und zu unserem Hotel außerhalb von Denpasar gebracht. Um Bali mit dem Rad kennenzulernen, haben wir eine individuelle Radrundreise mit Begleitfahrzeug einschließlich Reiseleiter und Fahrer gebucht. Made hat seinen zehnjährigen Sohn mitgebracht, der uns die ganze Zeit begleiten wird. Wir sind auf das Radreise-Abenteuer durch die Tropeninsel Bali sehr gespannt.

Warum Fahrradfahren auf Bali? Nun, mit Bali als der »Insel des Lächelns« verbinden wir die Vorstellung vom Paradies auf Erden, die Sehnsucht nach Exotischem und traumhafte Landschaften. Auf dem Fahrrad kann man die Umgebung viel intensiver wahrnehmen und einen wesentlich direkteren Kontakt zu den Menschen herstellen. Dass körperliche Anstrengungen die Gesundheit fördern und die Fitness erhöhen, ist ein nicht zu unterschätzender Nebeneffekt.

Der erste Tag auf Bali ist ganz und gar nicht paradiesisch, es regnet oft, und nachmittags setzen sintflutartige Regenfälle ein, die erst gegen Abend nachlassen. Bevor wir aufs Rad steigen, schauen wir uns den Meerestempel Pura Tanah Lot an, der auf einem von der Brandung des Indischen Ozeans umtosten Felsenriff errichtet wurde. Dann endlich satteln wir die Räder und fahren auf verkehrsarmen Nebenstraßen durch ausgedehnte Reisfelder nach Ubud. Uns fallen sofort die vielen Deutschlandfahnen auf, die von den fußballbegeisterten Balinesen aufgehängt wurden. Zwar hängen an einigen Gebäuden auch Flaggen anderer Fußball-Nationen, aber die schwarz-rot-goldenen Banner sind eindeutig in der Überzahl.

Wir halten unterwegs – nicht nur wegen der Regenschauer – oft an und unterhalten uns mit den Menschen am Wegesrand. Ein besonderes Erlebnis ist das Mittagessen bei einer einheimischen Familie. Das Essen ist total lecker und vielfältig, nur das für mich unbequeme Sitzen auf dem Boden kann ich kaum aushalten. Bevor wir Ubud erreichen, spazieren wir trotz des anhaltenden Regens durch den schönen Garten des Tempels Pura Taman Ayun. Für das letzte Stück nach Ubud packen wir unsere Räder schließlich in den Minibus und fahren mit dem Auto weiter. Im Hotel sind wir froh, endlich unsere nasse Fahrradkleidung ausziehen zu können.

Am nächsten Vormittag steht nicht Fahrradfahren, sondern Riverrafting auf dem Programm. Die Regenfälle der letzten Wochen haben den Ayung zu einem reißenden Fluss anschwellen lassen. Somit macht das Passieren der zahlreichen Stromschnellen noch mehr Spaß; bereits nach wenigen Minuten sind wir alle klatschnass, aber bei den tropischen Temperaturen ist das kein Problem. Die Fahrt mit dem Schlauchboot ist für alle Beteiligten nicht nur ein Riesenspaß, sondern auch ein besonderes Naturerlebnis. Versteckt in der üppigen Vegetation an beiden Ufern sehen wir einige der teuersten Luxus-Hotels von Bali, in denen sich die Schickeria der Welt von den Strapazen des Alltags erholt.

Ubud war früher als Dorf der Maler bekannt, heute ist es eine touristische Künstlerstadt mit unzähligen Galerien, Boutiquen, Handwerksläden, Restaurants, Hotels und Geschäften aller Art. Hier könnten wir einige Tage bleiben, vor allem weil sich am Nachmittag die Sonne zeigt und die Stadt noch viel schöner aussehen lässt. Vor dem Abendessen gönnen wir uns eine einstündige Massage, sehr angenehm und entspannend – und das für nur umgerechnet vier Euro.

Pünktlich um 6 Uhr sitzen wir zum Frühstück im Restaurant und sind kurze Zeit später startklar. Aber es regnet derart stark, dass wir den Start unserer Fahrradtour verschieben und lieber über den Markt von Ubud bummeln. Überall werden die Straßen gereinigt,

die vielen Altäre hergerichtet und die Opfergaben bereitgestellt. Die Balinesen sind sehr gläubig, auf ihrer Insel gibt es rund 24.000 Tempel. Wir haben erst drei davon besucht, da haben wir noch ein straffes Programm vor uns. Als hätte er ein Einsehen, hört der Regen auf und die Sonne lässt sich blicken. Wenig später radeln wir durch tropische Vegetation und einsame Bergdörfer. 800 Meter müssen wir uns hinaufquälen, bevor wir den Bratan-See mit den berühmten Wassertempeln erreichen. Das Bergklima auf 1.000 Meter Höhe ist angenehm, und der Blick auf den See und die vier Wassertempel entschädigt für die Strapazen des langen Tages.
Das ist der Hammer: Deutschland gewinnt gegen England 4 : 1, das spannende Spiel erleben wir um 22 Uhr Ortszeit im Bett. Wir sind nicht nur vom Ergebnis begeistert, sondern mehr noch vom schnellen und kämpferisch starken Spiel der deutschen Nationalmannschaft. Morgens können wir die Glückwünsche der Einheimischen entgegennehmen und schütteln viele Hände. Für uns ist immer wieder erstaunlich, welch große Bedeutung der Sport und insbesondere der Fußball für viele Menschen in der ganzen Welt hat. Die Wertschätzung für Deutschland und die Deutschen ist hier auf Bali in allen Bereichen – nicht nur im Fußball – unglaublich hoch. Selbst im hintersten Winkel Balis kennt man Borussia Dortmund und viele BVB-Spieler, wir sind immer wieder erstaunt.

Um 5.20 Uhr ist die Nacht zu Ende, der Muezzin ruft vom nahen Minarett zum Gebet. So können wir früh starten und fahren mit dem Rad den steilen Anstieg zum Affenpass hoch, auf dem sich Hunderte Affen auf der Suche nach etwas Essbarem tummeln. Mehr Interesse als an den Tieren haben wir jedoch am fantastischen Ausblick auf die beiden smaragdgrünen Kraterseen und die herrliche Landschaft. Anschließend geht es nur noch bergab, teilweise so steil, dass wir sicherheitshalber absteigen. Unterwegs besichtigen wir das buddhistische Kloster Brahma Vihara Ashrama in Banjar sowie die heißen Schwefelquellen Air Panas mitten in der tropischen Landschaft. Weiter geht es dann durch Kaffee-, Obst-, Nelken- und Blumenplantagen, immer wieder unterbrochen von kurzen Stopps für Erklärungen unse-

res Reiseleiters Made, der wie auch unser Fahrer im Hauptberuf Landwirt und insofern vom Fach ist.
Die Betreuung durch Made und unseren Fahrer ist in jeder Hinsicht perfekt. Made radelt natürlich gemeinsam mit uns, der Fahrer folgt mit dem Minibus, jederzeit bereit, uns zur Seite zu stehen. Vor jeder großen Kreuzung überholt er uns, springt auf die Kreuzung, pfeift laut mit seiner Trillerpfeife und hält den Verkehr an, damit wir gefahrlos über die Straße kommen. Bei kleinen Pausen unterwegs werden Erfrischungstücher, kalte Getränke und kleine Snacks gereicht. Der Service ist optimal, und unsere beiden Begleiter sind ausgesprochen freundlich und hilfsbereit. Made spricht gut deutsch mit Schweizer Akzent, die deutsche Sprache erlernte er von Schweizer Touristen, Sprachunterricht hat er nie erhalten.

Schon wieder früh aufstehen – wir wollen Delfine sehen, die sich jeden Morgen in der Bucht von Lovina tummeln. Noch vor dem Frühstück fahren wir mit einem traditionellen Auslegerboot aufs Meer hinaus. Es ist schön warm, der Mond beleuchtet die Wasseroberfläche, die Wellen rollen sanft und wir sind noch müde von der kurzen Nacht. Als es hell wird, sehen wir, dass wir nicht allein sind. Etwa 50 Boote kreuzen in der Bucht, um sich das Naturschauspiel nicht entgehen zu lassen. Wir sehen tatsächlich einige Delfinschwärme, allerdings nur aus weiter Entfernung. Uns erscheint das Schauspiel eher wie eine Treibjagd auf Delfine. Wenn irgendwo in der Ferne einige Tiere zu sehen sind, knattern alle Boote mit Vollgas in diese Richtung und wenn sie ankommen, sind die Delfine meistens verschwunden.
Wir freuen uns, wieder auf dem Fahrrad zu sitzen. Es geht in die Berge hinauf zu den Lovina Hills. Hier können wir noch das ursprüngliche Landleben sehen und schöne Ausblicke auf die Nordküste Balis genießen. Auch hier fällt uns die außerordentliche Freundlichkeit der Bewohner auf, alle grüßen, winken, die Kinder rufen uns ein fröhliches »Hallo« zu und freuen sich, wenn wir kurz anhalten und mit ihnen sprechen.
Die Besteigung des Vulkans Gunung Batur gehört zweifelsohne zu den Höhepunkten einer Balireise. Mit dem Auto lassen wir

uns zunächst ein kurzes Stück aus der Stadt hinausbringen, dann steigen wir wieder auf unsere Räder. Wir müssen uns quälen, die sehr steile und noch dazu kurvenreiche Straße hinaufzukommen. Schließlich steigen wir dann doch in den Begleitbus und lassen uns die letzten Kilometer nach oben bringen. Bei einer kurzen Pause werden unsere Räder und auch wir von einer Dame mit Opfergaben geweiht, natürlich gegen Entrichtung einer kleinen Geldspende. Wir kommen dann tatsächlich gesund und munter in Kintamani, dem höchstgelegenen Dorf Balis, an und sind stolz, die rund 1.000 Höhenmeter derart gut gemeistert zu haben. Aus unserem Hotelfenster in Kintamani haben wir einen atemberaubenden Blick auf die bizarre Kraterlandschaft des Gunung Batur, den wir am nächsten Tag besteigen wollen, um den Sonnenaufgang vom Gipfel das 1.717 Meter hohen Vulkans zu erleben.

Tatsächlich lassen wir uns um 3 Uhr wecken und stehen um 3.30 Uhr abmarschbereit vor dem Hotel. Mich hat jedoch Montezumas Rache erwischt und in letzter Minute entschließe ich mich, im Hotel in der Nähe der relevanten sanitären Einrichtungen zu bleiben. Der Aufstieg war – so berichtet Heidi später – anstrengend, aber der unvergessliche Sonnenaufgang mit dem Traumblick auf den Kratersee war alle Mühen wert. Zum Frühstück im Hotel-Restaurant sind wir wieder vereint, wenngleich ich heute Morgen auf Nasi Goreng und Bami Goreng verzichten muss.
Am Nachmittag fahren wir mit dem Rad nach Bayad – über 20 Kilometer geht es 800 Höhenmeter bergab. An den Kreuzungen können wir mit voller Geschwindigkeit durchfahren, denn unser Fahrer hält mit seiner Trillerpfeife und erhobenen Händen den Verkehr in Schach. In Bayad schauen wir uns das neu errichtete Eco-Trekking-Projekt an und entdecken auf einem zweistündigen Spaziergang durch den schattigen Garten eine Vielfalt von über 300 exotischen Früchten, Gewürzen und Kräutern. Überhaupt ist ganz Bali ein einziger Garten, überall duftet es nach Gewürzen und Kräutern, derzeit sehr stark nach den am Wegesrand zum Trocknen ausgelegten Nelken. An manchen Orten fühlen wir uns wie im Dschungel, so dicht und undurchdringlich ist die Vegetation.

Interessant sind die Erläuterungen unseres fachkundigen Führers zu den medizinischen Wirkungen der Pflanzen. Viele Balinesen kehren wieder zu den ursprünglichen Heilmethoden ihrer Vorfahren mit Pflanzen und Kräutern zurück.

Am nächsten Tag radeln wir einem alten Lavastrom folgend in das religiöse Zentrum Balis. Am Fuße des Gunung Agung besuchen wir die imposante Tempelanlage Besakih, gewissermaßen der Muttertempel der Balinesen. Was den Katholiken der Petersdom ist, ist den balinesischen Hindus dieser Tempel. Er besteht aus einer Vielzahl von Einzeltempeln, Pagodentürmen und anderen Bauwerken. Die Tempelanlage liegt wunderschön eingebettet in eine sattgrüne Landschaft. Hier sollen nach dem Glauben der Balinesen ihre Ahnen leben. Um die Tempelanlage betreten zu dürfen, müssen wir einen Sarong – ein großes Tuch – um die Hüften binden. Trotzdem bleiben uns der Eintritt in das Tempelinnere und das Betreten der Haupttreppenaufgänge als »Nichtheilige« verwehrt. Gleichwohl beeindrucken uns die gewaltige Tempelanlage und die verschiedenen religiösen Zeremonien tief.
Auf verkehrsarmen Nebenstraßen radeln wir entspannt Richtung Ahmed, unserem heutigen Etappenziel. Wir müssen dabei weniger auf Autos und Motorräder achten, sondern vielmehr auf Hunde und Hühner, um diese nicht zu überfahren. Wegen eines Hundes muss ich eine Vollbremsung hinlegen und rutsche über die Straße, es passiert aber nichts. Wenig später geraten wir noch in eine Prozession für eine Totenverbrennung, sind hier wieder die einzigen Fremden und werden zum Mitgehen aufgefordert. Alle sind fröhlich, was uns irgendwie makaber erscheint. Schließlich fahren wir weiter, wir haben noch einige Kilometer vor uns. Nach insgesamt 74 Kilometern kommen wir müde, aber glücklich, in unserer Unterkunft an.
Ahmed ist ein kleines Straßendorf an der Ostküste Balis, nur über schlechte Straßen mit der übrigen Insel verbunden. Bei Tauchern ist der Ort wegen seiner abwechslungsreichen Unterwasserwelt berühmt. Wir sind in einer kleinen Bungalowanlage – Coral View Villas – untergebracht, wobei die Bezeichnung Villen übertrie-

ben ist und der Standard durchaus ein wenig höher sein könnte. Aber vielleicht sind wir durch die Hotels in Japan und China zu Beginn unserer Reise verwöhnt. Dafür liegen die Hütten direkt am Strand in einer schönen Gartenanlage mit Swimmingpool.

Am nächsten Tag haben wir »frei« – kein Fahrradfahren und keine Tempelbesichtigungen, dafür länger schlafen und in Ruhe frühstücken. Da ich immer noch an den Folgen von Montezumas Rache leide – hier heißt die Krankheit »Bali Belly« –, verabschiede ich mich von allen sportlichen und kulturellen Aktivitäten. Heidi leiht sich eine Schnorchelausrüstung, schnorchelt am Hausriff entlang und ist begeistert von den farbenprächtigen Fischen sowie der Vielfalt und Leuchtkraft der Korallen.

Die Sensation ist da: Deutschland gewinnt das Fußballspiel gegen Argentinien mit 4 : 0. In unserem Zimmer haben wir keinen Fernseher, so dass wir uns schon sehr früh einen guten Platz in der offenen Rezeption sichern müssen. Eine weise Entscheidung, weil im näheren Umkreis nur in unserem Hotel das Spiel im Fernsehen zu sehen ist. So kommen Touristen aus aller Herren Länder und noch viel mehr Einheimische zum Fußballschauen. Wir werden als Ehrengäste behandelt und dürfen auf dem einzigen Sofa Platz nehmen. Die Stimmung ist bombastisch. Viele Dorfbewohner haben Wetten abgeschlossen, die Mehrzahl hat auf einen Sieg Argentiniens gesetzt. Umso größer sind die Jubelschreie bei jenen, die bei einem Sieg Deutschlands ihr Geld erhalten, schon beim 3 : 0 wird ausgezahlt. Noch in der Nacht und weiter am nächsten Morgen müssen wir Glückwünsche zu diesem grandiosen Sieg entgegennehmen, auch wenn wir zum Erfolg keinen persönlichen Beitrag geleistet haben.

Nur mit Mühe können wir unseren Reiseleiter Made überreden, nach dieser turbulenten Nacht erst um 8 Uhr statt um 7 Uhr loszufahren. Auf dem Sattel erkunden wir dann das Ostkap Balis und nehmen hier viele Eindrücke eines ursprünglichen und unverfälschten Landes auf. Diese Region ist bisher vom Tourismus nahezu unberührt und nur gering entwickelt. Die Aussichten auf das Meer sind fantastisch und eine echte Belohnung für die durch das stete Auf und Ab strapaziöse Tour. Gegen Mittag erreichen wir den Wasserpalast von Tirtaganga und legen dort eine Pause ein. Da Heidi ebenfalls erste Anzeichen von Bali Belly verspürt, lassen wir uns die letzten 20 Kilometer bequem mit dem Begleitbus nach Candi Dasa bringen, einem hübschen Ort im Osten der Insel. Unser Hotel – Kubu Bali Bungalows – ist zwar schön in einem parkähnlichen Garten am Berghang gelegen, aber ungepflegt und dreckig. Wir müssen selbst Hand anlegen, um die nächsten zwei Nächte in einem einigermaßen sauberen Umfeld schlafen zu können.

Zur Abwechslung steht am nächsten Tag nicht Fahrradfahren auf dem Programm, sondern eine Wanderung durch die weiten Reisterrassen mit Blick auf den mächtigen Gunung Agung. Die malerischen Reisfelder mit den satten Grüntönen schaffen eine zauberhafte und wohltuende Atmosphäre. Wir wandern auf glitschigen Pfaden in das Dorf Tenganan, in dem noch die Ureinwohner Balis leben und ihre ursprüngliche Kultur bewahrt haben. Rund 3.500 Menschen leben hier in einer abgesonderten Gesellschaft, in der nur innerhalb der Dorfgemeinschaft geheiratet werden darf und kein persönliches Eigentum erlaubt ist. Selbst für unseren Fahrrad-Guide Made ist dies keine ideale Lebensform, die er sich für sein Leben vorstellen könnte.
Unsere Fahrradtour geht bald zu Ende, gemeinsam mit unseren Reisebegleitern wollen wir Abschied feiern. Da sie jeden Tag morgens, mittags und abends Reis essen, laden wir sie zur Abwechslung auf eine Pizza in ein italienisches Restaurant ein. Verlegen drucksen sie herum und lassen durchblicken, dass sie lieber in ein Restaurant mit indonesischer Küche gehen würden. Natürlich erfüllen wir ihnen den Wunsch, denn auch uns schmeckt das indonesische Essen ausgesprochen gut. Wir erfahren an diesem Abend viel über das tägliche Leben und den Glauben der Balinesen. Als gläubige Hindus haben sie keine Angst vor dem Tod, sondern sind fest davon überzeugt, dass dieser nur eine Durchgangsstation zu einem weiteren und ewigen Leben ist.
So würde Made beim Tod seines Sohnes, den er abgöttisch liebt, allenfalls einen oder zwei Tage trauern, versichert er uns glaubhaft, weil nach dem Tod eine wunderschöne Zeit beginne und

sie sich dann bald wiedersehen würden. Wir können dieses Denken und den Glauben nicht nachempfinden, sind aber beeindruckt von der Glaubensstärke der Menschen, ihrer ansteckenden Fröhlichkeit und ihrem grenzenlosen Optimismus.
Der letzte Tag unserer Fahrradtour hat begonnen, durch ländliches Gebiet radeln wir zunächst nach Mangis und dann weiter zum weißen Sandstrand der Padang Bai. Ein letztes Mal genießen wir die liebliche und üppig grüne Landschaft und noch mehr das Winken und die »Hallo«-Rufe der Kinder am Straßenrand; die fröhlichen Gesichter werden uns immer in Erinnerung bleiben. Es kommt ein wenig Wehmut auf, als wir zum letzten Etappenziel unserer Fahrrad-Rundreise, dem Hotel Keraton Jimbaran Resort am traumhaften Jimbaran Beach in der Nähe von Denpasar, aufbrechen.

350 Streckenkilometer und 5.000 Höhenmeter mit dem Fahrrad liegen hinter uns. Bali ist in der Tat eine wunderschöne Insel mit außergewöhnlich freundlichen Menschen, einem Paradies sehr nahe. Wir konnten mit dem Rad abseits der Touristenpfade diese einzigartige Insel auf sportliche Weise und mit fachkundiger wie liebenswerter Reiseleitung hervorragend kennenlernen – eine Zeit, die wir nie vergessen werden.
In der Hauptstadt Denpasar fahren wir zum staatlichen Immigrationsbüro in der Nähe des Flughafens, um unser auf 30 Tage befristetes Besuchervisum verlängern zu lassen. Nach mehreren Anläufen finden wir das Büro und füllen verschiedene Formulare aus. Wir kaufen extra einen schwarzen Kugelschreiber für die richtige Schriftfarbe, lassen mehrere Kopien anfertigen und geben unseren Antrag am Schalter für Ausländer ab. Nach kurzer Wartezeit erfahren wir, dass wir in zwei Tagen zum Bezahlen wiederkommen sollen und Visum sowie Reisepass in einer Woche abholen können. Ungläubig und verärgert fragen wir, ob es irgendwelche Probleme gebe, aber dies scheint die normale bürokratische Vorgehensweise zu sein. Wir hatten geplant, noch eine Woche länger auf Bali zu bleiben, und ein Hotel in Pemuteran im äußersten Nordwesten der Insel gebucht. Um dorthin zu gelangen oder auch zurück, müssen wir vier Stunden mit dem Auto fahren, die Taxi-

fahrt kostet pro Strecke rund 100 US-Dollar. Wir haben keine Zeit und keine Lust, wegen unverständlicher bürokratischer Abläufe noch zweimal nach Denpasar zu fahren, und wollen auch nicht einsehen, dafür noch mindestens 400 US-Dollar an Fahrtkosten zu bezahlen. Deshalb beschließen wir, den Verlängerungsantrag zurückzuziehen und das Land nach 30 Tagen zu verlassen. Das ist zwar schade, aber wir werden das Beste aus der Sache machen und trösten uns damit, dass jedes Problem auch eine Chance ist.

Wir bleiben zwei Tage in Jimbaran und genießen das Bade- und Strandleben. Gleich nach dem Abendessen – der ganze Strand verwandelt sich abends in ein riesiges Freiluftrestaurant – und noch vor Sonnenuntergang gehen wir schlafen, um für das Fußballspiel Deutschland gegen Spanien fit zu sein, das um 2.30 Uhr Ortszeit übertragen wird. Aber unser Fernseher im Hotelzimmer zeigt nur eine Tafel mit indonesischer Schrift, offensichtlich ist kein Signal für die Übertragung des Fußballspiels vorhanden. Wir schlafen somit weiter und erfahren am nächsten Morgen enttäuscht, dass Deutschland 0 : 1 verloren hat. Schade, der Traum von Deutschland als Fußball-Weltmeister ist ausgeträumt.
Wie geplant lassen wir uns mit dem Taxi nach Pemuteran im Nordosten der Insel bringen. Pemuteran ist ein Straßendorf, das sich langsam zu einem einfachen Touristenort entwickelt. Es gibt nur einige kleine Hotels am schwarzen Lavastrand und kaum touristische Infrastruktur. Bekannt ist Pemuteran für die hervorragenden Tauch- und Schnorchelreviere direkt vor der Haustür und den Bali Barat National Park. In der schönen Hotelanlage Adi Assri direkt am Meer haben wir einen kleinen Bungalow gemietet und wollen uns nach den anstrengenden letzten Wochen bis zum Ablauf unseres Visums ein wenig Ruhe gönnen.
Um 5.20 Uhr trifft uns der Schlag – vom nahen Minarett ertönt der Gebetsruf des Muezzin, verstärkt durch mehrere Lautsprecher in der Nähe unserer Anlage. Der Lärm ist gewaltig, der Singsang geht uns auf die Nerven und an Schlaf ist nicht mehr zu denken. Wir lassen uns daraufhin einen Bungalow am Ende der Hotelanlage möglichst weit weg von der Lautsprecheranla-

ge geben. Der Hotelchef spricht nach unserer Beschwerde mit dem Imman und tatsächlich ertönt der Gebetsruf in den nächsten Tagen deutlich leiser.

Wir erkunden die Gegend meist zu Fuß, manchmal mit dem Fahrrad und selten mit dem Taxi. Der Verkehr ist schwach, die Vegetation nur wenig tropisch und die Hütten sind einfach. Bisweilen kommt uns ein Schwein auf der Straße entgegen, ein paar Affen springen umher, eine Frau führt an einer Leine ein Wildschwein spazieren und Hühner, Hunde sowie Katzen tummeln sich am Straßenrand. Die Menschen sind überall freundlich, die Kinder winken fröhlich und wollen unbedingt von uns fotografiert werden. Sie sind ganz aus dem Häuschen, wenn sie ihr Bild auf den Displays unserer Kameras sehen.
Enttäuscht sind wir über die vermüllten Strände außerhalb der Hotelzone. Im Ortsbereich sind sie mit Plastikflaschen und anderem Unrat übersät, wahrlich kein schöner Anblick innerhalb dieser traumhaften Natur. Der Strand vor unserem Hotel wird jeden Morgen von den Hotelangestellten sorgfältig gereinigt und für die Gäste hergerichtet.

Das Leben ist hier extrem günstig. Ich lasse mir in einem »Friseur-Salon« die Haare waschen und schneiden sowie die Schultern massieren – und zahle umgerechnet nur 3,50 Euro. In den Restaurants entlang der Straße essen wir gut und spottbillig, nur der Alkohol muss entsprechend teuer bezahlt werden.

Da vor der Nordwestküste Balis ideale Schnorchel- und Tauchbedingungen herrschen, leihen wir uns Maske, Schnorchel und Flossen aus und schnorcheln am Hausriff vor unserer Hotelanlage. Es macht Spaß, im warmen Wasser die vielen bunten Fische und vor allem die riesigen Korallen zu bestaunen. Weil das Schnorcheln so schön und voller Überraschungen ist, lassen wir uns mit dem Boot zur Insel Menjangan bringen, direkt vor der Küste Javas. Die Tauch- und Schnorchelreviere dort gehören zu den besten der Welt. Davon können wir uns überzeugen: Die

Vielfalt und der Reichtum an Fischen und Korallen sind tatsächlich traumhaft. Haien begegnen wir Gott sei Dank – oder besser Allah sei Dank – nicht.

Vor Ablauf unserer Visa wollen wir noch schnell einen kurzen Abstecher zur Nachbarinsel Lombok machen, bevor wir nach Singapur ausreisen. Wir ändern unsere Planung entsprechend und regeln übers Internet problemlos die notwendigen Reservierungen und Buchungen für Hotels und Flüge. Bevor die 4. Etappe unserer Weltreise zu Ende geht, wollen wir zudem noch ein paar Tage auf Bintan verbringen, einer indonesischen Insel im Südchinesischen Meer vor den Toren Singapurs.

Endlich Glück gehabt: Im Flughafen von Denpasar kann ich einen SPIEGEL kaufen, zwar drei Wochen alt und fast neun Euro teuer, dafür aber eine deutsche Zeitung. Unsere deutschen Lesevorräte gehen allmählich zur Neige und müssen dringend aufgefrischt werden. Auch in Zeiten moderner elektronischer Kommunikationsmittel ist für uns ein Buch oder eine Zeitung aus Papier am Strand oder Pool durch elektronische Lesegeräte nicht zu ersetzen. Der Flughafen von Denpasar ist wenig einladend, völlig überfüllt und gleicht eher einem orientalischen Basar mit altertümlicher Infrastruktur und vielen verschleierten Frauen als einem modernen Hauptstadt-Flughafen. Die Flugzeit nach Mataram, der Hauptstadt der Nachbarinsel Lombok, beträgt nur 25 Minuten, und der Taxitransfer zu unserem Hotel, Holiday Resort Lombok, dauert ebenso lange.

Lombok ist die »kleine Schwester« von Bali, hier ist alles eine Nummer kleiner und beschaulicher. Während auf Bali 80 Prozent der Einwohner Hindus und 20 Prozent Moslems sind, ist das Verhältnis auf Lombok genau umgekehrt. Die Infrastruktur ist weniger entwickelt als auf der Nachbarinsel, aber diese Ursprünglichkeit macht den besonderen Reiz der kleinen Insel aus. Hier finden wir ideale Bedingungen zum Wandern, Surfen, Tauchen, Schnorcheln und natürlich auch zum Faulenzen am Strand.

Um den Einzugsbereich für unsere Erkundungen zu vergrößern, mieten wir auch hier Fahrräder, stoßen aber angesichts der gebirgigen Landschaft schnell an unsere körperlichen Grenzen. Die Aussichten auf die Strände und Palmenhaine sind traumhaft, an manchen Stellen noch schöner als auf Bali. Unsere Hotelanlage befindet sich etwas außerhalb des lebhaften Ortes Senggigi direkt am Meer in einer großzügigen Gartenanlage mit schöner Poollandschaft. Wir haben einen Strand-Bungalow mit Blick aufs Meer inklusive Meeresrauschen gemietet und stellen übereinstimmend fest, dass wir es hier auch länger als die vorgesehenen drei Tage aushalten könnten.

Zum Schnorcheln lassen wir uns auf eine einsame Insel fahren, erst mit dem Auto und dann mit dem Boot. Ursprünglich wollten wir auf die bei Tauchern bekannten Gili-Inseln, folgen aber einem Geheimtipp und wählen die Insel Gili Nanggu als Ziel. Wir sehen kaum Touristen, dafür aber unzählige Moscheen und überall freundliche Menschen. Von unserem Fahrer, der gut deutsch spricht, erfahren wir viel über das Leben vor Ort. So wissen wir jetzt, dass die jungen Damen auf dem Land schon mit 16 oder 17 Jahren heiraten und ein Mann bis zu vier Frauen heiraten kann, wenn er genug Geld hat. Auf meine Frage, was man denn im Durchschnitt für eine Frau zahlen müsse, erfahren wir, dass eine normale Frau fünf Wasserbüffel kostet und eine besonders hübsche bis zu zehn. In der Regenzeit kostet ein Wasserbüffel rund vier Millionen indonesische Rupien, das sind umgerechnet 400 Euro. Wenn ich also meinen alten Audi verkaufen würde, könnte ich mir drei hübsche Damen leisten.

An einem Riff vor Gili Nanggu können wir hervorragend schnorcheln. Schon beim Einstieg ins Wasser vom Strand aus werden wir von Fischschwärmen empfangen und fühlen uns wie im Aquarium. Besonders lebhaft wird es im Wasser, als wir unsere vom Frühstücksbuffet mitgenommenen Brotscheiben verfüttern. Die Menge der hungrigen Fische um uns herum ist gewaltig, einige sind besonders mutig und fressen uns aus der Hand.

Ein wunderschönes Fleckchen Erde – wer auf besonderen Komfort keinen Wert legt, kann auf der kleinen Insel hervorragend Urlaub machen. Ein Bungalow – allerdings ohne Dusche und Toilette – kostet nur fünf Euro pro Nacht. Ein kleines Restaurant befindet sich in der Nähe, und ansonsten gibt es Wald, Strand und Meer satt.

Noch einmal am weißen Sandstrand vor unserem Hotel spazieren gehen, den tosenden Wellen zuhören, eine letzte Massage im Strandpavillon genießen – dann ist die schöne und erholsame Zeit auf Lombok vorbei. Meine schokoladenbraune Masseuse freut sich über meine noch recht weiße Haut und kann gar nicht verstehen, warum die Weißen unbedingt braun werden wollen. Um alles in der Welt hätte sie gern eine weiße Haut. So bewahrheitet sich auch hier das alte Sprichwort, dass das Gras auf der Wiese des anderen stets grüner ist.

Da wir erst abends von Mataram nach Denpasar fliegen können, müssen wir noch eine Zwischenübernachtung auf Bali einlegen, bevor wir am nächsten Morgen von Denpasar nach Singapur weiterfliegen. Schließlich in Singapur gelandet, lassen wir uns mit dem Taxi zum Fährhafen bringen und mit der Fähre in etwa einer Stunde nach Bintan übersetzen. Bintan gehört wie auch Bali politisch zu Indonesien, wir reisen problemlos wieder in das Land ein, nachdem wir ein paar Stunden zuvor offiziell nach Singapur ausgereist sind. Anstandslos erhalten wir ein neues indonesisches Visum für weitere 30 Tage. Irgendwie verrückt, aber die Bürokraten sind zufrieden. Wir zählen nicht, wie viele Formulare wir ausfüllen und wie oft wir unseren Reisepass vorzeigen müssen, aber alles klappt stressfrei. Vom Fährhafen auf Bintan geht es mit dem Hotelbus zu unserem Hotel, dem Angsana Resort Bintan, wunderschön mitten im tropischen Regenwald gelegen mit traumhaftem Blick auf das Südchinesische Meer.
Bintan liegt vor der Küste Singapurs und Malaysias. Vor langer Zeit war die Insel das Zentrum des malaiischen Königreiches und ist heute ein bekanntes Ferienparadies mit weißen Stränden, Mangroven-Regenwäldern und einer immergrünen Landschaft.

Tanjung Pinang, die Inselhauptstadt, ist unser Ziel am nächsten Morgen. Wir wollen nicht den ganzen Tag in der abgeschiedenen Ferienanlage bleiben, sondern das wahre Leben auf der Insel spüren, und mieten für einen Tag ein Taxi, um uns die Insel anzusehen. Neben den Ureinwohnern leben auf Bintan auch Chinesen und Malaien, ein buntes und interessantes Völkergemisch.
Touristen entdecken wir in Tanjung Pinang nicht, wir sind weit und breit die einzigen »Langnasen«. Dank der Übersetzungskunst unseres Fahrers erleben wir viele nette Begegnungen, die Menschen sind ausgesprochen freundlich und neugierig. Viele wollen wissen, woher wir kommen und was wir hier tun. Sie freuen sich unglaublich, wenn wir sie fotografieren und ihnen anschließend das Bild auf dem Display des Fotoapparates zeigen.

Nach dem Rundgang durch die Stadt chartern wir ein kleines Boot und schippern zu einem chinesischen Fischerdorf. Wiederum gelangen wir in eine völlig andere Welt. Die Hütten stehen auf Stelzen im Meerwasser und sind baufällig wie auch primitiv, den nächsten heftigen Sturm werden sie ebenso wie einige uralte Schiffe wohl kaum überleben. Wir sind ein wenig betroffen, in welch ärmlichen Verhältnissen die Menschen hier leben müssen, während wir kurze Zeit später wieder in den Luxus unserer Fünf-Sterne-Hotelanlage eintauchen werden – gegensätzlicher können Welten kaum sein.

Der letzte Tag auf der Insel fällt buchstäblich ins Wasser, schon früh am Morgen werden wir durch kräftigen Regen geweckt, der den ganzen Tag nicht aufhören will. Wir nutzen die Zeit zum Ordnen unserer 3.000 Fotos und zur Aktualisierung unseres Reisetagebuches. Im indonesischen Fernsehen sehen wir die schrecklichen Bilder der Katastrophe in Duisburg während der Loveparade. Wir können kaum glauben, was wir im Fernsehen sehen, und dass eine solche Katastrophe in Deutschland passieren kann. Wir sind mit der Fähre in Singapur angekommen, dem kleinsten Staat Asiens. Singapur ist mit vier Millionen Einwohnern die kosmopolitische Drehscheibe Südostasiens, ein moderner Stadtstaat, in dem die Zeugnisse der Vergangenheit noch sichtbar sind. Die meisten Einwohner sind Chinesen, die übrigen Malaien, Inder, Pakistani und ein paar Europäer. Für uns ist der Wechsel von den idyllischen Inseln Indonesiens in das pulsierende Singapur wieder ein Kulturschock, aus der tropischen Einsamkeit gelangen wir in eine Weltmetropole mit ihrem modernen und hektischen Großstadtflair. Die Einkaufsmöglichkeiten sind hier bekanntermaßen hervorragend, sowohl von der Auswahl und der Qualität als auch von den Preisen her. Singapur ist in jeder Beziehung als Reiseziel ideal, sozusagen »Asien für Anfänger«.

Die futuristische Skyline Singapurs wird seit kurzem durch das extravaganteste Gebäude der Stadt bestimmt, das Marina Bay Sands Hotel, ein kühnes Bau und architektonisches Meisterwerk. Auf drei spiegelverglasten Hoteltürmen befindet sich in knapp 200 Metern Höhe die gigantische Freizeitzone SkyPark in der Gestalt eines Schiffes mit Promenade, einem riesigen Schwimmbad und vielen anderen Freizeiteinrichtungen. Das Hotel ist eine Unterkunft der Extra-Klasse mit 2.500 Zimmern und Suiten. Wir haben bereits viele schöne und extravagante Hotels gesehen, aber das Marina Bay Sands Hotel stellt alle in den Schatten. Es wurde erst vor vier Wochen eröffnet und soll mit dem angeschlossenen Casino mehr als fünf Milliarden US-Dollar gekostet haben.

Zum Ende der 4. Etappe unserer Weltreise quartieren wir uns für zwei Nächte in dieser Luxusherberge ein, wobei wir von den relativ günstigen Einführungspreisen profitieren. Als wir am Hotel eintreffen, sind wir vom spektakulären Anblick überwältigt. In der großzügig gestalteten Lobby vermitteln vier junge Damen eines Streichquartetts eine wohltuende und exklusive Atmosphäre. Wir fahren nach dem Einchecken sofort mit dem Expresslift nach oben und lassen uns gefangen nehmen vom grandiosen Blick auf das Finanzviertel Singapurs. Den Rest des Tages bleiben wir hier oben, die Stadtbesichtigung wird auf den nächsten Tag verschoben. In dem riesigen Pool oder auf einer der vielen Liegen am Wasser zu relaxen und dabei auf die Skyline Singapurs zu schauen, ist ein irres Gefühl und traumhaft schön, wenn die Sonne untergeht und die Lichter in den Hochhäuser eingeschaltet werden.

Auch wenn die Versuchung groß ist, die gesamte Zeit unseres Aufenthaltes in diesem Super-Hotel zu verbringen, ziehen wir am nächsten Tag dennoch los und schauen uns die Stadt an, vor allem die Haupteinkaufsstraße – die Orchard Road – und die historischen Stadtviertel mit ihren interessanten Zeugnissen der jüngsten Vergangenheit. Als wir am späten Nachmittag zum Hotel zurückkommen, fahren wir sofort wieder nach oben und genießen den 360°-Rundumblick vom SkyPark. Trotz gelegentlicher Regenschauer ist die extravagante und multikulturelle Atmosphäre hier oben in der Abenddämmerung einmalig schön. Bei einem Glas Sauvignon Blanc nehmen wir schweren Herzens Abschied von Asien, sind aber gleichzeitig neugierig auf die nächsten Etappen unserer Weltreise und fühlen uns wieder einmal bestätigt in unserer Ansicht, dass Reisen eine vorzügliche Lebensform mit unglaublich vielen Glücksmomenten ist.

Der Rückflug verläuft angenehm und stressfrei, wir sitzen 15 Stunden lang im Flieger von Singapur über Bangkok und Kopenhagen nach Düsseldorf.

Bei unserer Zwischenlandung in Kopenhagen sehen die Menschen ungewohnt aus. Sie tragen Mäntel, Jacken, Schals und lange Hosen, obwohl doch eigentlich Sommer ist. An das kalte und regnerische Wetter in Europa werden wir uns erst wieder gewöhnen müssen. Insgesamt sind wir 27 Stunden vom Marina Bay Sands Hotel in Singapur bis zu unserer Wohnung in Schwerte unterwegs. Die lange Reisezeit nutzen wir, um uns mithilfe aller verfügbaren Zeitungen und Zeitschriften auf den aktuellen Stand der Ereignisse in Deutschland und in der Welt zu bringen.

Wir sind wieder zu Hause – auch ein schönes Gefühl. In vier Wochen brechen wir auf zur 5. Etappe, das nächste Mal nach Südostasien und in den Vorderen Orient.

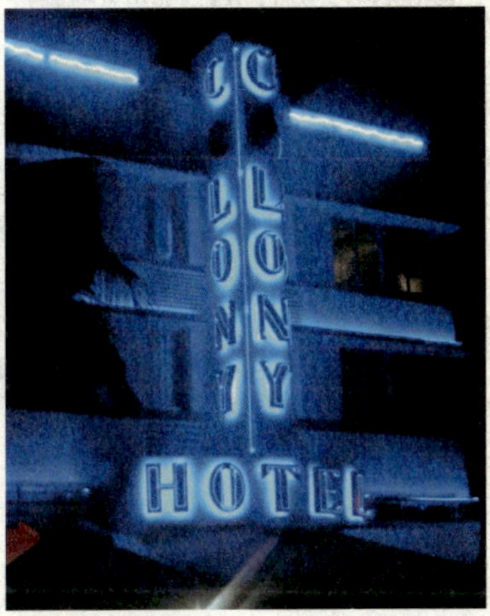
COLONY
HOTEL

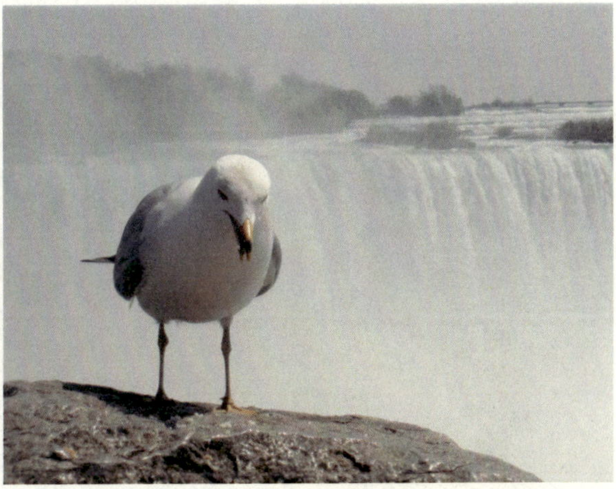

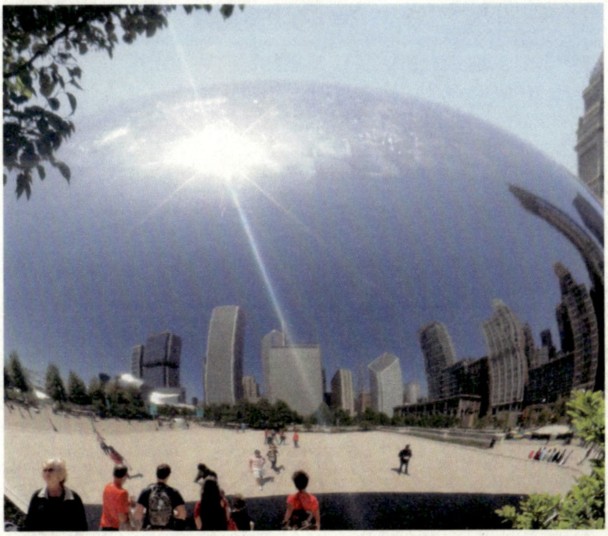

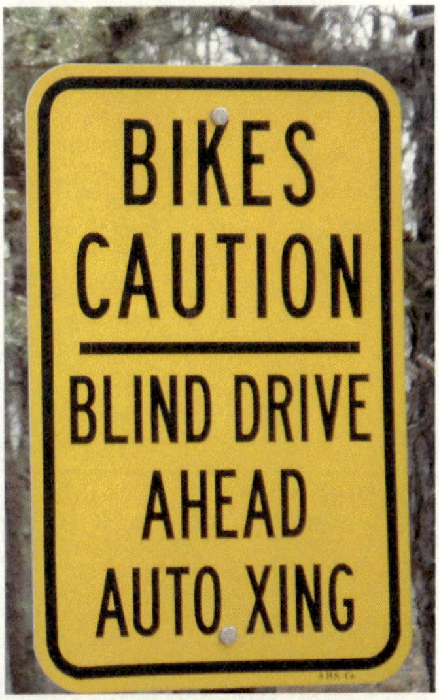
BIKES
CAUTION
BLIND DRIVE
AHEAD
AUTO XING

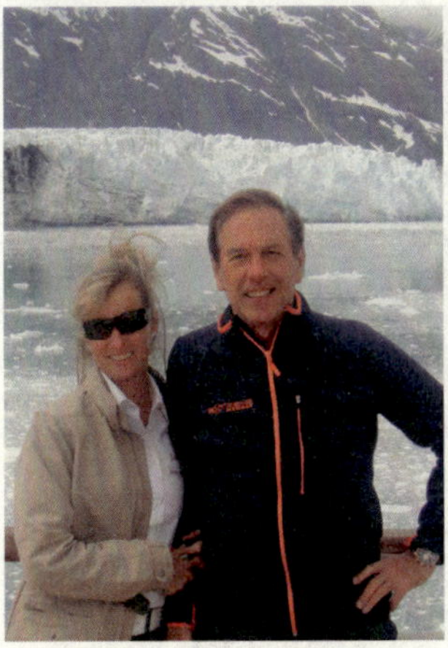

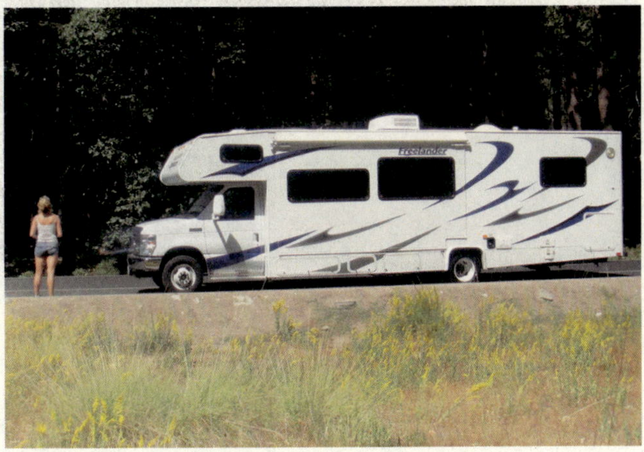

ROUTE 66
TO
EAST
40
TO
NORTH
89
EAST
180
66
40
TO
SOUTH
17
TO
WEST
40
Page
Albuquerque
Phoenix
Los Angeles

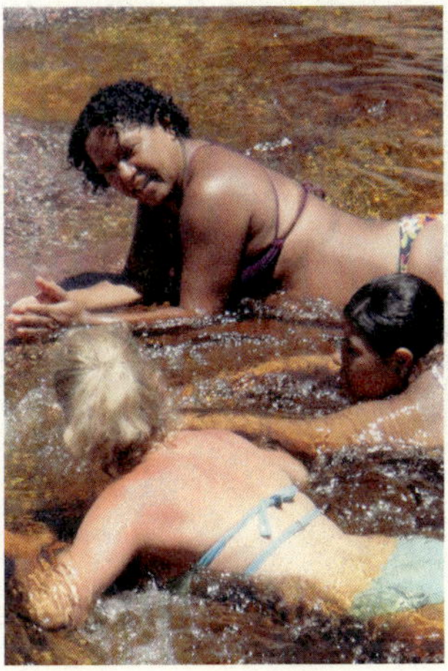
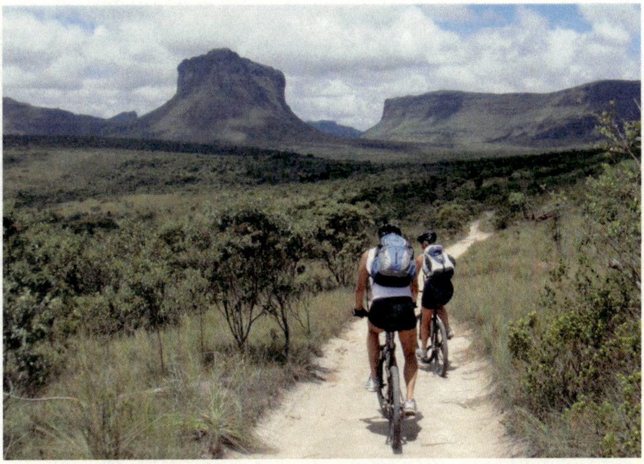
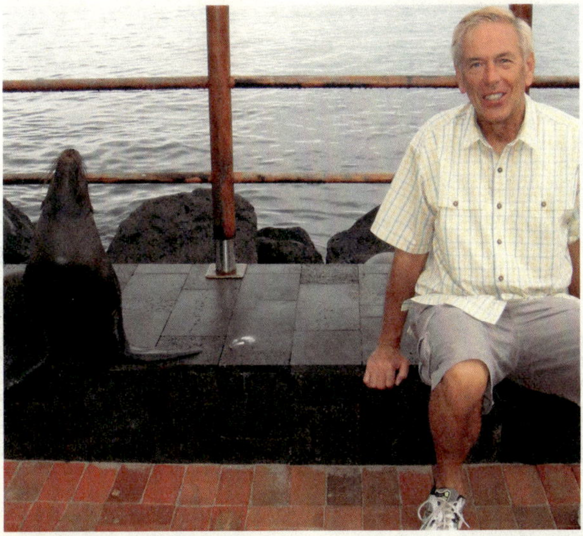
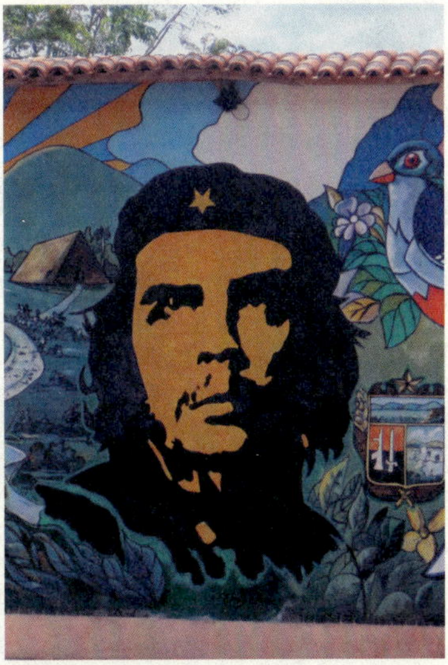
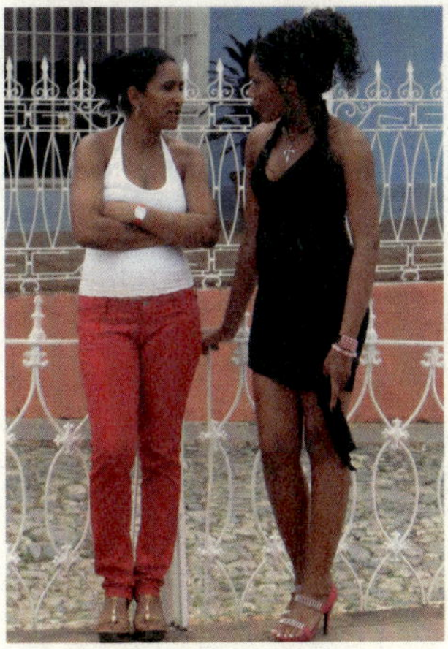
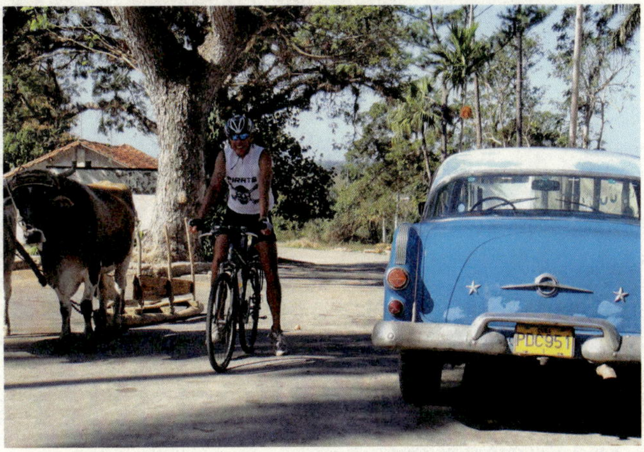
PDC951

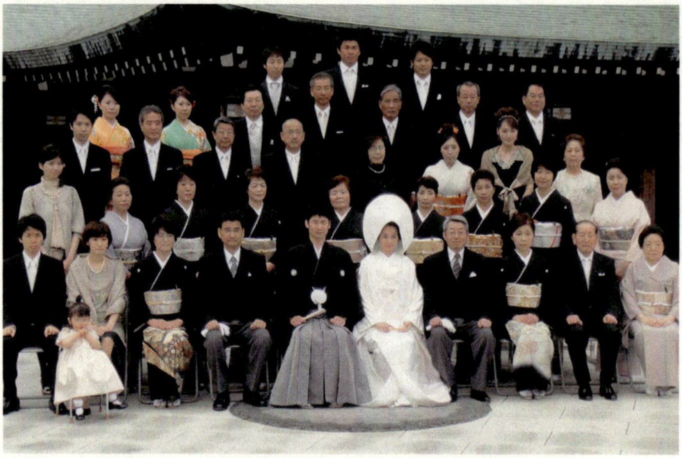

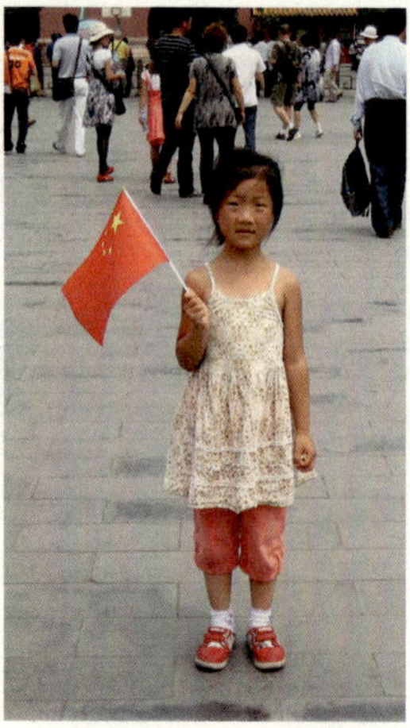

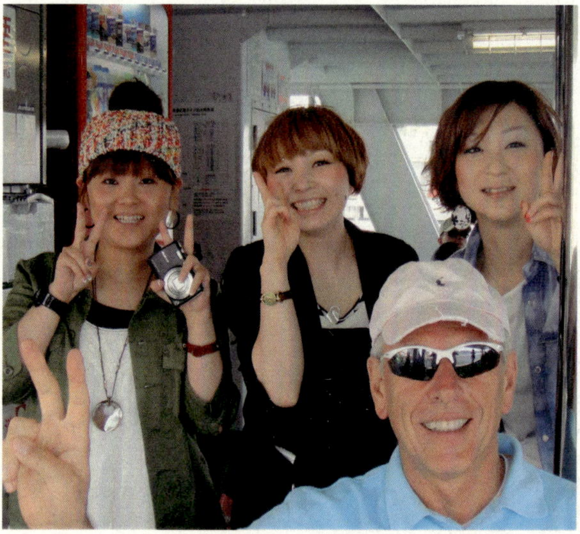

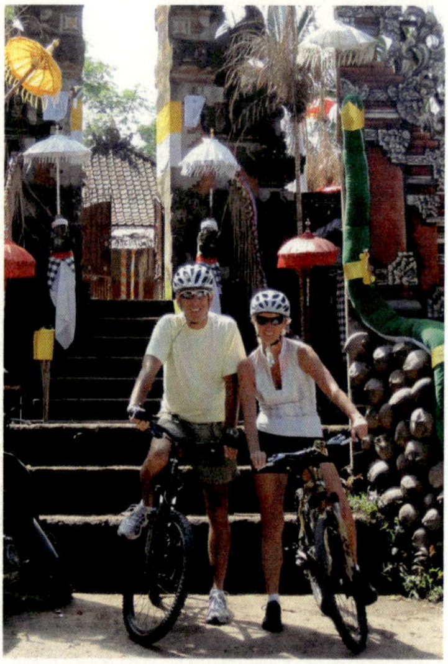

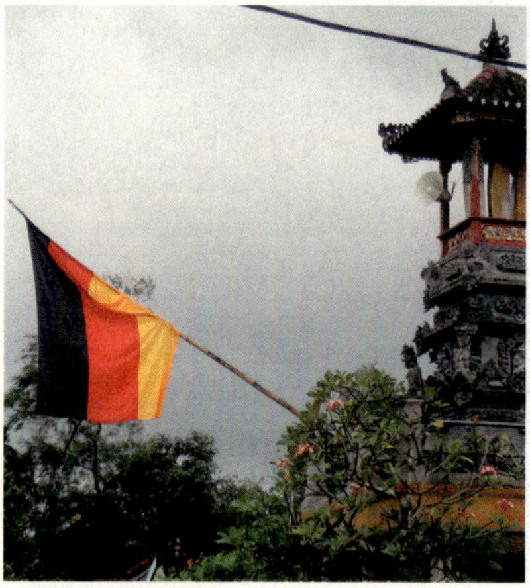

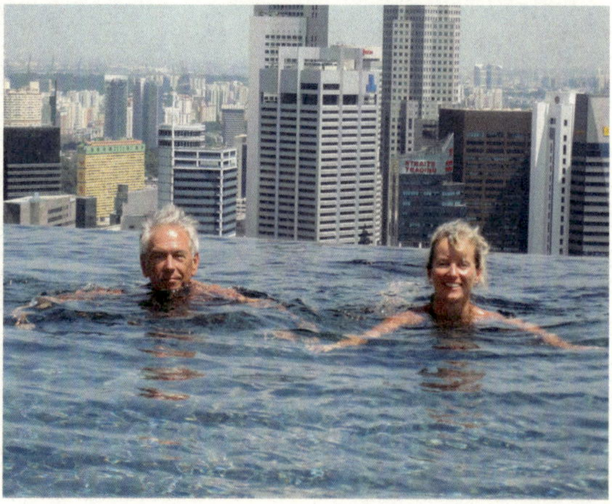

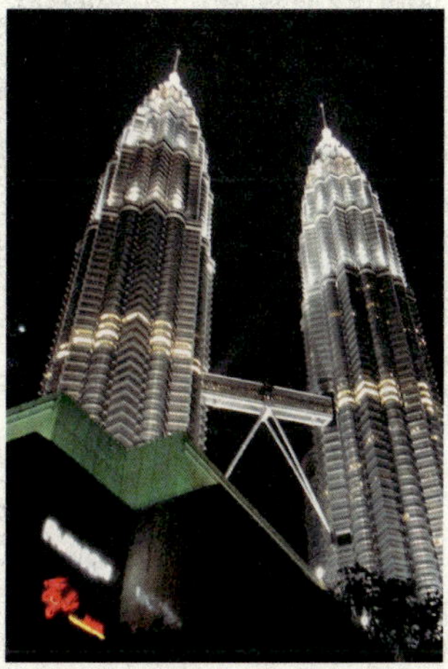

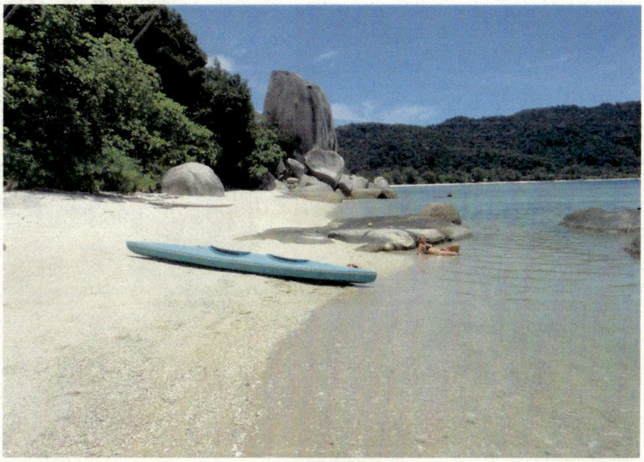

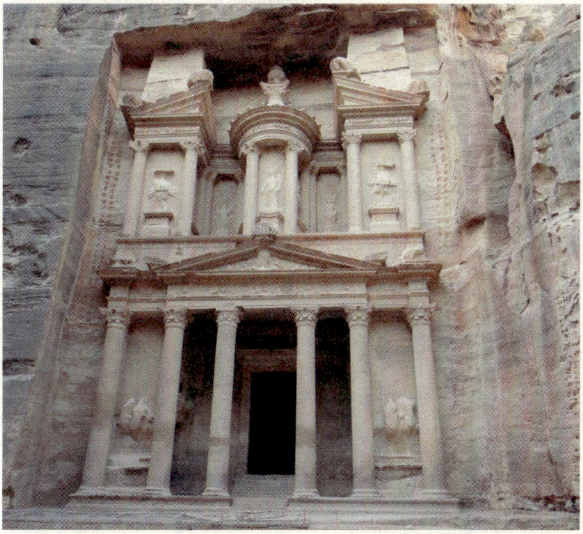

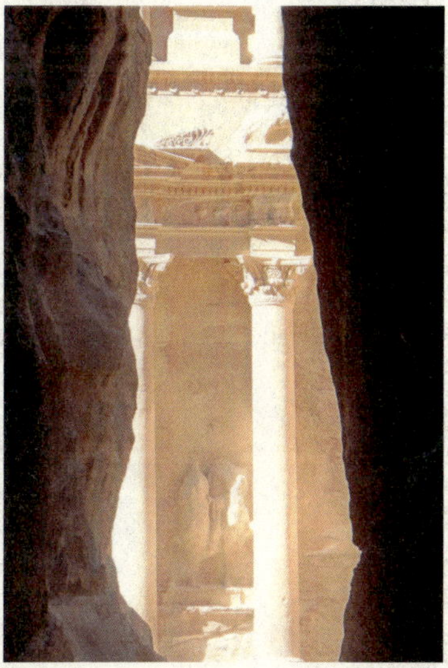

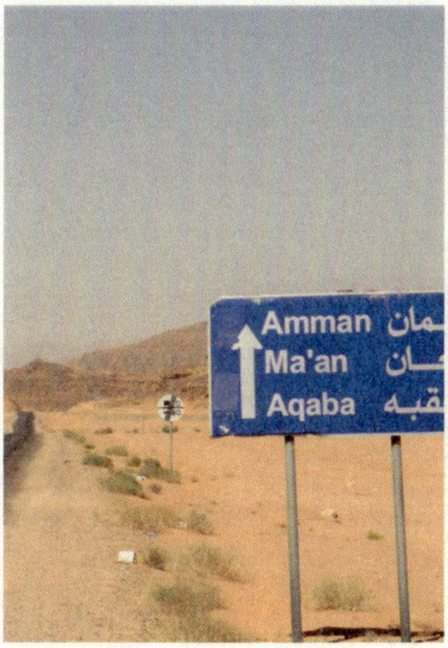
Amman
Ma'an
Aqaba

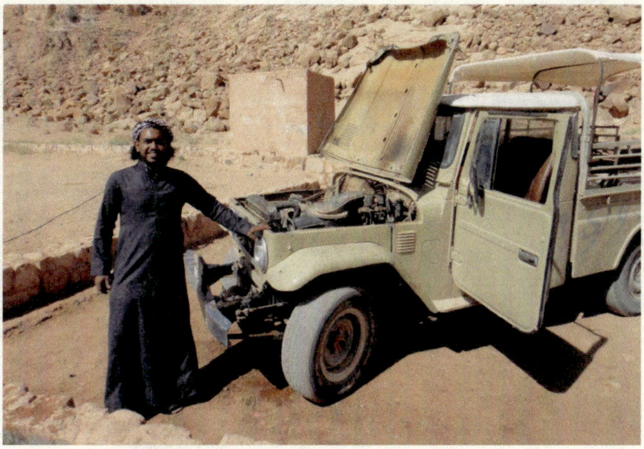

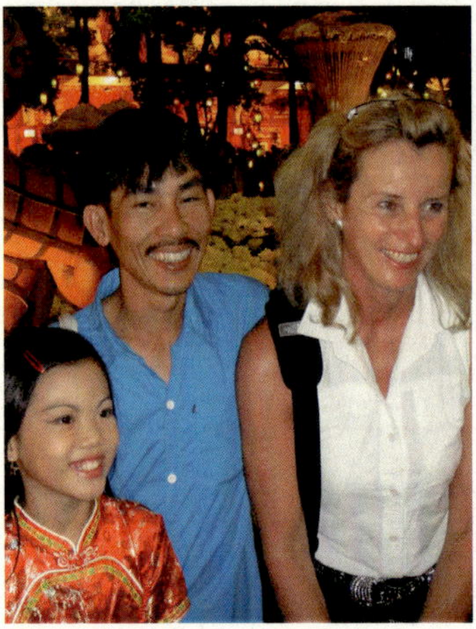

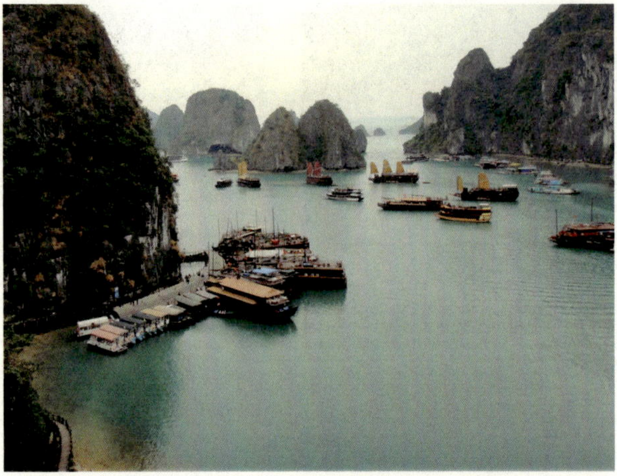

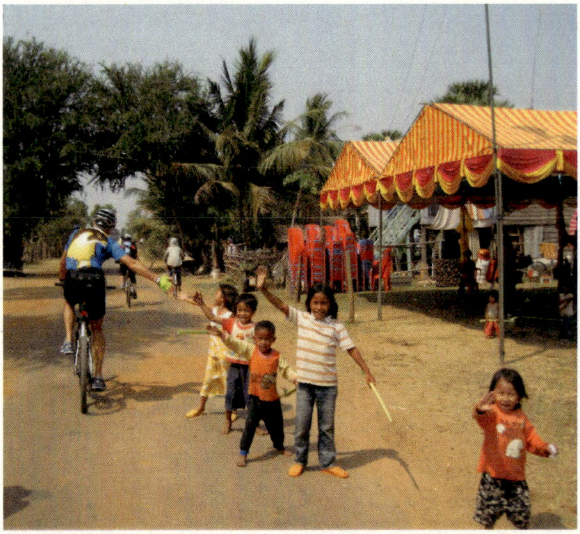

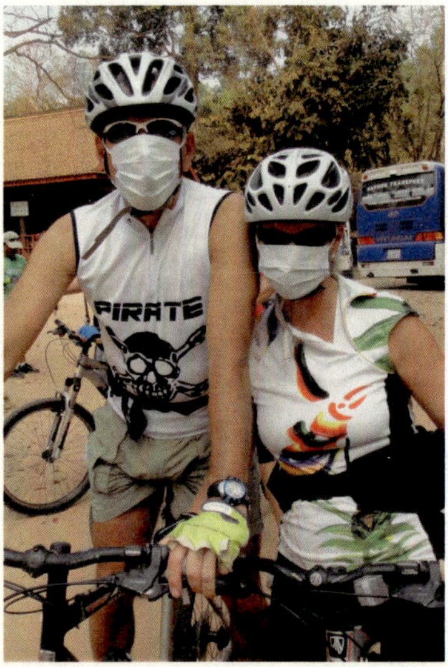
PIRATE

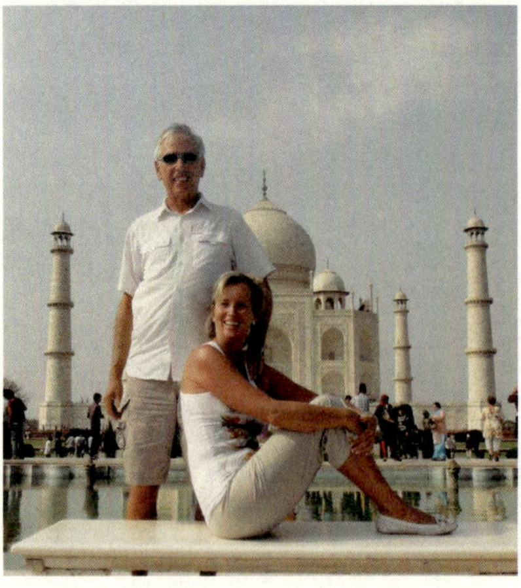

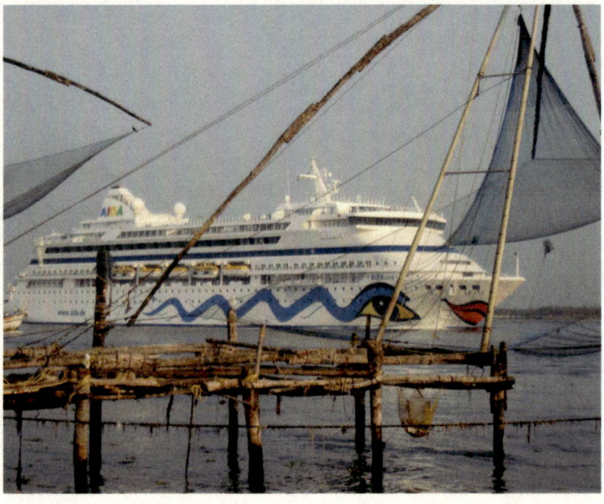

Cafe Schneider
- Eisbein, Püree, Sauerkraut
- Paprika Hühner, Kartoffeln,
- Osso Bucco, Spätzle, Salat
- Chinapan, Salat
- Gemsbock Schnitzel, Spätzle
- Spaghetti Hackbällchen, Sala
- ½ Avokado mit Thunafisch Sala

C35
Uis 116
Khorixas 231

KAAP DIE GOEIE HOOP
DIE MEES SUIDWESTELIKE PUNT
VAN DIE VASTELAND VAN AFRIKA

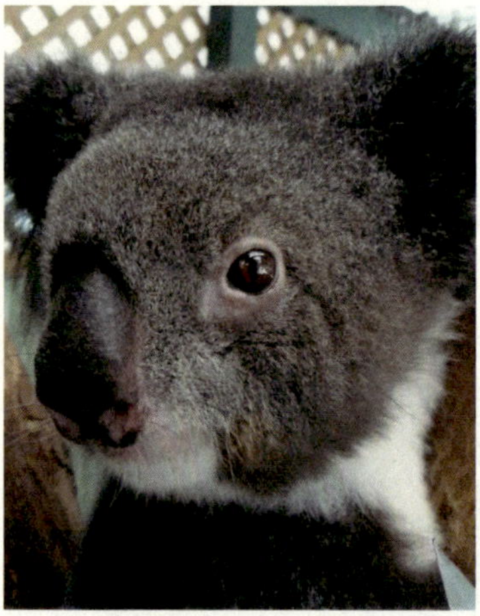

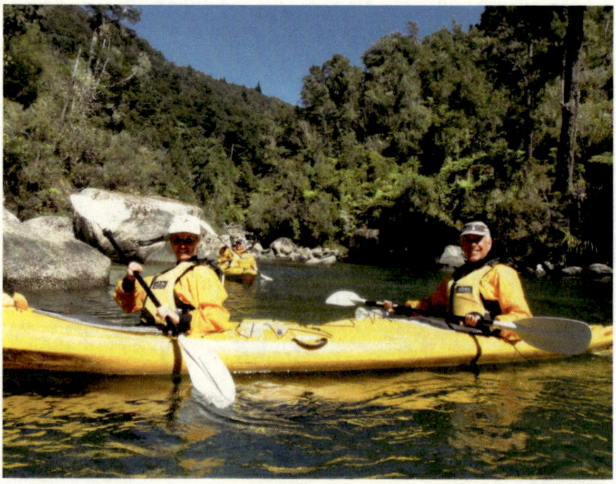

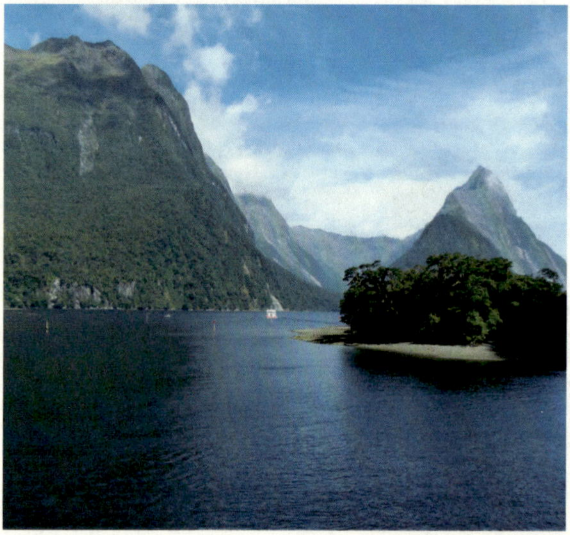

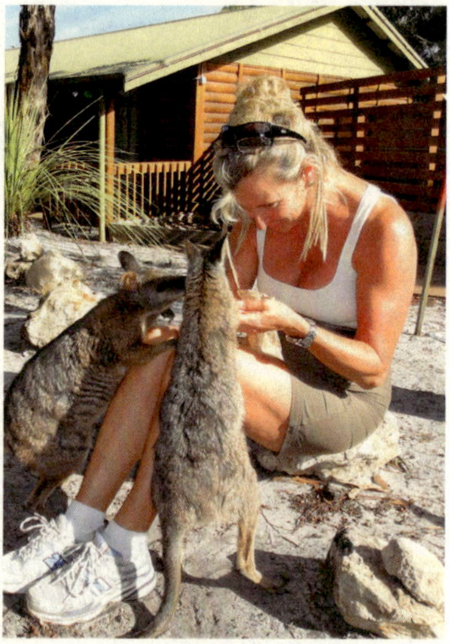

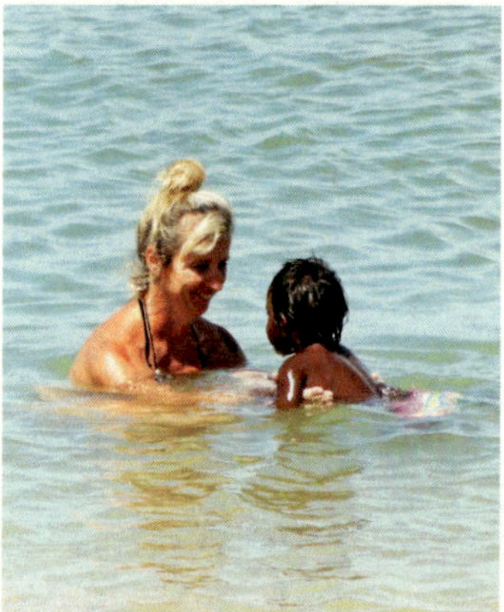

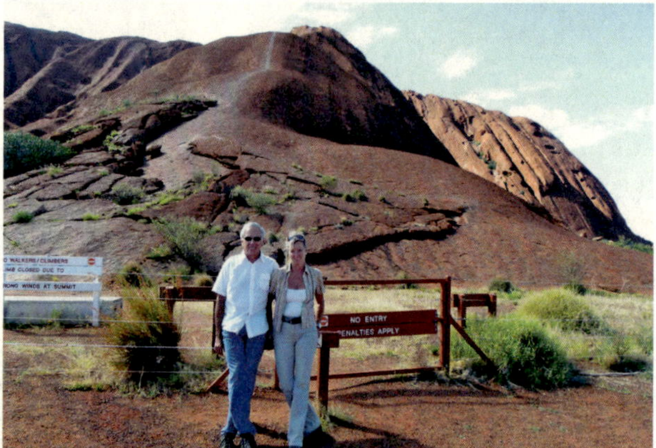
NO ENTRY

5. Etappe
Auf alten Spuren: Südostasien und Vorderer Orient

03. September – 26. Oktober

Es geht wieder los: Mit EgyptAir fliegen wir zum Start der 5. Etappe unserer Weltreise über Kairo nach Kuala Lumpur. Die Flugzeit nach Kairo beträgt 4 ½ Stunden, die Wartezeit in Kairo vier Stunden und nach weiteren 10 ½ Stunden kommen wir pünktlich und übermüdet in Kuala Lumpur, der Hauptstadt Malaysias, an. Der Service an Bord ist bescheiden, die Stewardessen scheinen noch von Pharao Ramses dem Großen eingestellt worden zu sein und sprühen nicht gerade vor Freundlichkeit. Wegen des Ramadan bekommen die muslimischen Mitreisenden nichts zu essen und zu trinken, die übrigen – darunter auch wir – müssen auf Alkohol verzichten, da an Bord der EgyptAir grundsätzlich auch auf internationalen Flügen kein Alkohol ausgeschenkt wird. Irgendwie ärgerlich, für mich gehören zu einem langen Flug auch gutes Essen und ein Glas Wein, um nach dem Essen besser schlafen zu können. Wir überstehen die lange Flugzeit auch mit Wasser und Säften gut, bedauern aber die Muslime, die keinen Kaffee, keinen Tee und noch nicht einmal Wasser bekommen.

Nachdem wir während der 4. Etappe unserer Weltreise Japan, China, Indonesien und Singapur erkundet haben, wollen wir nun auf der 5. Etappe wieder Asien und dabei schwerpunktmäßig das vielfältige, multiethnische und zauberhafte Malaysia einschließlich Borneo bereisen sowie zum Abschluss einen Abstecher in den Vorderen Orient mit Ägypten und Jordanien machen.

Wir steigen in Kuala Lumpur im Hotel Mandarin Oriental, einem alten, aber gleichzeitig sehr modernen und luxuriösen Hotel, direkt neben den Petronas Twin Towers ab. Unser Zimmer ist sehr geräumig, mit allem technischen Schnickschnack ausgerüstet und bietet Tag wie Nacht eine hervorragende Aussicht auf die umliegenden Häuser und die großzügigen Parkanlagen. Nach dem langen Flug und der Zwangsabstinenz im Flugzeug freuen wir uns auf ein kühles Bier an der Hotelbar und ein paar Stunden Schlaf.

Statt »Welt am Sonntag« lesen wir zum Frühstück »New Sunday Times« und ziehen dann los, die Stadt näher kennen zu lernen. Kuala Lumpur, kurz KL genannt, ist die Hauptstadt und mit 1,8 Millionen Einwohnern auch die größte Stadt Malaysias. Früher, so schreiben die Reiseführer, sei es ein Dreckloch gewesen, heute aber ist KL eine hochmoderne und boomende Stadt, in der Malaien, Chinesen und Inder friedlich zusammenleben. Wir fühlen uns hier sofort wohl, alles ist ordentlich, sauber und nett anzusehen, nur als Fußgänger haben wir gelegentlich Probleme, angesichts des starken Verkehrs die Straße gefahrlos zu überqueren. Die vielen Einkaufstempel sind jenen in deutschen Städten nicht nur in Masse und Klasse überlegen, sie sind auch am Sonntag ganztägig geöffnet und versprechen unbegrenzten Einkaufsgenuss für Einheimische und Touristen. Trotz der Menschenmassen ist die Atmosphäre auf den Straßen und in den Shopping-Malls entspannt und stressfrei; die Freundlichkeit und Fröhlichkeit der Menschen fallen uns angenehm auf.

Mit einem »Hop-on Hop-off«-Bus erkunden wir die Stadt. Wir steigen an verschiedenen Haltestellen nach Lust und Laune aus und an anderer Stelle wieder ein, um die Stadtrundfahrt fortzusetzen. Wertvolle Informationen zu den Sehenswürdigkeiten werden über Kopfhörer vermittelt; die Kommentare sind in vielen Sprachen abrufbar, aber Deutsch ist nicht dabei. Der besondere Reiz Kuala Lumpurs liegt im Kontrast zwischen Alt und Neu: auf der einen Seite futuristische Wolkenkratzer, auf der anderen Seite die engen Gassen Chinatowns, hier Bürotürme und Luxushotels, dort die Reste des British Empire, links

Moscheen im maurischen Stil, rechts moderne Einkaufszentren mit glitzernden Werbebotschaften. Eines der schönsten Beispiele kolonialer Architektur in KL ist der alte Bahnhof, die Kuala Lumpur Railway Station, mit dem gegenüber befindlichen Gebäude der Eisenbahnverwaltung. Heute fahren die Züge vom supermodernen Hauptbahnhof KL Sentral in der Nähe ab. Auch die weiteren Gebäude aus vergangenen Zeiten sind beeindruckend, vor allem der Central Market, ein Art-déco-Bau, einst der wichtigste Markt der Stadt und heute ein lebhaftes und modernes Einkaufszentrum. Futuristisch wirkt ebenfalls die Nationalmoschee Masjid Negara, die 20.000 Gläubige fasst und auch von Nicht-Gläubigen besichtigt werden kann.

Wahrzeichen Kuala Lumpurs sind die weithin sichtbaren, 452 Meter hohen Petronas Twin Towers mit dem riesigen Komplex des KL City Centre, von unserem Hotel gut zu Fuß erreichbar. Bis zum Jahr 2004 waren die beiden Türme die höchsten Gebäude der Welt, heute sind sie immerhin noch die höchsten Zwillingstürme der Welt und Symbole für die Modernität und Zukunftsorientierung Malaysias.

Überall im Stadtgebiet sehen wir Baukräne und Baustellen – wir spüren, dass hier die Zukunft begonnen hat. Gern würden wir uns Putrajaya, das neue Verwaltungszentrum Malaysias, länger angesehen, aber dazu reicht die Zeit nicht. Beim Bau dieser künstlichen Regierungsstadt wurde nicht gekleckert, sondern geklotzt. Alles ist riesig, pompös und extravagant, hier wird ein Hightech-Unternehmen nach dem anderen angesiedelt und die Zukunft Malaysias entwickelt.

Beim Frühstück um 6 Uhr sind wir die ersten und einzigen Gäste, aber der Service im Mandarin Oriental ist auch so früh am Morgen perfekt. Wir werden mit Namen angesprochen und aufmerksam bedient. Eine Stunde später stehen wir mit gepackten Koffern in der Hotelhalle und warten auf unseren Transferbus zum Flughafen. Es fällt uns schwer, dieses besondere Hotel in dieser kosmopolitischen Stadt zu verlassen, das Besichtigungsprogramm hätte noch etliche Tage gefüllt.

Der Flughafen von Kuala Lumpur ist modern, das Einchecken klappt perfekt und der Service ist überall vorbildlich. Mit leichter Verspätung geht es in die Luft, die Flugzeit nach Kota Bharu im Osten Malaysias beträgt nur 55 Minuten. Wir erhalten noch einen schönen Blick auf Kuala Lumpur mit den alles überragenden Petronas Twin Towers und auf die neuen Retortenstädte Putrajaya und Cyberjaya. Im Flieger sind wir die einzigen »Weißen«, viele muslimische Frauen und erstaunlich viele Kinder fliegen mit uns.

Am Flughafen von Kota Bharu warten wir auf unseren Fahrer, der uns zum Fährhafen bringen soll; wir haben ein Hotel auf den Perhentian Islands vor der Ostküste Malaysias mit Auto- und Bootstransfer gebucht. Wir sehen zwar viele Fahrer und sprechen einige von ihnen an, aber für uns fühlt sich niemand zuständig. Wir stehen im wahrsten Sinn des Wortes da wie bestellt und nicht abgeholt. Nach einer Stunde Wartezeit steigen wir schließlich in ein Taxi, lassen uns zum Fährhafen und dann mit dem hoteleigenen Motorboot zu unserem Hotel, dem Tuna Bay Island Resort, bringen.

Die Perhentian-Inseln liegen 30 Kilometer vor der Küste Ostmalaysias im Südchinesischen Meer. Hauptattraktion sind die traumhaften Strände, hinter denen der üppig wuchernde Dschungel beginnt. Wir sind auf der »großen« Insel, die bis auf einige Bungalowanlagen unbewohnt ist. Unser Bungalow bietet lediglich eine Aussicht auf Gerümpel und Baumaterialien, so haben wir uns das Paradies nicht vorgestellt. Nach heftiger Intervention können wir umziehen, die Lage ist diesmal besser, auch wenn wir den Strand und das Meer ebenfalls nicht direkt sehen können. Im Vergleich zur Luxusherberge in Kuala Lumpur ist unsere Hütte hier sehr bescheiden, aber es ist alles dran und drin, was wir für einen angenehmen Aufenthalt benötigen.

Die Gäste auf der Insel sind durchweg jünger als wir. Die meisten sind mit Rucksack angereist, einige sehen aus wie Aussteiger auf Zeit, aber dies sind wir ja in gewisser Weise ebenfalls. Die Stimmung ist entspannt und es herrscht eine Atmosphäre von »easy going«, wir gewöhnen uns schnell an das herrliche Leben im Tropenparadies.

Im Restaurant sitzen wir barfuß, die Schuhe bleiben draußen. Dabei gibt es eigentlich kein Drinnen und Draußen, unser Restaurant ist nach allen Seiten hin offen, direkt am Strand gelegen mit herrlicher Aussicht auf das Meer und die Nachbarinsel. Den Fisch oder den Hummer suchen wir an der Theke aus und lassen ihn nach unseren Vorstellungen zubereiten. Frischer und leckerer geht es nicht.

Das Leben geht hier seinen Gang, wir passen uns dieser Geruhsamkeit an. Die Sonne knallt gnadenlos vom Himmel, auszuhalten ist es nur im Schatten. Die Landschaft ist überall paradiesisch, vergleichbar Schönes und Idyllisches haben wir auf unseren Reisen bisher selten gesehen – eine absolute Traumkulisse. Keine Straßen, kein Auto, noch nicht einmal ein Fahrrad; außer einem kleinen Dschungelpfad gibt es keine Straßen und Wege. Diesen Dschungelpfad finden wir nach langem Suchen, brechen aber die Wanderung schnell ab, als der Urwald immer undurchdringlicher und die Mücken immer aufdringlicher werden.

Herrlich ist es, im Schatten am Strand zu liegen, nichts zu tun, allenfalls ein wenig zu lesen und die wunderschöne Aussicht zu genießen. Da die Holzpritschen für längere Liegezeiten zu hart und Auflagen nicht vorhanden sind, kaufen wir uns einfache Plastikluftmatratzen als Polster und können so auf den Liegen komfortabel relaxen.

Absoluter Höhepunkt unseres Aufenthaltes auf der Insel ist das Schwimmen und Schnorcheln im glasklaren und badewannenwarmen Wasser. Ein paar Schritte ins Wasser hinein und wir sind am großen Hausriff mit einer Vielzahl von Fischen jeglicher Größe und in unglaublicher Farbvielfalt. Die Fische scheinen keine Angst zu haben, ganz im Gegenteil, sie sind neugierig, schwimmen auf uns zu und knabbern dabei mitunter an der Kamera oder unseren Körpern. Der Blick vom blauen Meer aus auf die Insel mit ihren weißen Stränden, den Kokospalmen und dem satten Grün des Dschungels dahinter ist wunderschön, aber auch die Welt unter Wasser sieht fantastisch aus.

Mit einem kleinen Ruderboot suchen wir die besten Schnorchelspots und springen dann mit unserer Ausrüstung ins Wasser. Überall sind wir sofort von einer Vielzahl bunter Fische umgeben, die keine Angst vor uns haben. Anders die Schildkröten, sie schwimmen schnell weiter, wir hinterher, und irgendwann tauchen sie ab und an anderer Stelle wieder auf – das Wettschwimmen gewinnen stets die Schildkröten. Heidi bekommt zwei Haie zu Gesicht – kleine, aber immerhin. Sehr schade ist, dass die Korallenbleiche auch hier zugeschlagen hat und die Farben der wunderschönen und riesengroßen Korallen stark nachgelassen haben.

Nach langem Zögern schließen auch wir uns der internationalen Gemeinschaft der Strandliegen-Reservierer an. Die Italiener tun es, die Holländer sind dabei, die Deutschen ohnehin – und jetzt auch wir. Es ist ärgerlich, wenn man von Unternehmungen zurückkommt und nie eine Chance hat, eine freie Liege zu finden. Deshalb schleicht Heidi – ich habe immer noch Hemmungen – vor dem Frühstück an den Strand und reserviert die schönsten Liegen in der ersten Reihe mit herrlichem Blick auf das weite Meer.

Aber am liebsten sind wir im Wasser. Die Unterwasserwelt ist immer wieder neu und aufregend, jeden Tag entdecken wir neue Schnorchelreviere. Um einsame und menschenleere Buchten zu erreichen, mieten wir uns ein Kajak und paddeln an der Küste entlang. Wo es uns gefällt, springen wir ins Wasser und tauchen ab. Den Fischen schmeckt das Brot, das wir vom Frühstücksbuffet mitgehen lassen, hervorragend, und uns macht es Spaß, inmitten riesiger Fischschwärme den zahlreichen Fischen beim Fressen zuzuschauen.

Mit einem Motorboot lassen wir uns in das auf der kleineren Nachbarinsel gelegene Dorf bringen, um einen Eindruck vom Leben der Menschen hier zu gewinnen. Wir sind ein wenig geschockt von den sehr einfachen Wohn- und Lebensverhältnissen, aber überall begegnet uns nur Freundlichkeit und Aufgeschlossenheit. Am Ende des Ramadan steigt hier ein gewaltiges Fest, die muslimische Bevölkerung feiert mit einem Feuerwerk ausgelassen das Ende der Fastenzeit.

Die letzten Tage auf den Perhentian Islands verlaufen so wie die ersten – ruhig, erholsam und wunderschön. Auch wenn wir auf Dauer solch ein Leben wie Robinson Crusoe nicht führen könnten, fällt uns der Abschied außergewöhnlich schwer. Dies waren ausgesprochen schöne Tage in einer paradiesischen Umgebung. Wir haben in der Hotelanlage zudem viele nette Reisende kennen gelernt, mit denen wir stundenlang über Gott und die Welt diskutieren konnten.

Pünktlich um 8 Uhr stehen wir mit unseren Koffern am Strand und warten auf das Boot, das uns zum Fährhafen Kuala Besut bringen soll. Die Luft ist noch frisch, die Aussicht herrlich, aber kein Boot in Sicht. Wir fragen an der Hotelrezeption nach, die Antwort »Is coming« kann uns jedoch nicht beruhigen. Und tatsächlich taucht nach 20 Minuten ein Plastikboot auf, voll mit Einheimischen und ein paar Touristen, und wir quetschen uns mitsamt unserem Gepäck dazwischen. Ein Pärchen hat sicherheitshalber die Schwimmwesten angelegt, wir hingegen haben Vertrauen in den Bootsführer und kommen mit viel Schaukeln bei frischem Wind nach 40 Minuten sicher im Hafen auf dem Festland an.

In zügiger Fahrt bringt uns ein Minibus zum Flughafen Kota Bharu, von dort fliegen wir über Kuala Lumpur weiter nach Kota

Kinabalu auf Borneo. Unterwegs teilt uns der Flugkapitän mit, dass er wegen starker Winde und schlechter Sicht möglicherweise einen anderen Flughafen ansteuern müsse. Kurz vor dem Ziel lässt er uns jedoch wissen, dass er doch eine Landung in Kota Kinabalu versuchen wolle. Der Versuch glückt und wir kommen wohlbehalten auf dem Boden an. Das Wetter ist wenig einladend, es regnet und die halbe Stadt steht unter Wasser. Wir lassen uns zum Hotel Promenade bringen und sind angesichts des modernen Hotels mit seinen vielen Annehmlichkeiten positiv überrascht. Den Sonnenuntergang über dem Meer können wir vom Zimmer aus bewundern, laufen dann aber doch zur Seefront gegenüber, wo wir nach einem kurzen Rundgang den Abend in einer Kneipe mit Tiger-Bier und Musik von Elvis Presley bis Robbie Williams ausklingen lassen.

Kota Kinabalu ist eine erstaunlich moderne und lebendige Stadt, die im Zweiten Weltkrieg völlig zerstört und anschließend wiederaufgebaut wurde. Sie ist die Hauptstadt der Provinz Sabah und idealer Ausgangspunkt für das Entdecken der Naturschönheiten Borneos. Das Zentrum, die Märkte und auch der Fischereihafen sind gut zu Fuß erreichbar und auf jeden Fall einen Besuch wert.

Mit dem Taxi fahren wir zum Sabah Museum, das in einem Zeittunnel sehr anschaulich die verschiedenen Epochen Sabahs von der Steinzeit über die japanische Besatzungszeit und den Anschluss der Provinz an den Staat Malaysia bis zur Gegenwart aufzeigt. Unterwegs schauen wir uns noch die Sabah State Moschee mit ihrer weithin sichtbaren Goldkuppel an, ein herausragendes Beispiel zeitgenössischer islamischer Architektur.

Am Wochenende geht in unserem Hotel die Post ab, Hochzeiten und andere Feste werden gefeiert. Wieder sind wir die einzigen »Langnasen«, werden überall freundlich aufgenommen und könnten mitfeiern. Wir schreiben in der großen Lobby jedoch lieber unsere E-Mails, sitzen mitten im Geschehen und lauschen bei einem Glas Wein ein und paar Erdnüssen den Klängen der philippinischen Hausband.

Über Skype sind wir mit der Heimat verbunden und nutzen die Videotelefonie für die Kommunikation mit unseren Familien, Freunden und Bekannten. Die vorbeikommenden Hochzeitsgäste in ihren festlichen Outfits schauen interessiert, was wir da machen. Sie lassen sich nicht lange bitten, vor unserem Laptop zu posieren und einen Gruß in Richtung Deutschland zu schicken. Wir erklären ihnen, dies sei Fernsehen für Deutschland, da machen sie begeistert mit. Alle haben ihren Spaß, und wir freuen uns über die lustigen und interessanten Begegnungen in einer anderen Welt.

Wir wollen das ursprüngliche und exotische Borneo kennen lernen und haben eine Rundreise durch den Bundesstaat Sabah gebucht. Von unserem Reiseleiter werden wir am Hotel abgeholt, gemeinsam mit uns reist ein Ehepaar aus Heidelberg, das seine Flitterwochen hier verbringt. Unser erstes Ziel und auch die Hauptattraktion Sabahs, die wir nach rund zwei Stunden Fahrzeit erreichen, ist der Kinabalu National Park, der 4.500 Pflanzenarten, darunter allein 1.500 Orchideenarten, einen Lebensraum bietet. Wir lassen uns von unserem Reiseleiter die Flora und Fauna des Parks erklären. Nach dem Essen brechen wir zu einer Wanderung durch den Dschungel auf. Die Wanderwege sind zwar matschig, führen aber durch traumhaftes Terrain. Auch wenn wir keine großen und wilden Tiere, auch nicht die hier lebenden Bartschweine oder Hirschferkel, zu Gesicht bekommen, gibt es immer wieder Spannendes und Exotisches in der vielfältigen Tier- und Pflanzenwelt zu entdecken.

Auf dem Weg zu unserem Hotel halten wir für einen kurzen Zwischenstopp in einem kleinen Bergdorf, in dem ein Musik-Festival stattfindet. Viele Menschen kommen auf uns zu und fragen, was wir hier tun und wie es uns in Sabah gefällt. Wir erzählen viel von Deutschland, auch von unserer Weltreise, und heben immer wieder die Schönheiten Sabahs sowie die Freundlichkeit der Menschen hervor. Wir werden dem Tourismusminister Sabahs vorgestellt und müssen unbedingt mit ihm aufs Bild. Nur mit Mühe können wir uns dagegen wehren, als Ehrengäste auf der Bühne dem Festakt beizuwohnen. Wir müssen aber versprechen, abends zum gemütlichen Teil wiederzukommen. Nach der Dschungelwanderung im feucht-warmen Tropenklima sind wir hierfür jedoch zu müde und erholen uns lieber im Hotel von den ungewohnten Strapazen.

Wir schlafen schlecht, denn unser Hotel – das Kinabalu Pine Resort – liegt an der einzigen Hauptstraße der Region, auf der Tag und Nacht ein reger Autoverkehr herrscht. Dafür haben wir einen schönen Blick auf den Gunung Kinabalu, der mit rund 4.100 Metern der höchste Berg Borneos wie auch Malaysias ist. Die Sonne scheint frühmorgens, keine Wolken zeigen sich am Gipfel – ein wunderschöner und erhabener Anblick kurz nach dem Aufstehen.

Mit dem Minibus fahren wir unter fachkundiger Begleitung unseres Reiseleiters weiter durch den Nationalpark. Unterwegs halten wir an und bewundern eine Rafflesia, die größte Blüte der Welt. Diese Blume ist einmalig, blüht nur wenige Tage und wiegt mehrere Kilogramm. Die Bauern der Gegend zeigen Geschäftssinn, bauten einen Zaun um die Blume und kassieren Eintritt. Höhepunkt unserer Wanderung durch den Dschungel ist der Canopy Walkway, ein 150 Meter langer Hängebrückenweg in Höhe der Baumwipfel mitten im Urwald. Dies ist nicht nur eine wackelige und aufregende, sondern auch eine informative Art, den Bergregenwald mit seiner Flora und Fauna aus der Vogelperspektive kennenzulernen. Entspannen können wir uns anschließend gemeinsam mit unseren beiden Hochzeitsreisenden in den heißen und schwefelhaltigen Mineralquellen Poring Hot Springs.

Eine lange Busfahrt steht an, wir wollen quer durch Sabah nach Sandakan an der Ostküste Borneos. Wie im Reiseprogramm vorgesehen besichtigen wir unterwegs die Teeplantage Sabah Tea, die größte in Sabah, und gewinnen einen Einblick in die Teegewinnung und -verarbeitung. Es ist interessant, den Produktionsprozess vom Pflücken der grünen »Regenwald-Teeblätter« bis hin zum schmackhaften Tee zu verfolgen, auch wenn wir lieber Kaffee als Tee trinken. Die Busfahrt ist wahrlich nicht vergnügungssteuerpflichtig, die Straßen sind sehr schlecht und an vielen Stellen nur notdürftig repariert. Zunächst geht es durch den Regenwald und dann unendlich lange durch Palmöl-Plantagen. Wir denken daran, welch unglaublich großer ökologischer Schaden durch das Abholzen des für unser Klima so wertvollen Regenwaldes verursacht wurde und weiterhin wird. Nach über fünf Stunden quälender Busfahrt kommen wir am späten Nachmittag endlich in unserem Hotel in Sandakan – dem Saba Hotel – an.

Sandakan war früher die Hauptstadt Nord-Borneos, wurde aber wie auch Kota Kinabalu im Zweiten Weltkrieg völlig zerstört. Einen Schönheitswettbewerb wird Sandakan nicht gewinnen, allenfalls die Uferpromenade ist einigermaßen sehenswert. Wir werden gewarnt, die Stadt auf keinen Fall in der Dunkelheit nach 18 Uhr zu besuchen, da hier insbesondere abends viele illegale Immigranten ihr Unwesen treiben würden. Auf den Inseln vor der Ostküste Malaysias und in einigen Küstenbereichen besteht nach wie vor die Gefahr, von Piraten gekidnappt zu werden, daher läuft hinter jedem Touristen ein Soldat mit Maschinengewehr her – so wird hier erzählt. Hinter uns läuft niemand her, aber da wir ohne Not kein Risiko eingehen wollen, kehren wir kurz vor Einbruch der Dunkelheit in unser Hotel zurück und verbringen den Rest des Abends gefahrlos mit chinesischer Massage und danach im chinesischen Restaurant.

Auf den Besuch des Orang-Utan-Reservats Sepilok freuen wir uns besonders. Sepilok ist eines von weltweit vier Orang-Utan-Reservaten, in denen verwaiste und verletzte Tiere aufgepäppelt und auf das Leben in der Freiheit vorbereitet werden. Ein Videofilm zeigt uns zu Beginn der Besichtigung sehr schön die

Arbeitsweise dieses Zentrums, bevor wir über befestigte Holzstege zum Futterplatz im Urwald gehen können. Wir sind schon sehr früh dort, aber kein Orang-Utan ist zu sehen. So warten wir und warten wir, bis sich freundlicherweise ein Jungtier in der Nähe des Futterplatzes blicken lässt. Als die Tierpfleger mit dem Futter erscheinen, schlägt sich der junge Orang-Utan den Bauch voll. Auch ein paar Makaken tauchen auf und fressen sich satt, der kleine Orang-Utan turnt weiterhin auf der Plattform herum. Als die meisten Besucher verschwunden sind, kommen doch noch ein paar weitere Orang-Utans, darunter eine Mutter mit ihrem Baby, zum Futterplatz und lassen sich die angebotenen Früchte schmecken – ein spannendes Schauspiel, dem wir stundenlang zuschauen können.

Wir wollen noch tiefer in den Dschungel und fahren nach Sukau zum Kinabatangan-Fluss, dem längsten Fluss Sabahs, an beiden Ufern dicht vom Urwald bewachsen. Hier mitten in der Wildnis kommen wir für zwei Nächte im Myne Resort unter, traumhaft am Fluss gelegen und trotz der einsamen Lage mit nahezu allem Komfort einschließlich drahtloser Internetverbindung ausgestattet. Wir wohnen in einem Bungalow mit Blick über den Fluss und den Regenwald, schöner kann eine Unterkunft mitten in der Wildnis nicht sein. Bei einer Bootsfahrt auf dem Kinabatangan am späten Nachmittag sehen wir die bizarren Nasenaffen, aber auch zahllose Makaken bei ihren Kletterübungen sowie eine reiche und bunte Vogelwelt. Auf der Rückfahrt zu unserer Lodge können wir zeitgleich den schönen Sonnenuntergang, den Vollmond und nach einem Regenschauer auch zwei Regenbogen bewundern – eine surreal wirkende Stimmungskulisse. Wir sind in der Wildnis angekommen.

In dieser Nacht schlafen wir schlecht, weil bei Heidi Magen und Darm in Aufruhr sind und sie mehr Zeit im Badezimmer verbringt als im Bett. Deshalb ist es mit der Nachtruhe bald vorbei, aber auch die Geräuschkulisse im Regenwald ist nicht zu überhören – es piept, pfeift, zirpt, summt und knackt in allen Ecken.

Obwohl die Bäume neben unserem Bungalow am Rande der Anlage ein beliebter Treffpunkt für Elefanten sein sollen, bleibt es aber zumindest in dieser Hinsicht ruhig, kein Dickhäuter lässt sich blicken. Auf die morgendliche Bootsfahrt verzichten wir wegen Heidis Magen- und Darmsausen und genießen stattdessen von unserer Terrasse die herrliche Aussicht auf den träge vorbeifließenden Kinabatangan und den üppigen Regenwald. Flora und Fauna sind einzigartig, und dieser Regenwald hier ist der größte Lebensraum für wild lebende Tiere in Malaysia.

Nachmittags ist Heidi wieder halbwegs fit und so schließen wir uns einer Bootssafari an, um das reiche Leben zu beiden Seiten des Flusses zu beobachten. Wir erleben jede Menge Affen und viele exotische Vögel. Die Landschaft ist unglaublich vielfältig, der Regenwald zeigt sich immer wieder von einer anderen Seite. Es wird früh dunkel und unser Boot verfügt über kein Licht. Immer wenn uns ein anderes Boot entgegenkommt, zündet unser Bootsführer sein Feuerzeug an und hält es hoch – das scheint auszureichen. Die größte Gefahr geht vielmehr von den unzähligen Baumstämmen aus, die im Wasser treiben und im Dunkeln oft erst in letzter Sekunde zu sehen sind. Wir erfahren, dass es schon häufiger Unfälle gegeben hat, die allerdings trotz der Krokodile und Schlangen im Wasser meist glimpflich ausgingen. Mittlerweile ist es stockdunkel, die Atmosphäre wirkt schaurig-romantisch und wir sind heilfroh, als wir endlich den beleuchteten Bootssteg unseres Hotels erblicken.

Mit dem Wetter haben wir viel Glück, auch wenn mancher Schauer auf uns niederprasselt. Im Regenwald gibt es zwei Jahreszeiten: die trockene und die nasse. In der Trockenzeit regnet es jeden Tag und in der nassen Zeit regnet es immer. Wir haben Glück und befinden uns bei unserem Aufenthalt hier offensichtlich noch in der trockenen Jahreszeit.

Um unser schlechtes Gewissen wegen der vielen Flugkilometer und der damit verbundenen Umweltbelastungen ein wenig zu beruhigen, pflanzen wir vor unserem Abschied einen kleinen Baum. Dann packen wir unsere Sachen und machen auf dem Weg zum Flughafen Sandakan noch einen Abstecher zum Gomantong-Höhlensystem, das zu den größten Sabahs zählt und unzählige Vogelnester wie auch Fledermäuse beheimatet. In der riesigen Höhle stinkt es entsetzlich vom Kot der Fledermäuse, zudem säumen Tausende von Kakerlaken unseren Weg. Wir schwanken zwischen Grusel und Faszination in dieser gespenstischen Höhle mit ihren ungewöhnlichen Bewohnern und sind letztlich froh, nach der Besichtigung wieder frische Luft atmen zu können.

Unser Reiseleiter und der Fahrer bringen uns anschließend zum Flughafen Sandakan, von dort fliegen wir in 45 Minuten nach Kota Kinabalu zurück. Unsere beiden Betreuer müssen diese Strecke mit dem Auto zurücklegen, die Fahrzeit beträgt auf den schlechten Straßen mindestens sechs bis acht Stunden. Wir bleiben zum Relaxen noch ein paar Tage auf Borneo im Shangri-La's Rasa Ria Resort mit seinen herrlichen Sandstränden vor den Toren Kota Kinabalus.

Die Welt ist klein, im Hotel treffen wir den Tourismusminister von Sabah wieder, der hier den Startschuss für die Rennradtour Sabah 2010 gibt. Ich habe Gelegenheit, mit ihm über den Tourismus in Sabah zu sprechen, und bin gemeinsam mit ihm der Auffassung, dass Sabah aufgrund der landschaftlichen Reichtümer eine große touristische Zukunft hat. Er gibt uns den Tipp, Sabah am besten im Mai zu besuchen, das sei die beste und trockenste Zeit. Als die Rennradfahrer starten, blutet uns das Herz, gern wären wir dabei. Stattdessen steigen wir auf vom Hotel gemietete Tourenräder und schauen uns die nähere Umgebung an. Wieder einmal gibt es für uns keinen Zweifel, dass man mit dem Fahrrad andere Ecken sieht als mit dem Auto oder dem Bus und ein Land und seine Menschen wesentlich intensiver erlebt.

Die Temperaturen sind heftig, die Sonne knallt gnadenlos vom Himmel und nur der Fahrtwind kühlt ein wenig. Als wir an einer großen Hochzeitsfeier vorbeikommen, werden wir eingeladen, an den Feierlichkeiten teilzunehmen. Gern würden wir die Einladung annehmen, aber mit unseren kurzen Höschen und Hemdchen passen wir nicht in diese feierliche Gesellschaft und fahren weiter. Schöne Häuser ziehen vorbei, aber auch viele armselige Hütten. Überall begegnen wir freundlichen Menschen, und trotz der Sprachprobleme hilft man uns gern weiter.

Die Nacht verläuft ruhig – keine zirpenden Heuschrecken, keine quakenden Frösche und keine pfeifenden Geckos. Direkt an die Hotelanlage grenzt ein kleiner Regenwald, in dem auch einige Orang-Utans leben. Wir sehen nur zwei, von denen einer schnell wieder im Dickicht verschwindet. Der andere turnt munter umher und überrascht uns mit vielfältigen Kletterübungen und artistischen Einlagen. Einmal fällt er hinunter auf den Waldboden, was ihm aber nichts auszumachen scheint. Wir erfahren, dass die Gene der Orang-Utans zu 96,5 Prozent mit denen der Menschen übereinstimmen, und sehen diese intelligenten Tiere nun aus einem anderen Blickwinkel. Im Restaurant haben wir allerdings bisweilen den Eindruck, dass bei einigen menschlichen Zeitgenossen auch einige Gene eines Schweines dazwischengeraten sind.

Als wir in unser Taxi steigen, stehen die Hotelangestellten in der Lobby Spalier und winken. Solch ein Abschied ist immer ein wenig traurig, auch wenn es für uns weitergeht. Die letzte Station unserer Malaysia-Rundreise ist Penang; wir fliegen gut zwei Stunden von Kota Kinabalu nach Kuala Lumpur und von dort weitere 50 Minuten auf die Insel. Bisher waren alle Flüge mit Malaysia Airlines überpünktlich, so auch heute. Am Flughafen von KL winkt mir ein Chinese im dunklen Anzug zu und begrüßt mich mit den Worten: »Wir kennen uns doch«, und tatsächlich – wir haben ihn im Urwald im Myne Resort am Kinabatangan kennen gelernt, er feierte dort mit seinen früheren Klassenkameraden das Wiedersehen nach 50 Jahren.

Die Menschen zu beobachten, die gemeinsam mit uns reisen, ist immer wieder faszinierend. Auf den nationalen Flügen sind wir oft die einzigen »Langnasen«, meist reist ein buntes Völkergemisch unterschiedlichster Ausprägung einschließlich einiger verschleierter Frauen mit uns. Die Stimmung ist oft fröhlicher und exotischer als in den Business-Fliegern zwischen Düsseldorf und London.

Die Insel Penang – vollmundig auch »Perle des Orients« genannt – liegt an der Straße von Malakka vor der Westküste Malaysias und war seit jeher Handelsdrehscheibe zwischen Europa und Asien. Schon auf der Fahrt vom Flughafen zum Hotel sehen wir in einem riesigen Industriegebiet viele deutsche Firmen wie Schenker, Bosch oder Blaupunkt, und natürlich sind auch viele japanische und amerikanische Firmen hier vertreten. Von unserem Taxifahrer erhalten wir eine Einführung in die Geschichte und das Leben auf Penang. So erfahren wir, dass hier die Chinesen die Mehrheit und somit auch das Sagen haben, aber dass alle Volksgruppen dennoch friedlich zusammenleben und Penang auch gern als »Malaysia im Kleinformat« bezeichnet wird, weil hier auf der Insel die vielfältigen Landschaften und kulturellen Besonderheiten Malaysias konzentriert zu erleben sind.

Das Hotel Shangri-La's Rasa Sayang Resort auf Penang ist ein sehr schönes Ferienresort mit einem breiten, öffentlich zugänglichen Sandstrand. Auch hier treffen zwei Welten aufeinander, wenn eine verschleierte Muslimin mit einem Quad über den Strand knattert und sich westliche Bikini-Schönheiten in knappstem Outfit am Wasser sonnen. Schade nur, dass auch hier die Quallen die Herrschaft im Meer übernommen haben und Einheimische wie Touristen besser draußen bleiben.

Wir wollen natürlich nicht am Strand bleiben, sondern die Insel und vor allem die Hauptstadt Georgetown ansehen. In Georgetown leben 200.000 Menschen, die Stadt ist geprägt von engen Gassen, imposanten Tempeln, kolonialen Prachtbauten und unzähligen Garküchen. Überall wird gebaut – Eigentumswohnungen, Hotels und Geschäfte, immer höher und immer größer. Uns fallen sofort die vielen Angebote für Wellness, Fastenkuren, gesunde Haut und Körpergestaltung auf, man kann sich sogar zur »Perfect Lady« stylen lassen. Den Reizen, noch schöner, schlanker und perfekter zu werden, erliegen wir trotz der beeindruckenden Werbebotschaften nicht, sondern bleiben, wie Gott uns geschaffen hat, und stürzen uns in das städtische Getümmel der Inselhauptstadt.

Wir laufen zwar mit Karte, aber ohne Ziel und sind den ganzen Tag im Nordosten der Stadt mit seinen schönen Kolonialbauten, der geschäftigen »Chinatown« und dem lebendigen »Little India« unterwegs. Leider kann man die vielen Gerüche und Geräusche nicht einfangen und konservieren. Wir besichtigen das schöne Clan-Haus Khoo Kongsi, das wegen seiner Größe, Schönheit und der Symbole aus der chinesischen Mythologie sogar den Kaiser von China zum Staunen gebracht haben soll. Als Kongsi werden die staatlichen Tempel und Versammlungshallen der mächtigen chinesischen Clans bezeichnet, die mit dem Protz und Prunk ihrer Häuser Macht und Einfluss demonstrieren wollten.

In einem anderen chinesischen Tempel wird gerade ein religiöses Fest gefeiert, wir werden zum Essen und Mitfeiern eingeladen. Die Opfergaben sind auf langen Tischen ausgebreitet, wir entdecken viele gebratene Tiere, darunter auch Schlangen, Schildkröten und Frösche. Angesichts dessen verzichten wir lieber auf das Essen nach Abschluss der Zeremonien. Ich darf der Tageszeitung STAR ein Interview geben und werde nach meiner Meinung zur Bedeutung der Religionen in der heutigen Zeit gefragt. Da ich schon früher oft über Dinge sprechen musste, von denen ich keine Ahnung hatte, fällt mir das Interview nicht schwer.

Vom vielen Laufen und Stehen schmerzen Kreuz und Knie, im berühmten und geschichtsträchtigen Eastern & Oriental Hotel legen wir deshalb eine kleine Pause ein und stärken uns auf der schattigen Terrasse mit Blick auf das Meer. Derzeit wird hier der Film »Liebe und Tod auf Java« mit Muriel Baumeister und Francis Fulton-Smith in den Hauptrollen gedreht – und wir sitzen mitten im Set. Nur mit Mühe kann ich Heidi davon abhalten, die Schauspieler mit Autogrammwünschen zu behelligen. Auf jeden Fall ist dieses legendäre koloniale Hotel eine ideale Kulisse für Filmaufnahmen und sicherlich auch eine ausgezeichnete Herberge für jeden Hotelgast mit dem entsprechenden Kleingeld.

Abends laufen wir zum Nachtmarkt in Batu Ferringhi in der Nähe unseres Hotels. Wir sind erstaunt, dass es hier ein pulsierendes Nachtleben gibt und derart viele Menschen durch die engen Straßen mit den Verkaufsständen flanieren. Alle möglichen Kitschartikel, Souvenirs und viele gefälschte Markenwaren von der Rolex-Uhr über das Hermès-Tuch bis zum Louis-Vuitton-Koffer werden angeboten und auch verkauft. Heidi und den vielen anderen Touristen scheint es hier zu gefallen, ich aber bin froh, mich von den Menschenmassen absetzen und von der Terrasse einer Bar mit einem Tiger-Bier vom Fass dem bunten Treiben aus sicherer Entfernung zuschauen zu können.

Die schöne Zeit in Malaysia geht unweigerlich dem Ende entgegen. Vieles auf der Insel Penang haben wir nicht ansehen können, aber dies gilt auch für alle unsere bisherigen Reiseziele. Wir können immer nur eine Auswahl aus der Vielzahl der vorhandenen Sehenswürdigkeiten vornehmen. Dabei lassen wir uns von dem Motto »Weniger ist mehr« leiten und verzichten lieber auf das eine oder andere Ziel, um etwas mehr Zeit für intensivere Eindrücke an den ausgewählten Orten zu gewinnen. Alles in allem ist Malaysia ein ideales Reiseland und bietet eine Fülle von Sehenswürdigkeiten für jeden Geschmack. Traumhafte Landschaften, kulturelle Highlights, in der richtig gewählten Jahreszeit fast immer schönes Wetter und vor allem nette wie auch hilfsbereite Menschen, die häufig Englisch sprechen, sind Garanten für erholsame und erlebnisreiche Tage.

Nach diesen wunderschönen Tagen wollen wir weiterreisen – von Südostasien in den Vorderen Orient nach Ägypten und Jordanien. Am letzten Tag regnet es in Strömen und wir nutzen die Zeit, uns für die Weiterreise und die neuen Ziele vorzubereiten. Auch können wir in Ruhe Zeitung lesen, Bilder ordnen, E-Mails schreiben, Wäsche waschen und wieder Koffer packen – auch zum Friseur muss ich noch. Abends werden wir abgeholt und zum Flughafen gebracht. Wir fliegen von Penang nach Kuala Lumpur, von dort geht es um 1.30 Uhr nach Kairo und dann um 7 Uhr Ortszeit weiter nach Sharm El-Sheikh.

Ursprünglich hatten wir geplant, mit dem Fahrrad durch die Sinai-Halbinsel zu fahren. Gern hätten wir nicht nur die traumhafte Landschaft des Sinai erlebt, sondern uns nach den langen Ruhephasen auch sportlich betätigt. Wir mussten unsere Pläne aber über den Haufen werfen, da der Radreiseveranstalter, bei dem wir diese geführte Tour buchen wollten, uns dort kein Fahrrad stellen konnte. Auf einer Weltreise mit vielen Stationen in mehreren Ländern und bei unterschiedlichen Verkehrsträgern können wir jedoch nicht zwei Fahrräder und eine Camping-Ausrüstung mit uns herumschleppen. So wollen wir stattdessen für zwei Tage nach Sharm El-Sheikh zum Schnorcheln und dann weiter nach Amman, der Hauptstadt Jordaniens, fliegen. Dort werden wir ein Auto mieten, mit dem wir im Anschluss zwölf Tage durch die Berg- und Wüstenlandschaft Jordaniens fahren wollen. Deswegen sind wir auch nicht traurig über den Regen beim Abschluss unseres Aufenthaltes auf Penang, wahrscheinlich sind dies die letzten Regentropfen für die nächsten Wochen.

Die Nacht ist lang – was die Flug- und Wartezeiten anbelangt – und kurz – bezogen auf die reine Schlafzeit. Bei der Zwischenlandung in Kuala Lumpur im Gewitter kommen wir nur mit viel Gewackel, aber dennoch sicher herunter. Die Wartezeit bis zum Abflug nach Kairo vergeht schnell, denn der Flughafen in KL ist hochmodern und bietet viele Unterhaltungsmöglichkeiten. Im Flieger der EgyptAir gibt es wiederum keinen Alkohol.

Freundlich bitte ich eine Stewardess um ein Glas Wein, woraufhin sie mich so entsetzt anschaut, als hätte ich ihr ein unsittliches Angebot unterbreitet – schließlich lasse ich mir einen Maracujasaft bringen. Nach dem Start eines EgyptAir-Fliegers wird stets ein Gebet über Bordvideo eingespielt, verstehen können wir hiervon nichts. Vielleicht sollte die ägyptische Airline die Qualität des Essens und den Bordservice in die Gebete einbeziehen, hier besteht noch viel Verbesserungspotenzial. Trotz einiger Turbulenzen während des zehnstündigen Fluges landen wir pünktlich um 5 Uhr morgens in Kairo.

In Sharm El-Sheikh haben wir Probleme, wieder an unsere Koffer zu gelangen. Wir kommen in der Ankunftshalle für Inlandsflüge an, unsere Koffer sind jedoch in der Halle für internationale Flüge gelandet und drehen auf dem Kofferband einsam ihre Runden. Wir stehen an der Glaswand zwischen den beiden Hallen und dürfen unsere Koffer zwar sehen, aber niemand ist in der Lage oder willens, die Zwischentür zu öffnen. Wahrscheinlich würde im Land des Bakschisch eine finanzielle Zuwendung das Problem lösen, aber dies lehnen wir aus Überzeugung ab. Nach 40 Minuten unnötiger Warterei sowie lautstarken Diskussionen kommt endlich ein Wichtigtuer und öffnet die Tür. Wir greifen schnell nach unseren Koffern und fahren mit dem Taxi ohne Preisverhandlung zum Hotel, dem Ibero Palace.

Sharm El-Sheikh hat sich in den letzten Jahrzehnten von einem kleinen Fischerdorf zu einem turbulenten Urlaubsort für Pauschaltouristen entwickelt. Wir waren vor 14 Jahren schon einmal hier, in der Zwischenzeit ist munter weitergebaut worden – 20 Kilometer an der Küste entlang. Unser Hotel grenzt direkt an die kleine Altstadt mit ihrem Basar, vielen Restaurants und unzähligen Läden. Heidi fühlt sich in dem dazugehörigen Gewimmel unglaublich wohl, das Feilschen um einen guten Preis scheint ihr großen Spaß zu machen, auch ohne letztlich etwas zu kaufen. Uns fällt auf, dass in den Geschäften nur Männer bedienen, auch das Hotelpersonal an der Rezeption und im Restaurant scheint überwiegend aus Männern zu bestehen. Frauen sieht man hingegen kaum, auch keine Zimmermädchen, dafür aber nette Zimmerboys.

Die Sinai-Halbinsel ist ein für Touristen ideales Urlaubsgebiet – fast das ganze Jahr über scheint die Sonne, die Strände sind lang und die vor der Haustür liegenden Tauch- und Schnorchelreviere gehören zu den besten der Welt. Die trockene Hitze ist auch bei mehr als 40 °C gut zu ertragen. Das Wasser ist unglaublich klar und die Unterwasserwelt bunt, vielfältig und beeindruckend; nicht ohne Grund kommen Taucher und Schnorchler aus aller Welt nach Sharm El-Sheikh. Auch wir nutzen die idealen Wassersportmöglichkeiten und verbringen die meiste Zeit unseres zweitägigen Aufenthaltes in und am Wasser.

Sharm El-Sheikh ist nur ein kurzer Zwischenstopp auf dem Wege nach Jordanien. Mit dem Taxi wollen wir uns zum Flughafen bringen lassen und bitten den Hotelboy, uns ein Taxi zu besorgen. Er springt auf die Straße, hält ein Taxi an, steckt den vom Fahrer erhaltenen Geldschein ein und nennt uns dann den Preis. Normalerweise kostet ein Taxi zum Flughafen höchstens 50 ägyptische Pfund (LE), wir sollen jedoch das Doppelte zahlen. Der Fahrer erklärt uns dann in einer fremden Sprache, dass wir offensichtlich noch zusätzlich Parkgebühren in Höhe von 20 LE zahlen müssten. Ich erkläre dem Taxifahrer wort- und gestenreich, dass ich »nur« den ohnehin schon überhöhten Preis von 100 LE zahlen werde und kein Pfund mehr. Zum Schluss umarmt er mich, nennt mich »my friend« und braust davon. Auf solche Freunde kann ich gut verzichten.

Wir landen in Amman, der Hauptstadt Jordaniens. Jordanien ist ein spannendes und aufregendes Reiseland mit vielen Gesichtern. Es verfügt über hohe Berge, weite Wüsten, das Tote Meer und eine Menge historischer Stätten, die einen Besuch wert sind. Ein Blick auf die Karte zeigt allerdings, dass die Gegend politisch nicht ganz ohne Risiken ist: Im Westen liegen Israel, im Norden Syrien und im Osten der Irak und Saudi-Arabien.

Am Flughafen in Amman wartet schon unser Mietwagen auf uns, mit dem wir 12 Tage durch Jordanien reisen wollen. Wir starten Richtung Madaba, einer beschaulichen Stadt an der bekannten Königstraße mit den weltberühmten Mosaiken aus byzantinischer Zeit. Unterwegs verfahren wir uns mehrere Male, denn die Beschilderung ist gewöhnungsbedürftig und selten dann vorhanden, wenn wir sie dringend benötigen. Die am Straßenrand eingeholten Auskünfte sind nicht immer hilfreich. Kaum ein Wüstensohn spricht Englisch, und verschleierte Damen wagen wir nicht anzusprechen. Kurz vor Einbruch der Dunkelheit erreichen wir nach unendlich vielen Kurven unser gebuchtes Hotel Evason Ma'In, eine schöne Anlage in totaler Einsamkeit, 240 Meter unter dem Meeresspiegel in der Nähe des Toten Meeres gelegen. Das Zimmer ist klein, aber nobel eingerichtet, und durch einen Felsspalt hindurch haben wir einen traumhaften Blick auf das Tote Meer. Am Horizont können wir die funkelnden Lichter Israels erkennen – eine sehr schöne Kulisse auch in der Nacht und für uns ein erhabenes Gefühl, in dieser geschichtsträchtigen Gegend zu wohnen.

Die über dem Toten Meer aufgehende Sonne zu beobachten, ist ein besonders beeindruckendes Naturschauspiel. Den Sonnenschein auf der großen Terrasse mit Blick auf die Berge bei einem exquisiten Frühstücksbuffet zu genießen, ist auch nicht schlecht. In den heißen Quellen hier soll schon König Herodes gebadet und eine Linderung seiner Leiden gesucht haben. Obwohl die Hotelbäder tatsächlich sehr einladend aussehen, machen wir uns lieber auf den Weg zu einer kleinen Wanderung in den Bergen. Der Weg ist leicht zu gehen, muss aber an manchen Stellen durch Seile gesichert werden. Auch diese karge und schroffe Berglandschaft – Pflanzen sieht man nur dort, wo es Wasser gibt – hat ihren besonderen Reiz. Um mehr von dieser einzigartigen Landschaft zu erleben, fahren wir mit dem Auto zum Toten Meer. Immer wieder erschließen sich uns schöne Blicke auf das Wasser, das nicht nur wegen des hohen Salzgehaltes tot ist, sondern auch tot aussieht, weil nichts darauf passiert. Störend sind die vielen

Grenzposten und Straßensperren, die das friedliche Bild ein wenig trüben. Weiter geht es vom Toten Meer zum Berg Nebo, von dem Moses das erste Mal das Heilige Land gesehen haben soll. Auch wir überblicken von hier aus Jerusalem, Bethlehem, Jericho und das grüne Jordantal. Die Szenerie ist atemberaubend und lässt viele Gedanken an die historischen Ereignisse aufkommen. Von der gut ausgebauten Küstenstraße am Ufer des Toten Meeres machen wir einen Abstecher zum Wadi Mujib, einer von steilen Felsen gebildeten wildromantischen Schlucht, die auch als »Grand Canyon« Jordaniens bezeichnet wird. Vom rund 700 Meter hohen Mosesberg bis zu unserem Hotel tief unter dem Meeresspiegel müssen wir 1.000 Meter Höhenunterschied bewältigen.

Wenn der Tag mit frischgebackenen Waffeln mit Erdbeeren und Sahne beginnt, ist eine gute Grundlage für strapaziöse kulturelle Entdeckungen geschaffen. Wir fahren nach Jerash, der einstigen römischen Provinzstadt, die oft auch »Pompeji des Ostens« genannt wird. Jerash – oder mit altem Namen Gerasa – wurde von Kaiser Hadrian als »Stadt, die alle Schönheiten in sich vereinigt« bezeichnet, wahrscheinlich wurde deshalb im Gegenzug ein monumentaler Torbogen nach ihm benannt. Heute ist Jerash ein riesiges Ruinenfeld mit Tempeln, Kirchen, Theatern, Badehäusern, Plätzen, Säulen-Alleen und vielen, vielen Steinen. Die Ruinen sind größtenteils gut erhalten und vermitteln einen hervorragenden Eindruck vom Leben vor mehr als 2.000 Jahren. Mit seinem Urteil hatte Kaiser Hadrian zweifelsohne Recht.

Das Autofahren in Jordanien ist recht entspannend, wenn man nur immer wüsste, wo man ist und wie man zum Ziel gelangt. Sobald man die Hauptstraße verlassen hat, finden sich nur noch Schilder auf Arabisch – wenn überhaupt. Fragen hilft nicht immer weiter, denn die Englischkenntnisse der meisten Einheimischen liegen in etwa auf dem Niveau ihrer Ortskenntnisse. Wir versuchen es mit Begriffen wie »Moschee« oder »Minarett« und zeigen bei den Richtungshinweisen die rechte oder linke Hand, das klappt mit den entsprechenden Gesten auf beiden Seiten oft ganz ordentlich.

Auf der Rückfahrt von Jerash fahren wir zum Toten Meer, um in dem Wasser mit rund 30 Prozent Salzgehalt ein Bad zu nehmen. Es ist ein schönes Gefühl, mehr auf als in dem samtweichen warmen Wasser zu liegen und sich treiben zu lassen. Wir wollen noch das berühmte Foto mit der Zeitung im Wasser machen, haben aber momentan keine zur Hand. So schießen wir ein paar Bilder ohne Zeitung und genießen das Erlebnis, im Toten Meer zu baden und zu relaxen. Anschließend springen wir in einen riesigen Süßwasserpool einer noblen Freizeitanlage mit Blick auf das Tote Meer und Israel am anderen Ufer und genießen bei untergehender Sonne das traumhafte Panorama.

Mit dem Auto fahren wir frühmorgens zurück zum Flughafen nach Amman, aber nicht etwa, weil die Jordanien-Rundreise schon zu Ende ist, sondern weil Heidis Mutter ins Krankenhaus eingeliefert wurde und Heidi sie unbedingt besuchen will. Kurzfristig einen Flug zu buchen, ist mit den modernen Kommunikationsmitteln kein Problem. Mit ein paar Mausklicks ist der Flug mit Royal Jordanian Airlines bestätigt, und Heidi fliegt am nächsten Tag um 10.20 Uhr von Amman nach Frankfurt. Wir sind uns einig, dass ich allein weiterreise und Heidi nach ein paar Tagen zurückkommt, wenn nichts Unvorhergesehenes passiert.

Heidi ist weg und ich stehe mutterseelenallein am Flughafen von Amman. Aber wie immer gilt auch heute der Leitsatz: »Jedes Problem ist eine Chance!« So besorge ich mir erst einmal frisches Geld. In der Bank wird mir erklärt, dass diese geschlossen sei, denn es ist Freitag und damit offizieller Feiertag. Aber Gott sei Dank – oder besser Allah sei Dank – ist der Geldautomat funktionsfähig und spuckt die gewünschten Scheine aus. Eigentlich habe ich jetzt alles, was ich zum Reisen benötige: ein schönes Auto (Mitsubishi), viele Bücher (auf meinem iPad), eine Verbindung zur Außenwelt (über mein MacBook Air) und nun noch genug frisches Geld.

Ich hole meine Sachen im Hotel ab und starte wie geplant zum nächsten Etappenziel, dem kleinen Bergdorf Dana. Dabei wähle ich die schwierigere und landschaftlich reizvollere Strecke mitten durch die jordanische Bergwelt, hätte aber nicht erwartet, dass die Fahrt derart lange dauern würde. Zum einen besteht die Strecke nur aus Kurven sowie Berg- und Talfahrten, zum anderen ist sie extrem schlecht ausgeschildert. So sitzen plötzlich zwei Männer in meinem Auto, nachdem ich sie in einem kleinen Dorf nach dem Weg fragte. Sie fahren bis zur nächsten Kreuzung mit und verschwinden dann wieder. Das finde ich ausgesprochen nett, muss aber gestehen, dass mir schon ein wenig mulmig war und ich meinen Rucksack mit den Wertsachen im Auge behielt. Während der rund fünfstündigen Fahrt kommen mir nur wenige Autos entgegen. Die Berglandschaft ringsum ist immer wieder faszinierend, beim Fotostopp herrscht in der Einsamkeit absolute Stille; allenfalls die Glöckchen der Ziegen der in einfachen Zelten lebenden Beduinen sind zu hören.

Eine etwas längere Pause lege ich in Kerak ein, um mir die Kreuzritterburg aus dem 12. Jahrhundert anzusehen. Die Burg mit ihren Turmruinen und mächtigen Mauern bildet einen eindrucksvollen Kontrast zu den kleinen Häuschen der Stadt. Wegen der engen und vollen Straßen kann ich nur im Schritttempo durch Kerak fahren, bei den vielen Zwangsstopps aber dem bunten Treiben zuschauen. Leicht genervt und erschöpft wegen der langen Fahrtzeit komme ich am späten Nachmittag schließlich in Dana an.

Dana ist ein niedliches Dorf, mitten in den Bergen in einem fruchtbaren Tal gelegen. Bekannt ist Dana für das umliegende Naturschutzreservat, in dem man hervorragend wandern kann. Das Gebiet erstreckt sich über eine schwer zugängliche, stark zerklüftete Felsregion, in der viele wilde Tiere angesiedelt wurden. Spektakulär ist die Aussicht aus meinem kleinen Fenster im Dana Guesthouse, einen schöneren Bergblick kann man sich kaum vorstellen. Weniger aufregend ist hingegen meine Unterkunft, die angesichts der Betten und der übrigen Zimmereinrichtung an eine Jugendherberge erinnert. Das Abendessen wird gemeinsam eingenommen, dabei unterhalte ich mich angeregt mit den anderen Gästen. Alkohol gibt es aus »kulturellen« Gründen nicht, da bin ich froh, einem anderen Kulturkreis anzugehören.

Das Frühstück ist orientalisch, viele Speisen sind auf großen Platten angerichtet und werden mit warmem Fladenbrot serviert, diese Kombination schmeckt außergewöhnlich gut. Den Kaffee müssen sich die Gäste mit Pulverkaffee und heißem Wasser aus einem großen Kupferkessel selbst brühen, er schmeckt ebenfalls hervorragend, vor allem die vierte und letzte Tasse auf der Terrasse mit dem sagenhaft schönen Ausblick.

Aus der ursprünglich geplanten Wanderung wird nur ein kurzer Spaziergang, obwohl die Voraussetzungen ideal sind – die Sonne scheint wie immer, die Luft ist klar und es weht ein leichter Wind. Heute möchte ich jedoch frühzeitig an meinem Ziel ankommen, weil die Stadt Petra zu den Höhepunkten jeder Jordanien-Reise zählt.

Die Beschilderung nach Petra ist wiederum sparsam, die Wüstenlandschaft immer wieder abwechslungsreich und die Straßen sind in Ordnung. Die vielen Kurven verhindern, dass man während der Fahrt einschläft. Nach dem Tanken nehme ich eine Abkürzung durch eine Einbahnstraße – allerdings in die falsche Richtung. Im nächsten Augenblick zeigt mir ein Polizist seine Kelle und murmelt: »Problem!« Ich frage ihn freundlich nach dem Weg, sage: »No Problem«, und: »Germany«, woraufhin er freundlich grüßt und mir »Gute Reise« oder etwas Ähnliches wünscht.

Schon mittags erreiche ich mein Ziel und quartiere mich im Petra Guesthouse direkt am Eingang zur Altstadt Petras ein. Im Guesthouse selbst gibt es zwar keinen Internetanschluss und auch kein Schwimmbad, aber ich kann die Einrichtungen des in der Nähe liegenden Crown Plaza Hotels mitbenutzen. Morgen früh geht es in die alte Stadt Petra, eines der neuen sieben Weltwunder und natürlich auch Weltkulturerbe der UNESCO.

Es ist genial, was die Nabatäer geschaffen haben. Vor über 2.200 Jahren lebten sie hier in Süd-Jordanien und kontrollierten die wichtigsten Handelswege zwischen Asien, Europa und Afrika. Dabei müssen sie unermesslich reich geworden sein, denn ihre Bauten sind einmalig, zudem liegen sie in einer traumhaft schönen Landschaft. Selbst wer kein Freund alter Steine ist, wird sich der unglaublichen Faszination der alten Stadt Petra nicht entziehen können. Die Einstufung als Weltwunder ist absolut gerechtfertigt.

Obwohl ich bereits früh auf den Beinen bin, strömen schon die den Reisebussen entstiegenen Menschenmassen zum Eingangstor nach Petra. Ich schließe mich einer allgemeinen Führung an, außer mir nimmt nur noch ein ehemaliger US-amerikanischer Botschafter mit seiner Ehefrau teil. Er trägt ein schwarzes Sakko, das zwar ordentlich aussieht, aber irgendwie nicht zur Gegend passt. Seine Frau erzählt viel und gern, kann aber wegen ihrer Knieprobleme unser Tempo nicht mithalten. Unser Führer ist Beduine und Arzt, der angeblich aufgrund einer Augenkrankheit seinen ursprünglichen Beruf nicht mehr ausüben kann. Mir erzählt er jedoch später, dass er als Fremdenführer viel mehr Geld verdienen könne und insofern den Arztberuf aus finanziellen Gründen aufgegeben habe.

Der Hauptzugang nach Petra führt durch eine spektakuläre 1.200 Meter lange und von 100 Meter hohen Felswänden eingefasste Schlucht von atemberaubender Schönheit. Hinter jedem Bogen der bizarren Felsformationen aus vielfarbigem Sandstein erschließen sich neue fantastische Ausblicke. Am Ende der Schlucht steht man plötzlich vor dem Schatzhaus, dem stolzesten und schönsten Denkmal Petras. Der Eindruck ist überwältigend und nur schwer zu beschreiben, das muss man selbst gesehen haben. Anschließend geht es weiter – über die Fassadenstraße, vorbei am Theater, zu den verschiedenen Königsgräbern, entlang der prachtvollen Säulenstraße bis zum Haupttempel der nabatäischen Hauptstadt.

Unser Fremdenführer kann anschaulich erzählen, aber auch mit dem Botschafter-Ehepaar unterhalte ich mich intensiv. Beide verfügen über hervorragende Geschichtskenntnisse, von denen ich sehr profitieren kann. Nach der offiziellen Führung ziehe ich allein weiter. Dabei begegne ich der Neuseeländerin Marguerite van Geldermalsen, einer geborenen Niederländerin, die in Petra einen Beduinen geheiratet und über ihr Leben mit den Beduinen ein spannendes Buch geschrieben hat, das ich mir – in deutscher Übersetzung – kaufe und von ihr signieren lasse. Endlich wieder ein ungelesenes deutschsprachiges Buch, denn mein entsprechender Vorrat ist schon lange aufgebraucht.

Mit einem alten Beduinen kann ich mich gut unterhalten, denn er spricht ein recht ordentliches Englisch. So erfahre ich, dass alle Beduinen aus der alten Stadt Petra zwangsumgesiedelt und viele von ihnen zu Fremdenführern ausgebildet wurden. Er selbst wäre lieber in seiner Felshöhle wohnen geblieben, aber den Kindern und Jugendlichen gefalle es in den neuen Wohnungen außerhalb der alten Stadt besser, sie seien auf Strom für Fernseher und Computer angewiesen.

Von dieser Traumkulisse – hier wurden auch Szenen der Filmreihe »Indiana Jones« gedreht – kann ich mich kaum trennen, knapp fünf Stunden bin ich hier unterwegs. Nur selten mache ich derart viele Fotos, aber hinter jeder Ecke bieten sich neue und beeindruckende Motive, mit denen man einen Bildband füllen könnte. Ich bin so überwältigt, dass ich auf jeden Fall wiederkommen möchte und es sehr schade finde, dass Heidi diese Erlebnisse nicht mit mir teilen kann.

Wüste macht süchtig – früh am Morgen fahre ich 120 Kilometer zum Wadi Rum, einem ausgetrockneten Flusslauf, aus dem sich unendlich viele wunderschön aus Sandstein geformte Kuppeln, Orgelpfeifen, Brücken und andere Felsfiguren erheben. Die gesamte Gegend ist ein einziges Kunstwerk, sicherlich eine der eindrucksvollsten Wüstenlandschaften der Welt. Hier hat zeitweise der Filmheld Lawrence von Arabien gelebt, auch er wird von der Schönheit der Gegend überwältigt gewesen sein. Ich erinnere mich noch an den Film mit Peter O'Toole, der stundenlang – der Film hatte Überlänge – seine Bahnen durch den Sand zog. Und jetzt stehe ich ebenfalls hier – ein schönes Gefühl.

Eigentlich möchte ich stilecht mit einem Kamel auf Wüstentour gehen, aber ein junger Beduine überredet mich, stattdessen mit ihm und seinem Uralt-Toyota die Gegend zu erkunden. So sitze ich wenig später auf der Ladefläche seines Autos und habe zwar eine hervorragende Sicht, kann aber bei dem Gewackel und Geruckel keine ordentlichen Fotoaufnahmen machen. An jener Quelle, wo sich Lawrence gewaschen hat, füllt mein Begleiter seinen Kühlwassertank auf. Dann lasse ich mich weiter durch die faszinierende Landschaft fahren bzw. schaukeln und genieße die großartige Wüstenszenerie. Ich solle unbedingt mit meiner Frau wiederkommen und eine längere Wüstenexpedition mit ihm unternehmen, wirbt mein Fahrer, er habe auch eine mobile Toilette für meine Frau. Ich muss ihm versprechen, ihr den Vorschlag auf jeden Fall zu unterbreiten. Nach der Jeep-Tour gehe ich noch ein wenig durch das Örtchen Rum und schaue mir das alltägliche Leben der Beduinen an.

Mit meinem Mitsubishi fahr ich dann die 120 Kilometer zurück nach Petra. Die Autofahrten in Jordanien sind nie langweilig, immer passiert etwas: Polizeikontrollen, Vollbremsungen wegen irgendwelcher Tiere auf der Straße, Stopps für schöne Fotoaufnahmen, verschleierte Frauen und nicht-verschleierte Männer am Straßenrand und natürlich überall schöne Aussichten links und rechts der Straße. Trotzdem bin ich immer wieder froh, wenn ich in mein Hotel zurückkomme.

Schon im Morgengrauen bin ich auf den Beinen, um bei einer Wanderung durch die Umgebung Petras und vor allem beim Aufstieg auf die Berge die Mittagshitze zu umgehen. Ich laufe wieder durch die Felsschlucht mit ihren vielen Reliefs, bizarr geformten Sandsteinen und den alten Wasserleitungen zur alten Stadt Petra und genieße es, nahezu allein und ungestört in den kühlen Morgenstunden zu wandern. Nach vielen Windungen öffnet sich plötzlich die Schlucht und wieder bin ich überrascht und überwältigt, als ich unmittelbar vor dem Schatzhaus der antiken Stadt Petra stehe – so muss es auch Harrison Ford in der Schlussszene von »Indiana Jones und der letzte Kreuzzug« ergangen sein. Als der Platz sich langsam füllt, ziehe ich weiter und wandere zum »Hohen« oder »Großen« Opferplatz. Der Aufstieg ist durch die in den Felsen geschlagenen Treppen sowie bei den noch ziemlich kühlen Temperaturen gut zu bewältigen. Oben werde ich mit einer fantastischen Aussicht in alle Himmelsrichtungen belohnt. Ein junger Beduine, der auf dem Gipfel Schmuck verkauft, erklärt mir die Opferrituale und erzählt aus seinem Leben. Er wohnt noch in einer Höhle außerhalb Petras in den Bergen, ohne Strom und fließendes Wasser, aber er ist glücklich in seiner Welt ohne die Errungenschaften der modernen Zivilisation.

Wir sprechen auch über unsere Familien und die alltäglichen Sorgen. Ich nutze die Gelegenheit und frage ihn, wie denn ein Leben mit mehreren Frauen funktionieren könne. Für ihn sei das völlig normal und es funktioniere problemlos, erklärt er mir, wichtig sei nur, alle Frauen gleich und gerecht zu behandeln und etwaige Streitigkeiten sofort zu unterbinden. Mit seinen Worten im Kopf wandere ich zurück ins Tal, der Weg ist gesäumt von beeindruckenden Altären, Tempeln, Gräbern, Säulen und Steinfiguren.

Unten im Tal auf der Säulenstraße wird mit einer »Happy Hour« geworben, ich erlaube mir einen frisch gepressten Orangensaft zum halben Preis und steige anschließend zum Kloster Ad-Deir auf, über mehr als 800 Treppenstufen und lange Strecken im Wüstensand. Ein Esel benötigt für den Aufstieg 20 Minuten, ich muss mich 30 Minuten lang quälen. Es gibt eben Dinge, die ein Esel besser kann als ich, allerdings hält der Esel unterwegs auch nicht zum Fotografieren an. Das Kloster ist gewaltig und von Ehrfurcht gebietender Schönheit, der Blick von oben fällt fantastisch aus.

Wieder unten werde ich von den Menschenmassen erschlagen, die sich von laut in allen Sprachen schreienden Fremdenführern die Sehenswürdigkeiten erklären lassen. Auch viele deutsche Touristen sind darunter, vor allem AIDA-Reisende auf der Transasienroute nach Kochi in Indien. Einige von ihnen treffe ich im Hotel wieder, da ihnen dort ein Essen serviert wird. Wenn man allein unterwegs ist, freut man sich doch, gelegentlich deutsche Touristen zu treffen und sich mit ihnen auf Deutsch unterhalten zu können.

Die Kultur-Tage sind vorbei, nun sind wieder Sonne und Meer an der Reihe. Ich fahre nach Aqaba zur Südspitze Jordaniens, die Fahrt verläuft problemlos und auf meist leeren Straßen. Bei Polizei- und Militärkontrollen muss ich lediglich das Zauberwort »Germany« sagen, dann kann ich sofort weiterfahren. Beim Anblick der vielen Panzerfahrzeuge fällt mir ein, dass die letzten Raketen erst im April und im August in Aqaba eingeschlagen haben.

Das Hotel ist nicht leicht zu finden, weil das Mövenpick Resort Aqaba Tala Bay außerhalb der Stadt liegt und Hinweisschilder auch hier Seltenheitswert haben. Kurz vor der saudi-arabischen Grenze wende ich und finde irgendwo im Niemandsland zwischen der Stadt Aqaba und der Grenze die kleine Siedlung Tala Bay mit dem Hotel. Die Anlage wirkt spitzenmäßig und luxuriös, die Gegend drumherum eher gruselig. Die Poollandschaft ist riesig, schön angelegt und grenzt direkt an den endlosen Sandstrand. Hier im Süden Jordaniens ist es noch heißer als in den anderen Landesteilen, im Schatten sind es rund 40 °C, aber zum Glück weht ein frisches Lüftchen.

Die Stadt Aqaba selbst hat nicht viel zu bieten, ihre Schätze liegen eher am und unter Wasser. Obwohl Jordanien nur 26 Kilometer Meeresküste aufweist, hat sich hier ein ideales Bade- und Tauchsportparadies entwickelt. Der Hafen und vor allem die im Jahre 2000 geschaffene Freihandelszone haben der Stadt neben dem wachsenden Tourismus einen wirtschaftlichen Aufschwung beschert. Direkt gegenüber auf der anderen Seite der Bucht liegt Eilat, die israelische Partnerstadt von Kamen. Abends kann ich auf der Hotelterrasse die Lichter Eilats in der Ferne funkeln sehen.

Trotz der Verlockungen des Strandlebens schaue ich mir zunächst die Stadt Aqaba und vor allem die Innenstadt an. Es ist für mich immer wieder interessant, durch eine unbekannte Stadt zu schlendern und dem alltäglichen Treiben zuzuschauen. Stolz ist die Stadt auf den höchsten Fahnenmast Jordaniens, den ich mir wie einige historische Gebäude und Plätze ansehe. Aber wenn man nicht hier war, hat man auch nichts versäumt.

Versäumen will ich aber auf keinen Fall das Schwimmen und Schnorcheln im Roten Meer. Mit einem Schlauchboot lasse ich mich zu verschiedenen Spots bringen und tauche in die herrliche Unterwasserwelt ein. Wenn der Bootsführer sein Boot an einer Boje festmacht, springen wir gemeinsam ins Wasser. Stolz zeigt er mir einen Panzer auf dem Meeresgrund, der beim Schiffstransport in kriegerischen Zeiten über Bord gegangen ist. Aber wir sehen auch viele bunte Fische und farbenprächtige Korallen; das Rote Meer wird seinem Ruf als eines der schönsten Unterwasserparadiese der Erde uneingeschränkt gerecht.

Wenn man – freiwillig oder unfreiwillig – allein reist, kann man während des Essens im Restaurant hervorragend die übrigen Gäste beobachten. So setze ich mich gern in die Nähe verhüllter und verschleierter Damen und schaue ihnen zu. Dabei interessiert mich die Frage, wie man mit einem Tuch vor dem Gesicht essen kann. Die Lösung ist einfach: Das Tuch wird leicht angehoben, und die Speisen und Getränke werden unter dem Tuch zum Mund geführt. In ähnlicher Weise werden auch die Säuglinge gestillt, nur eine Etage tiefer. Mir tun die kleinen Babys leid, deren Kopf während des Stillens zwischen schwarzen Tüchern versteckt ist und die nicht das Gesicht ihrer Mutter sehen können, weil es mit einem schwarzen Lappen zugehängt ist.

Was macht eigentlich eine verschleierte Muslimin bei der Passkontrolle? Muss sie den Beamten ihr Gesicht zeigen? Eine interessante Frage mit einer einfachen Antwort: Bei der Einreise in Singapur habe ich gesehen, wie eine verschleierte Frau zur Seite gebeten wurde und dort kurz ihren Gesichtsschleier lüften musste, bevor sie einreisen durfte.
Vom Roten Meer zum Toten Meer – ich fahre wieder zurück und dann weiter zur Hauptstadt Amman. Die Fahrt über den Dead Sea Highway ist langweilig und eintönig, wenn man von den wenigen Tieren auf der Straße und den überraschend auftauchenden Bodenschwellen einmal absieht. In der Fahrschule wird den Jordaniern der Gebrauch des Blinkers offensichtlich nicht beigebracht, dafür wird die Hupe umso leidenschaftlicher eingesetzt. Aber bei dem geringen Verkehr gibt es kaum Probleme.

Am Toten Meer werden die Berge höher, und die Landschaft sieht – auch wegen der Blicke auf das Meer – interessanter und abwechslungsreicher aus. Die Küstenstraße ist gut ausgebaut, trotzdem benötige ich vier Stunden, um von Tala Bay im tiefen Süden bis zur Nordspitze des Toten Meeres zu fahren. Die Sonne scheint milchig, ein zarter Nebelschleier liegt über dem Meer. Ich lande wieder in einem Mövenpick-Hotel, das Mövenpick Resort & Spa Dead Sea mit 346 luxuriösen Zimmern ist im Stil eines lokalen Dorfes erbaut und bietet neben einer Reihe von Schwimmbädern in einer üppig wuchernden Parkanlage direkten Zugang zum Sandstrand am Toten Meer. Von meinem Zimmer schaue ich allerdings nur auf die Straße und den gegenüberliegenden Steinbruch, aber nachts wird nicht gearbeitet und der Autoverkehr hält sich in Grenzen.

Wieder geht ein Reiseabschnitt zu Ende – die Jordanien-Rundreise ist vorbei, heute muss ich das Auto in Amman abgeben.

Beim Frühstück fragt mich eine nette Dame aus Kanada, ob ich mit ihr frühstücken wolle. Da kann ich nicht »nein« sagen und wir frühstücken ausgiebig. Sie lebt jetzt in England, reist als Unternehmensberaterin durch die ganze Welt und ist als Mitglied der britisch-jordanischen Gesellschaft ein häufiger Gast in Jordanien. Kenntnisreich berichtet sie über die Verhältnisse in diesem Land und es ist schade, dass die Zeit so schnell vorbeigeht und ich zum Flughafen muss. Um der Wahrheit die Ehre zu geben, will ich nicht verschweigen, dass meine Frühstücksbekanntschaft nicht nur nett ist, sondern auch gut aussieht.

Gestern hieß die Devise vom Roten Meer zum Toten Meer, heute will ich umgekehrt wieder vom Toten Meer zum Roten Meer – ich habe einen Flug nach Sharm El-Sheikh gebucht. Wer kann schon innerhalb eines (!) Tages im Toten Meer und im Roten Meer baden? Ich kann es.

Mein Flieger von Amman nach Sharm El-Sheikh am späten Nachmittag geht überpünktlich, wegen der Zeitverschiebung komme ich fast zur selben Uhrzeit in Ägypten an. Mit den Taxifahrern am Flughafen in Sharm El-Sheikh gibt es Stress, denn sie verlangen von mir und den anderen Reisenden unglaubliche Wucherpreise. Ich habe Zeit und kann mich auf die unangenehmen Preisverhandlungen einlassen. Schließlich erklärt sich einer der Taxifahrer bereit, mich zu einem halbwegs akzeptablen, aber immer noch deutlich überhöhten Fahrpreis in mein Hotel zu bringen.

In Sharm El-Sheikh habe ich nur eine Zwischenübernachtung eingeplant, morgen geht es weiter nach Hurghada, wo ich Heidi wiedertreffen werde. Der Gesundheitszustand ihrer Mutter hat sich im Krankenhaus stabilisiert, so dass sie es wagen kann, die Weltreise fortzusetzen. Ursprünglich wollten wir gemeinsam ein paar Tage im Robinson Club in Soma Bay verbringen, um uns von der geplanten anstrengenden Fahrradtour durch die Sinai-Halbinsel zu erholen. Aber auch ohne akuten Erholungsbedarf halten wir nun am ursprünglichen Plan fest und freuen uns auf unbeschwerte und entspannende Tage am Roten Meer.

Wieder Stress und Ärger mit einem Taxifahrer, als ich mich am nächsten Morgen in Sharm El-Sheikh vom Hotel zum Flughafen bringen lasse. Der Fahrer verlangt zusätzlich zum vereinbarten Fahrpreis eine »Sicherheitsgebühr« von 35 LE, die ich natürlich nicht entrichte. Beim Bezahlen eines Kaffees am Flughafen wird mir dann jedoch ein Schein zu wenig herausgegeben; kann zwar passieren, ist aber nicht das erste Mal.

Heidi erwartet mich am Flughafen von Hurghada, sie ist schon frühmorgens um 6 Uhr mit Air Berlin von Düsseldorf abgeflogen; gemeinsam geht es dann zum Robinson Club in Soma Bay. Es ist schön, zu zweit zu reisen, auch wenn ich allein unterwegs in Jordanien viele intensive Begegnungen und spannende Erlebnisse hatte.

Die Clubanlage ist sehr schön und großzügig angelegt, mitten in der Wüste und direkt am Meer. Die Sportangebote sind außergewöhnlich vielfältig, fast alles ist hier möglich. Erwartungsgemäß lässt auch das Essen keine Wünsche offen, die Auswahl ist riesig und die Qualität hervorragend. Für uns besonders wichtig: Der Tischwein ist inklusive, wir müssen also nicht umgerechnet 10 Euro für ein halbvolles Glas Wein undefinierbarer Herkunft berappen. Das Leben im Club ist zwanglos, wir lernen viele nette Menschen kennen und führen interessante Gespräche. Am Strand lese ich im Schatten des Sonnenschirms die Zeitungen und Bücher, die mir Heidi aus Deutschland mitgebracht hat, und genieße das ruhige Leben.

An das Clubleben gewöhnen wir uns schnell. Heidi nutzt die vielen Sportangebote, nach 20 Jahren Pause steigt sie wieder auf ein Surfbrett – und fällt kein einziges Mal herunter, behauptet sie zumindest. Vielleicht liegt dies an ihrem Surflehrer Mahmut, der ihr beratend zur Seite steht. Ich gehe lieber schnorcheln, die

Unterwasserwelt ist hier bunt und lebendig, ich fühle mich wie in einem Aquarium. Immer wieder sehe ich andere Fischarten, begegne auch einer Schildkröte und entdecke eine Riesenmuräne. Wenn man die Fische füttert, wird man sie nicht wieder los, dann picken sie an allem herum, was sie erreichen, und manchmal muss man regelrecht um sich schlagen, um sie zu verjagen. Für uns gibt es nach unseren Erfahrungen keinen Zweifel, dass das Rote Meer zu den besten Tauch- und Schnorchelrevieren der Welt zählt.

Unser Aktionsradius beschränkt sich weitgehend auf die Clubanlage, nur Heidi macht sich einmal auf den Weg nach Hurghada, um dort ein paar Geschenke für die Daheimgebliebenen zu kaufen. Auf Ausflüge nach Luxor und zu anderen kulturellen Höhepunkten verzichten wir, weil die Bustouren sehr mühsam und von hier aus extrem zeitaufwendig sind. Vor einigen Jahren haben wir eine Nil-Kreuzfahrt unternommen und dabei bereits Kulturschätze wie Karnak- und Luxor-Tempel, den Pharaonenfriedhof im Tal der Könige sowie den Tempel der Hatschepsut gesehen.

Wir genießen das Clubleben und lassen die Seele baumeln. Dabei wird uns deutlich bewusst, dass nicht nur die schöne Zeit in Soma Bay bald vorbei ist, sondern auch die 5. Etappe unsere Weltreise durch Südostasien und den Vorderen Orient. Wir werden nach Kairo fliegen, dort in einem Flughafenhotel übernachten und dann – wieder mit EgyptAir – nach Düsseldorf fliegen. Mit dem Taxi lassen wir uns zum Flughafen in Hurghada bringen. Am Eingang des Terminals für nationale Flüge steht ein Polizist und will unsere Pässe sehen. Kein Problem, natürlich haben wir alle notwendigen Unterlagen griffbereit. Nach einem kurzen Blick in die Pässe erklärte er uns, der Flughafen sei – es ist 11 Uhr – noch geschlossen. Anschließend will er ein weiteres Mal unsere Pässe sehen und beklagt sich, dass da wieder nichts drin sei. Allmählich dämmert es mir und ich frage, wie hoch denn die »Eintrittsgebühr« sei. Für 10 Euro ließe sich die Tür öffnen und der Eintritt arrangieren, lässt er uns wissen. Da ich keine Euro dabeihabe, lege ich 50 LE – umgerechnet rund 7 Euro – in meinen Pass und – oh Wunder – die Tür geht auf und wir sind im Flughafenterminal. Heidi ist sauer über meine Schmiergeldzahlung, sie hätte lieber draußen gewartet, dazu hatte ich aber keine Lust.

Das Einchecken klappt nur mit Schwierigkeiten, vier Männer fummeln 15 Minuten an ihrem Computer herum, bis wir endlich unsere Bordkarten erhalten. Mich beschleicht der vage Verdacht, dass auch hier möglicherweise ein Bakschisch erwartet wurde. Wir sind froh, als der Flieger in Richtung Kairo abhebt, und können nach unseren Eindrücken und Erlebnissen kaum glauben, dass Ägypten die Wiege der Zivilisation und die älteste Bürokratie der Welt ist. Aber Ramses, Nofretete und Tutanchamun sind schon lange tot und die Zeiten der ägyptischen Hochkultur seit Jahrtausenden vorbei.

Der Blick aus dem Flugzeug offenbart nur ödes Wüstenland, bis kurz vor Kairo der Nil mit seinen grünen Ufern sichtbar wird. Wie ein großer Steinteppich liegt die Metropole Kairo in der Wüste, wir sehen weite Häusermeere unter einer Dunstglocke aus Industrie- und Autoabgasen. Jeder vierte Ägypter wohnt in Kairo, insgesamt mindestens 17 Millionen Menschen. Wir kommen nachmittags in unserem Hotel Novotel Cairo Airport an und haben keine Lust, uns in das Getümmel dieser unruhigen Stadt zu stürzen. Stattdessen lassen wir den Tag ruhig ausklingen, zumal wir morgen wieder früh auf den Beinen sein müssen.

Am Flughafen in Kairo gibt es erneut Stress. Bei der Sicherheitskontrolle baut sich ein Polizist vor mir auf und bittet mich, an seine Kinder zu denken. Seine Kinder kenne ich nicht, sie sind mir auch völlig egal, aber im Land des Bakschischs weiß ich sofort, was er will. Heidi meint, dies sei keine freundliche Bitte, sondern eine aggressive Forderung, und zischt: »Zahl nichts!« Ich zahle trotzdem, Heidi ist wieder sauer auf mich, ich bin sauer auf Heidi und den ägyptischen Polizisten und weil ich gerade mein letztes ägyptisches Geld in der Hand habe, gebe ich es dem kleinen Jungen, der gegen meinen Willen meinen Koffer vom Band nimmt.

Die Gesellschaft in Ägypten ist durchzogen von Bürokratie und Korruption, wir haben viele abschreckende Beispiele selbst erlebt, von den Horrorgeschichten anderer Mitreisender ganz zu schweigen. Es ist schade, dass ein solch schönes Land mit vielfältigen Erholungsmöglichkeiten und einmaligen Kulturschätzen so weit gekommen ist. Aber auch negative Erkenntnisse sind wertvoll und machen uns umso deutlicher bewusst, welch wunderbare Eindrücke wir fast überall auf unseren bisherigen Weltreiseetappen erfahren und wie viele nette Menschen wir kennen lernen durften.

Wir empfinden es als eine besondere Gnade, in der Gegenwart zu leben und die Zeit zu genießen, aber auch gerne zurückzuschauen und an die vergangenen Eindrücke und Erlebnisse auf unseren Reisen zu denken und natürlich von der Zukunft mit den vielen Erwartungen und den großen Hoffnungen zu träumen.

Als wir in Düsseldorf landen, scheint die Sonne – obwohl es bereits Ende Oktober ist. Der Temperatursturz von 40 °C am Roten Meer auf 10 °C in der Heimat ist für uns nicht leicht zu verkraften. Mit Schrecken denken wir an die beginnende kalte und nasse Jahreszeit in Deutschland, aber in Gedanken sind wir schon bei der Vorbereitung der 6. Etappe unserer Weltreise – Mitte Januar 2011 geht es weiter, wir können es schon jetzt kaum erwarten.

6. Etappe
Asien für Fortgeschrittene: Von Vietnam nach Indien

23. Januar – 01. Mai 2011

Asien ist groß, vielfältig und aufregend – deshalb wollen wir nochmals dahin. Erste Station der 6. Etappe unserer Weltreise ist Bangkok, danach folgt das exotische Vietnam; von Ho-Chi-Minh-Stadt, dem früheren Saigon, wollen wir mit dem Fahrrad durch das Land fahren, dann weiter durch Kambodscha bis zur thailändischen Hauptstadt Bangkok radeln und uns auf Phuket ein paar Tage erholen, bevor wir anschließend mit dem Fahrrad durch Sri Lanka reisen. Nach einigen Ruhetagen auf den Malediven geht es dann nach und durch Indien, bevor wir mit der AIDAaura von Kochi durch den Suezkanal weiter bis Antalya fahren.

Eigentlich wollten wir die 6. Etappe unserer Weltreise nicht in Bangkok, sondern in Hanoi starten. Aber wir bekommen einen günstigen Flug mit Air Berlin nach Bangkok und nutzen die Gelegenheit, der lebendigen Sieben-Millionen-Stadt erneut einen Kurzbesuch abzustatten. Müde vom Nachtflug und ein wenig angeschlagen von Erkältungen kommen wir in Bangkok an, die warmen Temperaturen bekommen uns gut. Unser Hotel – das Banyan Tree Bangkok – ist ein älterer Prachtbau mit hervorragendem Service und einigermaßen zentral gelegen. Der Blick aus unserem Zimmer im 48. Stock ist grandios, von hier oben können wir das chaotische Nebeneinander von modernen Glaspalästen, kleinen Wohngebäuden, Parkanlagen und etlichen doppelstöckigen Super-Highways beobachten.

Wir stürzen uns in das Getümmel und machen uns zu Fuß auf ins Zentrum. Die Stadt ist laut, überall wird gehupt, und die zahlreichen Tuk-Tuks und Mopeds verpesten die Luft. Trotz des Lärms und des chaotischen Verkehrs fühlen wir uns im Spannungsfeld zwischen der traditionellen asiatischen und der modernen westlichen Welt wohl. Spuren der politischen Unruhen der letzten Monate und der Schäden durch die Hochwasserkatastrophe sehen wir, von ein paar Sandsäcken abgesehen, nicht mehr. Wir lassen uns treiben und genießen die sympathische Fremdartigkeit wie auch die liebliche Exotik in der thailändischen Hauptstadt. Probleme ergeben sich nur beim Überqueren der großen Straßen, denn Fußgängerampeln haben Seltenheitswert.

Die Rückfahrt mit dem Taxi ist ebenfalls aufregend, der Fahrer versteht uns nicht und kennt weder unser Hotel noch den Weg dorthin. Über Sprechfunk erkläre ich der Zentrale, wohin wir wollen, das hilft unserem Fahrer jedoch auch nicht weiter. Ich bin genervt, aber Heidi findet mit Engelsgeduld und einem Stadtplan doch noch den richtigen Weg. So erhalten wir für umgerechnet drei Euro eine ausgedehnte Stadtrundfahrt durch mehrere Stadtteile und einen realistischen Eindruck der chaotischen Verkehrsverhältnisse Bangkoks.

Am nächsten Morgen ziehen wir wieder los in den Moloch und lassen uns mit dem Taxi zur Hauptverkehrsader bringen, dem Chao Phraya. Wir schauen uns das bunte Treiben auf wie neben dem Fluss an und legen im legendären Mandarin Oriental Hotel eine kleine Erfrischungspause ein. Die Lage dieses Nobel-Hotels direkt am Fluss ist außergewöhnlich, uns erscheinen der Stil des Hauses und das Verhalten des Personals jedoch eine Spur zu aufgesetzt. Aber auf der Terrasse des Hotels kann man hervorragend seinen Tee in altenglischer Tradition genießen.

Auch wenn wir uns den Grand Palace schon bei einem unserer früheren Bangkok-Besuche angesehen haben, fahren wir nochmals hin, schließlich ist diese Palastanlage die Top-Sehenswürdigkeit Bangkoks und immer einen Besuch wert. Der Palast wurde im 18. Jahrhundert von König Rama I. erbaut und ist noch heute das religiöse Zentrum Thailands, daher sind einige Bereiche für Touristen gesperrt. Für Heidi bleibt die gesamte Palastanlage gesperrt, da ihre Hose für das religiöse Auge der weiblichen Wachhunde am Eingangstor nicht lang genug ist. Da Heidi keinen Umhang kaufen oder mieten möchte, muss sie draußen bleiben und ich schaue mir den prachtvollen Palast im Schnelldurchgang allein an.

Weiter geht es in der Mittagshitze zu Fuß vorbei an unzähligen Märkten, Verkaufsständen, Garküchen und Vergnügungsvierteln – eine bunte, schillernde und manchmal auch abgedrehte Welt, abstoßend und anziehend zugleich. Schließlich erreichen wir die Tempelanlage Wat Pho mit dem liegenden vergoldeten Buddha. Nachdem wir liegende, sitzende, lachende, dicke, große und kleine Buddhas in Hülle und Fülle gesehen haben, springen wir wieder in ein Taxi, um zu unserem Hotel zurückzufahren. Mit dem Fahren klappt es allerdings nicht so recht, wir stehen die meiste Zeit im Stau und kommen nicht vorwärts. Also steigen wir wieder aus und machen uns zu Fuß und per Fähre auf den Heimweg. Zum Abschluss des Tages trinken wir ein Glas Sauvignon Blanc in der Rooftop-Bar unseres Hotels mit einer einmaligen Rundumsicht auf das Lichtermeer Bangkoks.
Am nächsten Tag wollen wir am Schalter der Vietnam Airlines für den Flug nach Hanoi einchecken, stehen aber auf keiner Passagierliste. Große Aufregung und mittelschwere Panik machen sich bei uns breit, bis sich nach einigen wechselseitigen Irritationen herausstellt, dass ich mich schlicht um einen Tag vertan habe, der Abflug nach Hanoi ist erst für den nächsten Tag geplant. Sehr peinlich und allein meine Schuld!

Was tun? Wir nehmen wieder ein Taxi und lassen uns zurück zu unserem Hotel fahren. Dort werden wir freundlich mit »Welcome back« und »Hallo again« begrüßt, die Hotelangestellten haben angesichts unserer Situation sichtbar ihren Spaß. Wir müssen uns erst einmal von dem Schrecken und der Blamage erholen und legen uns an den Hotelpool.

Dann machen wir uns wieder auf den Weg, in Bangkok gibt es unendlich viel zu sehen und zu erleben. Im Lumphini-Park, der grünen Lunge Bangkoks, schauen wir dem sportlichen Treiben von Jung und Alt zu, bevor wir uns in das Getümmel der Einkaufsparadiese stürzen. Man muss lärmresistent sein und darf keine Angst vor Menschenmassen haben, wenn man sich hier wohlfühlen will. Mit dem vielfältigen Angebot von Schund, Ramsch und auch edlen Waren kann ich nichts anfangen und will nach kurzer Zeit nur noch raus, Heidi hingegen kann sich nur schwer von dieser Einkaufs- und Geschäftswelt trennen. Da zur abendlichen Rushhour die Straßen wieder in alle Richtungen verstopft sind, bleibt uns nichts anderes übrig, als den weiten Weg zu unserem Hotel zu Fuß zurückzulegen.

Ein neuer Versuch, am nächsten Tag klappt alles bestens – wir sind zur richtigen Zeit und am richtigen Tag am richtigen Flughafen und fliegen mit der richtigen Maschine zum richtigen Ziel. In Hanoi trifft uns der Kälteschock, hier herrschen Temperaturen von höchstens 14 °C, die Menschen tragen Pudelmützen und Winterjacken. Für deutsche Verhältnisse ist es warm, für vietnamesische aber bitterkalt. Das Wetter ist trüb, die Sonne lässt sich nicht blicken und unsere Stimmung ist nicht die allerbeste. Sofort bei unserer Ankunft spüren wir, dass wir in einem kommunistischen Staat gelandet sind. Der Flughafen ist funktional-steril, keine modernen Einkaufs- und Vergnügungstempel wie zum Beispiel in Bangkok, Singapur oder Hongkong erwarten uns. Wir lassen uns von einem Limousinen-Service zu unserem Hotel bringen und gewinnen dabei einen ersten Eindruck vom dichten Verkehr in Hanoi. Unglaublich viele Zweiräder sind unterwegs, die meisten mit großen Lasten oder mehreren Menschen beladen. Es wird ununterbrochen gehupt, der Lärmpegel ist noch deutlich höher als in Bangkok. Viele Verkehrsteilnehmer tragen einen Mundschutz, da die Luft hier völlig verpestet ist. Wir sind fasziniert vom lebendigen und chaotischen Treiben auf den Straßen und wundern uns, dass der Verkehr trotz der übervollen Straßen offensichtlich einigermaßen funktioniert.

Unser Hotel – das Melia Hanoi – ist von innen schöner als von außen und bietet einen idealen Zufluchtsort, um dem lauten und unruhigen Hanoi zu entkommen und ein paar Stunden Ruhe zu finden.

Wir sind gespannt auf Hanoi und gespannt auf Vietnam. Hanoi, das politische, wirtschaftliche und kulturelle Zentrum Vietnams, ist genau 1.000 Jahre alt und blickt wie das gesamte Land auf eine spannende und wechselhafte Geschichte zurück. Das heutige Straßenbild ist im Wesentlichen den französischen Eroberern zu verdanken, die im 19. Jahrhundert die Stadt neu gestalteten, allerdings leidet Hanoi noch immer an den Folgen der Zerstörung durch die Amerikaner gegen Ende des Vietnamkrieges.

Über breite Boulevards laufen wir in die Altstadt mit ihren kleinen verwinkelten Gassen. Nicht die offiziellen Sehenswürdigkeiten wecken unser Hauptinteresse, sondern wir wollen sehen, wie die Menschen hier leben, wohnen und arbeiten. Wir fühlen uns wie auf einer Freilichtbühne, denn überall wird gearbeitet, gehandelt, verkauft, gekocht, gegessen, diskutiert, Feuer gemacht und Haare geschnitten – ein bunter Mix aus Farben, Geräuschen und Gerüchen begleitet uns.

Für eine kurze Mittagspause landen wir in einer kleinen Garküche. Beim Blick in die Speisekarte gewinnen wir den Eindruck, dass die Spezialitäten des Hauses Frosch-, Schildkröten- und Hundefleisch in verschiedenen Zubereitungsarten sind. Da zahlen wir, vorsichtig oder feige wie wir sind, sicherheitshalber schnell unsere Cola und ziehen weiter. Was in der Nudelsuppe, die wir schließlich in einem anderen »Restaurant« essen, schwimmt, wissen wir nicht, aber sie schmeckt tatsächlich sehr lecker. Einzig das Sitzen auf den kleinen Plastikschemeln ist für unsere Körperlängen reichlich unbequem.

Eine Oase der Ruhe mitten in der Stadt ist der Hoan-Kiem-See mit der Schildkrötenpagode und der roten Brücke. Wir genießen die Ruhe hier, denn vom andauernden Hupen und dem Gestank der Auspuffgase im Stadtzentrum dröhnt uns der Kopf. Gegen Abend schauen wir uns das »Vergnügungsviertel« an, das nicht ansatzweise mit den Vergnügungsmeilen Bangkoks vergleichbar ist, schließlich herrscht hier Kommunismus, und zu viel Freizügigkeit ist auch in der heutigen Zeit immer noch tabu. In einem kleinen Restaurant essen wir gut und günstig, echt vietnamesisch mit leichtem französischem Einschlag. In der Dunkelheit mit den vielen bunten Lichtern wirkt die Altstadt noch schöner und romantischer, die hässlichen und armseligen Ecken sind dann ausgeblendet. Auch bei Dunkelheit kann man gefahrlos durch die Stadt schlendern und das quirlige Leben Hanois auf den nächtlichen Straßen genießen.

Am nächsten Morgen stürzen wir uns wieder ins Großstadtgetümmel und schauen uns auch die kulturellen Highlights an. Taxis und Rikschas lassen wir rechts und links liegen und marschieren, so weit die Füße tragen, durch Hanoi. Dabei ist bereits das Überqueren einer Straße eine echte Herausforderung. Ampeln und Zebrastreifen haben allenfalls dekorativen Charakter, so dass wir nach jeder Straßenüberquerung froh sind, mit heiler Haut hinübergekommen zu sein. Einmal fährt mir ein Auto fast über die Füße, ein anderes Mal wird mir ein Autorückspiegel in die Seite gerammt. Wir nehmen dies als Teil der vietnamesischen Vitalität gelassen hin, nur das ununterbrochene Hupen geht uns nach einiger Zeit auf den Geist.

Wir sehen uns die neobarocke Oper an, gehen in das berühmte Luxushotel Metropole Sofitel im französischen Kolonialstil und wandern weiter zum Literaturtempel, dem ältesten und architektonisch schönsten Baudenkmal Hanois. Der Tempel war viele Jahrhunderte Zentrum der konfuzianischen Bildung. Unterwegs erfreuen wir uns an den vielen Hochzeitspaaren, welche die stilvollen Kulissen Hanois für ihre Feier nutzen, dabei ergeben sich für uns herrliche Motive für lebendige Fotoaufnahmen.

Aber was ist ein Besuch Hanois ohne den Besuch bei »Onkel Ho«? Wir laufen zum Ho-Chi-Minh-Mausoleum und wundern uns, dass wir hier nur wenige Menschen sehen. Und dann die Enttäuschung: Die Grabstätte ist nachmittags geschlossen. So müssen wir darauf verzichten, den einbalsamierten Freiheitshelden anzusehen, stattdessen besichtigen wir seine früheren Wohn- und Diensträume und gewinnen einen Einblick in die Lebens- und Arbeitsweise Ho Chi Minhs. Ich denke schmunzelnd und leicht ungläubig an meine Studentenzeit vor über 40 Jahren zurück, als ich in Hamburg mit dem Schlachtruf »Ho, Ho, Ho Chi Minh« für die Freiheit des vietnamesischen Volkes demonstriert habe.

Das Wetter ist nicht einladend, fast schon ungemütlich – es regnet und die Temperaturen betragen bestenfalls 10 °C. Aber wir freuen uns trotzdem unheimlich auf einen der landschaftlichen Höhepunkte unserer Asien-Reise, die Halong-Bucht im Nordosten Vietnams. Schon die Fahrt von Hanoi zum Dschunken-Hafen in Ha Long ist aufregend, im unglaublichen Verkehrsgewühl Hanois und auf den Straßen zum Golf von Tonkin kommt keine Langeweile auf. Unterwegs hält unser Auto kurz an, ein kleiner Stau hat sich gebildet, eine tote Frau liegt auf der Straße. Unser Fahrer faltet kurz die Hände, deutet eine Verbeugung an und dann geht es so schnell wie möglich weiter. Wir sind froh, als wir endlich in Ha Long ankommen.

Eine Dschunke ist ein altes Schiff, früher mit großen fächerförmigen Segeln, heute mit Dieselmotor und relativ komfortabel ausgerüstet. Kaum sind wir an Bord, legt das Schiff ab. Unsere Koffer warten schon in der gemütlichen Kabine auf uns, für drei Tage und zwei Nächte ist dies unser neues Zuhause. Mit uns reisen vier Franzosen und zwei Australier gemeinsam mit ihren vietnamesischen Reiseleitern.

Die Bucht von Halong ist eine einmalige Ansammlung von 2.000 Kalksteinfelsen – unser Reiseleiter meint, es seien 3.000 – mitten im Golf von Tonkin direkt an der chinesischen Grenze. Die Bucht ist von einmaliger und atemberaubender Schönheit, vielleicht die schönste Landschaft der Welt, und natürlich schon lange UNESCO-Weltnaturerbe. Während des Mittagessens kreuzen wir durch diese bizarre Landschaft, immer an zahlreichen und wunderbar geformten Inseln vorbei – wahrlich eine grandiose Kulisse. Hin und wieder legen wir an, um faszinierende Höhlen und überragende Aussichtspunkte mit wunderschönen Blicken auf die Traumlandschaft zu besuchen. In der Hang-Sung-Sot-Höhle erscheinen die Stalagmiten und Stalaktiten durch die Wasserspiegelungen fast lebendig, die Lichteffekte auf den Felsformationen sind faszinierend.

Wenn es nur ein wenig wärmer wäre, könnten wir die pittoreske Szenerie noch besser genießen. Aber mittlerweile fallen die Temperaturen deutlich unter 10 °C, beim ausgesprochen leckeren und vielseitigen Abendessen im gemütlichen, holzgetäfelten Speisesaal unserer Dschunke sitzen wir mit Pullovern und Jacken – und frieren trotzdem. Das Schiff liegt mit geschätzten 100 anderen Dschunken in einer wunderschönen Bucht, gemeinsam schaffen die vielen beleuchteten Boote eine romantische und idyllische Atmosphäre. Uns ist jedoch derart kalt, dass wir nach dem Abendessen sofort mit voller Montur ins Bett gehen.

Die Nacht verläuft nicht so schlimm wie erwartet, wir stellen die Klimaanlage auf »Heizen«. Das hilft ein wenig, aber der Wind bläst weiter durch alle Ritzen, die Fenster sind nicht dicht. Nach dem Frühstück wechseln wir mit unserem Reiseleiter auf ein kleineres Schiff, mit dem wir weiter durch die Halong-Bucht kreuzen. Wir sind die einzigen Gäste an Bord und werden von der Mannschaft liebevoll betreut. Weil es auch tagsüber bitterkalt ist und der »Salon« nicht geheizt werden kann, hängen wir uns Badetücher um und trinken reichlich vietnamesischen Wein, damit uns wenigstens von innen warm wird.

Aber Kälte hin, Kälte her – die vorbeiziehende Kulisse ist immer wieder aufs Neue spektakulär. Ein unvergessliches Erlebnis ist der Besuch eines schwimmenden Fischerdorfes. Hier gibt es fast alles, was man zum Leben braucht, nur ohne festen Boden unter den Füßen. Touristen ist der Zutritt normalerweise untersagt, aber für 10 Euro pro Person dürfen wir uns mit einem kleinen Boot und einer netten Bootsführerin das Fischerdorf näher anschauen.

Wir nutzen die Zeit und die Gelegenheit, um mit unserem Reiseleiter über das Leben in Vietnam zwischen Kommunismus und Kapitalismus zu sprechen. Ihm scheint das politische System jedoch relativ gleichgültig zu sein, er erzählt lieber von seiner Familie und zeigt uns voller Stolz Bilder seiner Verwandtschaft und vor allem seines jüngsten Sohnes, der erst ein paar Wochen alt ist. Nach sieben Stunden Kreuzfahrt durch die Inselwelt bei eisiger Kälte gehen wir wieder an Bord unserer Dschunke. Wenig später zeigt sich sogar die Sonne am Horizont, zwar ohne Wärme, dafür aber mit besonderer Leuchtkraft.

Nach dem Frühstück wird der Anker gelichtet und wir kreuzen zum letzten Mal durch die fantastische Halong-Bucht. Nach einem frühen Mittagsimbiss kommen wir wieder im Hafen von Ha Long an und fahren anschließend mit dem Auto zurück nach Hanoi. Obwohl wir dem Fahrer immer wieder erklären, dass wir nichts kaufen wollen, landen wir in zwei Verkaufsausstellungen. Er müsse schließlich Pause machen und etwas essen, lautet seine Argumentation. Aus Protest bleiben wir vor den Verkaufsräumen stehen und drängen zur Weiterfahrt. Am späten Nachmittag kommen wir in Hanoi an, checken wieder im Melia Hanoi Hotel ein und lassen den Abend in der Altstadt ausklingen.

Der Abschied von Hanoi fällt uns nicht schwer, es ist immer noch kalt, trüb und dunstig. Die Innenstadt ist erstaunlich leer, nur die Ausfallstraßen – auch in Richtung Flughafen – sind voll, denn die Stadtmenschen fahren zum Neujahrsfest aufs Land zu ihren Verwandten. Das vietnamesische Neujahrsfest Têt beginnt in diesem Jahr am 2. Februar und dauert drei Tage, aber die meisten feiern sechs Tage lang, schließlich ist es das höchste Fest in Vietnam. Die Mopeds sind voll beladen – mit Lebensmitteln,

Getränken und vor allem der ganzen Familie. Viele fahren einen Kumquatbaum – ähnlich einem Mandarinenbäumchen – durch die Gegend, ein Neujahrsgeschenk, an das die Zettel mit den Wünschen für die Familie gehängt werden.

Vor unserer Fahrradtour von Saigon nach Bangkok wollen wir noch einige erholsame Tage am Meer verbringen und fliegen nach Da Nang in Zentralvietnam. Hier am China-Beach haben sich die Amerikaner von ihren Kriegseinsätzen erholt, Da Nang war während des Vietnamkriegs der größte amerikanische Stützpunkt. Heute ist die Stadt eine beliebte Feriendestination mit dem ersten Fünf-Sterne-Hotel Vietnams, dem Furama Resort Danang, und da wollen wir auch hin. Der Service ist super, nur können wir wegen der Kälte und der riesigen Wellen die hervorragenden Strand- und Bademöglichkeiten nicht nutzen. Aber es gibt hier genug zu sehen, denn Da Nang ist ein idealer Ausgangspunkt für die Besichtigung der Weltkulturerbe-Städte Hoi An, My Son und der alten Kaiserstadt Hue.

Der Gang durch die Altstadt von Hoi An gleicht einer Zeitreise, über Jahrhunderte hinweg wurden hier in der Hafenstadt Geschäfte gemacht und Handel getrieben. Alle waren hier, Chinesen, Japaner, Portugiesen und später andere Europäer. Und alle hinterließen ihre Spuren, wir fühlen uns wie in einem bewohnten Freilichtmuseum. Wir kommen nicht weit, so viel gibt es hier sehen, zu entdecken und zu lesen. Hier verbindet sich auf einzigartige Weise das Flair vergangener Epochen mit moderner Architektur. Vietnamesische Röhrenhäuser, bunte Pagoden, chinesische Versammlungsstätten, große Kaufmannshäuser und das inoffizielle Wahrzeichen der Stadt, die rostfarbene »Japanische Brücke«, schaffen eine einmalig schöne Atmosphäre.

Aber die Stadt ist kein Museum, sondern sie ist überaus lebendig. Die Märkte sind voller Menschen und Waren. Nicht nur Touristen schieben sich durch die engen Gassen, sondern hier spielt sich auch das alltägliche Leben ab, es wird gekauft und verkauft, produziert und repariert und noch viel mehr diskutiert. Viele Restaurants bieten Kochkurse an und wir überlegen ernsthaft, wegen der einmalig schönen Atmosphäre in der Altstadt Hoi Ans nach dem Ende unserer Weltreise wiederzukommen und einen Kochkurs für vietnamesische Spezialitäten zu buchen. Beim Abendessen im Restaurant spielt ein vietnamesischer Musikus bekannte Melodien, und immer wieder mit Begeisterung »Morgen kommt der Weihnachtsmann« – angesichts der Temperaturen könnte er Recht haben.

Gern nehmen wir in unserem Hotel die Wünsche für ein glückliches neues Jahr entgegen, schon zum zweiten Mal in diesem Jahr. Dies kann sicherlich nicht schaden, doppelt genäht hält auch hier besser. Im noblen Furama finden prunkvolle Feierlichkeiten zum vietnamesischen Neujahrsfest statt, wir sind mittendrin, bis unser Taxi kommt und uns zum Provinzflughafen von Da Nang bringt. Von dort fliegen wir in gut einer Stunde nach Ho-Chi-Minh-Stadt, dem früheren Saigon und der früheren Hauptstadt Südvietnams.

Saigon – der alte Name setzt sich auch offiziell immer mehr durch – ist mit über sechs Millionen Einwohnern die größte Stadt Vietnams und die Vorzeigemetropole des Landes. Hier tobt das Leben, eine moderne Stadt mit kolonialen Wurzeln, unendlich vielen Restaurants und Cafés, vollen Märkten, eleganten Boutiquen und einem quirligen Nachtleben. Saigon wird auch als »Paris des Ostens« bezeichnet, aber wir sind nicht nur zum Vergnügen hier, sondern wollen auch ein wenig von der wechselhaften Geschichte und dem Flair dieser Stadt aufnehmen.

Das alte Saigon lässt sich sehr gut zu Fuß erkunden. Bei strahlendem Sonnenschein erleben wir einen kribbelnden Mix aus französisch-kolonialem Erbe und moderner kapitalistischer Geschäftstätigkeit, der dieser Stadt ihre Faszination verleiht. Panzer und Kriegsflugzeuge stehen vor dem »Museum für Kriegsrelikte« – früher das »Kriegsverbrechermuseum« –, das zum Pflichtprogramm eines jeden Saigon-Besuchs gehört und das Bewusstsein über das Elend und das Grauen des Vietnamkrieges aus vietnamesischer Sicht wachhält. Auch wenn wir viele Bilder früher schon einmal gesehen haben, sind wir geschockt angesichts der grauenvollen Zeugnisse der jüngsten Vergangenheit und haben Mühe, diese schrecklichen Eindrücke wieder aus unseren Köpfen zu verdrängen.

Abends wandelt sich die Innenstadt zu einer riesigen Partymeile, der Trubel ist unglaublich und überall herrscht eine ausgelassene Feiertagsstimmung. Massen an Menschen, zu Fuß oder mit dem Moped, strömen in das festlich geschmückte und bunt illuminierte Stadtzentrum. Ganze Familien auf einem Moped, oft noch mit einigen Gepäckstücken versehen, versuchen, sich einen Weg zu bahnen. Wir lassen uns von den vielen strahlenden Gesichtern anstecken und genießen die ausgelassene Stimmung inmitten der Menschenmassen. Die Vietnamesen haben sich in ihre Festtagskleidung geworfen, so dass wir mit unserem Touristen-Outfit auffallen. Überall wird fotografiert, auch wir müssen mit aufs Bild, oft in der Mitte der Familie, manchmal auch allein. Die Dankbarkeit, sich mit uns fotografieren lassen zu können, ist unglaublich, und wenn die Menschen erfahren, dass wir aus Deutschland kommen, kennt ihre Freude keine Grenzen.

Von der Dachterrasse des Rex-Hotels haben wir einen tollen Blick auf das nächtliche Treiben. Die Atmosphäre ist einzigartig, das Essen gut, die Band spielt flotte Musik und der Service ist sehr aufmerksam. Hier saßen während des Vietnamkrieges die US-amerikanischen Kriegsberichterstatter und kabelten jeden Abend ihre Berichte nach Hause. Wenn man die Stimmung hier oben erlebt und die zierlichen, bildhübschen Vietnamesinnen betrachtet, kann man sich gut vorstellen, dass viele amerikanische Reporter über das Ende des Krieges traurig waren und nicht in die Heimat zurückwollten.

Elefanten und Tiger sehen wir in Saigon ebenfalls, aber nur im Zoo. Mehr noch als die Tiere faszinieren uns die Menschen, die in

Massen und in Feiertagsstimmung ihre freie Zeit zum Zoobesuch nutzen. An der Kasse gibt es ein Riesengedränge und ich muss kämpfen, um unsere Eintrittskarten zu erhalten. Dabei zieht mir ein Gauner – oder vielleicht auch eine Gaunerin – 50 US-Dollar aus meiner Hosentasche. Gott sei Dank habe ich vorsichtshalber kein Portemonnaie mitgenommen, so dass sich der Verlust in Grenzen hält. Wir schauen uns schnell die Bilder an, die Heidi von dem Gewusel vor dem Kassenhäuschen gemacht hat, aber den Übeltäter oder die Übeltäterin können wir nicht identifizieren.

Nach dem Zoobesuch gehen wir weiter zur Jadekaiser-Pagode, einem reich verzierten Tempel mit farbenprächtigen, teilweise vergoldeten buddhistischen Gottheiten im Inneren. Es ist brechend voll, überall wird gebetet und durch den Rauch der unzähligen Räucherstäbchen sind die Götter kaum zu erkennen. Schnell treibt es uns wieder an die frische Luft. In den Teichen zwischen den Tempeln tummeln sich zahlreiche Schildkröten, die in Vietnam als Wohlstands- und Glücksbringer gelten. Vielleicht hätte ich hier vor dem Zoobesuch ein paar Räucherstäbchen anzünden sollen, dann wären mir möglicherweise die Dollar nicht geklaut worden. Aber unsere liquiden Mittel reichen noch aus, um den Abend wieder auf der Terrasse des Rex-Hotels – wegen der schönen Atmosphäre – und danach im Hard Rock Cafe – wegen der leckeren Steaks – ausklingen zu lassen.

Dann stehen sie vor uns: Tracy und Ron aus Neuseeland, die Schwestern Lenore und Roxane sowie das Ehepaar Judith und Vernon aus England, Daiva und George aus Kanada, Greg und sein Bruder Richard aus den USA und last but not least die junge hübsche Natasha aus Australien. Mit dieser bunten Truppe wollen wir die nächsten beiden Wochen mit dem Fahrrad von Saigon nach Bangkok radeln – 560 Kilometer durch faszinierende und vielseitige Landschaften Südostasiens.

Auf diese abenteuerliche Radtour durch Vietnam, Kambodscha und Thailand freuen wir uns besonders. Da der Planungs- und Organisationsaufwand bei einer Reise auf eigene Faust sehr hoch und eine Radtour in exotischen Ländern mit vielen unkalkulierbaren Risiken verbunden ist, haben wir schon vor Monaten diese organisierte Tour gebucht. Der Radreise-Veranstalter – SpiceRoads in Bangkok – vermittelt einen kompetenten Eindruck, die Informationen zur Vorbereitung der Tour waren perfekt. George aus den USA ist der Chefreiseleiter und wird uns die ganze Strecke über begleiten, er hat alles im Griff. In jedem Land werden uns zusätzlich je zwei einheimische Reiseleiter betreuen, die nicht nur ihr Land hervorragend kennen, sondern auch Fahrräder reparieren und platte Reifen flicken können. Begleitet werden wir die ganze Zeit zudem von einem Bus und einem Lkw für Gepäck und Fahrräder.

Im Northern Hotel, in dem wir die letzte Nacht in Saigon verbringen, werden wir von unseren Reiseleitern auf die Radtour eingestimmt, nachmittags können wir die Räder während einer kurzen Probefahrt testen, bevor es richtig losgeht. Wegen des starken Verkehrs werden wir am nächsten Morgen mit dem Bus aus der Stadt hinausgebracht und nach Cai Be ins Zentrum des Mekong-Deltas gefahren. Und dann ist es endlich so weit: 16 Damen und Herren steigen auf ihre Räder, das Abenteuer kann beginnen.

Die Hitze ist erträglich, gelegentlich ist der Himmel bedeckt. Wir fahren auf vielen kleinen Straßen und Wegen, die meist sehr eng und schmal sind; wenn ein beladenes Moped entgegenkommt, wird es knapp. Die Landschaft gestaltet sich einzigartig, Bananenplantagen, Obstgärten, Palmenhaine und kleine Wohnsiedlungen wechseln einander ab. Die Gegend ist von Kanälen durchzogen, die der Bewässerung dienen und meist auf schmalen, wackeligen Brücken überquert werden müssen. Mehrere Male setzen wir auch mit Fährbooten über, dies sind willkommene kleine Erholungspausen, die auch Gelegenheit für interessante Begegnungen mit den Einheimischen bieten. Unterwegs werden wir unentwegt mit »Hallo« begrüßt, die offene und freundliche Art der Vietnamesen ist überaus wohltuend. Die Nudelsuppe zum Mittagessen schmeckt bescheiden, ist aber in Ordnung, zumal wir ordentlich Hunger haben. Bloß gut, dass wir die Ratte im offenen Restaurant erst sehen, als wir mit dem Essen bereits fertig sind.

Die einsamen Strecken im Mekong-Delta laden zum geruhsamen Radeln ein, unser Weg führt uns durch wunderschöne und romantische Landschaften wie aus dem Bilderbuch. Dann nimmt die dichte Vegetation ab und wir fahren immer öfter durch Reisfelder. Die befestigten Wege führen meist in vielen Bögen und Winkeln durch fruchtbare Landschaften. Wir überqueren erneut zahlreiche Kanäle und müssen auch viele Male mit altertümlichen Fähren ans andere Ufer übersetzen. Die kurzen oder auch manchmal längeren Stopps am Fähranleger sind wiederum willkommene Gelegenheiten, mit den Einheimischen ein paar Worte zu wechseln. Dank unserer vietnamesischen Begleiter klappt dies hervorragend.

Die Strecken sind für Fahrradfahrer traumhaft – kein Autoverkehr, keine Berge, befestigte Wege, ideale Temperaturen und engagierte Reiseleiter. Wir legen zahlreiche Pausen ein, in denen kalte Getränke, Süßigkeiten, frisches Obst und andere Leckereien gereicht werden. Mit dem Sonnenuntergang kommen wir in Can Tho – immerhin doppelt so groß wie Dortmund – an und können kaum glauben, dass wir heute 86 Kilometer auf dem Fahrrad zurückgelegt haben.

Früh am nächsten Morgen geht es wieder los – diesmal jedoch nicht mit dem Rad, sondern zu Fuß zum Hafen, von dem aus wir mit einem Boot zu den »Schwimmenden Märkten« fahren. Hier werden alle möglichen Waren, vor allem Lebensmittel wie frisches Obst und Gemüse, von großen Booten auf kleinere umgeladen und verkauft. Es ist interessant, durch das Bootsgewirr zu fahren und dem geschäftigen Treiben am frühen Morgen zuzusehen.

Nach einem kurzen Bustransfer steigen wir endlich wieder auf unsere Räder und radeln weiter durch die bezaubernde Landschaft.

Das satte Grün der Reisfelder und Obstplantagen strahlt eine wohltuende Ruhe und Wärme aus. Überall treffen wir freundlich winkende Menschen am Wegesrand, vor allem die Kinder sind begeistert, wenn wir ihnen ein »Hallo« zurufen. Am Ende unserer Tagestour besuchen wir die »Killing Fields« in Ba Chuc, wo 1978 mehr als 3.000 Vietnamesen von den Roten Khmer des Massenmörders Pol Pot niedergemetzelt wurden. Es wird bereits dunkel, als wir die Gedenkstätte verlassen, daher fahren wir das letzte Stück ins Hotel in Chau Doc mit dem Bus und kommen gerade noch rechtzeitig zum Abendessen.

Unsere Reise ist nicht nur eine Reise in eine andere Welt, sondern auch in eine andere Zeit. Die archaischen Strukturen vor allem auf dem Land schaffen eine für uns einzigartige Atmosphäre. Radelnde Frauen mit runden Strohhüten, auf den Mopeds mal ein Schwein, mal eine Familie mit drei Kindern, hier und da ein Ochsenkarren, ruhende und schlafende Menschen am Wegesrand, kleine Tempel, farbige Gräber auf den Feldern und in Gärten, Reisfelder, so weit das Auge reicht, schmale Brücken über kleine Kanäle, auch Brücken, die nur aus einem Holzstamm mit Geländer (»Monkey Bridge«) errichtet sind, tuckernde Boote und Lastkähne auf den Flüssen, in den Orten unglaublich viele und hupende Zweiräder und immer wieder Menschen, die fröhlich grüßen – dies sind faszinierende und unvergessliche Eindrücke unserer Fahrradtour durch Vietnam.

Trotz der tropischen Temperaturen ist das Fahrradfahren in dieser traumhafter Umgebung eher Erholung als Anstrengung, wir fühlen uns überaus wohl. Jeder fährt seine eigene Geschwindigkeit, an vereinbarten Stellen treffen wir uns dann wieder, halten nach Lust und Laune zum Fotografieren an und führen während des Radelns nette Gespräche mit den anderen Reiseteilnehmern.

Wenig später sind wir schon auf dem Weg nach Kambodscha, das wir mit dem Fahrrad ebenfalls ein wenig näher kennen lernen wollen. Kambodscha ist ein armes Land, landwirtschaftlich geprägt, mit hoher Korruption, gravierenden Unterschieden zwischen Arm und Reich und einer nicht immer glücklichen Geschichte vor allem am Ende des letzten Jahrhunderts. Mit einem Schnellboot fahren wir frühmorgens den Mekong hoch nach Phnom Penh, zur Ausreise aus Vietnam und Einreise nach Kambodscha müssen wir unser Boot verlassen. Die Grenzformalitäten sind umständlich, verlaufen aber ohne Komplikationen, denn wir hatten uns schon zuhause sowohl für Vietnam als auch für Kambodscha ein Visum besorgt. Das Auswärtige Amt rät zwar von Reisen mit dem Fahrrad in Kambodscha ab, aber angesichts der perfekten Planung des Reiseveranstalters und der optimalen Betreuung durch unsere Reiseleiter fühlen wir uns dennoch sicher. Auch hier gilt wie überall im Leben: No risk, no fun.

In Phnom Penh fahren wir sofort nach dem Mittagessen zum Genocide(»Völkermord«)-Museum und anschließend zu den Killing Fields, den Zeugnissen einer grausamen Vergangenheit und eines der furchtbarsten Völkermorde der Menschheitsgeschichte. Das Schreckensregime von Pol Pot kostete mehr als 1,3 Millionen Kambodschaner das Leben, vielleicht waren es auch zwei Millionen, mehr als ein Viertel der Bevölkerung wurde umgebracht. Wir werden von einem kambodschanischen Führer begleitet, dessen Familie zu einem großen Teil ausgerottet wurde. Er berichtet authentisch über das schreckliche Wüten der Roten Khmer, und es ist unfassbar, was der junge Mann erleben musste.

Die Eindrücke im Museum, vor allem die Bilder mit den Erläuterungen, sind derart belastend, dass Heidi heulend hinausläuft. Ich muss zwischendurch ebenfalls mehrere Male nach draußen gehen, um meine Gefühle zu verarbeiten. Auch auf den Killing Fields erleben wir die mörderische Geschichte hautnah, als wir die Knochenberge der grausam Ermordeten sehen und bei einer Wanderung über das Gelände Kleidungsreste und Backenzähne finden. Nie werden wir den Anblick des Baumes vergessen, an den Säuglinge und Kleinkinder geschleudert wurden, um Munition zu sparen.

Menschen ohne Beine oder ohne Arme, anderweitig verkrüppelte Körper, mit Geschwüren übersäte Kinder, ausgemergelte Gestalten, verunstaltete Bettler – in der kambodschanischen Hauptstadt sehen wir unglaubliches Elend. Überall auf der Welt – auch bei uns in Deutschland – begegnen wir auf den Straßen Menschen, die am Rande der Gesellschaft leben und traurige Schicksale zu verkraften haben, aber das Elend, mit dem wir hier in Kambodscha konfrontiert werden, übersteigt unsere Vorstellungskraft. Vom Anblick der Kriegskrüppel und Gestrandeten sind wir schwer getroffen. Wir wollen helfen, fühlen jedoch gleichzeitig unsere Hilfslosigkeit und wissen, dass wir im Grunde nichts ändern können. Deshalb beschließen wir spontan, auf unseren Reisen jeden Tag einen Geldbetrag zu spenden, vielleicht auch, um unser schlechtes Gewissen zu beruhigen.

Nur langsam finden wir zu unserer Unbeschwertheit zurück, die Eindrücke aus diesem dunklen Kapitel der kambodschanischen Geschichte wirken noch lange in uns nach. Abends besuchen wir den FCC, den Foreign Correspondent's Club, von dem aus die ausländischen Journalisten während des Bürgerkriegs ihre Kriegsmeldungen abgeschickt haben. Auch in Kambodscha wussten die Kriegsberichterstatter, wo und wie man gut leben kann.

Nach einem Tag ohne Fahrrad sind wir ganz wild darauf, wieder auf dem Sattel zu sitzen. Wegen des heftigen Verkehrs in Phnom Penh lassen wir uns mit dem Bus ein Stück aus der Stadt hinausfahren, und dann geht es auf Nebenstraßen rund 45 Kilometer zur Stadt Oudong, die früher einmal die Hauptstadt Kambodschas war. Unsere beiden vietnamesischen Reiseleiter werden durch kambodschanische Kollegen ersetzt, auch die Begleitfahrzeuge werden gewechselt. Aber die kambodschanischen Reiseleiter und Fahrer sind ebenfalls sehr nett und lesen uns jeden Wunsch von den Augen ab.

Wir entdecken das ländliche Kambodscha, für uns ein einzigartiges Erlebnis. Die Kinder in den Dörfern am Wegesrand tauchen noch zahlreicher auf als in Vietnam und grüßen noch freundlicher, wenn eine Steigerung überhaupt möglich ist. Sie erzählen uns, dass der Unterricht in zwei Schichten abgehalten wird, aber viele Kinder nicht zur Schule gehen, weil Schulgeld bezahlt und Schulkleidung gekauft werden muss. Geld, das viele Eltern nicht haben. Unsere Gruppe lässt die eine oder andere Spende da, um einen kleinen Beitrag zur Verbesserung der Lebenssituation der Kinder zu leisten. Das Durchqueren dieser einzigartigen Landschaft mit ihren Seen, Wasserläufen und grünen Feldern sowie die Begegnungen mit den Menschen vermitteln ein intensives emotionales Erlebnis, das so wohl nur mit dem Fahrrad möglich ist. Unsere ganze Gruppe ist total begeistert!

In Oudong steigen wir 409 Stufen zur berühmten Tempelanlage auf den Berggipfel hinauf, schauen uns die Tempel und Buddha-Statuen an und genießen die wunderschöne Aussicht auf die umliegende Landschaft. Nach einem kurzen Picknick bringt uns der Bus zurück ins Hotel, von dort starten wir nach einer kurzen Erfrischungspause am späten Nachmittag zu einem Rundgang durch Phnom Penh.

Auf den Straßen drängeln sich unglaublich viele Mopeds, klapprige Lastwagen und einige luxuriöse Geländewagen – ein Lexus kostet in Kambodscha schlappe 170.000 US-Dollar! Permanentes Hupen der Mopeds, gewöhnungsbedürftige Gerüche, drückende Schwüle, aber wir wollen dabei sein, wollen viel sehen und sind neugierig auf diese für uns fremde und faszinierende Welt. Wir marschieren kreuz und quer durch die Stadt, überall begegnen wir Betrieb und Geschäftigkeit. Der Königspalast erstrahlt in der Abendsonne und an der Uferpromenade beobachten wir das bunte Treiben der Straßenhändler und Garküchen-Betreiber.

Die Straßen werden schlechter, der Verkehr lässt nach, Kleinlaster und Ochsenkarren beherrschen nun das Straßenbild. Wir sind auf dem Weg in den Norden Kambodschas, unser Ziel ist die weltberühmte Tempelanlage Angkor Wat. Unser Bus hält in einem kleinen Dorf an einem Marktstand, der keine »Hamburger« oder »Hot Dogs« anbietet, sondern neben frischen Früchten auch geröstete Kakerlaken, Heuschrecken, Frösche, Spinnen und anderes Getier. George, unser Chefreiseleiter, sieht das Entsetzen in unseren Augen, besteht aber darauf, dass wir zumindest die proteinhaltigen Leckereien probieren. Er kauft von jeder Speise eine kleine Portion, ich beiße in eine geröstete Heuschrecke, es knackt und knirscht, aber ein besonderer Genuss will sich bei mir nicht einstellen.

Die Gegend wird trockener und einsamer, die Wohnhäuser werden noch einfacher und ursprünglicher. Bevor wir wieder auf unsere Räder steigen, schauen wir uns die Tempelanlage Sambor Prei Kuk an, mitten im Urwald gelegen, von mächtigen Wurzeln überwachsen und noch älter als Angkor Wat. Unzählige Kinder begleiten uns und wollen uns den Weg zeigen in der Hoffnung, dass wir ihnen irgendetwas abkaufen oder zumindest ein paar Süßigkeiten schenken.

Das Mittagessen ist sehr einfach und bescheiden, unseren amerikanischen Mitreisenden schmeckt es aber offensichtlich recht gut, sie finden das Essen stets »excellent« oder »great«. Ich bin froh, dass ich gestern in Phnom Penh eine große Pizza mit Meeresfrüchten gegessen und damit eine gute Grundlage geschaffen habe. Tagsüber reichen mir somit Bananen, Nüsse und vor allem die leckeren Süßigkeiten aus der Proviantbox. Die Fahrradtour ist wieder traumhaft schön, mit 38 Kilometern für uns aber viel zu kurz. Dafür ist die Strecke selbst eine besondere Herausforderung, denn wir fahren über eine staubige, unbefestigte Nebenstraße mit vielen Schlaglöchern. Unsere Reiseleiter haben vor Fahrtantritt Mundschutz-Masken verteilt, die wir tatsächlich benötigen, weil uns entgegenkommende Fahrzeuge minutenlang in dichte Staubwolken einhüllen.

Auch heute stehen wieder unglaublich viele begeisterte Kinder am Wegesrand. Ein kleines Mädchen winkt, ich halte an und schenke ihr meine Trinkflasche. Sie rennt schnell in eine Hütte und kommt mit der mit Wasser gefüllten Flasche zurück. Ich bin gerührt und nehme meine Flasche mit dem Wasser als Geschenk wieder zurück. Aufpassen müssen wir auf die vielen Wasserbüffel und Kühe, die nicht immer sofort freiwillig die Straße räumen. Nach der Radtour können wir uns noch zwei Stunden im Bus ausruhen, bevor wir abends unser Hotel Steung Siem Reap in der bei Touristen beliebten Stadt Siem Reap in der Nähe des UNESCO-Weltkulturerbes Angkor Wat erreichen.

Ron ist ein echtes Arschloch. Er muss stets der Erste sein, während der Pausen fährt er immer eher los, damit er als Erster ankommt. Im Hotel drängt er sich vor, um vor allen anderen den Zimmerschlüssel und das beste Zimmer zu bekommen. Wenn die Bedienungen nicht sofort nach seinen Vorstellungen springen, wird er beleidigend – ein unangenehmer Zeitgenosse. Ich erkläre Greg und Richard, was in Deutschland ein »Arschloch« ist, und sie nehmen dieses Wort dankbar in ihren amerikanischen Wortschatz auf.

Alle anderen Mit-Radler sind ausgesprochen nette Menschen, mit denen wir den ganzen Tag viel Spaß haben. Vor allem mit Greg und Richard machen wir unterwegs viel Quatsch. Richard arbeitet als Türsteher in einem Luxus-Hotel in Hollywood und kann viel von seinen Begegnungen mit Stars aus dem Film- und Showbusiness berichten. Natasha hat sich in Richard verliebt oder umgekehrt, ist auch egal, auf jeden Fall sind die beiden süß anzusehen. Aber auch die nächtelangen ernsten Gespräche mit Daiva, der Psychologie-Professorin aus Toronto, sind für mich sehr wertvoll und zum Nachdenken anregend, ich werde immer gern daran zurückdenken – auch an Daiva selbst, eine sehr attraktive Frau.

Wir wollen Ron ärgern, da sind Greg, Richard und ich wild entschlossen. Wieder einmal spielt sich die bekannte Szene ab: Die kurze Erfrischungspause ist noch nicht zu Ende, da springt Ron auf sein Rad und fährt los. Wir schlingen noch ein Stück Kuchen hinunter und dann schnell hinterher. Greg hat ein breites Kreuz, ich hefte mich in seinem Windschatten an sein Hinterrad. Als wir Ron sehen, gibt Greg noch mehr Gas und zieht mich mit. Auf den letzten Metern schere ich aus und überhole Ron elegant, Greg und Richard folgen kurze Zeit später. An der nächsten kleinen Kneipe halten wir an, zischen ein Bier und freuen uns wie kleine Kinder, dass wir Ron bezwungen haben. Als Ron uns sieht, radelt er kommentarlos weiter.

Siem Reap ist mit 150.000 Einwohnern die Hauptstadt der gleichnamigen Provinz im nordwestlichen Kambodscha. Die Stadt ist idealer Ausgangspunkt für die Besichtigung der weltberühmten Tempel von Angkor, die sechs Kilometer nördlich der Stadt liegen. Siem Reap selbst ist aber auch ganz nett anzusehen und lädt zum Bummeln, Essen und Einkaufen ein.

Unsere Truppe ist heute nicht vollzählig, wir verzeichnen einen Totalausfall sowie einige Teilausfälle, die meisten haben Magen- und Darmprobleme oder sind erkältet. Aber niemand lässt sich hängen, auch die Halbkranken und Halbtoten wollen sich den absoluten Höhepunkt unserer Fahrradtour, den Besuch von Angkor Wat, der größten Tempelanlage der Welt, nicht entgehen lassen. Die gewaltigen Anlagen aus dem 12. Jahrhundert waren ursprünglich als Hindu-Tempel erbaut worden und sind erhabene Meisterstücke der Khmer-Architektur, kulturelle Leckerbissen erster Güte.

Wir fahren gemütlich die wenigen Kilometer von unserem Hotel nach Angkor Wat – und dann liegt die Tempelstadt in ihrer gewaltigen Erhabenheit und düsteren Schönheit vor uns. Der Anblick ist überwältigend, trotz der tropischen Hitze fühle ich eine leichte Gänsehaut. Ergriffen steigen wir von den Rädern und lassen den Gesamteindruck auf uns wirken.

Wir radeln weiter und besuchen Ta Prohm, den geheimnisvollsten Tempel von Angkor. Trotz des sichtbaren Verfalls ist die Anlage wunderschön und beeindruckend, viele Mauern sind von gewaltigen Bäumen überwuchert, was eine mystisch-romantische Stimmung schafft. Das nächste Highlight ist die Festungsstadt Angkor

Thom, die in ihrer Blütezeit eine Million Menschen beherbergte – wahrscheinlich war sie damals die größte Hauptstadt der Welt. Auch wenn die Gebäude teilweise verfallen sind, stellen sie dennoch in beeindruckender Weise Zeugnisse des Glanzes und der Macht des Khmer-Reiches dar. Die in Stein gemeißelten Reliefs zeigen auf Hunderten von Metern Szenen aus dem Leben der Khmer im 12. Jahrhundert.

Nach dem Mittagessen sehen wir uns das eigentliche Angkor Wat, die Stadt der Tempel, an. Der fünftürmige Tempel im Zentrum der Anlage soll an eine Lotusblume erinnern und den Berg Meru, den Sitz der Götter, symbolisieren. Die fünf Türme erheben sich auf unterschiedlichen Ebenen bis zum imposanten Hauptheiligtum, auf das wir natürlich hochsteigen, um den wunderschönen Blick auf die gewaltigen Tempelanlagen und die weite Landschaft zu genießen.

Drei Nächte bleiben wir in unserem Hotel in Siem Reap, dies ist ein besonderer Luxus, den alle zu schätzen wissen. Auch wenn wir weiterhin jeden Morgen früh aufstehen, bleibt uns das lästige Kofferpacken für kurze Zeit erspart. Unsere Gruppe wird immer kleiner, zumindest beim Fahrradfahren – Neuseeland, England und Kanada sind komplett ausgefallen, aber die USA und Deutschland halten durch. Nach dem Tag voller Kultur schauen wir uns wieder mit dem Rad das ländliche Kambodscha an. Die Straßen sind meist nicht asphaltiert, die Strecken flach und das Wetter ist nicht ganz so heiß, kurzum – ein idealer Fahrradtag.

Nachmittags werden wir nach immerhin 60 Kilometer auf dem Rad von unseren Reiseleitern zu Fuß auf einen Berg gejagt, um das »Tal der 1000 Lingas« zu besuchen. Lingas sind Penisse, hier sehen sie aus wie normale Pflastersteine. Sie sollten als Fruchtbarkeitssymbole das nach Angkor ins Tal fließende Wasser weihen. Auf dem Rückweg schauen wir beim Tempel Banteay Srei vorbei, der außergewöhnlich gut erhalten und wegen der Steinreliefs mit den lebhaften Zeugnissen der Vergangenheit für uns sehr interessant ist. Morgen haben wir einen freien Tag – auch mal schön, ganz ohne Kulturhighlights und Naturschauspiele durch das Touristenstädtchen Siem Reap zu bummeln und am Pool unseres Hotels zu relaxen.

Eigentlich wollen wir mit dem Boot von Siem Reap nach Battambang fahren, aber der See Tonle Sap hat jetzt in der Trockenzeit derart wenig Wasser, dass keine Schiffe darauf verkehren können. So steigen wir wieder in unseren Bus und erreichen Battambang, die zweitgrößte Stadt Kambodschas, auf dem Landweg. Gegen Mittag kommen wir an, unser Zimmer sieht gut aus, nur leider liegt bereits ein Pärchen in unserem Bett. Mit einem gemurmelten »Sorry, sorry« treten wir den Rückzug an und erhalten nach einigen Diskussionen ein noch viel schöneres Zimmer direkt am Swimmingpool. Greg, Richard und noch ein paar andere Unermüdliche springen wieder auf ihre Räder, sie scheinen süchtig zu sein. Wir schauen uns die Stadt und das normale Leben zu Fuß an. Einige Gebäude aus der Kolonialzeit sind recht schön, die meisten kann man aber getrost vergessen. Wir suchen zunächst ein schönes Café, dann suchen wir nur noch irgendein Café – und finden dennoch keine Gelegenheit, wo wir etwas trinken können. So laufen wir die staubigen Straßen zu unserem Hotel zurück und gönnen uns vor dem Abendessen eine kambodschanische Massage – die zierlichen Damen laufen über unseren Rücken, es knackt bedenklich, aber es passiert nichts.

Wir sind in Battambang im Nordwesten Kambodschas nicht weit von der Grenze zu Thailand entfernt, wo sich derzeit wieder einige Grenzstreitigkeiten verschärft haben. Dabei geht es zwischen den beiden Ländern um Prasat Preah Vihear, eine Tempelanlage, die zu Kambodscha gehört und von Thailand beansprucht wird. Wir lesen von Schüssen an der Grenze, es gab zehn Tote, und einige Tausend Menschen wurden evakuiert. Die Angelegenheit wird schon seit Jahren vor der UNO verhandelt, eine Lösung scheint jedoch nicht in Sicht. Uns ist ein wenig mulmig, auch wenn hier alles ruhig und friedlich wirkt.

Geschafft: 92 Kilometer auf meist unasphaltierten Straßen und sieben Stunden auf dem Rad bis zur Ankunft in Pailin liegen hinter uns, und trotz der Anstrengung unter der heißen Sonne war es wieder eine wunderschöne Tour. Gott sei Dank hatte es am Tag zuvor geregnet und die Straßen waren nicht ganz so staubig wie sonst in der Trockenzeit üblich, trotzdem trugen wir die meiste Zeit einen Mundschutz. Früher wurde die Gegend von Banditen beherrscht, heute soll es hier relativ sicher sein. Wir sahen keine Spitzbuben, sondern wie bisher überall in Kambodscha fröhliche Kinder am Straßenrand, viele kleine Nackedeis, die sich mit ihren »Hallo«-Rufen die Seele aus dem Hals schrien.

Unterwegs ist immer was los: Ich fange eine Kuh ein, die sich losgerissen hat, wir begegnen einer bunten Hochzeitsgesellschaft, sehen Mönche in orangefarbenen Kutten, die in einer langen Reihe am Straßenrand auf Essen warten, Reisbauern und Wasserbüffel auf dem Feld, Schulkinder in ihren Uniformen auf dem Fahrrad, Ochsenkarren, die wir überholen, und nur wenige Hunde, die alle friedlich sind. Wir fühlen uns in eine andere Welt versetzt und sind wieder einmal überzeugt, dass wir nur mit dem Fahrrad diese intensiven Eindrücke und besonderen Glücksgefühle erleben können.

Unsere Stunden in Kambodscha sind gezählt – die letzten 17 Kilometer bis zur kambodschanisch-thailändischen Grenze radeln wir in einem lockeren Auf und Ab durch ländliche Gebiete. Die Straße ist gut, das Wetter auch und der Sonnenschein schon fast zu gut. An der Grenze müssen wir uns von unserer kambodschanischen Begleitmannschaft verabschieden und dann mit dem Gepäck zu Fuß über die Grenze marschieren. Dieses umständliche Verfahren kann uns niemand erklären, ebenso wenig die Forderung der Grenzposten, zusätzlich noch eine Fotokopie des Reisepasses und ein Passbild abzugeben. Als erfahrene Weltreisende haben wir jedoch alle Papiere und Passbilder doppelt und dreifach dabei und können die Grenze schnell und komplikationslos passieren.

Hinter der Grenze empfängt uns das thailändische Team, ebenso nett und hilfsbereit wie die Kollegen aus Vietnam und Kambodscha. Die Fahrräder, die wir an der Grenze erhalten, laufen wie geschmiert, das ist auch unerlässlich, weil die Gegend spürbar hügeliger wird. Die Straßen sind ausgezeichnet und gut zu befahren, nur an den Linksverkehr müssen wir uns erst gewöhnen. Uns fällt sofort auf, dass die vielen winkenden und grüßenden Kinder am Straßenrand fehlen, das ist wirklich schade. Einer der beiden thailändischen Fahrrad-Guides will unbedingt Deutsch lernen, und so müssen wir ihn während der Fahrt pausenlos mit deutschen Vokabeln füttern.
Angesichts der Hitze und des hügeligen Geländes sind wir froh, nach 45 Kilometern auf dem Sattel das letzte Stück nach Chanthaburi, dem heutigen Etappenziel, mit dem Bus gefahren zu werden. Die Gegend wirkt im Vergleich zu Vietnam und Kambodscha deutlich wohlhabender, wir sehen viele schöne Häuser mit gepflegten Vorgärten und auch vermehrt Autos auf den Straßen. In unserem Hotel – dem Seashell Village – legen wir uns sofort nach unserer Ankunft an den Swimmingpool, brutzeln in der Sonne und erholen uns von den Strapazen der letzten Tage.

Eigentlich ist am nächsten Tag ein Badetag eingeplant, aber alle sind wild entschlossen, den letzten Tag der Reise auf und mit dem Fahrrad zu verbringen. So ziehen wir mit den Rädern los, um die Umgebung Chanthaburis zu erkunden. Die Stadt selbst sehen wir uns nicht an, da unser Hotel zu weit außerhalb liegt. Wir fahren durch ländliche Gegenden vorbei an riesigen Garnelen-Farmen in Richtung Küste. Heute ist Nationalfeiertag zu Ehren Buddhas, und vor allem die Bewohner Bangkoks nutzen den freien Tag, um sich in und um Chanthaburi zu erholen und zu vergnügen. Nach langer Zeit erleben wir wieder Autoschlangen, aber unsere ortskundigen Fahrrad-Guides führen uns über kleine Nebenstraßen staufrei zum Ziel.

Die Zeichen stehen auf Abschied, wir treffen uns zum letzten gemeinsamen Abendessen. Es wird alles aufgefahren, was das

Meer zu bieten hat – ein angemessener Abschluss unserer erlebnisreichen Fahrradtour von Saigon nach Bangkok, wo wir morgen ankommen werden. Unsere Erwartungen waren hoch, sind aber in jeder Hinsicht erfüllt worden. Rund 600 Kilometer auf dem Fahrradsattel durch Vietnam, Kambodscha und Thailand – einfach genial. Natürlich hätte das eine oder andere Hotel noch ein wenig mehr Komfort bieten können, aber alle Unterkünfte waren auf ihre Art okay. Wenn hier und da mal ein paar Ameisen durch die Gegend oder übers Bett krabbelten und einige Käfer uns ihre Aufwartung machten, haben wir das als gutes Zeichen einer intakten Umwelt gewertet. Das Essen war immer interessant und meist lecker, nur bei der leichten asiatischen Küche brauche ich zwischendurch auch mal etwas Handfesteres wie Pizza, Steak, Kartoffeln oder Schwarzbrot.

Die sportlichen Herausforderungen waren gut zu meistern, obwohl wir manchen Tropfen Schweiß verloren haben. In der Gruppe fühlten wir uns sehr wohl und waren trotz unserer nicht-englischen Muttersprache voll integriert. Den neuseeländischen Außenseiter Ron haben wir links liegen lassen, aber mit den anderen Mitreisenden nette und auch ernste Gespräche geführt und viel Spaß gehabt – das Miteinander in der Gruppe war eine echte Bereicherung unserer Reise. Wir haben auf dieser perfekt organisierten Tour eine wunderbare Zeit erlebt und einen hervorragenden wie auch unvergesslichen Einblick in die Kultur und Natur Südostasiens erhalten.

Der Bus bringt uns in vier Stunden die 300 Kilometer von Chanthaburi zum Flughafen Bangkok. Die Straßen werden immer voller, kurz vor dem Flughafen sieht es aus wie auf einem sechsspurigen amerikanischen Highway. Von Romantik und Idylle keine Spur mehr, stattdessen tauchen wir in die schillernde Glitzer- und Shoppingwelt des modernen Großflughafens Bangkok ein. Wir kaufen einige deutsche Zeitungen, damit uns bis zum Abflug nach Phuket nicht langweilig wird. In Phuket, so unsere Idee, wollen wir uns ein paar Tage vom Fahrradfahren erholen und das Faulenzerleben in einem guten Hotel an einem traumhaften Strand genießen.

Unser Ferienresort in Phuket, das JW Marriott Khao Lak, liegt in einer tropischen Gartenanlage direkt am naturbelassenen kilometerlangen Sandstrand, hier kann man es sehr gut aushalten. Am Strand liegen jedoch keine grazilen Thai-Ladys, sondern mehr germanische und niederländische Wuchtbrummen. Der gesamte Hotelkomplex wird von Schwimmkanälen durchzogen, so dass man kilometerweit im Süßwasser schwimmen, aber natürlich auch hervorragend im Meer baden kann, das Wasser ist badewannenwarm. Da dieses Resort außerhalb des Zentrums von Khao Lak liegt, ist es hier herrlich ruhig, keine nervenden Händler oder knatternden Bananenboote stören die Idylle.

Drei Nationalparks und die vor Phuket gelegenen kleinen Inseln wollen entdeckt werden. In Khao Lak selbst gibt es nichts Außergewöhnliches zu sehen, lediglich Geschäfte, Restaurants, Bars, Tauchshops, Massagesalons sowie Büros von Reiseagenturen und Ausflugsveranstaltern. Das kleine Tsunami-Museum soll an die schreckliche Naturkatastrophe von Weihnachten 2004 erinnern, es ist durchaus einen Besuch wert. Wenn man am herrlichen Strand liegt, auf das Meer schaut und die traumhafte Szenerie auf sich wirken lässt, kann man sich nicht vorstellen, dass diese Monsterwelle in Asien weit über 200.000 Menschen das Leben gekostet hat.

Heidi startet zur Einkaufstour, während ich mich von einem netten Thai-Mädchen massieren lasse. Da sie ein wenig Englisch spricht, kann ich mich mit ihr unterhalten und einige Informationen über ihr Leben erhalten. Sie kommt aus Nordthailand, konnte dort keine Arbeit finden und hat deshalb in Bangkok als Näherin zehn Stunden am Tag für umgerechnet drei Euro Tageslohn gearbeitet. Jetzt bekommt sie für jede Massage 2,50 Euro. Gut leben kann man auch mit diesem Verdienst nicht, aber immerhin besser als mit den noch geringeren Löhnen in Vietnam oder Kambodscha. In Kambodscha erhält eine Lehrerin rund 45 Euro im Monat, damit kann sie keine Familie ernähren. Insofern ist es verständlich, dass es vor allem junge Menschen in die Touristen-Hochburgen zieht, weil dort am ehesten gutes Geld verdient werden kann.

Am endlosen, goldgelben Strand mit Palmen- und Kautschukhainen im Schatten zu liegen und im warmen Meer mit dem leichten Wellengang zu baden, ist herrlich, aber genauso schön ist es, mit dem Fahrrad durch die kleinen Örtchen und die üppig-grüne Natur zu fahren. Wir leihen uns im Hotel zwei Fahrräder aus und erkunden die nähere Umgebung. Wenn wir von der Hauptstraße abbiegen, sind wir kurz darauf ganz allein unterwegs. So radeln wir ein Stück durch den Urwald, sehen Wasserfälle sowie Kautschukplantagen und schauen uns in der Nähe unseres Hotels die Gräber einiger auch deutscher Tsunamiopfer an. Es ist deprimierend, die Inschriften auf den Grabsteinen zu lesen und nachzuempfinden, welche Tragödien sich hier abgespielt haben. Für mich nimmt die Fahrradtour beinahe ebenfalls ein tragisches Ende, ich passe einen Moment nicht auf und fliege nach vorn über den Lenker. Zum Glück schlage ich mir nur das linke Knie auf, kann zwar nicht mehr richtig gehen, aber dafür noch ohne Probleme Fahrrad fahren.

Auf unserer Radtour entdecken wir zufällig ein Elefanten-Camp, das nicht nur das Reiten auf Elefanten anbietet, sondern auch die Möglichkeit, mit den Dickhäutern in einem kleinen See ein erfrischendes Bad zu nehmen und im Wasser zu planschen. Nach einer kurzen Einweisung im Camp können wir die Elefanten streicheln und füttern und sie so an uns gewöhnen. Heidi opfert dabei ihre Bananen, ich esse meine lieber selbst. Dann reiten wir auf dem Rücken der Elefanten am Rande des Khao Lak Lamru National Parks entlang, eine wackelige Angelegenheit in ungewohnter Höhe, aber glücklicherweise haben die Sitze auf dem Rücken der Elefanten tatsächlich einen Sicherheitsgurt. Und dann ist es so weit: Die riesigen Tiere werden ins Wasser geführt, wir sitzen oben drauf. Der Mahut, wie der Elefantenführer hier heißt, hat die Tiere im Griff. Diese tauchen nur so tief ins Wasser ein, dass der Mahut, der auf dem Nacken des Elefanten steht, nicht nass wird, wohl aber wir. Auf sein Kommando hin nutzen die Elefanten ihren Rüssel als Wasserspritze, ein herrlicher Spaß für Tiere und Touristen. Heidi und die Elefanten sind nur mit Mühe wieder aus dem Wasser zu bringen.

Die erholsamen Tage in Khao Lak sind vorüber, erneut müssen wir Koffer packen und die traumhafte Hotelanlage verlassen. Wir fliegen über Bangkok mit SriLankan Airlines, die einen perfekten Service mit hübschen Stewardessen in Nationaltracht bieten, nach Colombo, der Hauptstadt Sri Lankas. Mit dem Fahrrad wollen wir im Rahmen einer organisierten Tour – wiederum mit SpiceRoads aus Bangkok – durch Sri Lanka radeln und uns anschließend einige Tage am Strand erholen. Solch eine Radtour in einem tropischen Land ist immer ein kleines Abenteuer, aber mit ortskundiger Reiseleitung ist das Risiko begrenzt und der Erfolg garantiert. Wir sind gespannt, voller Vorfreude und ein wenig aufgeregt.

Alles außer Schnee – dies bietet laut dem Marco-Polo-Reiseführer die Tropeninsel Sri Lanka. Nicht einmal so groß wie Bayern, präsentiert sich Sri Lanka in einer eindrucksvollen Vielfalt. Die landschaftlich faszinierende und kulturell beeindruckende Insel wollen wir mit dem Fahrrad ansehen und erleben. Leider waren noch vor wenigen Wochen vor allem die nördlichen Teile der Insel überschwemmt, es gab Tote, und eine Million Menschen wurden obdachlos. Aber nach den uns vorliegenden aktuellen Informationen sind die Landesteile, die wir besuchen wollen, nicht betroffen. Auch der Bürgerkrieg ist seit 2009 offiziell vorbei, so dass unbeschwerten Reiseerlebnissen nichts im Wege steht.

Unsere Radtour startet in Negombo an der Westküste Sri Lankas. Sowohl die Hauptstadt Colombo als auch den Touristenort Negombo werden wir uns erst am Ende unserer Rundfahrt näher anschauen. Der erste Eindruck von Negombo ist recht nett, aber außerhalb der touristischen Ecken sehen die Häuser sehr ärmlich und die Fischerboote ziemlich altertümlich aus, scheinen aber ihren Zweck zu erfüllen. Die süßen kleinen Kinder, die uns beim Strandspaziergang begleiten, kennen bereits die wichtigste englische Vokabel »money«, aber auch die gebetsmühlenartige Wiederholung dieses Zauberwortes und die weit aufgerissenen Augen können unsere Herzen nicht erweichen und halten unsere Portemonnaies verschlossen.

Abends treffen wir unsere Gruppe sowie die Reiseleitung. Die Gruppe ist erfreulich klein, genau genommen fährt lediglich noch ein weiteres Ehepaar aus England mit – Robert und Diana. Die beiden sehen ein wenig dürr aus, machen aber auf den ersten Blick einen durchaus sympathischen Eindruck. Auch der Fahrrad-Guide und der Fahrer unseres Begleitbusses scheinen nett zu sein, die Fahrräder sind in Ordnung, die Sattelhöhen richtig eingestellt, und so sind wir bereit für das Abenteuer »Sri Lanka mit dem Rad«.

Pünktlich um 7 Uhr geht es los, vor unserem Hotel steigen wir auf die Räder und radeln los in Richtung Dambulla, bekannt wegen seiner vielen buddhistischen Höhlentempel. Die 150 Kilometer lange Strecke fahren wir nur zur Hälfte mit dem Rad, den Rest bequem im Begleitbus. Wir müssen sehr aufpassen, um im Straßenverkehr nicht im wahrsten Sinne des Wortes unter die Räder zu kommen. Jeder fährt hier wie er will oder kann, und der Stärkere hat immer Recht. Wir als Fahrradfahrer gehören mit Sicherheit zu den Schwächeren und verhalten uns entsprechend defensiv. Der Linksverkehr ist für uns bald kein Problem mehr, für Robert und Diana natürlich auch nicht. Angesichts des starken Verkehrs sind wir froh, den größten Teil der Strecke auf landschaftlich reizvollen Nebenstraßen zurücklegen zu können.

Viele Kilometer geht es an der Küste entlang, überall werden Fische und Meeresfrüchte verkauft. Oft liegen nur ein paar Fischlein auf einer Plastikfolie, aber es wird jede Chance genutzt, ein paar Rupien zu verdienen. Nach gut 30 Kilometern biegen wir von der Küstenstraße in das Landesinnere ab und radeln weiter durch tropische Vegetation. In einem Fluss können wir einen Waran beim Schwimmen beobachten, hoffen dabei aber, einer solchen Riesenechse nicht beim Baden zu begegnen. Das Wetter ist gnädig mit uns, der Himmel meist bedeckt, und so kommen wir gut voran. Aber auch die anschließende Weiterfahrt im Minibus ist nicht weniger aufregend und der Verkehr auf den Hauptstraßen stark gewöhnungsbedürftig. Das Überholen ist ganz einfach – kräftig auf die Hupe hauen, eventuell den Blinker setzen und dann rechts rausziehen. Die anderen Verkehrsteilnehmer fahren meist freiwillig zur Seite und landen dabei auch schon mal im Straßengraben. Schlecht ist nur, wenn das entgegenkommende Fahrzeug stärker ist, zum Beispiel ein Bus oder LKW, dann hilft nur eine Vollbremsung – und dies passiert uns einige Male.

Aber wir kommen wohlbehalten in unserem Hotel in Dambulla an, mitten in Reisfeldern gelegen und umgeben von unzähligen Mangobäumen. Schnell ziehen wir die durchgeschwitzten Fahrradklamotten aus, duschen kurz und fahren dann mit frischem Dress zum Goldenen Tempel, dem größten und besterhaltenen Höhlentempel Sri Lankas, natürlich auch UNESCO-Weltkulturerbe. Der Aufstieg ist mühsam, aber lohnenswert. In fünf großen Höhlen sind 150 Buddha-Statuen zu bewundern, die innerhalb von 2.000 Jahren entstanden sind. Der Tempel-Führer versteht es vorzüglich, uns die Geschichte und den Glauben des Buddhismus anschaulich näherzubringen. Der Blick von oben auf die weite Landschaft liefert den Beweis für die oft gerühmte Schönheit Sri Lankas. Bereits Hermann Hesse meinte bei seiner Ankunft auf der Insel, dass hier das Paradies sein müsse.

Durch Reisfelder und Elefantengras radeln wir am nächsten Morgen weiter, die Strecke führt uns über meist flache und unbefestigte Wege am Kandalama-See vorbei zur Festung Sigiriya, einem rotbraunen Felsen, der deutlich sichtbar aus der Ebene herausragt. Diana und Robert scheinen gut trainiert zu sein, auch wenn sie nicht so aussehen. Sie legen ein flottes Tempo vor, bei dem ich mit meinem lädierten Knie vom Sturz in Thailand nur unter Mühen mithalten kann. Dass wir in den Tropen sind, spüren wir an den häufigen und heftigen Regenschauern. Nicht nur wir werden bis auf die Haut nass, sondern auch die Wege verwandeln sich dabei in Schlammwüsten und sind an manchen Stellen unpassierbar. Als wir schließlich richtig eingesaut und völlig durchnässt sind, macht das Radfahren wieder Spaß, zumal die Landschaft wunderschön ist und unser Ziel, die Sigiriya-Festung, immer näher rückt. Die wenigen Einheimischen, die mit Regenschirmen ausgerüstet am Wegesrand stehen, schauen irritiert, welch merkwürdige Gestalten in bunten Hemden und kurzen Hosen sich bei diesem Sauwetter durch den Schlamm wühlen.

Unsere Räder parken wir vor der historischen Felsenfestung – auch UNESCO-Weltkulturerbe – und steigen anschließend 300 Meter auf den Gipfel hinauf, sicherlich nicht weniger anstrengend als das Fahrradfahren. Auf halbem Wege in einer Grotte sehen wir die berühmten barbusigen Wolkenmädchen, Fresken aus dem 5. Jahrhundert, die allein schon die Mühen des Aufstieges wert sind. Wir steigen weiter an den gewaltigen steinernen Löwentatzen vorbei ganz nach oben und schauen uns die Ruinen des Sommerpalastes von König Kasyapa an. Die architektonischen und baulichen Leistungen sind nicht weniger gewaltig als die der alten Ägypter, erklärt uns der Führer.

Die letzten 30 Kilometer zurück zum Hotel fahren wir auf kleinen Pfaden vorbei an vielen Seen, in denen Kinder baden, Wäsche gewaschen und Körperpflege betrieben wird. Kühe stehen mitten auf den Wegen und einige Hunde rennen kläffend hinter uns her. Wir haben Glück und erreichen unser Hotel rechtzeitig vor einem gewaltigen tropischen Regenschauer.

Auf Sri Lanka leben 80 Prozent Buddhisten und nur 8 Prozent Muslime, aber wir sind offenbar in einer muslimischen Ecke gelandet. Um kurz nach 5 Uhr morgens werden wir vom Singsang des Muezzin geweckt. Die heutige Tagesetappe nach Polonnaruwa strengt mich nicht an, ich fahre nämlich im Begleitbus mit, weil mein Knie noch immer schmerzt und nicht richtig belastbar ist. So habe ich Gelegenheit, mich mit unserem Fahrer Toni über Land und Leute zu unterhalten. Toni will mit mir unbedingt ein Reiseunternehmen gründen, ich soll auf seinem Grundstück ein paar Zimmer errichten, er will die Gäste durch Sri Lanka fahren und ich soll in Deutschland für Marketing und Werbung sorgen. Er ist ganz begeistert von dieser Idee und ich muss versprechen, darüber nachzudenken.

Währenddessen sind Heidi, Diana und Robert gemeinsam mit unserem Fahrrad-Guide aufgebrochen, dabei regnet es so häufig und so stark, dass sich die unbefestigten Pisten in Matschbahnen verwandeln und das Fahrradfahren streckenweise unmöglich wird. Heidi übersieht in einer großen Pfütze ein tiefes Loch und steigt unsanft über den Lenker ab. Das rechte Knie blutet und schmerzt, aber sie ist – so sagt sie später – nicht so wehleidig wie ich und fährt munter weiter. Mit den 80 Kilometern bis Polonnaruwa müssen wir eine längere Tagesetappe meistern, da bin ich wirklich froh, trocken und bequem im Bus zu sitzen. Wir halten Ausschau nach wilden Elefanten, die zum Leidwesen der Bauern die Gegend unsicher machen, sehen aber keine. Dafür entdecken wir einige Fledermäuse, Krokodile, Warane, Wasserbüffel und viele Vögel.

Aber kein Tag ohne Kultur – schließlich ist Sri Lanka das Land der Tempel und Klöster. Vor Erreichen unseres Hotels schauen wir uns das Ruinenfeld von Polonnaruwa aus dem 10. Jahrhundert an, weit verzweigt, bequem mit dem Fahrrad zu erkunden und selbstverständlich ebenso Weltkulturerbe der UNESCO. Im Hotel checken wir unsere E-Mails und freuen uns über die Nachricht von Richard aus Denver mit einigen Fotos unserer Radtour von Saigon nach Bangkok. Dazu schreibt er: »Loved the Germans, they were kind, fun people and great cyclists as well. A joy to be around every single day«, mit anderen Worten, das Fahrradfahren mit Heidi und Gerhard hat ihm viel Spaß gemacht. Komplimente machen können die Amerikaner!

Sri Lanka ist nicht nur reich an weltberühmten Kulturdenkmälern, sondern auch bekannt für die Vielfalt und Schönheit seiner Landschaften. So sind wir gespannt auf den Wasgamuwa National Park mit seinen großen Populationen an Elefanten, Bären, Leoparden, Rotwild und wilden Büffeln sowie den mehr als 100 Vogelarten. Nach 50 Kilometern munteren Radelns in leicht hügeligem Gelände checken wir in Willys Safari Hotel ein, das seine besten Zeiten schon lange hinter sich hat, wenn es diese überhaupt irgendwann hatte. Das Essen ist schlecht und kalt, aus unerfindlichen Gründen kann es auch nicht aufgewärmt werden. Wir versuchen, uns nicht zu ärgern, denn das Personal scheint zwar willig, aber nicht fähig zu sein. Unsere zwei Räder tauschen wir gegen vier Räder und fahren mit einem Safari-Jeep durch den Nationalpark, hinten auf der Ladefläche mit guter Sicht und ungeschützt vor Regen und Wind.

Majestätisch und gewaltig bauen sie sich vor uns auf – Dutzende großer und kleiner Elefanten stehen mitten auf der Piste und verteilen sich rüsselschlackernd und ohrenwackelnd langsam auf beiden Seiten unseres Jeeps. Wir stecken mitten in der Herde und könnten die Dickhäuter berühren, wissen aber nicht, ob wir Angst haben sollen oder das einmalige Naturschauspiel entspannt genießen können. Unserem Park-Ranger scheint nicht zu gefallen, dass ein junger Elefant mit seinem Rüssel direkt vor unserer Nase herumwedelt. Die übrigen Tiere nehmen keine Notiz von uns und schauen nur gelegentlich auf. Sie reißen weiter Grasbüschel aus, schlagen diese mit dem Rüssel ein paar Mal auf den Boden, damit die Erde abfällt, und fressen dann das Gras. Wir beobachten andächtig und zunehmend entspannter das Treiben, sehen den jungen Elefanten beim Spielen zu und sind überwältigt vom Anblick diesen schönen und Achtung gebietenden Tiere, die wir derart nah in freier Wildbahn erleben dürfen – diese Eindrücke werden wir nie vergessen.

Frühmorgens radeln wir weiter, es liegt noch Nebel über den Feldern und die Tropensonne setzt sich nur langsam durch.

Dann wird es ernst – wir müssen einen 1.000 Meter hohen Pass erklimmen. Das hört sich einfach an, ist aber angesichts der Steigungen und der tropischen Hitze leichter gesagt als getan. So sitzen wir alle über kurz oder lang im Bus, Robert kämpft bis zuletzt, bis auch ihn die Kräfte verlassen. Als wir oben sind, steigen wir wieder auf unsere Räder und sausen bergab, so schnell es die Schlaglochpiste zulässt.

In einem Gewürzgarten mitten in den Bergen lassen wir uns die heilende Wirkung von Gewürzen und Kräutern erklären. Der Kräutermeister spürt meine Zweifel, schmiert mir eine weiße Paste zur Haarentfernung auf mein Bein, und – schwupp – nach 15 Minuten sind die Haare tatsächlich weg. Ich kaufe trotzdem nichts, bin aber davon überzeugt, dass viele Naturprodukte heilende Wirkung entfalten können, vielleicht verstärken sie auch nur die Selbstheilungskräfte des Körpers. Die große weiße Fläche auf meinen ansonsten behaarten Beinen sieht irgendwie krank aus.
Mit unserem Hotel Thilanka in Kandy haben wir eine gute Wahl getroffen, die Zimmer sind komfortabel und das Essen ist ausnahmslos sehr gut. Als dann die Band beim Abendessen »Muss i denn, muss i denn, zum Städtele hinaus« spielt, kommen heimatliche Gefühle auf.

Kandy wird als die schönste Stadt der Insel gepriesen, dies können wir nur schwer nachvollziehen. Zwar gibt es hier und da ein paar schöne Ecken, vor allem den weiträumig angelegten Botanischen Garten mit Palmenhainen und Bambusgärten, aber ansonsten bietet die Altstadt außer einfachen Geschäften und nervendem Straßenverkehr nicht viel Sehenswertes und Schönes. Über der Stadt thront auf einem Hügel eine riesige weiße Buddha-Statue, die immerhin 30 Meter hoch und von vielen Ecken der Stadt aus zu sehen ist. Hauptsehenswürdigkeit in Kandy ist der »Zahntempel«, in dem ein Eckzahn Buddhas, das kostbarste Heiligtum Sri Lankas, aufbewahrt wird. Wir wollen den Backenzahn nicht sehen und schauen uns auch den Tempel nur von außen an, allerdings führt ein wunderschöner Weg am See und der Tempelanlage vorbei.

Berge, Berge und kein Ende – mehrere kräftige Anstiege müssen wir heute auf dem Weg nach Kotagala bewältigen. Mit etwas Wehmut denken wir an unsere Fahrradtouren in den Ebenen Vietnams und Kambodschas zurück. Die Landschaft aber fasziniert uns erneut, wir radeln durch Teeplantagen, an Seen vorbei und fühlen uns bisweilen in liebliche Voralpenlandschaften versetzt. Gott sei Dank ist immer unser Begleitbus in der Nähe, in den wir jederzeit einsteigen könnten. Allein diese Gewissheit ist viel wert und verleiht uns ungeahnte Kräfte beim Bezwingen der vielen kleinen Hügel, die in unseren Augen zu großen Bergen anwachsen.

Auch im relativ dünn besiedelten Bergland fallen uns die zahlreichen Polizei- und Militärposten auf, allerdings werden wir nie angehalten und stets freundlich gegrüßt. Der Bürgerkrieg ist noch nicht vergessen, die letzten Bomben gingen erst im Mai 2009 hoch, deshalb sind die vielfältigen Sicherheitsmaßnahmen verständlich. Sri Lankas ist und bleibt ein Paradies, auch wenn noch viele Probleme zu lösen sind.

Von Kotagala wollen wir nach 76 Kilometern auf dem Rad Udawalawe erreichen, mitten in der Wildnis am Rande des gleichnamigen Nationalparks. Fast den ganzen Tag radeln wir in einem munteren Auf und Ab durch Teeplantagen und schauen den Teepflückerinnen bei ihrer schweren Arbeit zu, die sich freuen, wenn wir sie fotografieren. Nach dem Mittagessen in Balangoda geht es weiter zum heutigen Etappenziel. Unsere Unterkunft, das Kalous Hideaway, ist recht rustikal, aber traumhaft gelegen. Heidi verabschiedet sich sofort in Richtung Swimmingpool, Diana und Robert brechen zur Vogel-Beobachtung auf. Sie sind fanatische Vogelfreunde, führen tatsächlich eine »Vögelliste« und schauen stundenlang mit ihren Fernrohren oder durch gewaltige Teleobjektive in die Gegend. Ich schreibe in der Zwischenzeit die Berichte für mein Reisetagebuch, so ist jeder auf seine Art beschäftigt.

Der Schweiß rinnt in Strömen, selbst die Einheimischen stöhnen über das Wetter und bewegen sich nur, wenn es unbedingt notwendig ist. Wir wechseln häufig unsere Fahrradtrikots, es ist ein unbeschreiblicher Vorteil, dass sich unser Kleinbus immer in unserer Nähe befindet. Kaum haben wir ein frisches Hemd angezogen, ist es Minuten später durchgeschwitzt. Wir trinken viele Liter Wasser und genießen die frischen Früchte und die Kokosmilch, die wir direkt von den Obstständen an der Straße serviert bekommen.

Das Landschaftsbild verändert sich, die Teeplantagen werden weniger, dafür sehen wir mehr Obst- und Gemüsefelder. Auch wenn der Verkehr auf dieser Strecke im Landesinneren gering ist, müssen wir dennoch höllisch aufpassen, dass wir nicht von den Autos beim Überholen abgedrängt werden oder uns Mopeds die Vorfahrt nehmen. Mir kommt mitten auf einem schmalen Weg ein Wasserbüffel entgegen, so dass ich in Sekunden entscheiden muss, ob ich rechts oder links vorbeifahren kann. Vorsichtshalber halte ich an und warte, was der Wasserbüffel macht – er macht den Weg frei. Heidi fährt über eine Schlange, die blitzschnell aus dem Gebüsch kommt. Von den vielen Hunden und Kühen, denen wir auf den Straßen und Wegen ausweichen müssen, wollen wir gar nicht reden. Auch dieser Tag ist wieder vollgepackt mit vielfältigen Einblicken in das ländliche Leben auf dieser abwechslungsreichen und schönen Insel.

Wir sind in Kamburupitiya angekommen, diesen Namen können wir nicht aussprechen und den Ort auch nicht auf unserer Karte oder in den Reiseführern finden. Wir wohnen weit außerhalb im Eco Village, direkt an einem See. »Eco« bedeutet hier wenig Komfort, spärliche Einrichtung und mangelnde Sauberkeit. Aber wie immer im Leben muss man alles positiv sehen: Keine Minibar verführt uns zum Alkoholkonsum, kein Fernseher lenkt uns vom Lesen ab, kein Geschäft verleitet uns zu unnötigem Konsum und kein Telefon kann die Nachtruhe stören. Natürlich gibt es auch keine Internetverbindung, deshalb brauche ich keine E-Mails zu schreiben, keine Bilder hochzuladen und keinen Reisebericht zu verschicken. So haben wir viel Zeit, in dieser einsamen Idylle die Natur zu beobachten. Und was machen unsere englischen Vogelfreunde? Genau, sie stehen am Ufer des Sees und beobachten Vögel.

Nicht nur die Mücken, sondern auch die Ameisen scheinen sich in dieser Öko-Ecke wohlzufühlen. Spätabends müssen wir den Ameisenjäger bestellen, der mit einer großen Giftspritze kommt. Er empfiehlt uns, das Zimmer zu wechseln, aber nach den Strapazen des Tages haben wir dazu keine Lust und schlafen lieber in der mit Insektengift angereicherten Luft. Der Ventilator knattert so laut, dass wir ihn wegen des Lärms abstellen müssen, das Öffnen der Fenster bringt auch keine nennenswerte Abkühlung, und so schmoren wir im eigenen Saft. Als es morgens endlich hell wird, sind wir froh, wieder auf unsere Räder steigen können.

Eigentlich sieht unser Programm eine Übernachtung in Galle vor, einer Stadt am Indischen Ozean mit einer schönen Altstadt und einer interessanten Geschichte. Aber wir landen im Kabalana Beach Hotel, 18 Kilometer außerhalb der Stadt. Das Hotel liegt zwar wunderschön direkt an einem traumhaften Strand, befindet sich aber für einen kleinen Abendspaziergang in Galle zu weit weg. So schauen wir den Surfern zu, die gekonnt auf den gewaltigen Wellen surfen. Die frische Brise schafft gute Voraussetzungen für einen erholsamen Schlaf, zumal uns die Berge noch in den Beinen stecken.

Auf Sri Lanka wird viel geheiratet, es vergeht kaum ein Tag, an dem wir nicht eine oder mehrere Hochzeiten erleben. So geht es auch heute in unserem Hotel um 10 Uhr los, und um 15 Uhr ist die Feier vorbei. Wir sind mittendrin und die Ersten, die dem Hochzeitspaar die besten Wünsche mit auf den Weg geben. Aber wir wollen nicht Hochzeit feiern, zumal die Musik sehr laut und gewöhnungsbedürftig ist, sondern uns Galle ansehen, das über einen gut erhaltenen Altstadtkern mit moderner touristischer Infrastruktur verfügt. Die Altstadt wirkt auf uns wie ein Freilichtmuseum, alle einstigen Kolonialherren haben ihre Spuren hinterlassen. Erst waren die Portugiesen da, dann kamen die Holländer und zum Schluss die Engländer. Das alte Fort ist zum UNESCO-Weltkulturerbe erklärt worden und gehört zum Pflichtprogramm jedes Besuchers. Wir unterhalten uns mit einigen Einheimischen und erfahren, dass mittlerweile einige reiche Europäer und darunter vor allem Deutsche hier wohnen, weil es sich in Galle auch mit westlichen Komfortansprüchen gut leben lässt.

Zum letzten Mal steigen wir auf das Rad – zumindest auf Sri Lanka: Wir starten zur letzten Etappe nach Colombo, sie umfasst zunächst nur 25 Kilometer auf einer relativ flachen Strecke mit verkehrsarmen und landschaftlich wunderschönen Wegen, den Rest der Strecke legen wir mit dem Bus zurück. Dieser benötigt auf der stark befahrenen Küstenstraße drei Stunden nach Colombo. Der Küstenabschnitt war schwer vom Tsunami 2004 betroffen, fast 50.000 Menschen kamen allein auf Sri Lanka ums Leben, die Spuren der Verwüstungen sind immer noch zu sehen.

Der Verkehr wird immer dichter, schließlich kommen wir in Colombo an. Nun haben wir es geschafft, unsere Radtour ist fast zu Ende, rund 600 Kilometer in einer einzigartigen Tropenlandschaft mit üppigem und sattem Grün sowie vielfältigen Vegetationsformen liegen hinter uns. Mancher Liter Schweiß ist geflossen und es gab Momente, in denen nicht nur ich die Nase voll hatte. Aber die Rundfahrt mit dem Rad durch Sri Lanka war ein einmalig schönes Erlebnis und wird uns wie auch die Radtour von Saigon nach Bangkok unvergesslich bleiben.

Unser Hotel, das Galle Face Hotel, wurde bereits 1864 erbaut und ist das älteste Hotel in Colombo. Unser Zimmer wurde seither offensichtlich nicht renoviert, dafür ist die Lage des Hotels direkt am Meer ausgezeichnet und wir können den Atem der Geschichte sowie den Hauch von Luxus ein wenig erahnen. Mit unserem Fahrer – unser Fahrrad-Guide muss bereits eine andere Reisegruppe am Flughafen abholen – sowie Diana und Robert treffen wir uns in einem landestypischen Restaurant zum gemeinsamen Abschiedsessen. Diana und Robert beteuern, wie schön die Zeit mit uns gewesen sei, Robert gibt Heidi zum Abschied noch ein Küsschen, ich gebe Diana keins und dann sind wir weg.

Wir wollen in einem bayerischen Restaurant ein deutsches Bier vom Fass trinken, im Moment sei aber leider kein deutsches Bier da, meint der Kellner. Aber das einheimische Bier vom Fass ist ebenfalls lecker, nur die deutschen Schlager wie »Kreuzberger Nächte sind lang« erscheinen uns hier irgendwie unpassend. Der Absacker auf der Hotelterrasse mit Meerblick und einer leichten Brise ohne Robert und Diana ist auch nicht schlecht, wir fühlen uns frei.

Am nächsten Tag führt Heidi harte Preisverhandlungen mit den Tuk-Tuk-Fahrern vor dem Hotel, schließlich schafft sie es, den Preis um einen Euro herunterzuhandeln, und wir können in das dreirädrige Gefährt einsteigen und losfahren. Die Zahl der Sehenswürdigkeiten in Colombo hält sich in Grenzen, aber es gibt einige schöne Gebäude aus kolonialen Vorzeiten, die wir uns ansehen. Markant ist die neue Skyline mit den Türmen des World Trade Centers und der Bank of Ceylon. Der Verkehr in der Hauptstadt ist heftig, das Überqueren einer Hauptstraße gerät zum Abenteuer. Auffällig ist auch die starke Militär- und Polizeipräsenz in der Stadt. Uns wird erklärt, diese Sicherheitsvorkehrungen seien wegen der momentan stattfindenden Cricket-Weltmeisterschaft notwendig. Beim Bummel durch die Einkaufszentren sind wir immer wieder von den niedrigen Preisen der angebotenen Waren überrascht, die bei uns ein Vielfaches kosten. Es lohnt sich also durchaus, Colombo in die Liste der günstigen Einkaufsparadiese Asiens aufzunehmen.

Mit dem Taxi lassen wir uns nach Negombo bringen, wo wir vor zwei Wochen zu unserer Fahrradtour gestartet sind. Hier wollen wir uns ein paar Tage am Meer ausruhen, denn die Stadt ist recht nett und das Hotel Jetwing Beach ein schöner Platz zum Relaxen. Viel zu sehen gibt es hier nicht, nur ein paar Märkte, Kirchen und Reste von Kolonialbauten. Wir werden pausenlos angesprochen, meist steckt ein kommerzielles Interesse dahinter, und selbst am

Strand haben wir keine Ruhe. Besonders nervig sind die »fliegenden« Händler, die nicht fliegen, sondern penetrant allerlei unnötige Waren anbieten. Wenn ich entgegne, dass ich heute keine Sprechstunde habe, wollen sie morgen wiederkommen.

Das Einkaufen ist immer ein Erlebnis, verbunden mit interessanten und oft lustigen Begegnungen. Auf meine Frage nach einem USB-Stick schaut mich eine junge Verkäuferin freundlich an und fragt »Plastik?«, da merke ich, dass ich so nicht weiterkomme. Auch mit einem Stadtplan kann niemand etwas anfangen, wir müssen uns allein zurechtfinden. Nachdem wir versehentlich in einem Slum gelandet sind, gehen wir schnell weiter und finden schließlich doch noch einen Computer-Shop. In einem Café zahlen wir für eine Tasse Kaffee, eine Flasche Mineralwasser und eine Flasche Orangensaft zusammen umgerechnet 0,70 Euro. Leider gelten solche Preise nicht in unserem Hotel.

Wir fahren noch einmal nach Colombo, aber nicht etwa, weil die laute und pulsierende Zwei-Millionen-Metropole sonderlich schön ist, sondern weil wir zum Abendessen eingeladen sind. Auf unserer Galápagos-Rundreise haben wir Petra und Volkmar aus Neubrandenburg kennengelernt und zwischenzeitlich viele E-Mails ausgetauscht. Die beiden verfolgen unsere Weltreise intensiv und nutzen unsere Reiseberichte als Grundlage für ihre eigenen Reiseplanungen. So treffen wir uns – eigentlich unglaublich – in einer völlig anderen Ecke der Welt und feiern unser Wiedersehen. Der Abend mit Petra und Volkmar gestaltet sich ausgesprochen schön, wir erzählen unendlich viel und tauschen die Erfahrungen unserer Reiseabenteuer in exotischen Ländern aus. Und ganz wichtig: Das Essen im Restaurant des Cinnamon Gran ist ausgezeichnet!

Viele haben es getan – und wir wollen es auch tun. Wir lassen uns zu einem Ayurveda-Tempel kutschieren und eine dreistündige Anwendung der klassischen Heilkunst über uns ergehen. Ayurveda heißt wörtlich übersetzt »Wissenschaft vom langen Leben« und wird bereits seit 3.000 Jahren praktiziert. Ursprünglich kommt Ayurveda aus Indien, wird aber auch überall auf Sri Lanka angeboten. Die drei Stunden im Ayurveda-Tempel sind unterhaltsam und entspannend. Ich träume von einer braunen Schönheit, die mich massiert, aber zu mir kommt ein junger Mann, und die Schönheit, die Heidi bearbeitet, ist bei näherer Betrachtung gar keine. Zuerst gibt es eine Ganzkörpermassage, eher ein festes Streicheln als eine schwedische Sportmassage. Sprechen dürfen wir während der Behandlung nicht, das fällt uns schon schwer. Mein Masseur hat ziemlich raue Hände, so bekomme ich gleichzeitig ein Peeling verabreicht. Nach einer Stunde intensiven Streichelns werden wir in eine Dampfkiste gepackt und müssen 20 Minuten im heißen Wasserdampf garen. Als wir endlich raus dürfen, ist es draußen richtig frisch, obwohl die Außentemperatur bei 32 °C liegt. Es ist im Leben eben alles relativ. Höhepunkt der Behandlung ist der Stirnguss, bei dem in kreisenden Bewegungen permanent heißes Öl auf die Stirn geträufelt wird und dann seitlich am Kopf herunterläuft. So stelle ich mir eine mittelalterliche Foltermethode vor, aber auch diese Zeit geht vorbei. Heidi findet es angenehm. Nach einer verordneten Ruhepause und anschließenden Körperreinigung dürfen wir in einem Kräuter- und Blütenbad entspannen. Danach sind wir erlöst und können bei einer Tasse Gewürztee und frischen Früchten wieder in das normale Leben eintreten. Heidi muss ihre Haare im Hotel dreimal waschen, damit sie wieder den alten Glanz annehmen. Wir hoffen inständig, dass diese aufwendige Prozedur ein wenig zur Lebensverlängerung beigetragen hat.

Es klingt ein wenig abgehoben: Wir liegen am schönen Strand unter Palmen und sind in Gedanken schon in Afrika. Anfang September startet unsere 6. Weltreiseetappe in das südliche Afrika. Alles muss geplant und organisiert werden, der logistische Aufwand ist hoch. So lese ich auf Sri Lanka Reiseführer von Afrika und recherchiere stundenlang im Internet. Wir wollen in Namibia starten, mit dem Auto nach Simbabwe und Botswana fahren, danach durch Südafrika reisen und zum Schluss noch Mauritius und Réunion im Indischen Ozean besuchen. Reisen ist ein Zustand, man kommt nie an.

Reisen ist aber auch eine Geisteshaltung – immer unterwegs sein, nie stehen bleiben, Neues suchen, Herausforderungen annehmen und Abenteuer eingehen. Oder einfach mit dem alten deutschen Sprichwort ausgedrückt: Wer rastet, der rostet.

Aber noch sind wir in Asien und genießen das geruhsame Strandleben in Negombo. Sri Lanka ist eine Reise wert, und wir sind überzeugt, dass der Tourismus auf der Tropeninsel mit der traumhaften Natur, den herrlichen Stränden, den freundlichen Menschen und den zahllosen kulturellen Sehenswürdigkeiten in ein paar Jahren richtig blühen wird – ein ideales Land für Träumer und Entdecker.

Unserem Taxifahrer auf der Fahrt vom Hotel in Negombo zum Flughafen in Colombo müssen wir bestätigen, wie schön wir sein Land und wie freundlich wir die Menschen hier finden. Dies können wir guten Gewissens tun. Wir müssen ihm zudem versprechen, dass wir allen Freunden und Bekannten in Deutschland erzählen, dass der Krieg auf Sri Lanka schon lange vorbei ist und die Menschen friedlich miteinander leben. Er kann nicht glauben, dass ich bereits Rentner bin und nie mehr arbeiten muss, er hingegen sieht älter aus und muss noch viele, viele Jahre Taxi fahren.

Am Flughafen tauchen wir in ein Meer aus Frotteetüchern ein, Hunderte Muslime sind auf Pilgerreise nach Mekka. Ihre Maschine hat sechs Stunden Verspätung, aber unser Flieger nach Male hebt, Gott und Allah sei Dank, planmäßig ab. Beim Landeanflug auf die Hauptstadt der Malediven sind wir begeistert über die traumhaft schöne Inselwelt im azurblauen und an manchen Stellen grün leuchtenden Wasser. Wie ein Kranz umschließen schmale Koralleninseln seichte Lagunen, die durch Riffkanäle mit dem offenen Meer verbunden sind. Solch märchenhafte Bilder bieten sich uns bereits beim Blick aus dem Fenster unseres Flugzeugs.

Die Einreise klappt problemlos, auch wenn auf den Malediven strenge Einreisebedingungen herrschen. Wir haben keine Zeitungen mit nackten oder halbnackten Frauen im Gepäck, und unsere umfangreiche Reiseapotheke mit einigen harten Drogen wird nicht kontrolliert. Da wir zudem nicht aus einem Gelbfiebergebiet kommen, sind die Pass- und Zollkontrollen ruckzuck erledigt. Mit dem hoteleigenen Schnellboot geht es in knapp 30 Minuten auf unsere Insel Hudhuran Fushi zum Adaaran Select Hotel, unserer Bleibe für die nächsten zwölf Tage. Hier auf den Malediven soll das Paradies sein, wir lassen uns überraschen.

Die Malediven liegen mitten im Indischen Ozean zwischen Indien und dem Äquator und sind ein begehrtes Traumreiseziel für Menschen aus aller Welt. Im gesamten maledivischen Inselstaat leben so viele Menschen wie im Kreis Unna, und dies vorwiegend vom Tourismus und Fischfang. Auch heute noch sind die Malediven ein Entwicklungsland, die Einnahmen aus dem Tourismus reichen bei weitem nicht aus, die Importe zu finanzieren, da praktisch alle Güter aus dem Ausland eingeführt werden müssen. Hinter den Kulissen der Urlaubsidylle sieht es nicht so friedlich aus. Der Islam ist Staatsreligion, und einige Politiker fordern die Einführung der Scharia. Da die 1.200 Inseln nur einen oder zwei Meter aus dem Meer ragen, werden sie beim weiteren Ansteigen des Meeresspiegels irgendwann verschwinden, wenn die Erderwärmung nicht rechtzeitig gestoppt werden kann.

Bei unserer Ankunft sind wir ein wenig überrascht über den Rummel, der im Bereich der Rezeption und vor allem im Hauptrestaurant beim Abendessen herrscht. Der Speisesaal ist riesig, uns wird ein Platz zugewiesen. Das Ehepaar aus Bosnien-Herzegowina, mit dem wir den Tisch teilen dürfen, spricht nicht unsere Sprache und wir nicht seine. Da wir zugegebenermaßen verwöhnt sind und ein gutes wie auch reichhaltiges Essensangebot zu schätzen wissen, sind wir enttäuscht über die Qualität des Buffets. Unseren Tischnachbarn scheint es hingegen zu schmecken, wir essen viel frisches Gemüse und Salat und werden auf diese Weise ebenfalls satt. Wir gehören hier zu den All-inclusive-Gästen und müssen Tag und Nacht ein graues Plastikarmband tragen. Das All-inclusive-Angebot hält sich auch getränkemäßig in Grenzen, Wein gibt es nur zu den Essenszeiten mittags und abends und auch lediglich im Hauptrestaurant.

Unsere Insel Hudhuran Fushi gehört zu den größeren Inseln der Malediven. Weiße Sandstrände, vielfältige Korallenbänke, sanfte wie auch hohe Wellen, schattenspendende Palmen und Banyanbäume schaffen eine einmalige und faszinierende Kulisse. Das Meer leuchtet in unzähligen Facetten vom dunklen Blau über sanftes Blaugrau und leuchtendes Türkis bis zum satten Tiefgrün – ein traumhaftes Wechselspiel der Farben zwischen Meer und Insel. Touristische Sehnsüchte gehen hier in Erfüllung!

Das Publikum ist bunt gemischt, Jung und Alt, viele Russen, wenige Japaner, keine Amerikaner und ein paar Deutsche, Franzosen und Italiener. Die touristischen Angebote zur Entspannung und Unterhaltung sind vielfältig, neben den Restaurants und Bars stehen Fitnesscenter, Sportfelder, eine Squashhalle, ein Spa mit Massagen und natürlich die üblichen Wassersportangebote zur Verfügung. Gegenüber dem Leben auf Sri Lanka schalten wir noch einen Gang zurück, verharren quasi fast im Leerlauf. Hektik gibt es hier nicht, auch keine Tuk-Tuks, keine fliegenden Händler, keine historischen Sehenswürdigkeiten und keine Termine – nur relaxen und die Seele baumeln lassen. Die Mahlzeiten bestimmen den Tagesrhythmus, Essen und Trinken sind wesentliche Elemente der Freizeitgestaltung. Aber das Nichtstun ist nicht so einfach, das muss man – oder besser ich – erst lernen.

Unser Strandbungalow, einer von 200, liegt schön zwischen Büschen und Bäumen, nur 20 Meter vom Strand entfernt. Er ist spartanisch eingerichtet, sehr geräumig und natürlich mit Klimaanlage ausgestattet. Die Dusche befindet sich im Freien, und so ist es ein herrliches Gefühl, morgens beim Duschen die Sonnenstrahlen zu spüren oder nachts unter der Dusche bei sternenklarem Himmel den Vollmond zu betrachten. Romantik pur, wenn nur die verdammten Mücken nicht wären, die uns Tag und Nacht ärgern.

Das alte Hausmittel, zur Mückenabwehr viel Bier zu trinken, hilft hier auch nicht, offenbar müssen wir die Dosis erhöhen.

Auf das Wetter und das Wasser ist Verlass – die Sonne scheint von morgens bis abends, nur gelegentlich zeigen sich ein paar Wölkchen am blauen Himmel. In unserem Bungalow hängen zwar zwei Regenschirme, wir hoffen aber nur zur Dekoration. Das Wasser ist badewannenwarm, ideal zum Schwimmen und Schnorcheln. Die Gezeiten sind stark ausgeprägt, bei Ebbe zieht sich das Meer weit zurück. Dabei entstehen viele Wasserlöcher, ideal zum Baden und Fischebeobachten. Ein perfektes Schnorchelrevier finden wir an der Riffaußenkante in der Nähe der Bootsanlegestelle, wo die Küste unter der Wasseroberfläche viele hundert Meter steil abfällt.

Nach wenigen Schritten aus unserem Bungalow heraus sind wir bereits im glasklaren Wasser und werden sofort von Fischen umringt. Wir weichen einer Riesenmuräne aus, die auf Futtersuche ihre Höhle verlassen hat. Zwischen den unzähligen Fischen taucht plötzlich eine Schildkröte auf – im wahrsten Sinne des Wortes –, denn sie muss zum Luftholen an die Wasseroberfläche. Wir schwimmen durch einen Schwarm von Papageifischen, ein großer Stachelrochen schwebt majestätisch an uns vorbei, wir sehen einen riesigen Napoleonfisch neben uns und plötzlich tauchen sogar zwei Haie aus dem Dunkel der Tiefe auf. Vor Schreck vergesse ich, sie zu fotografieren. Es ist traumhaft schön, sich mit der Strömung treiben zu lassen und Teil dieser lebendigen und farbenfrohen Unterwasserwelt zu werden. Unglaublich spannend ist es auch, einen großen Oktopus zu verfolgen, der permanent seine Farbe und Form verändert. So viele, so schöne und so farbenprächtige Fische haben wir trotz zahlreicher Tauch- und Schnorchelausflüge in vielen Gewässern der Welt bisher nicht erlebt. Für uns liegt das Paradies der Malediven eindeutig unter Wasser.

Das Essen wird nicht besser, aber zumindest sitzen wir nach einigen Tagen allein am Tisch, und Hassan, unser Kellner, ist sehr aufmerksam und bedient uns bestens. Nur mit dem Wein klappt es nicht richtig. Der Wein aus dem Kanister wird vor dem Abendessen in Karaffen abgefüllt, dann auf die Theke gestellt und nimmt somit im Laufe des Abends die tropische Umgebungstemperatur an. Hassan löst das Problem auf seine Weise und gibt Eiswürfel in das Weinglas. Wir kippen den Wein mit den Eiswürfeln in die Blumen und bestellen ein Bier.

Wir erfüllen uns einen Traum und mieten für die letzten Tage einen Wasserbungalow, hier Ocean Villa genannt. Die großzügige Raumgestaltung, die Lage im Wasser, der geniale Blick aufs Meer sowie der direkte Zugang zu diesem über eine kleine Treppe schaffen ein einmaliges und unverwechselbares Ambiente. Uns steht sogar ein eigener Butler zur Verfügung, Sundar heißt er, der uns zur Begrüßung ein Tellerchen mit Pralinen vorbeibringt. Noch wichtiger aber für uns ist, dass er eine Flasche eiskalten Weißweines besorgen kann. Wir lassen das Abendessen ausfallen, so einmalig schön und traumhaft ist es auf unserer Terrasse mit dem faszinierenden Blick aufs Meer. Die Sonnenuntergänge in der himmlischen Ruhe brennen sich in unser Gedächtnis ein, den flammenden Abendhimmel und das feurige Goldgelb des im Meer versinkenden Sonnenballs in paradiesischer Umgebung werden wir nie vergessen, das sind einmalige Glücksmomente.

Die Inselhauptstadt Male zu besuchen ist nicht einfach, dies ist nur im Rahmen einer organisierten Tour möglich. Die Bevölkerung wird gezielt von den Touristen abgeschirmt. Nur Männer dürfen auf den Hotelinseln arbeiten, hier existieren zwei völlig getrennte und nicht kompatible Welten. Unser Nachbar Heinz meint zu unseren Male-Plänen: »Watt willste denn da, da gibt es doch kein Bier?« Heinz kommt wie wir aus dem Ruhrgebiet, allerdings aus Duisburg, war einst Kopfschlächter und arbeitet heute in der Hütte als Vorarbeiter, zudem war er zweimal Schützenkönig und hat letztlich Recht – in Male gibt es kein Bier. Die Malediven sind ein streng muslimischer Staat; Alkohol, Schweinefleisch und noch einiges mehr sind streng verboten und nur auf den Touristeninseln erlaubt. Da es in Male ohnehin nicht viel zu sehen gibt und Kontakte mit den Einheimischen kaum möglich sind, verzichten wir auf die Bootsfahrt dorthin und schippern lieber mit einem Dhoni, einem einfachen Fischerboot, durch die interessante Inselwelt, um den Delfinen bei ihren akrobatischen Spielen zuzuschauen.

Ein Riesen-Stachelrochen liegt direkt unter unserem Bungalow, schwebt majestätisch einige Meter weiter und bleibt dann erneut regungslos im Sand liegen. Heidi ist ganz aufgeregt, springt mit Taucherbrille ins Wasser und rückt ihm auf die Pelle. Trotz meiner eindringlichen Warnung – die Rochen besitzen einen tödlichen Stachel – steht sie direkt neben dem Tier und antwortet mit dem Slogan aus der Media-Markt-Werbung: »Ich bin doch nicht blöd.« Blöd nicht, aber leichtsinnig, denke ich und gehe zum Mittagessen. Als ich zurückkomme, sind Heidi und der Rochen noch immer im Wasser, nur ein paar Meter weiter. Irgendwann hat der Rochen schließlich keine Lust mehr und schwebt davon, Heidi hingegen hätte es noch länger ausgehalten. Später kommen noch ein paar Haie um die Ecke, allerdings nur kleinere Exemplare, die schnell wieder verschwinden.

Wir sind traurig, als wir unseren Wasser-Bungalow verlassen müssen, denn es war eine traumhafte Zeit, die so schnell nicht wiederkommt. Um 6 Uhr morgens bringt uns das Hotel-Schnellboot von unserer Insel Hudhuran Fushi zum Flughafen Male. Zum Abschied begleiten uns ein paar Wale und Delfine auf der Fahrt über das spiegelglatte Meer. Die Sonne leuchtet als glutroter Feuerball und steigt langsam höher, eine stimmungsvolle und ruhige Seefahrt. Wir fliegen mit SriLankan Airlines über Colombo nach Delhi, der Hauptstadt Indiens und Startpunkt unserer Indien-Rundreise.

Für den Indien-Trip haben wir bei einem deutschen Reiseveranstalter eine organisierte Rundreise zu den Höhepunkten des Landes gebucht. Das Reisen auf eigene Faust schien mir ein wenig zu abenteuerlich und nicht ganz ohne Risiko zu sein. So werden wir am

Flughafen abgeholt und zu unserem Hotel am südlichen Stadtrand Delhis gebracht. Der erste Eindruck ist schockierend: verstopfte Straßen, Staub in der Luft, Dreck auf der Straße, Menschenmassen überall, Männer auf Krücken und die Gesichter bettelnder Kinder am Wagenfenster. Als dann noch der Strom ausfällt und in der Dunkelheit nur noch die Lichter der Autos zu erkennen sind, wird mir mulmig. Schließlich kommen wir nach einer Stunde Autofahrt im Svelte Hotel and Personal Suites an und dürfen tatsächlich in einer Suite übernachten. Wir betreten eine andere Welt, das Hotel ist nagelneu und befindet sich im größten Einkaufszentrum Delhis. Normalerweise bringen wir in einer fremden Stadt nur schnell unser Gepäck aufs Zimmer und ziehen dann sofort wieder los, aber nach den düsteren Eindrücken auf der Fahrt hierher beschließen wir, die Besichtigung Delhis auf den nächsten Tag zu verschieben.

Kurz nach 5 Uhr ruft der Muezzin zum Gebet, in direkter Nachbarschaft unseres Hotels liegt offenbar eine Moschee. Um 5.30 Uhr geht es mit eintöniger Musik und Singsang aus großen Lautsprecherboxen weiter, Anhänger eines Gurus für Meditation und Yoga bewegen sich vor unserem Hotelfenster nach dessen Anweisungen. Es ist lustig, dabei zuzuschauen, aber an Schlaf ist nicht mehr zu denken. Heidi will aufstehen und mitmachen, nur mit Mühe kann ich sie zurückhalten.

In Delhi leben 18 Millionen Menschen, schon beim Anflug auf die Mega-Stadt bekommt man einen zarten Eindruck von den gewaltigen Ausmaßen dieses Molochs. Seit 1911 ist Delhi die Hauptstadt Indiens, als die Briten die Stadt zum Zentrum ihrer politischen und administrativen Aktivitäten machten. Mit 1,2 Milliarden Menschen ist Indien nach China das zweitbevölkerungsreichste Land der Erde. Rund 30 Prozent der Inder leben unterhalb der Armutsgrenze, das Elend ist überall sichtbar und löst Betroffenheit bei uns aus.

Nach dem Frühstück wandern wir ein wenig um den riesigen Einkaufskomplex in die umliegenden Straßen und befinden uns sofort in einer anderen Welt. Kaputte Straßen, überall Dreck und Müll, Kinder, die an einer Wasserstelle Kanister und Flaschen füllen, Bettler, die hinter uns herlaufen – wir flüchten wieder in den geschützten Bereich unseres Hotel- und Einkaufscenters. Der Kulturschock auf den Straßen Delhis nach den ruhigen Tagen auf den Malediven ist gewaltig, wir können uns nur langsam an die laute, chaotische, bettelarme und lebendige Welt Indiens gewöhnen.

Die Cricket-Spielregeln sind kompliziert und für uns nicht verständlich, auch wenn der Kellner im Restaurant sich Mühe gibt, uns die Grundzüge des Spiels zu erklären. Indien spielt im Cricket World Cup im Endspiel gegen Sri Lanka. Wir lassen uns anstecken von der enthusiastischen Stimmung der Inder. Diese sind völlig aus dem Häuschen und die Begeisterung ist riesig, vergleichbar mit der Fußball-Weltmeisterschaft bei uns in Deutschland. Wir sitzen im Restaurant und schauen gespannt auf den Fernseher, aber das Spiel will nicht enden. Gegen 23 Uhr ist noch immer keine Entscheidung gefallen und wir gehen ins Bett. Irgendwann in der Nacht werden wir wach, gewaltiger Jubel ist zu hören, Böller krachen, Raketen werden gezündet – Indien ist Cricket-Weltmeister 2011.

Die Luft ist frisch, der Verkehr noch ruhig, auch die Bettler schlafen noch – frühmorgens treffen wir uns vor dem Hotel zum Start unserer Indienrundreise »Höhepunkte Indiens«. Gemeinsam mit uns sind vier weitere Pärchen aus Deutschland und Österreich bereit, sich auf das Abenteuer Indien einzulassen. Wir wollen heute nach Jaipur fahren, Delhi werden wir am Ende unserer Rundreise noch intensiver kennen lernen. Sofort nach der Abfahrt unseres Busses begegnet uns wieder die unvorstellbare Armut, die im Straßenbild deutlich sichtbar ist. Beim Blick aus dem Busfenster sehen wir, dass viele Menschen nicht einmal ein festes Dach über dem Kopf haben: Einige leben in Zelten, andere haben eine Plane und manche nur den Sternenhimmel über sich. Vor allem der Anblick verwahrloster Kinder und stark verkrüppelter bettelnder Gestalten ist für uns deprimierend. Wir wissen nicht so recht, wie wir damit umgehen sollen. Deshalb versuchen wir, das Elend so weit wie möglich gedanklich auszublenden und uns an den vielen schönen und interessanten Anblicken zu erfreuen.

Schon von weitem sehen wir Qutb Minar, ein 73 Meter hohes Minarett, ein architektonisches Meisterwerk aus dem 13. Jahrhundert, ebenfalls UNESCO-Weltkulturerbe. Die Strecke von Delhi nach Jaipur ist zwar nur 260 Kilometer lang, aber angesichts der Straßen- und Verkehrsverhältnisse benötigen wir hierfür rund sechs Stunden. Die Straße ist nahezu durchgängig vierspurig, wird aber auch von Fahrradfahrern, Ochsen- und Kamelkarren sowie zahlreichen Kühen, die hier als heilig gelten und Narrenfreiheit haben, benutzt. Überall wird gebaut und ausgebessert, Autos werden am Straßenrand repariert, und die rechte Spur dient als Parkplatz für Lkws.

Jaipur, die Hauptstadt des Bundesstaates Rajasthan, wird wegen der ziegelroten Häuserfassaden und Stadtmauern auch »Rosarote Stadt« genannt, die Farbe verschafft der Stadt ein besonderes Flair. Wir erhalten sofort nach unserer Ankunft eine Führung durch das Observatorium, die größte aus Stein und Marmor gefertigte Sternwarte der Welt. Die Sonnenuhr aus dem 18. Jahrhundert zeigt auch heute noch auf zwei Sekunden genau die Zeit an. Wir sind begeistert von den monumentalen geometrischen Elementen und den lebendigen Erläuterungen unseres Führers zu Astronomie und Astrologie. Anschließend geht es zum Stadtpalast, einer imposanten Anlage mit vielen Gebäuden und Hallen aus Marmor und Sandstein, in der heute noch Mitglieder der ehemaligen Königsfamilie leben.

Unser Reiseleiter spricht hervorragend Deutsch und nutzt die langen Busfahrten, um uns über die Geschichte, die Kultur, die Religion und auch die wirtschaftlichen, sozialen, politischen und gesellschaftlichen Probleme des Landes zu informieren. So erfahren wir, dass in Indien die Hälfte der Frauen nicht lesen und schreiben kann, die Arbeitslosigkeit 30 Prozent beträgt und immer noch jedes dritte Kind nicht zur Schule geht, obwohl der Besuch der öffentlichen Schulen kostenlos ist. Das Kastenwesen dominiert die Gesellschaft nach wie vor, uns werden diese Denkstrukturen wie auch die vielfältigen Religionen und Mythologien auf immer fremd bleiben. Kaum zu glauben, dass die Eltern noch heute die künftigen Ehepartner ihrer Kinder innerhalb der Kaste aussuchen, nur geschätzte drei Prozent der Eheschließungen sollen »Liebesheiraten« sein. Dafür betrage die Scheidungsrate auch nur ein Prozent, sagt unser Reiseleiter. Auch seine Ehefrau sei von seinen Eltern ausgesucht worden. Auf unsere Frage, ob er seine Frau denn liebe, ist er nicht vorbereitet und murmelt etwas von »gute Mutter« und »ausgezeichnete Köchin«, das Wort »Liebe« kommt in seiner Antwort nicht vor.

Der »Palast der Winde« ist das eigentliche Wahrzeichen Jaipurs. Er verfügt über eine prachtvolle Fassade im traditionellen Rosarot, ist aber in Wirklichkeit kein echter Palast, sondern nur eine fünfstöckige Fassadenkonstruktion – sozusagen Potemkin auf Indisch. Hinter der Fassade gibt es lediglich Treppen, Emporen und Balkone, von hier aus durften die Hofdamen die Prozessionen der Männer auf der Straße beobachten, ohne selbst gesehen zu werden.

Wie ein Maharadscha fühle ich mich, als wir auf einem bunt bemalten Elefanten zum Fort Amber reiten. Wegen des bevorstehenden Neujahrsfestes dürfen die Elefanten mit uns nicht in die Burg, so marschieren wir das letzte Stück zu Fuß hinauf. Die Burg liegt malerisch auf einem Berg und fasziniert mit ihren Malereien in der Audienzhalle sowie den wunderschönen Spiegelintarsien im Spiegelpalast. Auch der Blick von oben auf die alte Stadt mit den gewaltigen Befestigungsmauern zum Schutz vor Tigern und Leoparden ist beeindruckend.

Das alltägliche Leben spüren wir hautnah beim Besuch der Basare und dem Bummel durch die Altstadt Jaipurs. Die Eindrücke und Erlebnisse sind vielfältig und lösen abwechselnd Begeisterung und Erschrecken, Neugier und ungläubiges Staunen aus. Auf den

Straßen spielt sich ein Gewirr von Autos, Eselkarren, Kamelgespannen, bunten Bussen und Lastwagen, schwer beladenen Fahrrädern und knatternden Mopeds ab, mittendrin die heiligen Kühe und Kamele, die kreuz und quer über die Straße laufen. Der Lärmpegel ist hoch – vom Krach der Motoren, dem permanenten Hupen und dem Schreien der Händler beim Anpreisen ihrer Waren. Vor den Geschäften und unter den Arkaden sehen wir in bunte Saris gekleidete Frauen, dazu Männer mit grellbunten Turbanen, bettelnde Frauen und Kinder sowie Händler mit ihren übervollen Obst- und Gemüseständen. Mittendrin im Gewühl stecken wir, sind total begeistert, in diese völlig andere und für uns fremde Welt einzutauchen und lassen uns von dem einzigartigen Charme vor der Kulisse der rosaroten Häuser gefangen nehmen.

Unser Programm »Höhepunkte Indiens« hält, was es verspricht, und so jagen wir von Höhepunkt zu Höhepunkt. Heute geht es zum Ranthambore National Park, 160 Kilometer von Jaipur entfernt. Normalerweise kein Problem, aber aufgrund des schlechten Straßenzustandes und des Alters unseres Busses benötigen wir mehr als vier Stunden, bis wir durchgerüttelt und durchgeschaukelt in unserem Hotel Ranthambore Regency ankommen. Aber auch heute ist die Busfahrt wieder ein Erlebnis, draußen gibt es ständig Neues, Interessantes und auch Abschreckendes zu sehen, eine völlig andere Welt mit unvorstellbaren Eindrücken. Die Straße müssen wir uns mit übervollen Bussen, hoch beladenen bunten Lkws, Kamelkarren sowie unzähligen Mopeds und Fahrrädern teilen, die gern auch auf der falschen Straßenseite fahren. Ab und zu muss der Busfahrer stark bremsen, weil heilige Kühe oder nicht-heilige Ziegen und Schweine plötzlich die Straße überqueren. Aus dem Busfenster beobachten wir viele Kinder und Erwachsene, die sich an Wasserstellen waschen, Schweine und Ziegen, die im Müll wühlen, offene Feuer, auf denen gekocht wird, Fahrzeuge, die repariert werden, Müll, der überall herumliegt, und ausgetrocknete Felder auf dem Land. Je weiter wir uns von Jaipur entfernen, umso archaischer werden die Lebensverhältnisse, auch die Straßen werden schmaler und noch schlechter. Aber abgesehen von meinen Kreuzschmerzen kommen wir gesund und halbwegs munter im Ranthambore National Park an.

Wir bearbeiten unseren Reiseleiter so lange, bis er mit uns in ein kleines Dorf abseits der touristischen Routen fährt. Kaum sind wir ausgestiegen, werden wir von Kindern umringt, die uns anfassen, sich an uns hängen, die Farbe unserer Haut mit der ihren vergleichen, um Geschenke bitten und immer wieder fotografiert werden wollen. Wir dürfen in einige Häuser hineingehen und mit der Übersetzungshilfe unseres Reiseleiters mit den Dorfbewohnern sprechen. Die Lebens- und Wohnverhältnisse sind sehr bescheiden, Strom und fließendes Wasser gibt es nicht, nur eine Wasserzapfstelle am Ortsrand. Die Kinder dienen als Alterssicherung, je mehr, desto besser. Klar ist auch, dass der Mann und nur der Mann der Chef ist, die Frauen müssen zu Hause bleiben, dürfen nur zum Arbeiten aufs Feld, und ihre Hauptaufgabe ist neben dem Kinderkriegen das Kochen für den Mann, der natürlich auch zuerst essen darf. Unser Reiseleiter findet dies alles völlig in Ordnung, er ist ein typischer indischer Macho.

Wenn man in Indien Tiger sehen will, fährt man in den Ranthambore National Park. Wir brechen frühmorgens zur Dschungel-Safari auf und jagen in einem offenen Lastwagen mit 20 Sitzplätzen durch den Wildpark. Unterwegs sehen wir jede Menge Hirsche, Antilopen, Affen, Krokodile, Wildschweine und viele bunte Vögel, aber keinen einzigen Tiger, keinen Panther und auch keinen Lippenbären, die hier ebenfalls leben. Der Wildhüter zeigt uns frische Tigerspuren im Sand, aber die Tiger selbst lassen sich nicht blicken. Unser Fahrer dreht noch eine Extra-Runde, wir bleiben aber zumindest in Bezug auf die Begegnung mit einem Tiger ohne Erfolg. Die schöne Landschaft des Nationalparks bei Sonnenaufgang zu genießen, hat jedoch ebenfalls seinen Reiz. Nachmittags starten wir dann zur zweiten Safari des Tages – mit anderem Auto, anderem Fahrer und anderem Wildhüter. Wir kurven vier Stunden durch den Nationalpark, entdecken wieder viele Tiere und erleben die schöne Savannen-Landschaft, aber Tiger sehen wir auch diesmal nicht, keinen einzigen. Wir trösten uns damit, dass wir nicht in einem Zoo, sondern in einem riesigen Naturschutzgebiet mit vielen wilden Tieren sind und es hier eben keine Garantie auf Tigerbeobachtung gibt.

Männer, die am Straßenrand Tee trinken, auf einer Wiese ihr »Geschäft« verrichten, Frauen in bunten Saris, welche die Straße fegen, eine Krähe, die in ein totes Schwein hackt, Kühe und Schweine, die im Abfall nach etwas Fressbarem suchen, Menschen, die unter einer Plane oder Pappkartons schlafen – das sind unsere ersten Eindrücke am Morgen, als wir gegen 6.30 Uhr mit unserem Bus das Hotel verlassen. Heute liegen 260 Kilometer vor uns, wir werden wieder fast den ganzen Tag im Bus verbringen, aber spannend ist es jede Minute. Draußen sehen wir das pralle Leben, drinnen informiert uns der Reiseleiter über Land und Leute. Auf holprigen Straßen geht es nach Agra, der früheren Hauptstadt in kaiserlicher Zeit. Plötzlich ist die Straße gesperrt, Demonstranten, die irgendwelche politischen Forderungen skandieren, hindern uns am Weiterfahren. Unser Fahrer weicht auf Nebenstraßen aus, die Schaukelei nimmt zu. Irgendwann erreichen wir wieder die Autobahn nach Agra, von Deutschen gebaut und gut zu befahren. Gelegentlich kommen uns einige Fahrzeuge, heilige Kühe oder Kamelgespanne auf der falschen Seite entgegen, aber das ist für unseren Fahrer kein Problem.

Und dann wieder eine Straßensperre – große Trecker und schwere Steine blockieren die Autobahn in beiden Richtungen. Wütende Demonstranten, hitzige Diskussionen, viele Polizisten. Unser Reiseleiter telefoniert ununterbrochen, redet mit Händen und Füßen auf die Wort- und Rädelsführer ein, und nach einer Stunde nervenden Wartens geschieht tatsächlich ein Wunder – ein Trecker wird zur Seite gefahren, ein paar Steine werden weggeschoben und unser Bus kann passieren. Hinter uns wird die Straße wieder gesperrt. Wir sind erleichtert und danken dem Reiseleiter für sein Verhandlungsgeschick. Er habe den Demonstranten erklärt, so sagt er uns später, dass er ein deutsches Mitglied einer wichtigen Delegation wegen eines Herzinfarktes dringend in eine Klinik bringen müsse, aber ich bin sicher, dass er den indischen Gepflogenheiten entsprechend Geld für die Öffnung der Straßensperre gezahlt hat. Nach mehr als acht Stunden Fahrzeit im altersschwachen Bus stehen wir endlich ergriffen vor dem Taj Mahal, einem der schönsten Gebäude der Welt.

Es war immer mein Traum, einmal das berühmteste Bauwerk Indiens zu sehen. Das Gefühl ist überwältigend, dieses perfekte, traumhaft schöne und einmalige Bauwerk der Mogul-Architektur aus direkter Nähe zu erleben. Der Großmogul Shah Jahan ließ dieses imposante Grabmal für seine Lieblingsfrau errichten, die bei der Geburt ihres 14. Kindes von ihm ging. Böse Zungen behaupten, er habe es nur für sich gebaut, ist aber letztlich egal. 20.000 Arbeiter schufteten 22 Jahre lang für dieses atemberaubend schöne Mausoleum aus weißem Marmor mit den vier Minarett-Türmen. Auf der Welt gibt es kein zweites Bauwerk dieser Art, allein schon dieser Anblick ist die Reise nach Indien wert.

Von Agra ist es nicht weit zum »Roten Fort«, einer im 16. Jahrhundert aus roten Sandsteinblöcken errichteten Festungsanlage und einer der größten Residenzen der Welt. Das UNESCO-Weltkulturerbe zeigt sich imposant und gewaltig. Wir können von hier aus einen letzten Blick auf das Taj Mahal werfen, das im Dunst am Horizont schemenhaft zu erkennen ist. Dann springen wir schnell in den Bus, um dem Pulk der fliegenden Händler und vielen Bettler zu entkommen. Wie auch einige der anderen Mitreisenden geben wir unserem Reiseleiter ein paar kleine Geschenke und einige Geldscheine mit der Bitte, sie halbwegs gerecht an die Bettler und Bedürftigen vor unserem Bus zu verteilen.

Wir sind auf dem Weg zurück nach Delhi, wo unsere Rundreise programmgemäß enden wird. Der Straßenverkehr ist bereits in den Außenbezirken chaotisch, wir tauchen wieder in das pralle Leben der indischen Hauptstadt ein. Die Freitagsmoschee, die größte Moschee Indiens, ist ein weiteres Meisterwerk der Mogul-Baukunst. Im riesigen Innenhof, der von zwei Minaretten gesäumt wird, finden 25.000 Gläubige Platz. Da wir für muslimische Verhältnisse zu leicht bekleidet sind, müssen wir uns – natürlich gegen eine kleine Spende – zunächst mit bunten Leihtüchern kostümieren, bevor wir uns die gewaltige Anlage ansehen dürfen.

Besonders beeindruckend ist der anschließende Besuch eines Sikh-Tempels, in dem täglich bis zu 20.000 Besucher unabhängig von ihrer Religion gratis beköstigt werden. Die Küchenarbeiten werden von Freiwilligen erledigt, das Essen wird großzügig gespendet. Die farbenfrohen Kleider und Uniformen der Sikh sowie die heitere Stimmung schaffen eine angenehme Atmosphäre. Draußen steht plötzlich eine Frau ohne Gesicht vor mir, ich bin geschockt, weiß nicht, was ich tun soll, und gehe schnell weiter.

Zum Abschied drehen wir eine kleine Runde durch das Stadtzentrum von Delhi mit seinen historischen Bauten, sehen den hohen Torbogen des India Gates und können noch einen kurzen Blick in das Chaos der Altstadt werfen. Es ist bereits dunkel, als wir im Hotel ankommen und uns von unserem engagierten Reiseleiter verabschieden. Er hat uns Indien nähergebracht, vieles aber bleibt uns verschlossen. Indien als Reiseland ist gewöhnungsbedürftig. Chaos, Dreck, Elend und Schönheit liegen dicht beieinander, nichts für schwache Nerven. Während Singapur gern als »Asien für Anfänger« bezeichnet wird, muss man Indien wohl »Asien für Fortgeschrittene« oder besser »Asien für Hartgesottene« nennen.

Wir fliegen nach Kochi an der südlichen Westküste, wo wir uns noch zwei Tage umsehen wollen, bevor wir an Bord der AIDA-aura zur dreiwöchigen Kreuzfahrt durch den Indischen Ozean und den Suezkanal nach Antalya aufbrechen.

Flug AI 465 mit Air India verläuft ein wenig unruhig, aber planmäßig. Der Airbus ist voller Inder und wir sitzen mittendrin. In Kochi lassen wir uns vom Hoteltaxi abholen und zu unserem Hotel – dem Old Harbour Hotel – bringen. Der Fahrer ist sehr nett und schon etwas älter, er kennt noch den früheren Bundeskanzler Helmut Kohl und den einstigen Weltfußballer Lothar Matthäus. Damit weiß er wahrscheinlich mehr als 99,9 Prozent seiner Landsleute. Während der gut einstündigen Fahrt erzählt er uns viel über das Leben in Indien. Er erhält für einen Flughafentransfer von rund drei Stunden 1,50 Euro und muss Tag und Nacht fahren, um seine Familie mit zwei Töchtern ernähren zu können. Vor allem das Ausrichten der Hochzeit für eine der beiden Töchter führte ihn in den finanziellen Ruin. Er hat in elf Jahren nur einmal drei Tage Urlaub für die Hochzeit seiner Tochter genommen, ansonsten ist er ohne einen freien Tag im Einsatz gewesen. Mit unserem Trinkgeld stocken wir sein Gehalt kräftig auf, aber seine wirtschaftliche Lage können wir dadurch nicht nachhaltig verbessern. Gegen 23 Uhr kommen wir im Hotel an, zum Essen sind wir zu müde, eine Bar gibt es nicht, und so gehen wir sofort schlafen.

Kochi, das frühere Cochin, ist eine besonders reizvolle Stadt im Bundesstaat Kerala, seit Jahrhunderten ein Zentrum des Handels und reich an Gewürzen, Kaffee und Tee. Das Klima ist tropisch und stets schwül-heiß, Temperaturen von 35 °C bei 90 Prozent Luftfeuchtigkeit sind normal. Kerala ist sehr wohlhabend und birgt viele kulturelle und landschaftliche Sehenswürdigkeiten. Der Unterschied zu Delhi ist gewaltig. Hier leben viele Inder, die es im Ausland zu Wohlstand brachten, und auch etliche Deutsche haben sich in Kerala wegen der hohen Lebensqualität niedergelassen.

Noch vor dem Frühstück gehen wir am nächsten Morgen die wenigen Schritte zum Hafen und schauen uns die berühmten Chinesischen Fischernetze aus dem 13. Jahrhundert an. Auf einmal taucht unerwartet die AIDAaura am Horizont auf und läuft wenig später langsam in den Hafen ein. Für uns ein schönes Bild und ein tolles Gefühl des Wiedersehens. Mit der AIDAaura haben wir im Frühjahr 2010 am Ende der 3. Etappe unserer Weltreise den Atlantik von La Romana nach Palma de Mallorca überquert, und mit diesem Kreuzfahrtschiff werden wir auch unsere 6. Etappe beenden.

Aber noch sind wir in Indien und der stimmungsvollen alten Stadt Kochi. Wir starten zu einer Backwaters-Tour durch eine einmalige Landschaft aus Seen, Flüssen und Kanälen, die zur Trockenlegung der Sümpfe angelegt wurden. Mit einem Reisboot tuckern wir gemeinsam mit fünf anderen Touristen durch die idyllische Landschaft mit Kokospalmen und Reisfeldern und sehen den Muschelfischern bei ihrer Arbeit zu.

Zum Abschluss dieses geruhsamen Tages sitzen wir in der herrlichen Gartenanlage unseres Hotels und essen Garnelen in pikanter Tomaten-Kokos-Soße, einfach lecker. In Kerala wird gut, scharf und oft mit Kokos-Soße gekocht, anders als im Norden Indiens ist das Essen viel abwechslungsreicher und deutlich schärfer. Das leckere indische Essen wird uns fehlen, aber nach unseren bisherigen Erfahrungen müssen wir uns keine Sorgen machen, dass wir auf der AIDAaura verhungern werden.
Noch ein letzter Rundgang durch das schöne Alt-Kochi, dann lassen wir uns mit dem Hoteltaxi zum Hafen bringen. Der Fahrer erzählt unterwegs eine interessante Geschichte: Eine nette und wohl auch reiche Amerikanerin hat ihm das Auto bezahlt, damit er für sich und seine Familie eine wirtschaftliche Perspektive erhält. Sie kommt jedes Jahr nach Kochi, dann fährt er sie durch die Gegend und kann auf diese Weise das Auto schrittweise abarbeiten. Mit einem »Lobe den Herrn« umarmt er uns und nimmt uns das Versprechen ab, demnächst wiederzukommen, dann will er uns mit seinem Auto die Schönheiten Keralas zeigen.

Wir stehen vor der AIDAaura, nur haben wir die Rechnung ohne die indische Bürokratie gemacht. Das Zelt der Pass- und Zollbehörden ist leer, etliche indische Offizielle stehen, sitzen oder laufen umher. Zunächst will niemand unsere Papiere ansehen, dann meint ein Zivilist, wir sollen Kontakt mit unserem Agenten aufnehmen. Einen Agenten in Indien haben wir nicht, so setzen wir uns an einen der vielen Tische und warten ab. Wir haben Zeit, sind völlig entspannt und sicher, dass die AIDAaura nicht ohne uns ablegen wird. Irgendwann erhalten wir einen Zettel, den wir mit unseren

persönlichen Daten ausfüllen müssen, und dann geht es weiter. Unser Gepäck wird extrem gründlich durchsucht, die Zöllnerin entschuldigt sich dafür, dann können wir endlich einchecken.
An Bord der AIDAaura fühlen wir uns sofort wohl, die schikanösen Grenz- und Zollkontrollen im Hafen von Kochi sind schnell vergessen. Nach der Einschiffung lassen wir es ruhig angehen und stehen auf Deck, als unser Schiff mit dem Song »Sail away« in Richtung Norden abgelegt. Unser nächster Zielhafen ist New Mangalore. Die obligatorische Seenotrettungsübung bringen wir hinter uns. Der Kapitän informiert schon zu Beginn der Kreuzfahrt über das Piratenunwesen vor der Küste Somalias und speziell im Golf von Aden. Das Auswärtige Amt hat zwar dringend vor Schiffsreisen im Golf von Aden gewarnt, aber unser Kapitän beruhigt uns und ist guten Mutes. Er setzt auf die Überwachung und Begleitung durch internationale Kriegsschiffe im Rahmen der Atalanta-Mission und will mit Höchstgeschwindigkeit durch die gefährlichen Gewässer düsen. Trotzdem liegt eine leichte Anspannung in der Luft, aber bis dorthin haben wir noch einige Tage Zeit.

Morgens laufen wir im Hafen von New Mangalore ein. Da wir keine Lust haben, im Rahmen einer geführten Tour Tempel und Kirchen zu besichtigen, ziehen wir auf eigene Faust in die Stadt. New Mangalore ist eine lebendige Mischung aus Gegenwart und Vergangenheit sowie noch immer ein wichtiges Handelszentrum für Gewürze, Kaffee und Cashewnüsse. Wir sind vom modernen Gesicht der Stadt angetan und fühlen uns beim Bummeln in den modernen Shopping-Malls sehr wohl. Der Tag vergeht schnell, zum Sportprogramm und zur Poolparty sind wir rechtzeitig zurück.

Als wir am nächsten Morgen im Hafen von Mormugao anlegen, fühlen wir uns sofort heimisch. Wir blicken auf Kohlebunker und Kohlehalden, so sah es im Ruhrgebiet vor 40 Jahren aus. Aber wir sind nicht wegen der Kohle hier, sondern wollen die berühmten Strände Goas sehen, an denen sich früher die Hippies tummelten. Dies war damals der Einstieg in den Tourismus, heute die wichtigste Einnahmequelle des Bundesstaates Goa.

Die Hippies wussten offenbar, wo es schön ist. Kilometerlange, nur wenig besuchte Traumstrände und idyllische Örtchen mit netten Häuschen – Goa kommt den gängigen Vorstellungen der Europäer von Indien am nächsten. Wir lassen uns mit dem Bus durch die Gegend fahren. Die Hauptstadt Panjim ist reich an kolonialen Gebäuden aus portugiesischer Vergangenheit, vor allem das schöne Altstadtviertel Fontainhas gefällt uns.

Dann tun wir das, was auch die Hippies den ganzen Tag getan haben – wir legen uns an den weißen Sandstrand. Knallende Sonne, sauberer Strand und warmes Wasser – ideale Voraussetzungen zum Erholen und Baden. Hippies treffen wir nicht, die sind schon lange weg, dafür aber viele Russen. Die Werbebotschaften an den Strandbuden sind durchgehend auf Russisch verfasst. Zufällig – die Welt ist klein – treffen wir am weiten Strand ein nettes Ehepaar, mit dem wir gemeinsam die Indien-Rundreise erlebt haben. Die Wiedersehensfreude ist natürlich groß. Auf der Rückfahrt zum Schiff durch die tropische Landschaft Goas kann man den Eindruck gewinnen, dass hier in Goa die Welt noch in Ordnung ist. Dann geht es weiter, 300 Seemeilen sind es bis Mumbai, der bedeutendsten, reichsten und europäischsten aller indischen Städte. Mumbai, das frühere Bombay, ist unsere letzte Station in Indien.

Wieder bietet sich uns ein echtes Kontrastprogramm – vom idyllischen Goa in den Moloch Mumbai. Einige unserer Mitreisenden sind geschockt über den Dreck, den Lärm und das Elend. 14 Millionen Menschen leben in Mumbai, davon die Hälfte in Slums. Jung und Alt, aber vielmehr noch Arm und Reich leben im Spannungsfeld der Gegensätze unmittelbar nebeneinander. In Mumbai befindet sich auch die größte Filmindustrie der Welt, nirgendwo werden mehr Filme gedreht als in Bollywood, dem Hollywood Indiens. Der Verkehr ist noch chaotischer als in Delhi, der Lärm kaum zu ertragen, aber wir wollen ja das echte Leben kennenlernen.

»Mumbais Höhepunkte zu Fuß« – so heißt der Ausflug, den wir auf der AIDAaura gebucht haben. Wegen der vielen Staus sitzen wir letztendlich länger im Bus, als wir zu Fuß durch die Stadt laufen. Aber es ist keine Sekunde langweilig, immer wieder prasseln neue und lebendige Eindrücke auf uns ein. Wir stehen vor dem imposanten Taj Mahal Palace Hotel, das 2008 Ziel terroristischer Anschläge war. Wahrzeichen der pulsierenden und traditionsreichen Metropole ist das Gateway of India, für Einreisende das Tor zu einer anderen Welt. Auch einige Gebäude aus der britischen Kolonialzeit wirken imposant – der High Court, der Victoria Terminus – heute heißt er Chhatrapati Shivaji Terminus und wurde 2004 zum UNESCO-Weltkulturerbe erklärt – sowie der Glockenturm der Universität von Mumbai. Wären die Briten nicht 450 Jahre hier gewesen, sähe das Stadtbild Mumbais sicher langweiliger aus, obwohl mittlerweile eine eindrucksvolle Skyline mit modernen Hochhäusern entstanden ist.

In der Altstadt schauen wir uns das wuselige Treiben an und gewinnen den Eindruck, die ganze Altstadt sei ein riesiger Basar. Wir besuchen den »Markt der Diebe«, vielleicht kann man hier seine gestohlenen Sachen wiederfinden und zurückkaufen – eine praktische Einrichtung. Über die bettelnden Kinder und die Mütter mit Säuglingen auf dem Arm sind wir nicht mehr schockiert, die Belästigungen halten sich in Grenzen. Die Gegensätze zwischen Tradition und Moderne sind augenfällig, wir sind fasziniert vom prallen Leben, den unglaublichen Wohn- und Arbeitsverhältnissen, ertragen den Lärm sowie das Verkehrschaos und sind doch froh, am späten Nachmittag in die Ruhe und Geborgenheit unseres Schiffes zurückkehren zu können.

Über 1.000 Seemeilen bis zu unserem nächsten Hafen Salalah im Oman liegen vor uns. Die Uhren werden nachts um eine Stunde vorgestellt, daran merken wir, dass die Heimat näher rückt. Die Tage auf See sind abwechslungsreich und erholsam zugleich. Im Grunde hat man viel Zeit, da man nicht an Land gehen kann, aber die Freizeitmöglichkeiten an Bord sind äußerst vielfältig. Wir nutzen die angebotenen Sportprogramme – Heidi mehr, ich weniger. Gern würde ich beim Yoga mitmachen, aber die Verrenkungen des

Yoga-Lehrers sind mir zu akrobatisch. So sitze ich lieber auf dem Spinning-Rad und schaue beim Schwitzen durch die großen Panoramafenster auf das weite Meer. Aber nicht nur sportliche Ertüchtigung wird angeboten, für die geistige Fitness sorgen ein Lektor, ein Mentaltrainer und eine Persönlichkeitstrainerin. Die Vorträge und Workshops sind interessant, ein Lernen in entspannter Atmosphäre kann nie schaden. Im Kochkurs zeigt uns der Küchenchef, wie man ein Steak richtig zubereitet und ein leckeres Dessert zaubert. Wir sind derart ausgelastet, dass wir kaum Zeit haben, um in Ruhe die von unseren Mitreisenden abgestaubten deutschen Zeitungen und die auf unser iPad geladenen Bücher zu lesen.

Land in Sicht! Schon im Morgengrauen erkennen wir die Umrisse der Küste des Sultanats Oman und sind gespannt, was uns in Salalah, der zweitgrößten Stadt des Oman, erwartet. Wegen der Grenzbeamten, die an Bord der AIDAaura kommen, müssen die Skulpturen der mehr oder weniger leicht bekleideten Damen auf dem Schiff mit Bettlaken verhüllt werden, ein merkwürdiger Anblick. Mit dem Taxi lassen wir uns in die Stadt fahren, um ein wenig vom Leben im Oman mitzubekommen. Die Gegend ist als Weihrauchland berühmt und lässt den früher erworbenen unglaublichen Wohlstand erahnen — der Weihrauch wird auch als »duftendes Gold« bezeichnet. Salalah ist erstaunlich grün und erstreckt sich über 15 Kilometer am schönen und unberührten Sandstrand entlang.

Im Oman herrscht noch der Sultan als absoluter Monarch, wir treffen ihn zwar nicht, können aber seinen Palast von außen bewundern. Eindringlich werden wir gewarnt, keine Frauen zu fotografieren, aber dies ist kein Problem für uns, denn bis auf drei tief verschleierte im Weihrauch-Souk sehen wir auch keine Frauen. Wir schlendern durch die Souks und den modernen Teil der Stadt, sprechen unterwegs mit vielen Händlern. Heidi kauft aus Freundlichkeit einige Kleinigkeiten, auch weil ihr das Feilschen viel Spaß macht. Ich bin zufrieden, weil ein Taxifahrer meint, ich sähe aus wie Franz Beckenbauer – es hätte schlimmer kommen können.

Nun wird es spannend: Pünktlich um Mitternacht legt die AIDAaura ab. Wegen der Piraten dürfen Passagier- und Handelsschiffe nur in einem bestimmten Zeitkorridor und auf genau festgelegten Routen den Golf von Aden passieren, wenn sie den Geleitschutz der internationalen Kriegsschiffe in Anspruch nehmen wollen. Die AIDAaura hat als Ersatz für Wasserwerfer Feuerlöschschläuche an der Reling angebracht und Schallkanonen montiert, das Sicherheitspersonal wurde verstärkt. 26 Stunden wird das Durchfahren des derzeit gefährlichsten Seegebietes der Welt dauern, erst dann können wir aufatmen.

Der Kapitän schiebt den Fahrstufenregler auf »volle Kraft«, die AIDAaura rauscht durch die sternenklare Nacht. An Bord herrscht eine gespannte Aufmerksamkeit. Der Kapitän klingt erleichtert, als wenig später die deutsche Fregatte Niedersachsen und ein Versorgungsschiff mit ausreichender Feuerkraft in Sichtweite kommen. Für mich ist nur schwer nachvollziehbar, dass ein paar Verbrecher in Badelatschen und Nussschalen mit Gewehren und Leitern die gesamte Schifffahrt in diesem Gebiet terrorisieren können.

Die Außendecks sind aus Sicherheitsgründen zeitweise für die Passagiere gesperrt. Als wir gegen Abend aufs Meer schauen, wird es plötzlich spannend. Aus dem Nichts tauchen mitten im Golf von Aden einige kleine Boote auf, ihre Zahl nimmt zu, und sie sammeln sich in Sichtweite unseres Schiffes. Der Kapitän beruhigt uns, dies seien nur Schmuggler, die hier ihre Geschäfte abwickelten. Doch erst als wir das »Tor der Tränen« – so heißt die schmale Meeresstraße zwischen dem Roten Meer und dem Golf von Aden – erreicht haben, lässt die Anspannung nach und das Stimmungsbarometer klettert wieder nach oben.

Wegen der politisch instabilen Verhältnisse hatte die AIDA-Reederei Seetours die Häfen in Ägypten zunächst aus dem Programm genommen und dafür Haifa mit der Möglichkeit des Besuches von Jerusalem aufgenommen. Kurzfristig wurde jedoch entschieden, dennoch Safaga, eine Stadt am Rande der Wüste an der Ostküste Ägyptens, anzulaufen. Die Stadt ist bekannt als Ausgangspunkt für Pilgerfahrten nach Mekka in Saudi-Arabien, aber dorthin wollen wir nicht, sondern schwimmen und schnorcheln.

Mit einem Tauchboot lassen wir uns zu verschiedenen Schnorchelrevieren im Roten Meer bringen und landen schließlich in Soma Bay, wo wir letztes Jahr im Robinson Club die 5. Etappe unserer Weltreise haben ausklingen lassen. Für mich ist das Wasser zu kalt, es ist höchstens 23 °C warm, und so drehe ich nur meine Pflichtrunden. Heidi fühlt sich auch im kühlen Wasser zwischen den vielen Fischen wohl und nutzt die Möglichkeit zum Schnorcheln bis zur letzten Minute.

Mit einem Höllenlärm wird gegen Mitternacht der Anker ins Wasser gelassen, wir haben die Einfahrt zum Suezkanal erreicht. Alle Schiffe müssen hier warten, bis sie die Freigabe für die Einfahrt in den Kanal erhalten. Gegen 6 Uhr können wir starten, da sind wir schon seit einer Stunde auf den Beinen. Wir wollen den stimmungsvollen Sonnenaufgang mit dem herrlichen Farbspiel zwischen hellroten Felsen und dunkelblauem Wasser erleben und natürlich beim Einfahren der Schiffe in den Kanal dabei sein. Die AIDAaura führt einen Konvoi von 28 Schiffen an, in die Gegenrichtung starten ebenfalls 28 Schiffe, die in zwei Gruppen von je 14 Schiffen auf die 190 Kilometer lange Reise gehen.

200.000 US-Dollar kostet im Durchschnitt die einfache Durchfahrt des Suezkanals – eine Menge Geld, gleichzeitig aber vor allem für die Frachtschifffahrt eine große Ersparnis, da sie ansonsten einen Riesenumweg um das Kap der Guten Hoffnung an der Südspitze Afrikas machen müsste. Ägypten nimmt rund fünf Milliarden Euro Kanalgebühren pro Jahr ein, eine ergiebige Einnahmequelle für den Staat. Unterwegs begegnen wir dem größten Containerfrachter der Welt, der über 400 Meter lang ist und 15.000 Container laden kann.

Die spannende Passage des Suezkanals liegt hinter uns, nachmittags erreichen wir das Mittelmeer und nehmen Kurs auf Haifa, um in das gelobte Land zu kommen. Bisher haben wir nur spiegelglatte See erlebt, doch nun wird der Wind stärker und das Meer ist ein wenig unruhig. Wir wärmen uns in der Sauna auf und genießen durch die Panoramascheiben den Sonnenuntergang auf dem Mittelmeer bei nahezu wolkenlosem Himmel.

Haifa, wunderschön am Hang des Karmel-Gebirges gelegen, bietet viele Sehenswürdigkeiten, unter anderem den Schrein des Bab, seit 2008 Weltkulturerbe der UNESCO und auch als 8. Weltwunder bezeichnet. Beim Einlaufen in den großen Hafen leuchtet das Kuppeldach schon von weitem in der Morgensonne, aber wir wollen unbedingt weiter nach Jerusalem.

Die Landschaft auf dem Weg von Haifa nach Jerusalem erinnert mit ihren sanften Hügeln, dem vielen Grün und den zahlreichen Baumgruppen an die Toskana, wenn nicht ab und zu auch eine Moschee mit Minaretten zu sehen wäre. Der Grenzzaun, der die Palästinenser vom Betreten Israels abhalten soll, ist nicht nur ein Symbol verfehlter Politik, sondern auch ein Schandfleck in der schönen Landschaft. Unser Reiseleiter, der mit seinen Eltern 1933 aus Deutschland nach Israel geflohen ist, berichtet – in perfektem Deutsch – eindrucksvoll über das Leben der Israelis in der heutigen Zeit.

Endlich erreichen wir Jerusalem. Es ist ein tolles Gefühl, vom Ölberg auf die schöne Altstadt zu blicken – die biblische Geschichte wird lebendig. Tief beeindruckt sind wir auch vom Besuch der Klagemauer, an der – getrennt nach Männern und Frauen – Wünsche und Gebete vorgetragen werden können. Die Wünsche schreibt man auf kleine Zettel, die in die Mauerritzen gesteckt werden; dies soll hier und da schon geholfen haben. Wir schauen den Gläubigen, vor allem den orthodoxen Juden, bei ihren religiösen Handlungen zu – Heidi rechts bei den Frauen, ich links bei den Männern – und lassen die andächtige Stimmung ergriffen auf uns wirken.

Nach dem Besuch der Klagemauer pilgern wir durch den arabischen Basar zur Via Dolorosa, dem Leidensweg, dann zur Grabeskirche und sehen uns anschließend den Kreuzigungsort Golgatha sowie das Heilige Grab an. Unser Reiseleiter versteht es hervorragend, die biblische Geschichte spürbar werden zu lassen. Selbst Atheisten können sich ihrer Faszination nicht entziehen. Hier in Jerusalem treffen die drei Weltreligionen Judentum, Christentum und Islam in deutlich sichtbarer Weise aufeinander. Am Jaffator steigen wir wieder in unseren Bus und lassen uns nach Haifa zum Schiff zurückbringen. Nach diesen unvergesslichen Eindrücken sind wir fest entschlossen, demnächst nach Jerusalem und Israel zurückzukehren und dann mehr Zeit mitzubringen.

Nun geht es Schlag auf Schlag: heute Limassol auf Zypern, morgen Heraklion auf Kreta, übermorgen Athen und danach die Insel Rhodos. Wir spüren, dass wir in Europa angekommen sind, denn das Thermometer klettert kaum über 20 °C. Beim Blick auf die Wetterkarte im deutschen Fernsehen laufen uns eiskalte Schauer den Rücken hinunter, aber für Mitte April ist nicht mehr erwarten. Die Tage werden immer länger, je weiter wir nach Norden kommen; am Äquator sind die Tage und Nächte stets gleich lang.

Keine Einbahnstraße, keine Fußgängerzone und auch keine Bürgersteige sind in Athen vor uns sicher, mit dem Rad erkunden wir die Highlights der griechischen Hauptstadt und der angrenzenden Hafenstadt Piräus. Natürlich führt uns unser Weg auch zur Akropolis, dem Wahrzeichen Athens. Sie liegt unübersehbar 156 Meter hoch auf einem Kalksteinfelsen, und kein Betrachter kann sich der Faszination der weißen Säulen entziehen. Denkt man sich die Kräne und Baugerüste weg, dann erstrahlt die Akropolis noch viel schöner und lässt in Gedanken die antike Geschichte lebendig werden. Lebendig ist es auch in der Altstadt, Plaka genannt, wo interessante Geschäfte und noch mehr Restaurants und Bars mitsamt ihren Besuchern eine quirlige Atmosphäre schaffen.

Griechenland mit seiner Hauptstadt Athen ist die Wiege der europäischen Kultur. Als unsere Vorfahren sich gegenseitig noch die Köpfe einschlugen, war hier die Hochburg der Wissenschaften und insbesondere der Philosophie. Aber die aktuelle politische und wirtschaftliche Situation Griechenlands kann man natürlich nicht ausblenden, und so muss man auch unweigerlich an die Ursachen und Folgen der griechischen Staatsschuldenkrise denken. Einer unserer Reiseleiter fasst die Situation in Anlehnung an die bekannte Rufnummer 11880 für die Telefonauskunft so zusammen: 11 Millionen Griechen leihen sich 88 Milliarden Euro und zahlen 0 zurück. Vielleicht kommt es so, oder noch viel schlimmer?

Wir sind die Letzten, die in Rhodos an Bord gehen, dann wird die Gangway eingeholt. Vielleicht sträuben wir uns unbewusst dagegen, dass wieder eine Etappe unserer Weltreise zu Ende geht. 100 Tage waren wir unterwegs, und schon wieder ist ein Abschnitt vorbei. Wir schauen auf das dunkle Mittelmeer, atmen tief die frische Seeluft ein und sind unendlich glücklich, dass wir eine solch außergewöhnliche Reise erleben dürfen.

Der Abschied fällt unglaublich schwer: von der AIDAaura, von unseren philippinischen Kellnern, den netten Mitreisenden und auch von Anja und Stefan aus Kamen, mit denen wir viele schöne Stunden auf dem Fahrrad und an der Ocean Bar auf Deck 7 erlebt haben. In Antalya steigen wir in den Flieger nach Düsseldorf und kommen einige Stunden später in unserer Heimatstadt Schwerte an. Wie heißt es so treffend in der Fußballwelt? Nach dem Spiel ist vor dem Spiel, und für uns gilt entsprechend: Nach der Weltreise ist vor der Weltreise. Die Planungen für die 7. Etappe nach Afrika haben schon lange begonnen.

7. Etappe

Abenteuer pur:
Das südliche Afrika

06. September – 29. Oktober 2011

Um nach Namibia einreisen zu dürfen, müssen wir erst einmal warten, denn vor den Immigrationsschaltern in Windhoek drängen sich die Menschenmassen. Wenige Minuten vor der Ankunft unseres Air Berlin-Fliegers ist ein anderes Riesenflugzeug aus Deutschland gelandet, nach nervigem Warten dürfen wir schließlich einreisen. Meine Aufenthaltsgenehmigung gilt aus unerklärlichen Gründen ein paar Tage länger als Heidis, aber dies ist letztendlich egal. Bevor wir uns Windhoek ansehen, lassen wir uns mit dem Taxi zu unserem Hotel Schloss Heinitzburg bringen.

Graf von Schwerin baute das Schloss Heinitzburg 1914 für seine Verlobte, das waren noch Zeiten, als man für seine Verlobte ein Schloss baute. Heute ist hier ein Romantik-Hotel untergebracht, zweifelsohne die »Nummer 1« in Windhoek. Die Lage im noblen Wohnviertel Luxury Hill mit weitem Blick auf Windhoek und die umliegenden Berge ist traumhaft. Da wir unser Zimmer so früh morgens noch nicht beziehen können, erholen wir uns auf der Sonnendeck-Terrasse und im Swimmingpool von den Strapazen des Nachtfluges.

Windhoek ist mit 350.000 Einwohnern die größte Stadt des Landes und die Hauptstadt Namibias. Durch die Lage in 1.650 Metern Höhe ist es abends und nachts angenehm frisch, tagsüber scheint meist die Sonne vom wolkenlosen Himmel. Nach dem gruseligen Sommer 2011 in Deutschland fühlen wir uns hier bei 30 °C sofort wohl.

Gegen Mittag ziehen wir zu Fuß in die Innenstadt zur Independence Street, die früher Kaiser- und ganz früher Kaiser-Wilhelm-Straße hieß. Die Spuren der deutschen Kolonialzeit sind noch überall erkennbar, auch wenn staatliche Stellen sie schrittweise beseitigen. In den Geschäften im Zentrum wird nahezu überall Deutsch gesprochen. Es ist lustig, wenn Heidi und ich uns unterhalten und der Verkäufer oder die Verkäuferin sich auf Deutsch einmischt. Der Mix Windhoeks aus kolonialer Architektur, modernen Büro- und Geschäftsgebäuden sowie neuen Einkaufszentren schafft ein schönes Flair, eine Mischung aus Afrika und Europa mit einer speziellen Prise Deutschland.

Abends lassen wir uns mit dem Taxi zu Joe's Beerhouse bringen, einem erstklassigen Restaurant und Steakhaus. Glücklicherweise haben wir vorher telefonisch einen Tisch reserviert, denn das Restaurant mit Biergarten ist brechend voll. Die Speisekarte ist lang, und die Entscheidung fällt schwer. Sollen wir Zebra, Oryx, Gemsbock, Springbock, Kudu oder lieber Krokodil essen? Wir entscheiden uns für ein Rindersteak. Das Essen ist perfekt, besser geht es nicht; und die Preise sind wie jene in Deutschland vor 30 Jahren. Dazu eine Superstimmung und nette Leute, der Abend wird lang.

Beim Frühstück in Afrika eine deutsche Zeitung zu lesen ist schon etwas Besonderes. Hier gibt es jeden Morgen die Allgemeine Zeitung, fast 100 Jahre alt und mit Nachrichten aus Namibia, Deutschland und manchmal aus der ganzen Welt. Heute wird als Aufmacher über einen Viehdieb berichtet, der mit drei Schafen im Kofferraum erwischt worden ist. Andere Länder, andere Sorgen.

Mit einem offenen Doppeldeckerbus fahren wir anschließend durch Windhoek. Unser Reiseleiter hat viele Jahre in Magdeburg gelebt und kann uns auf Deutsch hervorragend die Geschichte der Stadt erzählen und die Sehenswürdigkeiten erklären. Die klassischen Highlights wie Tintenpalast, Christuskirche, Reiter- und Kudu-Denkmal sind zwar interessant, spannender für uns aber sind die Fahrten durch die verschiedenen Wohngebiete.

Wir sehen die Häuser der Reichen, die der Menschen zwischen »Arm« und »Reich« – wie unser Reiseleiter den Mittelstand nennt – und schließlich auch die der Armen, Vergessenen und Entwurzelten. Vor den Toren Windhoeks wurde das Viertel Katutura errichtet, um die Schwarzen aus der Stadt herauszuhalten. Katutura heißt wörtlich übersetzt »der Platz, an dem wir nicht leben möchten« und sieht auch danach aus: ein riesiger Slum, eine Stadt mit eigener Infrastruktur. Bis zu 20 Menschen wohnen in 45 m² großen Wellblechhütten, teilweise ohne Strom und fließendes Wasser. Die Arbeitslosigkeit unter den Schwarzen ist erschreckend hoch, und eine schnelle wie auch nachhaltige Besserung der wirtschaftlichen Rahmenbedingungen ist nicht in Sicht.

»Eisbein, Püree, Sauerkraut«, »Paprika, Hühner, Kartoffeln«, »Spaghetti, Hackbällchen, Salat« – dies sind die heutigen Tagesempfehlungen des Café Schneider mitten in der Fußgängerzone von Windhoek. Wir lassen uns von diesen Angeboten nicht locken, sondern bummeln weiter durch die Innenstadt und komplettieren in einem Safarishop unsere Ausrüstung für die Expeditionen der nächsten Wochen durch das südliche Afrika.

Mitten in der Stadt, am Ende der Independence Street, Heidi ist bereits auf der anderen Straßenseite, will mich ein junger Mann in ein Gespräch verwickeln, doch ich gehe nach einem freundlichen »Vielen Dank« schnell weiter. Plötzlich kommen wenige Meter weiter zwei Burschen auf mich zu, einer rechts und einer links, sie wollen mich festhalten, einer packt meine Plastiktüte mit den Einkaufsutensilien und sie wollen sie mir aus der Hand reißen. Ich lasse nicht los und renne mit meiner Tüte auf die andere Straßenseite. Auch wenn letztlich nicht viel passiert ist, beeinträchtigt dieser unerfreuliche Vorfall unsere oder zumindest meine Stimmung. Beim Abendessen in unserem Hotel versuchen wir, das unschöne Erlebnis zu verdrängen, und genießen die Aussicht auf das Lichtermeer der Stadt sowie das hervorragende Essen der Spitzenküche.

Mit einem Geländewagen wollen wir durch Namibia reisen, durch den Caprivi-Streifen und durch Botswana, dann weiter zu den Victoriafällen in Simbabwe. Von dort fliegen wir nach Johannesburg, sind anschließend wieder mit einem Geländewagen in Südafrika unterwegs mit dem Ziel Kapstadt, und wollen uns zum Schluss noch ein paar Tage auf den Inseln Mauritius und Réunion im Indischen Ozean erholen.

Unser Mietwagen, ein japanisches Allradfahrzeug, sieht gut und stark aus. Wir lassen uns den Reifenwechsel erklären und sind sicher, dass wir das ohne fremde Hilfe nie schaffen werden; dennoch packen wir zur Sicherheit einen zweiten Ersatzreifen ein. Dann geht es los: 220 Kilometer fast immer geradeaus, die B1 ist gut ausgebaut und führt direkt nach Süden. An das Linksfahren müssen wir uns erneut erst gewöhnen. Wir teilen die Verantwortung so auf, dass der Beifahrer für das Fahren auf der linken Seite verantwortlich ist. Er muss den Fahrer insbesondere beim Ein- und Abbiegen immer durch lautes »Links, links«-Rufen an das Linksfahren erinnern. Klingt merkwürdig, ist aber effektiv und funktioniert nicht nur in Afrika bestens.

Das Tor zur Kalahari Red Dunes Lodge ist verschlossen, aber beim näheren Betrachten des Schlosses merke ich, dass dieses sich öffnen lässt. So fahren wir auf einer schmalen Sandpiste drei Kilometer zum Haupthaus. Die Kalahari Red Dunes Lodge wurde in der Nähe von Kalkrand in einem großen Wildpark errichtet. Die Kalahari mit unendlichen Dünenketten aus rotem bis braunem Sand auf der einen Seite und der Grassteppe sowie der Kameldornbaumsavanne auf der anderen bestimmt die Landschaftsszenerie. Die Lodge liegt in einem Trockensee und ist im afrikanischen Stil mit einem Grasdach versehen. Um das Haupthaus mit Restaurant gruppieren sich zwölf Bungalows, halb mit Zeltwänden und halb aus Stein, die über lange Holzstege miteinander verbunden sind – total einsam und total romantisch.

Plötzlich schreit Heidi auf – eine Kap-Kobra, hochgiftig und eigentlich sehr selten anzutreffen, richtet sich vor ihr auf. Es passiert nichts, aber der Schreck sitzt Heidi in den Gliedern. Nach der Mittagshitze und dem in Namibia obligatorischen Kaffeetrinken brechen wir zu einem Marsch durch die Kalahari auf. Wir wandern durch einsames Gelände über staubige Pfade, stets auf der Suche nach wilden Tieren wie Springbock, Oryx, Strauß, Schakal, Zebra oder Giraffe. Trotz intensiver Suche entdecken wir jedoch lediglich ein paar weit entfernte Springböcke. Besondere Attraktion sind die riesigen Siedelwebernester in den starken Ästen der uralten Kameldornbäume. Wir sind ganz allein in der weiten Savanne unterwegs und haben Sorge, rechtzeitig vor Einbruch der Dunkelheit zurückzukommen. Um uns nicht zu verlaufen, orientieren wir uns an unseren eigenen Fußspuren und gehen denselben Weg wieder zurück. So überstehen wir den ersten Tag in der Kalahari bestens, der abendliche Springbock in der Pfanne schmeckt extrem lecker.

Die Nacht ist bitterkalt, angesichts der heißen Temperaturen während des Tages kaum zu glauben. Ich muss eine Decke über mein Oberbett legen, um nicht zu frieren – und das in Afrika. Der Sonnenaufgang ist wunderschön, wir liegen im Bett und schauen durch das große Zeltfenster auf die Savanne und den erwachenden Tag. Schnell wird es heiß, im Sommer sollen die Temperaturen auf kaum erträgliche 40 °C und mehr ansteigen. Der Sommer beginnt Weihnachten, noch haben wir September.

Mit Charlton, unserem Fahrer und Guide, starten wir zur spätnachmittäglichen Pirschfahrt. Charlton besitzt zwei Pässe, den südafrikanischen wie auch den namibischen, und erzählt uns viel über Land und Leute. Spannend wird es, wenn er mit dem Jeep die offiziellen Wege verlässt und tief in die Savanne hineinfährt. So bekommen wir endlich viele Tiere aus unmittelbarer Nähe zu Gesicht, wie Gnus, Impalas, Strauße, Stein- und Springböcke. Das Gras ist höher als in früheren Jahren, so erzählt Charlton, denn der Winter war härter und vor allem regenreicher.

Lange sitzen wir vor großen und kleinen Löchern, aus denen Stachelschweine hervorkommen sollen, aber es kommt nur ein Erdhörnchen zum Vorschein, das auch ganz nett anzuschauen ist. Zum Abschluss der Pirschfahrt jagt Charlton mit dem Jeep eine Düne hoch, bis der Wagen im roten Kalaharisand stecken bleibt. Die letzten Meter nach oben gehen wir zu Fuß und werden dort mit einer grandiosen Aussicht und einem eisgekühlten Bier belohnt. Als der glutrote Sonnenball hinter dem Horizont verschwindet, machen wir uns auf den Heimweg – das Abendessen wird pünktlich um 19.30 Uhr serviert.

Namibia ist kein Land für Vegetarier, Fleisch gibt es in rauen Mengen und hervorragender Qualität. Überall läuft es umher, und wenn man Fleisch braucht, dann schießt man ein Tier und hat genug für die nächste Zeit. Nur Obst und Gemüse, das überwiegend aus Südafrika importiert wird, muss teuer bezahlt werden. Wein wird auch in Namibia angebaut, aber die meisten und besten Weine kommen dennoch aus dem südlichen Nachbarland. Wenn man also nicht gerade leidenschaftlicher Vegetarier ist, kann man in Namibia hervorragend essen und trinken, auch an die nachmittägliche Kaffeetafel mit Kuchen und geschlagener Sahne gewöhnen wir uns schnell.

Erdbeben in Nordrhein-Westfalen – ich traue meinen Augen kaum, als ich diese Nachricht beim morgendlichen E-Mail-Check lese. Somit können wir froh sein, uns in Namibia aufzuhalten. Als wir nach dem Frühstück zu unserer 430 Kilometer langen Tour ins Sossusvlei starten, denken wir an die eindringlichen Sicherheitshinweise, die wir immer wieder hören und lesen: Türen während der Fahrt von innen verriegeln, nur auf bewachten Parkplätzen anhalten, den Wagen mit Gepäck nie unbeaufsichtigt lassen und vor allem auf den Schotterpisten langsam fahren. Nach dem Zwischenfall in Windhoek mit den beiden Spitzbuben sind wir noch vorsichtiger als bisher und spüren – ich mehr, Heidi weniger – gelegentlich ein mulmiges Gefühl im Magen.

So passen wir unsere Fahrweise auf den Sand- und Schotterpisten den Straßenverhältnissen an und kommen nach gut fünf Stunden – nur einmal getankt und einen Kaffee »to go« mitgenommen – an der Sossusvlei Lodge mitten in der Namib-Wüste an. Die Lodge ist eine echte Luxus-Oase, in einer einzigartigen Dünenlandschaft mit den höchsten Dünen der Welt gelegen.

Heidi will sofort zur Wüstenerkundung aufbrechen, doch ich lasse mich nicht aus dieser schönen und traumhaft gelegenen Anlage vertreiben. Hinter unserem Bungalow ziehen wie vom Hotelmanagement bestellt die Tiere vorbei. Einmalig schön ist der Blick von unserer Terrasse in die weite Grassavanne, dabei kommt echtes Afrika-Feeling auf. Viele Tiere, die wir beim Blick aus dem Fenster sehen, treffen wir abends am Fleisch-Buffet wieder. Eine derart große Fleischauswahl haben wir bisher auf unseren Reisen in der ganzen Welt noch nicht gesehen. Wir können uns kaum entscheiden, ich nehme heute Oryx, morgen werde ich Warzenschwein probieren.

Im Namib-Naukluft National Park, dessen Teil das Sossusvlei ist, sind die Schattenspiele der Sandberge am eindrucksvollsten, wenn die Sonne gerade aufgeht. So stehen wir schon im Morgengrauen vor der Eröffnung des Parks mit einigen anderen Naturliebhabern vor dem Eingangstor, um in einem einmaligen Naturschauspiel zu erleben, wie die Sonne aufgeht und die Sandberge ihre Schatten werfen. Wir sehen viele Tiere, die kreuz und quer durch die Wüste laufen. Eine stolze Oryx-Antilope steht plötzlich in ihrer ganzen majestätischen Schönheit auf einer Düne neben uns. Dies sind unvergessliche Eindrücke, für die sich das frühe Aufstehen gelohnt hat.

Das letzte Stück durch den weichen Sand zum eigentlichen Vlei, einer von hohen rotgelben Sanddünen umschlossenen Salz-Ton-Pfanne, lassen wir uns mit einem Wüsten-Shuttle bringen. Auch wenn wir selbst über ein Allradfahrzeug verfügen, wollen wir es vermeiden, im tiefen Sand stecken zu bleiben. Dies haben wir vor

Jahren hier schon einmal erlebt, als wir uns auf eigene Faust durch den Sand quälten und uns trotz Allradantriebs schließlich im Sand festfuhren. Diesmal sind wir schlauer und lassen uns fahren.

Wir wandern durch das Vlei auf die höchste Düne und genießen die herrliche Aussicht von oben, sind aber froh, als wir wenig später wieder festen Boden unter den Füßen haben. Auf dem Rückweg zu unserer Lodge machen wir noch einen kleinen Abstecher zum Sesriem-Canyon, mit seinen bizarren Auswaschungen und der spärlichen Wüsten-Vegetation ein schönes Bild in der Abendsonne.

Wieder heißt es früh aufstehen, denn 380 Kilometer auf Schotter- und Sandpisten liegen vor uns. Die Strecke bietet immer wieder schöne Aussichten auf abwechslungsreiche Landschaften, besonders eindrucksvoll ist der Kuiseb Canyon in der Weite der Namib-Wüste. Später wird die Gegend monoton, bis die ersten Sanddünen auftauchen und wir in Walvis Bay den Atlantik erreichen.

Das Fahren auf den Schotterpisten erfordert unsere volle Konzentration, auch wenn nur selten ein Auto entgegenkommt. Man erkennt dann bereits in weiter Ferne eine große Staubwolke und kann gemütlich von der Mitte der Straße auf die linke Seite wechseln, die Klimaanlage aus- bzw. auf Innenluftzirkulation umstellen und das Lenkrad festhalten. Für einige Schrecksekunden sieht man in der Staubwolke absolut nichts, bis sie sich langsam je nach Windrichtung und -geschwindigkeit verzieht. Die Straßen in Namibia sind durchweg gut, nur gelegentlich fahren wir über mächtige Rillen oder müssen versuchen, größeren Löchern auszuweichen.

Letztlich ist es aber doch eine Wohltat, als wir die letzten 30 Kilometer bis Swakopmund auf einer asphaltierten Straße bzw. Salzpiste fahren können. Die Sonne verschwindet und es wird empfindlich kühl. In Swakopmund herrscht ein gemäßigt-kühles Klima, morgens ist es oft dunstig und sehr frisch. Dafür wird es mittags schön warm, aber zum Baden ist das Wasser des Atlantiks in dieser Jahreszeit viel zu kalt.

Auch in Swakopmund sind die deutschen Wurzeln unverkennbar. Ohne die Palmen wähnte man sich an der deutschen Nordseeküste. Heute ist die Stadt ein beliebter Bade- und Ferienort, insbesondere für wohlhabende Einheimische, die der brutalen Hitze im Landesinneren entfliehen wollen. 28.000 Einwohner leben hier – alles recht übersichtlich, ordentlich und kolonial geprägt. Im legendären Café Anton in der Nähe des Leuchtturms genehmigen wir uns ein Stückchen Schwarzwälder Kirschtorte und für den Kaffee eine Extraportion Sahne.

Der schönste Bahnhof der Welt wurde 1901 in Swakopmund gebaut, und jetzt wohnen wir hier. 1993 war die Zeit des Bahnhofs vorbei und er wurde zu einem Luxushotel mit Spielcasino umgebaut. Der »Desert Express« von Windhoek nach Swakopmund hält seither am Stadtrand, so dass hier ein schöner Hotel- und Tagungskomplex entstehen konnte.

Austern zum Frühstück sind lecker, vor allem wenn sie aus dem kalten und sauberen Atlantik vor der Küste Namibias stammen. Wir lassen den Tag geruhsam angehen und erledigen einige Schreibarbeiten, da hier im Hotel die drahtlose Internetverbindung einwandfrei und noch dazu kostenlos funktioniert. Dann aber zieht es uns hinaus in die Stadt, um uns auf den Spuren der deutschen kolonialen Vergangenheit zu bewegen. Die Straßen sind breit angelegt, damit in früheren Zeiten die Ochsengespanne gut wenden konnten. Nach und nach werden die deutschen Straßennamen durch afrikanische ersetzt, trotzdem sieht man überall im Stadtbild noch deutsche Namen und Bezeichnungen wie »Altes Amtsgericht«, »Adler-Apotheke« oder »Hansa-Hotel«, in den Geschäften und Restaurants wird überwiegend deutsch gesprochen. Rund 35 Prozent der Einwohner sind Weiße, davon 80 Prozent deutscher Abstammung. So lassen wir den Abend im Brauhaus bei Schnitzel mit Kartoffelsalat und deutschem Bier vom Fass ausklingen.

Pelikane gleiten vorüber, Seehunde springen ins Boot und Delfine schwimmen mit uns um die Wette – wir befinden uns auf einem Katamaran vor der Küste von Walvis Bay. In der Lagune veranstalten Zehntausende Robben einen Höllen-Lärm, auch der Gestank ist gewöhnungsbedürftig. Gleichwohl ist es interessant, ihnen beim Schwimmen, Spielen und Planschen im Wasser zuzuschauen. Natürliche Feinde haben sie, abgesehen von ein paar Schakalen nicht, deswegen müssen zur Begrenzung der Population jedes Jahr viele Jungtiere getötet werden, wie unser Kapitän erklärt. Aber zwischen den Zeilen hören wir heraus, dass die Robben den gewerblichen Fischern die Fische wegfressen und auch von daher der Bestand reguliert werden muss. Die Robben, die an Bord springen und sich von uns streicheln lassen, bekommen ein paar Heringe, wir hingegen kleine Häppchen, Austern und ein Glas Sekt.

On the Road again – wir wollen zur Vingerklip Lodge in Damaraland, über 380 Kilometer geht es fast ausschließlich auf Naturstraßen. Während der Autofahrt entwickeln wir ein Gefühl für die Größe und Weite Namibias. Das Land ist zweimal so groß wie Deutschland, hier leben aber nur rund zwei Millionen Menschen, die meisten davon in den wenigen Städten und im fruchtbaren Norden. Insofern ist es nicht verwunderlich, dass uns auf der langen Fahrt kaum ein Auto begegnet. Trotzdem müssen wir uns konzentrieren, da die Straße oft tiefe Rillen, Dellen und Senken aufweist, die nur bei angepasster Geschwindigkeit rechtzeitig zu erkennen sind.

Die Landschaft zeigt sich anfangs eintönig, wird aber später in Damaraland immer interessanter. Unterwegs sehen wir eine Himba-Familie, die Steine und Stoffpuppen am Straßenrand verkauft. Die Himba tragen meist nur einen Lendenschurz und reiben Haut und Haare mit gefärbtem Butterfett ein. Gegen ein paar namibische Dollar können wir von den barbusigen Damen einige Fotos machen, ebenso von den Herero-Frauen in ihren langen bunten Kleidern aus der Zeit Kaiser Wilhelms – schöne Farbtupfer in der braunen Steinwüste.

Endlich sind wir da – die Vingerklip Lodge liegt traumhaft in einer der dramatischsten Felslandschaften Namibias. Wahrzeichen ist der 35 Meter hohe Vingerklip (»Steinfinger«) in einer weiten Ebene mit unzähligen Tafelbergen und interessanten Felsformationen. Wir wohnen in einem strohgedeckten Bungalow mit grandiosem Blick in die Ebene sowie auf einen Tafelberg. Dieser Blick von unserer Terrasse wird nur überboten von der Aussicht des Restaurants »Eagles Nest«, hoch oben auf einer Felsspitze gelegen, auf die atemberaubende Landschaft und den Vingerklip. Vor allem beim Sonnenuntergang bietet sich hier ein einmaliges und unvergessliches Erlebnis.

Damaraland ist reich an Sehenswürdigkeiten; die Felsgravuren von Twyfelfontein wurden von der UNESCO als Weltkulturerbe eingestuft, übrigens das einzige in Namibia. Die Gravuren gelten als die größte »Open Air«-Kunstgalerie des südlichen Afrikas. Wir wandern durch das eindrucksvolle Ugab-Tal mit seinen interessanten Felsgebilden, die uns ein wenig an das Monument Valley in Arizona erinnern. Viele Elandantilopen, Kudus und Giraffen ziehen vorbei, aber in dieser dramatisch schönen Landschaft spielt die Tierbeobachtung nur eine untergeordnete Rolle. Der Süden und die Mitte Namibias sind bekannt für ihre unglaublich schönen und vielfältigen Landschaftsbilder, während der Norden mit seinem einmaligen Tierreichtum punktet.

Auch für heute haben wir uns zum Abendessen im »Eagles Nest« angemeldet. Wir wandern den Berg hoch und müssen eine steile Eisentreppe überwinden, um in dem kleinen Restaurant unseren reservierten Platz einnehmen zu können. Mit 360°-Rundumblick erleben wir einen traumhaften Sonnenuntergang, dann sind Kudu, Lamm, Oryx und Warzenschwein fertig gegrillt. Das Fleisch ist lecker, mir schmeckt das Warzenschwein am besten. Hier oben gibt es Romantik pur, ein ideales Plätzchen für Hochzeitsreisende und solche, die es werden wollen.

Nur noch 200 Kilometer, dann sind wir im Etosha National Park, einer der Hauptattraktionen Namibias. Dessen Anziehungskraft beruht nicht nur auf der Vielzahl und Vielfalt der Tiere, die hier gut zu beobachten sind, sondern auch auf der einzigartigen Landschaft mit dem »großen, weißen Platz trockenen Wassers«, dies bedeutet »Etosha« in der Sprache der Eingeborenen. In Outjo, einem kleinen Provinznest mit 7.000 Einwohnern, frischen wir unsere Vorräte auf. Der deutsche Einfluss ist noch erkennbar, so begeistert mich am meisten die deutsche Bäckerei mit einer Riesenauswahl an Kuchenstücken mit und ohne Sahne.

Gegen Mittag erreichen wir die Etosha Safari Lodge, nur rund 10 Kilometer vom südlichen Eingang des Nationalparks entfernt. Sie ist mit 55 Bungalows ziemlich groß und als Ausgangspunkt für den Besuch des südlichen Teils des Parks sehr gut geeignet. Wir fahren sofort weiter und erkunden nach einer kurzen Pause im Camp Okaukuejo die nähere Umgebung.

Der Etosha National Park weist nach dem Serengeti National Park die höchste Wilddichte Afrikas auf. Er ist etwa so groß wie Hessen, gut erschlossen, nur der westliche Teil ist für Individual-Touristen mit eigenem Pkw nicht zugänglich. Da alle Tiere zu den natürlichen und künstlichen Wasserlöchern zum Trinken kommen müssen, gibt es dort ideale Gelegenheiten zur Wildbeobachtung.

Plötzlich steht sie vor uns: eine Elefantenherde wie aus Marmor gegossen. Der Staub der Pisten hat die Tiere mit einem weißen Mantel überzogen – ein außergewöhnliches und spektakuläres Bild. Wir stehen mit unserem Auto direkt vor und neben ihnen, näher geht nicht, nur das Aussteigen ist aus Sicherheitsgründen streng verboten. Gebannt schauen wir diesen gewaltigen Tieren zu, die bis zu vier Meter hoch sind, einfach gigantisch. Kurz darauf wollen wir weiter und noch andere Tiere entdecken.

Je später der Nachmittag, umso mehr Tiere stehen auf oder an der Straße und lassen sich von uns nicht stören. Majestätisch schreiten Giraffen mit leichtem Kopfnicken dahin, Springböcke hüpfen über die Straße, Zebras laufen umher, Impalas, Kudus und Oryxe grasen friedlich. Es ist wunderschön, die Tiere in freier Wildbahn zu beobachten, wir können uns kaum von ihrem Anblick trennen. Aber wir müssen zum Sonnenuntergang den Park verlassen haben, deshalb fahren wir langsam zurück und erleben gemeinsam mit anderen Reisenden auf der Terrasse unseres Hotels einen schönen Sonnenuntergang in der herrlichen afrikanischen Weite.

Der Grundsatz »Der frühe Vogel fängt den Wurm« gilt im Leben generell, aber insbesondere bei der Wildbeobachtung ist es unverzichtbar, früh aufzustehen. Am nächsten Morgen fahren wir von Wasserloch zu Wasserloch, ausgerüstet mit aktuellen Informationen, wo wir welche Tiere am besten sehen können. Auch wenn sich die Tiere nicht unbedingt an die Ratgeber halten, sind diese für die Tourenplanung in dem riesigen Gebiet der Etosha-Pfanne dennoch unerlässlich. 110 verschiedene Säugetiere und 230 Vogelarten kann man hier in freier Wildbahn erleben.

Was tun, wenn die Blase drückt, das Aussteigen streng verboten ist und wir es nicht mehr zu einem der viele Kilometer entfernten drei Besuchercamps Okaukuejo, Halali oder Namutoni mit ihren sanitären Einrichtungen schaffen? Nun, dann ist guter Rat teuer. Wir öffnen in der Not die Beifahrertür, erledigen im Türspalt unter höchster Wachsamkeit und Alarmbereitschaft des Fahrers bzw. der Fahrerin unser »Geschäft« und brausen anschließend schnell davon. Funktioniert bestens und wird von keinem Löwen bemerkt.

Normalerweise ist die Salzpfanne im September völlig trocken, aber in diesem Jahr erleben wir sie wegen der starken Regenfälle der letzten Wochen mit einer riesigen Wasserfläche – ein ungewohntes Bild. Auch wenn die Tiere zum Trinken derzeit nicht auf die Wasserlöcher angewiesen sind, herrscht hier großes Getümmel. Es ist immer etwas los, nie wird es langweilig.

Zebras in Kolonne auf dem Weg zur Wasserstelle, Giraffen am Wegesrand, unzählige Springböcke in der Savanne, Kudus beim Grasen und eine Elefantenherde beim Baden – dies sind für uns gewaltige und unvergessliche Eindrücke.

Und dann sehen wir ihn plötzlich: Ein Gepard schleicht durch das Gebüsch und läuft unmittelbar vor unserem Auto über die Straße, eine aufregende Begegnung. Wir sind überglücklich und schon jetzt sicher, dass der Besuch der Etosha-Pfanne zu den Höhepunkten unserer Reise durch das südliche Afrika zählt.

Am späten Nachmittag verlassen wir den Nationalpark und fahren zu unserer nächsten Lodge, der Mushara Lodge, acht Kilometer außerhalb des Parks. Sie liegt sehr schön und verbindet in vollendeter Weise westlichen Wohnkomfort mit afrikanischen Elementen und künstlerischen Akzenten. Es gibt nur ein Problem: Alle Bungalows sind belegt, und wir werden trotz Reservierungsbestätigung in ein Buschcamp in der Nähe geschickt. Wir schauen uns das Camp an, wollen dort aber nicht bleiben und fahren zurück. Nach einigen Diskussionen mit einer netten und einer weniger netten Dame der Rezeption können wir endlich ein großes Haus mit mehreren Bädern und Schlafzimmern sowie einem riesigen Wohnzimmer beziehen, modern und gleichzeitig afrikanisch eingerichtet – so schön haben wir noch nie gewohnt. Wieder bewahrheitet sich der alte Grundsatz: »Jedes Problem ist eine Chance.«

Am geschichtsträchtigen Fort Namutoni starten wir zur Pirschfahrt im östlichen Teil der Etosha-Pfanne. Sieben Deutsche kämpften hier zu Beginn des 20. Jahrhunderts gegen 500 Ovambo-Krieger und konnten deren Angriff abwehren, aber das ist lange her. Heute ist das Fort ein viel besuchter Haltepunkt mit Restaurants, Shops, Bungalows und einem großen Wasserloch. Kostenlos kann man sich im Pool abkühlen – ein besonderer Service, der nach stundenlangen Pirschfahrten auf unbefestigten staubigen Straßen sehr gern genutzt wird. Wir fahren ohne

Abkühlung in das nördliche Sandfeld und beobachten wieder unzählige Giraffen, Elefanten, Gnus, Springböcke, Zebras und Riesentrappen. Leider sehen wir keine Löwen, Nashörner oder Büffel, aber wir sind ja noch ein paar Wochen in Afrika unterwegs. Sieben Stunden lang sitzen wir im Auto, schlucken jede Menge Staub, trinken mehrere Liter Wasser – und sind dennoch überaus begeistert, keine Minute ist langweilig, und der Abschied von den Wasserlöchern fällt uns sehr schwer.

Die Allgemeine Zeitung titelt heute: 16 Polizisten, 5 Fahrzeuge, aber nur 2 Führerscheine – dies ist die Ausrüstung der Polizeiwache in Hochfeld. Nun sollen Farmer Fahrdienste für die Polizei übernehmen, irgendwie eine aberwitzige Idee. Wir sind froh, dass wir keine Polizei brauchen und alles planmäßig läuft.

Die Mushara Lodge verlassen wir früh, auch wenn heute mit 250 Kilometern nur eine kurze Etappe auf dem Programm steht. Wir passieren den Otjikotosee, an dem wir eine kleine Pause einlegen, und erreichen nach einer weiteren Stunde Fahrzeit Tsumeb, wegen der Gewinnung von Kupfer, Zink und Blei eigentlich eine Industriestadt, aber wegen der vielen blühenden Jacarandas und Bougainvilleen auch gern als »Gartenstadt« bezeichnet. Einige historische Bauten und vor allem die breiten Straßen zeugen vom Glanz vergangener Zeiten. Wir füllen in einem Supermarkt unsere Vorräte für die nächsten Tage auf, insbesondere brauchen wir Wasser, Kekse und Trockenfleisch für die anstehende lange Fahrt durch den Caprivi-Streifen. Beim Verlassen des Supermarktes werden die Schwarzen durchsucht, wir aber können mit unseren Einkaufstüten und Rucksäcken unbehelligt zum Auto gehen.

Vor Grootfontein nehmen wir einen kleinen Umweg von 40 Kilometern, um den eindrucksvollen Hoba-Meteoriten zu besichtigen. Dieser ist vor zigtausend Jahren als 55 Tonnen schwerer Metallklumpen aus dem Weltall auf die Erde gefallen und liegt nun herum, interessant für Wissenschaftler und eine Attraktion für Touristen. In Grootfontain halten wir außer zum Tanken nicht an, obwohl das Städtchen mit den vielen blühenden Bäumen ganz niedlich aussieht.

Unsere Lodge – die Fiume Lodge – ist erst vor wenigen Monaten vom jetzigen Eigentümer übernommen worden, alles ist neu und riecht nach frischer Farbe. Wir sind gemeinsam mit einem holländischen Pärchen die einzigen Gäste und werden bestens umsorgt. Voller Spannung erzählen die jungen Lodge-Eigentümer über das Leben in Namibia und vor allem über die nach wie vor bestehenden Probleme zwischen weißer Minderheit und schwarzer Mehrheit. Für die weißen Farmer werden die Zeiten nicht einfacher, aber unsere weißen Gastgeber sind wild entschlossen, ihre Existenz zu sichern und mit ganzer Kraft auszubauen.

Rundhütten und kleine Dörfer am Straßenrand, Menschen mit Wasserkanistern, Ochsen- und Eselskarren auf der Straße sowie viele kleine Kinder, denen wir ein paar Süßigkeiten schenken, wenn wir kurz zum Fotografieren anhalten: Dabei kommt richtiges Afrika-Feeling auf. In Rundu halten wir außer zum Tanken nicht an, wir müssen weiter, der Caprivi-Streifen wartet.

Dieser 400 Kilometer lange Zipfel im Nordosten Namibias passt eigentlich überhaupt nicht zum übrigen Land, hier gibt es genug Wasser, er ist außergewöhnlich grün und sehr reich an Wildtieren. Deutschland erhielt den Caprivi-Streifen 1890 zusammen mit Helgoland von den Briten im Tausch gegen Sansibar, um eine direkte Verbindung zum Sambesi zu bekommen. Der Streifen ist nur wenige Kilometer breit und ein einzigartiges Tropenparadies, links liegt Angola und rechts Botswana. Die B 8 – auch Trans-Caprivi-Highway genannt – verläuft parallel zum Okavango, dem Grenzfluss zu Angola und der Lebensader der Region. Die Straße ist seit einigen Jahren asphaltiert, gut zu befahren, von Abenteuer keine Spur mehr. Unterwegs gibt es außer ein paar Rundhütten am Straßenrand nicht viel zu sehen, bisweilen steht eine Kuh auf der Straße oder wir sehen einen einsamen Fahrradfahrer. Kurz vor unserem Ziel schauen wir uns die Popa Falls an, eher Stromschnellen als Wasserfälle, aber ein schönes Fleckchen Erde zum Entspannen.

Die Mahangu Safari Lodge liegt wunderschön am Ufer des Okavango an der Grenze zum Mahango Game Park. Wir wohnen in einem Zeltbungalow, der eher einem Zelt als einem Bungalow gleicht, aber alles hat, was man benötigt, einschließlich Klimaanlage und direktem Blick auf den Okavango und das gegenüberliegende Flussufer. Romantischer geht es nicht!

Sofort nach unserer Ankunft erkunden wir auf einer Bootstour die interessante und abwechslungsreiche Welt auf dem Wasser. Zunächst denken wir, die Fahrt sei eine reine »Vögel«-Tour, weil uns der Bootsführer und Guide jede Menge bunter Vögel zeigt, aber dann sehen wir auch viele andere Tiere, vor allem Elefanten, die zum Trinken und Baden an den Fluss marschieren, sowie gewaltige Flusspferde im Wasser, die sich von uns nicht stören lassen. Mitten auf dem Okavango zwischen den Hippos im Wasser und den Elefanten am Ufer stoppt unser Boot und wir genießen den Sonnenuntergang bei einem kühlen Drink. Eine großartige Stimmung und ein echtes Afrika-Feeling machen sich breit.

Die Nacht ist grausam und der Lärm beängstigend – die Flusspferde, die tagsüber so friedlich im Wasser liegen, veranstalten nachts einen Höllenlärm, als ob Löwe und Elefant gleichzeitig brüllen. Zudem beschleicht uns das Gefühl, sie bewegen sich in unserer unmittelbaren Nachbarschaft. Wir haben Angst, das Licht anzumachen, rechnen angesichts des infernalischen Lärms jede Minute mit einer Attacke und beschließen, in diesem Fall ohne Gegenwehr in das gemauerte Bad zu flüchten. Aber der befürchtete Angriff bleibt aus.

Wir sind froh, als es endlich hell wird und die Sonne aufgeht. Die Hippos liegen friedlich im Wasser, nur gelegentlich ist ein Grunzen zu hören. Ein Stück weiter sehen wir das platt gewalzte Gras in der Nähe unseres Bungalows, die Flusspferde waren uns in der Nacht tatsächlich ganz nah. Aber es ist nichts passiert, wir frühstücken zwei Stunden mit herrlichem Blick auf den Okavango und erholen uns von den Schrecken der Nacht.

Elefanten laufen kreuz und quer über die Pisten, Krokodile sonnen sich am Ufer, Giraffen schauen zwischen den Bäumen hervor, Kudus ziehen ihre Bahnen – wir sind auf Pirschfahrt im Mahango National Park. Dieser gehört mit seiner dichten Vegetation, den hohen Uferwäldern und dem unglaublichen Tierreichtum – mehr als 5.000 Elefanten sollen hier leben – zu den attraktivsten Naturschutzgebieten des Landes. Unter einem riesigen Baobabbaum dürfen wir aussteigen und ein kühles Bier mitten in der afrikanischen Wildnis genießen. Die Tierbegegnungen sind immer wieder aufregend, aber einen Löwen sehen wir immer noch nicht.

Die nächste Nacht verläuft ruhiger – die Hippos haben sich einen anderen Tummelplatz gesucht. So sind wir am Morgen ausgeschlafen und fit für die Fahrt zum Camp Kwando. Die Straße ist überwiegend gut ausgebaut und asphaltiert. Wir sehen zwar viele Schilder »Vorsicht Elefanten!«, aber weder auf noch neben der Straße entdecken wir einen Dickhäuter. Vom Trans-Caprivi-Highway biegen wir bei Kongola rechts ab und fahren 20 Kilometer auf einer Sandpiste zum Camp Kwando, wo wir ein Zelt-Chalet mit Strohdach direkt am Kwando-Fluss beziehen können. Alles ist ein wenig rustikal, aber nett eingerichtet, und vor allem bietet sich uns ein wahnsinnig schöner Blick auf den Fluss und das gegenüberliegende Ufer.

Wieder buchen wir eine Bootstour, lassen uns über den Kwando schippern und versuchen dabei nachzuempfinden, wie sich David Livingstone gefühlt haben muss, als er vor mehr als 150 Jahren auf abenteuerlichen Wegen durch Afrika reiste. Wir haben es heute wesentlich komfortabler und können die üppigen Galeriewälder, die überwachsenen Inseln und die Schilfgrasufer entspannt vom Boot aus beobachten. Wir sehen Büffel, Elefanten, Antilopen und jede Menge exotischer Vögel. Auch ein Flusspferd lässt sich blicken, verschwindet aber wieder im Wasser, als es uns bemerkt. Traurig ist der Anblick eines jungen Elefanten, den wir inmitten einer Herde erkennen – er hat keinen Rüssel mehr. Den hat ihm wahrscheinlich ein Krokodil beim Trinken abgebissen, vermutet unser Bootsführer.

Die Nächte in tropischen Gefilden sind nie ganz ruhig, irgendwo quaken immer ein paar Frösche, zirpen Heuschrecken, schreien Affen, trompeten Elefanten oder grunzen Flusspferde; und bisweilen rennen irgendwelche Tiere um und sogar über unseren Bungalow. Erfreulicherweise halten sich die Mücken zurück, aber sicherheitshalber schlafen wir unter einem Moskito-Netz. Zusätzlich zu weiteren Maßnahmen der Mückenabwehr wie entsprechender Kleidung und Insektenschutzmitteln schlucken wir vorsorglich Tabletten zur Malaria-Prophylaxe. Sauer bin ich, als irgendein Nagetier meine Nussschokolade anknabbert, die ich für schlechte Zeiten aufgehoben habe. Von den anderen kleinen Tierchen, die überall herumkrabbeln, lassen wir uns nicht beeindrucken, denn diese gehören einfach zum exotischen Leben am Ufer tropischer Gewässer.

Heidi bricht allein zur Pirschfahrt auf, ich lege einen Ruhetag ein und nutze die Zeit zum Schreiben meiner Reiseberichte. Der Mudumu National Park, im Norden eher Buschsavanne und im Süden Sumpfgegend mit Reetinseln und Marschen, ist sehr tierreich, wobei die Wildbeobachtung durch das hohe Gras etwas erschwert ist. Heidi kommt bei der Pirschfahrt voll auf ihre Kosten, jede Menge Elefanten, Zebras, Büffel und Warzenschweine kreuzen den Weg. Der Fahrer hält direkt auf die Tiere zu und bremst dann abrupt. Dies lässt sich ein Elefantenbulle nicht gefallen und läuft mit aufgestellten Ohren und erhobenem Rüssel trompetend auf das offene Fahrzeug zu. Heidi sucht vor Angst Deckung unter der Sitzbank, aber unmittelbar vor dem Wagen bremst der aufgeregte Elefant ab und der Fahrer legt schnell den Rückwärtsgang ein. Der Schreck sitzt Heidi noch beim Abendessen in den Gliedern, und ich bedaure, nicht dabei gewesen zu sein.

Den Caprivi-Streifen haben wir fast gemeistert und sind auf dem Weg nach Botswana. Mit 220 Kilometern ist die Strecke vom Camp Kwando in Namibia zur Garden Lodge in Kasane in Botswana zwar nicht lang, aber die Grenzkontrollen kosten viel Zeit. Bei der Einreise nach Botswana müssen wir alle Schuhe auspacken und desinfizieren, angeblich um keine Fruchtfliegen einzuführen. Eine freundliche, vollschlanke Lady an der Grenze weist uns auf ihren Souvenirstand hin, wir sollen unbedingt etwas kaufen. Nach Reinigung unserer Schuhe und ohne Kauf eines Souvenirs fahren wir mit unserem Auto durch eine in den Boden eingelassene Senke mit Desinfektionsflüssigkeit und vernichten dabei hoffentlich alle Fruchtfliegen und deren Eier.

Unsere Papiere für die Einreise nach Botswana sind in Ordnung, nur die Straßenbenutzungsgebühr für Touristen können wir nicht bezahlen, weil sich der zuständige Mitarbeiter verdrückt hat, schließlich ist Mittagszeit. Dem freundlichen Grenzbeamten verspreche ich, die Gebühr später an der sambischen Grenze nachzuzahlen, und wir können schließlich einreisen. Da kommt uns nach wenigen Kilometern ein Wagen entgegen und zwingt uns zum Anhalten. Der Fahrer schreit herum, er ist offensichtlich der für die Entrichtung der Straßenbenutzungsgebühr zuständige Beamte und will unsere Bescheinigung für die Zahlung der Gebühr sehen. Nach heftigen Diskussionen müssen wir zurückfahren und bei ihm die Gebühr entrichten. Besonders ärgerlich ist, dass er – welche ein Zufall – kein Wechselgeld hat und auf diese Weise ein sattes Trinkgeld einstreicht.

Die Elefanten stehen Spalier, so sieht es aus, als wir auf dem Weg nach Kasane sind, überall rechts und links der Straße sehen wir die Tiere. Kasane ist ein munteres Städtchen im Vierländereck Namibia, Botswana, Sambia und Simbabwe. Unsere Garden Lodge »unter deutscher Leitung« liegt wunderschön am Ufer des Chobe in einer großen Gartenanlage. Von unserem Zimmer blicken wir auf den Fluss und das gegenüberliegende Ufer, an dem sich Elefanten und Flusspferde sehen lassen.

Noch schnell eine Tasse Kaffee trinken und ein Stück Marmorkuchen hinunterschlucken, dann geht es ab zur Bootsfahrt auf dem Chobe. Vier Stunden sind wir unterwegs, bis der glutrote Sonnenball im Fluss versinkt – eine spektakuläre Szenerie. Zuerst geht es in Richtung Victoriafälle, die wir schon von weitem donnern hören. Auf den kleinen Inseln inmitten des Chobe sehen wir unglaublich viele Vögel, vor allem Störche, Reiher, Adler, Kormorane und den Schlangenhalsvogel, dessen Hals tatsächlich einer Schlange ähnelt. Auch wer wie wir mit Vögeln nicht viel am Hut hat, muss ob dieser Anblicke begeistert sein. Da sind die träge in der Sonne liegenden Krokodile fast schon langweilig.

Anschließend geht es flussaufwärts weiter, zu beiden Seiten des Flusses und natürlich auch darauf und darin beobachten wir bei der Einfahrt in den Chobe National Park eine unglaubliche Tierwelt. Herden von Flusspferden im Wasser, eine den Fluss durchschwimmende Elefantenherde, spielende Affen am Wasser, schlafende oder zumindest schlafend aussehende Krokodile am Ufer, friedlich grasende Büffel, umherspringende große und kleine Antilopen und immer wieder Elefanten, einzelnen oder in Gruppen – so stellen wir uns den Garten Eden vor!

Dass wir einmal im totalitär regierten Simbabwe mit dem Schreckensherrscher Robert Mugabe landen würden, hätten wir nie gedacht. Aber wenn man die Victoriafälle in ihrer ganzen Pracht erleben will, muss man hierher fahren, denn die Sicht von der sambischen Seite ist weniger gewaltig. Wir werden von der Garden Lodge in einem offenen Safari-Jeep abgeholt und zur Grenze gebracht. Die Einreise nach Simbabwe klappt für uns erstaunlich gut, bei anderen Reisenden hingegen gibt es Stress. Entweder sind die Dollarnoten nicht neu, die Berufsangaben unklar oder die Laune der Grenzbeamten auf einem Tiefpunkt – dann verlängert sich die Abfertigungsprozedur entsprechend. Wir bedauern die Lkw-Fahrer, die hier oft mehrere Tage warten müssen. Hinter der Grenze werden wir von einem Kleinbus unseres nächsten Hotels abgeholt und zur Ilala Lodge gebracht, zentral in einer schönen Gartenanlage mit kurzen Wegen zu den Wasserfällen gelegen.

»Rauch mit Donner« – so nennen die Einheimischen die Victoriafälle. Schon von unserem Hotel aus können wir sie hören und die große Gischtwolke sehen. Je näher wir kommen, umso lauter wird das Donnern der herabfallenden Wassermassen des Sambesi. Schließlich sehen wir die gewaltigen Wassermassen, die auf einer Breite von zwei Kilometern 120 Meter tief donnernd die Felskante hinabstürzen. Ein faszinierendes und imposantes Bild, schließlich sind die Victoriafälle doppelt so groß wie die Niagarafälle. Ein gut ausgebauter Weg führt an den Fällen entlang, mehrere Aussichtspunkte bieten hervorragende Blicke auf die gigantischen Wassermassen. Die aufsteigende Gischt sorgt für Erfrischung und vor allem für eine tropische Vegetation in der näheren Umgebung. Wir sind beeindruckt, die Einstufung der Victoriafälle als eines der sieben Weltwunder und als Weltkulturerbe der UNESCO ist absolut gerechtfertigt.

Der Ort Victoria Falls ist eine eigenständige Gemeinde mit 18.000 Einwohnern, die fast ausschließlich vom Tourismus leben. Kleine Geschäfte, einige Restaurants und unzählige Tour-Anbieter prägen das Ortsbild. Viel zu sehen gibt es nicht, nur das Victoria Falls Hotel, das 1905 im britischen Kolonialstil erbaut wurde, ist einen Besuch wert. Von der Terrasse des Hotels haben wir einen traumhaften Blick auf die 200 Meter lange und 110 Meter hohe Victoria Falls Bridge, die den Sambesi überspannt und die Verbindung zwischen Simbabwe und Sambia herstellt.

Der erste Teil der 7. Etappe unserer Weltreise, die Fahrt von Windhoek durch die Wüsten Namibias, die Etosha-Pfanne und durch den Caprivi-Streifen nach Botswana mit Endstation Victoriafälle in Simbabwe, liegt hinter uns. Mit dem Allradfahrzeug haben wir bisher rund 3.500 Kilometer zurückgelegt – ohne Reifenpanne, ohne leer gefahrenen Tank, ohne gebrochene Windschutzscheibe und ohne Macke am Auto. Wir haben unglaublich viele Eindrücke mitgenommen, spektakuläre Landschaften durchquert, nette Menschen kennengelernt und unbeschreiblich viele Tiere in freier Wildbahn gesehen. Und – kaum zu glauben – Moskitos sind wir kaum begegnet, nur wenige Insektenstiche haben uns gequält. Aber wir schlucken weiter unsere Anti-Malaria-Pillen.

Nun sind wir in Johannesburg gelandet und freuen uns auf die südafrikanischen Tierreservate sowie den einwöchigen Aufenthalt in Kapstadt zum Abschluss unserer Südafrika-Rundreise. Das Pflaster in Johannesburg ist uns zu heiß, so bleiben wir hier nur für eine Zwischenübernachtung im komfortablen InterContinental Johannesburg O. R. Tambo Airport Hotel, direkt am Flughafen gelegen. Wir gehen mit unserem Gepäck aus dem Flughafengebäude, überqueren eine Straße und schon sind wir da.

Mit einer kleinen Propellermaschine der South African Airways fliegen wir am nächsten Morgen in einer Stunde nach Marulaneng, dem früheren Hoedspruit. Der Flughafen ist riesig, aber weit und breit ist außer unserem kein Flugzeug zu sehen. Wir erfahren, dass dieser Airport eigentlich ein Militärflughafen ist, der für zivile Zwecke mitbenutzt wird. Die Kampfjets sind in unterirdischen Bunkern versteckt. Über das Flugfeld laufen wir zu dem kleinen Empfangshäuschen, das Gepäck wird auf einem Anhänger, der von einem Trecker gezogen wird, hinterhergebracht. So muss das Fliegen vor 50 Jahren gewesen sein! Auf einem Schild lesen wir unseren Namen, der Fahrer bringt uns mit einer geländetauglichen Limousine zur Garonga Safari Lodge.

Über so viel Luxus in völliger Einsamkeit können wir nur staunen. In sechs Bungalow-Zelten, an einem ausgetrockneten Flussbett gelegen, werden maximal zwölf Gäste mit allem denkbaren Komfort verwöhnt – Fernsehen, Telefon und Internet gibt es allerdings nicht. Perfekten Service bieten 36 Mitarbeiterinnen und Mitarbeiter unter Leitung von Bernie, der vor vielen Jahren aus England hierherkam und hängen blieb. Aus dem Bungalow mit Panoramafenster oder von unserer Terrasse aus haben wir einen traumhaften

Blick auf ein Wasserloch, an dem sich zahlreiche Tiere vor allem in den Morgen- und Abendstunden zum Trinken einfinden. Die Gäste treffen sich ebenfalls zum Trinken und natürlich auch zum Essen im Hauptgebäude, alle Getränke sind inklusive, das Essen ist absolute Spitzenklasse. Nur allein über das Gelände gehen dürfen wir bei Dunkelheit nicht, denn die Lodge ist nicht eingezäunt und alle Tiere – auch Löwen, Leoparden und Elefanten – laufen frei herum. So werden wir zum Abendessen stets abgeholt und anschließend zu unserem Bungalow zurückgebracht – man kann schließlich nie wissen, ob nicht irgendwo im Busch ein Löwe lauert.

Nachmittags brechen wir zur ersten Pirschfahrt im offenen Geländewagen auf. Ganz vorn auf der Kühlerhaube sitzt der »Tracker«, der Spurenleser, der dem Fahrer und Guide hilft, in der weiten Wildnis die Tiere aufzustöbern. An den Anblick von Elefanten und Giraffen haben wir uns bereits gewöhnt, aber als wir plötzlich direkt neben einem Leoparden stehen, halten wir vor lauter Aufregung die Luft an – ein unglaublich beeindruckendes und nachhaltig schönes Gefühl.
Die Betten könnten nicht komfortabler sein, aber an Schlaf ist dennoch kaum zu denken. Erst quaken die Frösche und zirpen die Grillen, dann hören wir das Brüllen der Löwen und haben das Gefühl, diese befinden sich direkt unter unserem Bungalow. Und tatsächlich: Am nächsten Morgen sehen wir die Abdrücke mächtiger Löwentatzen im Sand auf dem Gelände der Lodge.

Um 5.30 Uhr ist Wecken, um 6 Uhr gibt es Kaffee und Tee, und eine Viertelstunde später sitzen wir wieder in unserem offenen Pirschwagen. Wir haben glücklicherweise dicke Jacken angezogen, denn nachts und auch morgens ist es empfindlich kalt. Abrupt endet die Fahrt, umgestürzte Bäume versperren uns den Weg, hier haben sich heute Nacht Elefanten ausgetobt. Unser Tracker Patrick zieht los, einen neuen Weg zu suchen, währenddessen setzen wir die Pirsch zu Fuß fort. Unser Guide lädt das Gewehr und gibt uns Verhaltensinstruktionen. Er marschiert vornweg, Heidi in der Mitte und ich armer Teufel muss am Ende der kleinen Kolonne laufen. Sprechen dürfen wir nicht, nur flüstern. Plötzlich hören wir in der morgendlichen Stille lautes Gebrüll, der Guide hält das Gewehr im Anschlag und schaut sich unsicher um. Patrick ist zwischenzeitlich mit dem Auto zurückgefahren, um uns an einer verabredeten Stelle wieder aufzugabeln. Unser Guide nimmt sein Sprechfunkgerät, flüstert erst leise und dann immer lauter: »Patrick, bitte kommen!«, aber Patrick kommt nicht. So ziehen wir allein weiter, ich muss gestehen, ich habe schweres Muffensausen.

Löwen sind wir auf unseren Pirschfahrten noch immer nicht begegnet, aber zumindest haben wir sie gehört und ihre Spuren im Sand gesehen. Nachdem sich unsere Angst weitgehend gelegt hat, ist es im Busch richtig schön. Wir lernen Spuren lesen, beobachten Käfer und Termiten und müssen den Kot der Tiere untersuchen. Eine besondere Herausforderung ist das Giraffen-Kötel-Weitspucken, denn es kostet Überwindung, die trockenen Giraffen-Kötel in den Mund zu nehmen und dann mit voller Kraft wie einen Kirschkern auszuspucken.

Nach der Pirsch bin ich reif für eine Massage. Und dann – ich liege bequem auf der Pritsche – rennen plötzlich zwei Löwen am Fenster vorbei. Ich springe hoch und vergesse die Massage für einen Moment. Es ist ein besonderes Erlebnis, Massage mit Löwenanblick gibt es nicht alle Tage. Mein erster Löwe in freier Wildbahn – ich bin glücklich!

Das Mittagessen wird heute im Baumhaus serviert, ganz allein sitzen wir hier oben zwischen Himmel und Erde und genießen die Leckereien, die auf der kleinen Holzplattform in der Baumkrone nur für uns aufgetischt wurden. Die Aussicht auf die umliegende afrikanische Steppe und die vorbeiziehenden Tiere ist herrlich. Wir sind nicht sicher, welche wilden Tiere auch Bäume hochklettern können, fühlen uns aber entspannt und hoffen, dass beim Heranschleichen einer Raubkatze noch rechtzeitig ein Guide mit Gewehr auftaucht. Die Zeit an diesem romantischen Plätzchen geht leider viel zu schnell vorbei.

Und dann wird unser Traum endlich war: Bei der Nachmittags-Pirschfahrt sehen wir eine ganze Löwenfamilie, sie knabbert an einem Warzenschwein, das sie morgens gerissen hat. Alle Tiere sind satt und friedlich, so dass wir ganz nah an sie heranfahren können – ein tolles Erlebnis, diese mächtigen Tiere aus direkter Nähe in freier Wildbahn beobachten zu können. Jetzt fehlt uns von den »Big Five« nur noch das Nashorn.

Heute wollen wir Nashörner sehen, wir sind wieder früh unterwegs. Auf der Fahrt durch den Busch erblicken wir zwei männliche Löwen mit mächtiger Mähne, sie ruhen in der Morgensonne, scheinen satt zu sein und bewegen sich kaum. Und dann sehen wir sie endlich: eine Nashorn-Mutter mit einem Baby, ein schönes Bild. Vor allem das Baby sieht süß aus und will immer nur spielen, aber nicht mit uns, sondern mit einer Kugel Elefantenkot. Als die beiden Tiere weiterziehen, folgen wir ihnen mit dem Jeep, kreuz und quer durch den Busch. Es sind aufregende Momente, die gewaltigen Dickhäuter aus nächster Nähe zu beobachten, ein wunderschönes Gefühl, das sich nur schwer in Worte fassen lässt.

Nachmittags geht es auf Hippo-Jagd. Da die Flusspferde meist ihre festen Reviere im Wasser haben, sind sie leicht aufzuspüren. Wir schleichen langsam zum Flussufer und sehen die Herde im Wasser. Aber nicht nur wir starren sie an, sondern auch die Hippos beobachten uns ununterbrochen, wenn sie nicht gerade auf Tauchstation sind. Schließlich bricht langsam die Dämmerung herein, der Sundowner wartet und wir müssen zu unserer Lodge zurück.

Natürlich begegnen wir nicht nur Löwen, Nashörnern, Flusspferden und Leoparden, wir sehen auch Zebras, Giraffen, Gnus, Antilopen, Impalas, Affen, Warzenscheine und viele andere wilde Tiere. Auch wenn wir bei Pirschfahrten morgens und nachmittags sechs bis sieben Stunden im Auto sitzen, ist es keine Sekunde langweilig, denn immer passiert irgendetwas. Wir sind jeden Tag aufs Neue begeistert von der Tierwelt Afrikas, die wir so intensiv erleben.

Kaum zu glauben – heute ist der Himmel bedeckt, das haben wir schon lange nicht mehr erlebt. Aber es ist immer noch angenehm warm und Abenteuern im Busch steht nichts im Wege. Unsere letzte Safari wird ein Erlebnis der besonderen Art. Es regnet tatsächlich seit Monaten zum ersten Mal, doch als wir nachmittags wie immer im offenen Geländewagen losfahren, klart es zunächst auf. Unsere Mitfahrer – zwei Pärchen aus London auf Hochzeitsreise – wollen unbedingt Leoparden sehen, wir natürlich auch. Wieder ziehen dunkle Wolken auf, unser Fahrer brettert mit hoher Geschwindigkeit durch das weiträumige Gelände. Und tatsächlich – der Tracker sieht Leopardenspuren, wir fahren daraufhin kreuz und quer durch das Gelände, machen Sträucher platt und legen kleine Bäume um, stets auf den Spuren der Leoparden. Es wird immer dunkler und plötzlich sehen wir unter einem Busch eine Leopardenmutter mit zwei Jungtieren, ein wunderbarer und prachtvoller Anblick.

Dann geht es richtig los: Ein Hagelschauer prasselt mit wolkenbruchartigem Regen auf uns nieder, einige Hagelkörner sind so groß wie Tischtennisbälle. Ich verkrieche mich unter dem Auto, die anderen versuchen, sich mit Decken und Jacken über dem Kopf zu schützen. Es muss lustig aussehen, wie ich unter dem Auto liege, zumindest werden unsere Mitfahrer noch lange ihren Spaß haben. Unsere Begleiter sind vor Freude aus dem Häuschen, sie haben in ihrem Leben noch nie Schnee oder Hagel gesehen und formen sofort Schneebälle für eine kleine Schneeballschlacht. Die Leoparden sind zwischenzeitlich verschwunden, und so geht es im strömenden Regen zurück zur Lodge. Uns stört der Regen nicht mehr, wir sind nass, klatschnass, unsere Guides singen und lachen, denn auch sie hatten mit dem ersten Schnee ihres Lebens einen erlebnisreichen Tag.

Die fünf Tage auf der Garonga Safari Lodge gehen viel zu schnell vorbei, jeder Tag ist voller einzigartiger und unvergesslicher Erlebnisse in traumhafter Landschaft. Ein letzter Blick auf die Giraffen, die beim Frühstück gemächlich vorbeiziehen, dann werden wir zum Flughafen in Marulaneng vor der majestätischen Kulisse der Drakensberge gebracht, wo wir unseren Mietwagen, einen Toyota-Geländewagen, übernehmen. Dieser ist fast nagelneu und es macht Spaß, in dem geräumigen und komfortablen Auto durch die südafrikanische Landschaft zu fahren.

Unser Ziel ist die kleine Stadt Hazyview im Nordosten Südafrikas, eine bezaubernde Gegend mit tiefen Schluchten, vielen Seen und hohen Bergen. Die Landschaft wird immer reizvoller und die Aussichten immer schöner, je weiter wir nach Süden kommen. Nach rund 100 Kilometern erreichen wir unser Ziel, die Stadt Hazyview und unser Hotel Casa do Sol, eine große Anlage im Stil eines mediterranen Dorfes. Sie passt nicht so recht in die Landschaft, aber die Lage am Rande des Krüger National Parks ist ideal. Die Ruhe ist herrlich, kein Löwe brüllt, kein Frosch quakt, wir können wunderbar schlafen.

Jetzt wissen wir auch, was Hazyview bedeutet – nämlich »Dunstblick«. Der Name ist gerechtfertigt, denn als wir morgens zum Frühstück gehen, sind nur Dunst und Nebel um uns herum. Wir fahren trotzdem los, wir wollen uns Pilgrim's Rest und vor allem den Blyde River Canyon ansehen. In den Bergen wird der Nebel immer stärker, wir schalten die Nebelschlussleuchte ein und müssen uns mit viel Fantasie vorstellen, wie schön die Landschaft hier sein mag.

Pilgrim's Rest ist ein lebendiges Museum. Hier ließen sich in den 1870er Jahren Goldgräber nieder und bauten Hütten aus Wellblech und Holz. Beim Spaziergang durch die Museumsstadt wird die Geschichte lebendig, die Fotodokumentation im Museum veranschaulicht das Leben und auch das Leiden der Goldschürfer. Bei einem Cappuccino im Gemischtwarenladen erzählt die Lady hinter der Theke ein wenig aus ihrem Leben und gibt uns den Tipp, nicht zum Blyde River Canyon zu fahren, da bei diesem Sauwetter ohnehin nichts zu sehen sei. Wir glauben ihr nicht, fahren trotzdem hin und sehen im Nebel tatsächlich nichts, absolut nichts. Es ist schade, dass wir uns diese atemberaubende Landschaft und die beeindruckende Panoramaroute entgehen lassen müssen – so sind wir da und doch nicht da.

Das Leben ist kein Wunschkonzert und jedes Problem bekanntlich auch eine Chance. So fahren wir kurz entschlossen in den Krüger National Park, den größten Nationalpark Südafrikas und zweifelsohne eines der schönsten Naturreservate der Welt. Die Landschaft ist sehr abwechslungsreich, die Vegetation ändert sich häufig und die Möglichkeiten zur Wildtierbeobachtung sind gut. Da wir jedoch bereits fünf Tage auf der Garonga Safari Lodge mit intensiven Tierbegegnungen auf zwei täglichen Pirschfahrten erleben durften, reicht uns diese Stippvisite im Nationalpark.

Am späten Vormittag des nächsten Tages brechen wir auf, bis zum Kruger Mpumalanga International Airport müssen wir nur rund 100 Kilometer fahren. Der kleine Flughafen am Rande des Nationalparks darf sich »International« nennen, weil täglich ein Flieger nach Mosambik startet und einer aus Mosambik ankommt. Bei herrlichem Sonnenschein landen wir in Kapstadt. Wir haben einen Transfer zu unserem Appartment gebucht und suchen erwartungsvoll nach einem Herrn mit unserem Namensschild. In der Ankunftshalle werden viele Schilder hochgehalten, interessante Namen sind darauf zu lesen, aber unserer ist nicht dabei. Schließlich dreht ein Herr sein Schild um und wir erkennen unseren Namen. Selten haben wir uns so gefreut, unseren Namen zu lesen.

Unser Appartment in Kapstadt es ist eher eine große Wohnung und liegt in einer modernen Anlage am Marina-Kanal und dem Waterfront-Yachthafen in fußläufiger Entfernung zur berühmten Victoria & Alfred Waterfront. Die Wohnung ist ein Traum: groß, hell, modern eingerichtet, mit einem Wohnzimmer, zwei Schlafzimmern und zwei Bädern sowie einem schönen Blick von unserer Loggia auf den Kanal. Der gesamte Komplex ist eingezäunt und gut bewacht, so können wir auch nachts gefahrlos durch dieses Areal laufen. Wir bedauern schon jetzt, dass wir die Wohnung nur für eine Woche gemietet haben, hier könnten wir gut und gerne länger bleiben.

Kapstadt ist eine einzigartige und hochinteressante Stadt an der Südspitze des afrikanischen Kontinents, mit kosmopolitischem Flair, geprägt von britischer, holländischer und indischer Einwandererkultur. Drei Millionen Menschen leben hier und nicht nur sie glauben, dass Kapstadt die schönste Stadt der Welt ist. Uns erinnert sie ein wenig an Vancouver an der Westküste Kanadas, das für uns bisher als schönste Stadt der Welt galt; die endgültige Entscheidung fällt schwer. Auf jeden Fall ist Kapstadt eine außergewöhnlich schöne Stadt in traumhafter Lage. Am Strand relaxen, in den Bergen wandern, auf dem Meer schippern, Kulturangebote nutzen, in der City einkaufen, Großstadtluft schnuppern, gut und günstig essen – alles dies und noch vieles mehr kann man in Kapstadt hervorragend tun.

Obwohl wir bereits vor Jahren in Kapstadt waren, erlauben wir uns zur Einstimmung eine Stadtrundfahrt und lassen uns in einem offenen Doppeldeckerbus durch die Gegend chauffieren. Die Stadt hat sich in den letzten Jahren stark verändert. Natürlich sind die historischen Gebäude im Zentrum heute ebenso sehenswert wie früher, aber die modernen Hochhäuser und vor allem die völlig neu gestaltete Waterfront auf zum Teil dem Meer abgerungenem Boden haben Kapstadt moderner und exklusiver werden lassen. Die Victoria & Alfred Waterfront ist ein Einkaufs- und Freizeitparadies erster Güte mit über 80 Restaurants und einer Reihe guter bis ausgezeichneter Hotels, vor ein paar Jahren noch war das Werft- und Hafenviertel eine heruntergekommene und verwahrloste Gegend.

Am Tafelberg wollen wir unsere Stadtrundfahrt unterbrechen und mit der Seilbahn nach oben fahren, aber wegen starken Windes hat die Seilbahn den Betrieb eingestellt. Also bleiben wir im Bus und lassen uns nach der Fahrt durch die Innenstadt zur Cape Riviera kutschieren. Die Küstenstraße schlängelt sich idyllisch durch die

Vororte Clifton und Camps Bay, malerisch zwischen Bergen und dem Atlantik gelegen. Hier genießen viele Reiche dieser Welt ihr Leben sowie unvergleichlich schöne Aussichten aus ihren Luxus-Appartments. Unsere Aussichten aus dem offenen Bus bei Sonnenschein und frischem Wind sind ebenfalls traumhaft, und wir beschließen, in den nächsten Tagen noch einmal zurückzukommen.

Zum Start in den neuen Tag gönnen wir uns ein Rugby-Frühstück in der Bar Capsule des vornehmen Cape Grace Hotels neben unserer Wohnanlage. Bei einem Preis von umgerechnet fünf Euro für ein komplettes Frühstück, das den Kalorienbedarf eines Rugby-Spielers deckt, kann unsere Küche kalt bleiben. Das übertragene Rugby-Spiel Irland gegen Wales interessiert uns weniger, dafür aber das Ambiente in dieser Nobelherberge. Das Motto lautet hier: »Eat, drink, love, live«, eine gesunde Lebenseinstellung. Auch Bill Clinton soll sich hier wohl gefühlt haben.

Mit unserem Mietwagen – einem VW Polo – fahren wir anschließend bei strahlendem Sonnenschein erneut zum Tafelberg, schon von weitem sehen wir die riesigen Autoschlangen. Die Idee, auf den Berg zu fahren oder zu wandern, hatten offenbar auch andere Leute. Wir haben Glück, weil die Seilbahn in Betrieb ist, und Pech, weil die Warteschlangen vor den Kassenhäuschen riesig sind. Da uns die Zeit zum Warten zu schade ist, fahren wir weiter in Richtung Cape Riviera und landen in Camps Bay. Auch diese Idee hatten bereits andere, und wir finden nur mit Mühe einen Parkplatz, bevor wir uns die schönen Strände, die hohen Wellen und natürlich auch die Strandschönheiten – weiße, braune und schwarze – ansehen können. Dabei fällt uns auf, dass die Strände faktisch immer noch nach Hautfarbe getrennt sind, zwar nicht offiziell, aber wo es besonders schön ist, liegen die Weißen, und an den eher felsigen Strandabschnitten die übrigen. Aber die Stimmung ist überall gut, die Geschäfte sind voll und die schicken Lokale an der Promenade gut besucht. Dass hier die Schönen und Reichen wohnen oder Urlaub machen, können wir gut nachvollziehen.

Kein Rugby-Frühstück, aber ein Frühstück mit Rugby – wir sitzen am nächsten Morgen in einem italienischen Restaurant direkt am Hafenbecken mit Traumblick auf die erwachende Stadt. Heute spielt Südafrika gegen Australien und verliert leider. Ich bin deshalb froh, dass ich mir noch kein südafrikanisches Rugby-Hemd gekauft habe.

Da aller guten Dinge bekanntlich drei sind, versuchen wir heute zum dritten Mal, den Gipfel des Tafelberges zu erreichen. Die Seilbahn mit den Warteschlangen vor den Kassen lassen wir rechts liegen und machen uns zu Fuß auf den Weg nach oben. Das ist jedoch leichter gesagt als getan, denn der Aufstieg ist kein Sonntagsnachmittags-Spaziergang. Aber wir sind gut vorbereitet, haben die Wanderschuhe angezogen, die Notrufnummern der Bergrettung notiert und eine Wanderkarte gekauft. Schilder weisen darauf hin, dass man beim Besteigen des Gipfels mindestens zu dritt sein soll, aber einen Dritten oder eine Dritte finden wir so schnell nicht, und so ziehen wir zu zweit los.

Die Sonne brennt gnadenlos, unsere Wasservorräte sind bereits vor Erreichen des Gipfels erschöpft. Erschöpft sind auch wir, aber wir halten durch und sind nach drei Stunden oben. Dort werden wir mit einer grandiosen Sicht auf Kapstadt und die Badeorte entlang der atlantischen Rivieraküste belohnt. Filmreif treffen die Wellen des Atlantischen Ozeans auf die des Indischen Ozeans, eine Traumkulisse vom Wahrzeichen der Stadt in über 1.000 Metern Höhe.

Von dieser grandiosen Aussicht können wir uns nur schwer trennen, das geht wohl auch vielen Kapstädtern so. Die meisten sind mit der Seilbahn in vier Minuten auf den Gipfel gefahren, köpfen hier die eine oder andere Flasche Champagner und genießen den Sonntag bei perfektem Wetter auf der Spitze des Tafelberges. Dieser soll zu einem der neuen sieben Weltwunder ernannt werden, ich denke, er hat es wirklich verdient.

Mit unserem kleinen Polo fahren wir in den nächsten Tagen viel durch die Gegend. Heute wollen wir Wale sehen, unser Ziel ist deshalb Hermanus, ein mondäner Ferienort an der reizvollen Küste mit wunderschönen Stränden. Bekannt ist Hermanus wegen der guten Chancen, vom Festland aus Wale zu beobachten. Die Stadt leistet sich sogar einen »Walschreier«, der die Ankunft der Wale und die besten Aussichtspunkte lautstark verkündet. Wir benötigen keinen »Walschreier«, denn als wir aus dem Auto steigen, sehen wir bereits zwei Wale gemächlich an der Küste vorbeiziehen. Ein Wal wiegt in etwa so viel wie zehn ausgewachsene Elefanten, aber man sieht nur den kleinen Teil, der aus dem Wasser herausragt. Dennoch ist es immer wieder faszinierend, diesen riesigen Meeressäugern zuzuschauen.

Die Fahrt an der Küste entlang durch die Weinanbaugebiete ist ein Erlebnis, an landschaftlicher Schönheit kaum zu überbieten. Wir fahren von Aussichtspunkt zu Aussichtspunkt, überqueren einen Pass und sind immer wieder begeistert von der faszinierenden Landschaftskulisse. Aber es gibt auch Anblicke, die weniger prickelnd sind. Auf unserem Weg zurück nach Kapstadt kommen wir an Townships vorbei, rund die Hälfte der Kapstädter muss in solchen Bruchbuden und Bretterverschlägen leben. Viele haben nicht einmal Wasser und Strom, am Rande der Townships leben Menschen in Pappkartons und ernähren sich von Müllresten. Der Kontrast zu den noblen Villenvororten und dem Waterfront-Areal könnte nicht größer sein. Es ist nicht leicht für uns, nach diesen Eindrücken den Luxus und den Komfort in unserer Welt unbeschwert zu genießen.

Der Table Mountain National Park auf der Südspitze der Kap-Halbinsel gehört zu den attraktivsten Regionen Südafrikas. Auch wir müssen natürlich dorthin, obwohl ich die ganze Nacht Magen-Darm-Probleme hatte, wahrscheinlich war eine der vielen Austern schlecht. Heidi besteht erbarmungslos darauf, den Ausflug zum Kap der Guten Hoffnung wie geplant durchzuführen. Sie kutschiert uns sicher und zügig durch die Innenstadt in

Richtung Süden, ich hänge teilnahmslos wie ein nasser Sack auf dem Beifahrersitz. Die Autofahrt durch die zerklüftete Bergwelt und entlang der malerischen Küste ist dennoch außergewöhnlich schön. Wir entdecken sogar zwei Wale, die sich vor der Küste im Wasser tummeln. Ob sie nur spielen oder sich paaren, können wir nicht erkennen, auf jeden Fall ist es immer wieder spannend, diese riesigen Meeressäuger in ihrem Element zu beobachten.

Im Nationalpark leben viele Tiere, darunter Zebras, Paviane, Strauße und andere große wie kleine Tiere, die ohne Scheu auf der Straße herumrennen. Natürlich machen auch wir ein Beweisfoto für unsere Anwesenheit am Kap der Guten Hoffnung. Der Cape Point ragt am Ende der Bergkette in den südlichen Atlantik, von hier aus hat man eine schöne Aussicht auf die Kapspitze. Ein wenig neidisch schauen wir auf die vielen Fahrradfahrer, welche die malerische und anspruchsvolle Strecke hierher mit dem Rad bewältigt haben, aber heute bin ich recht froh, dass ich mit meinen Beschwerden im Auto sitzen kann.

Am nächsten Morgen ist wieder alles in Ordnung, mir schmecken die Austern und auch die frischen Erdbeeren – hier ist Frühling und damit Erdbeerzeit. Ich will auf jeden Fall die Gefängnisinsel Robben Island besuchen, auf der Nelson Mandela, der frühere Staatspräsident Südafrikas und Friedensnobelpreisträger, 18 Jahre lang inhaftiert war. Robben Island, rund elf Kilometer vor Kapstadt in der Table Bay gelegen, wurde lange Zeit als Gefängnisinsel für Verbrecher, Leprakranke und vor allem politische Gefangene genutzt. Die Bedingungen waren grausam, bereits kleinste Verfehlungen und Anlässe wurden mit zwei Wochen Nahrungsentzug bestraft. Wir erhalten durch einen ehemaligen politischen Gefangenen eine eindrucksvolle Führung. Die Bilder, die er uns zeigt, sowie seine persönlichen Erfahrungen, von denen er berichtet, gehen unter die Haut. Bei einer Busrundfahrt über die ansonsten landschaftlich schöne Insel erfahren wir viel über die Zeit der Apartheid und den Aufbau des neuen Südafrikas mit all seinen Problemen. Uns wird immer wieder die Bedeutung der Fußballweltmeisterschaft 2010 in Südafrika für die Einheit des Landes und die Menschen vor Augen geführt.

Der Abschied von Kapstadt fällt uns schwer, es waren spannende und schöne Tage in einem luxuriösen Ambiente. Gedanken schießen uns durch den Kopf, ob wir nicht auch längere Zeit hier leben könnten, wir werden darüber in Ruhe nachdenken. Mit einer Limousine lassen wir uns zum Flughafen Kapstadt bringen. Dieser ist sehr modern, die Wartezeit geht schnell vorbei. Der Flug MK (Air Mauritius) 844 ist zum Einsteigen bereit.

Fünf Stunden Flugzeit sind lang, gehen aber auch vorbei, wenn man genug zu essen, zu trinken und zu lesen hat. Ich habe im Flughafen alle deutschen Zeitungen von STERN bis Gala gekauft und bringe mich schnell auf den aktuellen Stand in Politik und Showbusiness. Gegen 21 Uhr landen wir überplanmäßig auf Mauritius, es ist noch angenehm warm mit einem leichten Lüftchen. Der Flugkapitän formuliert es so schön: »Meine Damen und Herren, die Temperatur beträgt 23 °C, wir haben Vollmond, es ist eine wunderschöne Nacht auf Mauritius.«

Mauritius ist eine belebte und beliebte Ferieninsel im Indischen Ozean, fast 1,3 Millionen Menschen leben hier. Die Geschichte ist wechselvoll: Die Portugiesen waren hier, dann die Holländer, später die Franzosen, die von den Engländern verjagt wurden. Deswegen ist die Amtssprache auf Mauritius neben Kreolisch Englisch, auf der Nachbarinsel Réunion jedoch Französisch, denn dort haben sich die Franzosen nicht vertreiben lassen. Beide Inseln erfüllen in hohem Maße die Träume der Urlauber, vor allem wenn diese im Herbst und Winter aus dem kalten Europa kommen. Das Meer ist hier ganzjährig warm, und den Badefreuden wie auch Wassersportaktivitäten steht nichts im Wege. Aber die Inseln sind für einen reinen Badeurlaub viel zu schade, denn die Landschaft ist schön und abwechslungsreich. Nach unserer teilweise anstrengenden und abenteuerlichen Reise durch Namibia, Botswana, Simbabwe und Südafrika wollen wir uns zum

Abschluss dieser 7. Weltreiseetappe einige Tage auf Mauritius und Réunion erholen, bevor wir wieder nach Hause fliegen. Da wir spät abends nicht mehr von Mauritius nach Réunion fliegen können, bleiben wir zwei Tage auf Mauritius in der Nähe des Flughafens, fliegen dann für ein paar Tage nach Réunion und kommen schließlich wieder nach Mauritius zurück.

Wir wohnen in einer sehr schönen Ferienanlage – Le Preskil Beach Resort – im Südosten der Insel direkt am Meer. Die Landschaft ist hier noch wild und unberührt, das Meer glasklar und die Sandstrände weiß und feinkörnig. Wir erhalten ein schönes Zimmer in einem kleinen Häuschen unmittelbar am Strand, der Blick auf das türkisfarbene Meer und die grüne Berglandschaft ist fantastisch. An das Hotelleben mitsamt den vielen Touristen müssen wir uns erst gewöhnen, die Abgeschiedenheit unserer Lodges in Afrika oder unserer Wohnung an der Waterfront in Kapstadt war einmalig. Zudem sind die Preise hier deutlich höher als in Südafrika, vor allem der Alkoholkonsum reißt große Löcher in unsere Reisekasse.

Wir lassen es langsam angehen, erkunden mit dem Fahrrad den Südosten der Insel, schnorcheln in der Blue Bay und gewöhnen uns an das Faulenzerleben. Nicht ohne Stolz nennen die Mauritier ihre Heimat »Paradies im Indischen Ozean«. Auf kleinstem Raum erleben wir eine vielfältige Landschaft mit erloschenen Vulkanen im zentralen Hochland, tropischer Vegetation in den Ebenen und kilometerlangen feinen Sandstränden.

Bei idealen Temperaturen mit einer leichten Brise kann man sich am Strand herrlich erholen. Als ich einmal nach einem kurzen Nickerchen aufwache, steht eine ganz in weiß gewandete Dame neben mir und schaut mich mit großen Augen an. Ich denke schon, ich sei im Himmel, aber es ist nur eine Braut, die auf ihren Auftritt bei der feierlichen Hochzeitszeremonie am Strand wartet. Hier im Hotel steigen viele Honeymooner aus aller Welt ab, auch solche, die schon lange verheiratet sind und hier ein Hochzeitsjubiläum feiern wollen.

Der Flug von Mauritius nach Réunion – nur 260 Kilometer und 35 Minuten Flugzeit entfernt – startet holprig. Die Abflughalle ist völlig überfüllt und offensichtlich für die zahllosen Menschen viel zu klein. Mit Mühe und Not finden wir noch zwei Sitzplätze in der Nähe unseres Abfertigungsschalters. Da naht das Unheil in Form einer Großfamilie aus fremden Landen, die sich vor, neben und hinter uns breitmacht. Einer der Jungen, klein und dick, schreit ununterbrochen, woraufhin ihm die Mutter zur Beruhigung alle paar Minuten die Brust gibt. Den Rest der Zeit steht er auf unseren Füßen herum. Wir sind froh, dass unser Flugzeug Verspätung hat und wir das Gate wechseln müssen. Auch hier alles überfüllt, aber besser »gut gestanden« als »schlecht gesessen«.

Mit Verspätung geht es endlich los, der Flug selbst ist okay. Das Essen auch, es gibt nämlich keins. Die Einreise verläuft sehr angenehm, zum ersten Mal seit langer Zeit müssen wir kein Einreiseformular ausfüllen, keine Zollerklärung abgeben und auch nicht versichern, dass wir frei von Schweinegrippe oder ähnlich fiesen Krankheiten sind. Da die Insel Réunion politisch zu Frankreich gehört, reisen wir in die EU ein und müssen wir nur kurz unsere Pässe vorzeigen.

Mit einem kleinen, nagelneuen Renault Clio fahren wir die Küstenstraße der Insel entlang, das Rechtsfahren ist nach den vielen Wochen in Afrika ungewohnt. Wir sind überrascht vom großstädtischen Gepräge und der modernen Infrastruktur in dieser tropischen Umgebung. Über die vierspurige Schnellstraße erreichen wir schließlich unser Ziel, den beliebten Badeort St-Gilles-les-Bains. Die Appartmentanlage im südlichen Ortsteil L'Hermitage-les-Bains ist recht nett, besonders für den preisbewussten Reisenden. Als erste Amtshandlung wird uns ein Schreiben überreicht mit Verhaltensregeln und vielen Verboten. Dann soll ich eine Inventarliste unterzeichnen, in der vom Kleiderbügel bis zur Toilettenbürste alles aufgelistet ist, was sich angeblich im Zimmer befindet. Meine Kreditkarte muss ich ebenfalls abgeben, aber nicht wegen möglicher Nebenkosten, sondern für den Fall, dass wir von dem spärlichen Mobiliar etwas mitgehen lassen. Leider sind meine Französischkenntnisse sehr bescheiden, aber meine deutlichen Unmutsbekundungen in mehreren Sprachen kommen bei den beiden Damen an der Rezeption an.

Unser Appartment im Tropic Apart' Hotel liegt direkt an einer stark befahrenen Straße, hier wollen wir auf keinen Fall bleiben. Wir gehen zurück zur Rezeption und verlangen ein ruhigeres Zimmer. Die eine der beiden Damen sagt: »No«, die andere kurze Zeit später: »Okay.« Im neuen Zimmer haben wir zwar keine schöne Aussicht, dafür aber unsere Ruhe und können mit ein wenig Einbildungskraft das Meer rauschen hören.

Die Insel Réunion ist weniger wegen ihrer Badestrände berühmt als vielmehr wegen ihrer unglaublich schönen Landschaft, sie gleicht einem riesigen botanischen Garten mit einer immensen Pflanzenvielfalt. Vulkanausbrüche und Erosion haben ein zerklüftetes Paradies geschaffen. Der höchste Berg – der erloschene Vulkan Piton des Neiges – liegt in der Insel Mitte und erreicht eine Höhe von über 3.000 Metern. Der Vulkan Piton de la Fournaise ist nicht ganz so hoch, aber dafür noch aktiv, zuletzt brach er im April 2007 aus.

Die Empfehlungen in den Reiseführern sind deutlich: früh aufstehen und losfahren, weil sich selbst bei besten Wetterverhältnissen mittags die Wolken über die Berge legen und diese dann nicht zu sehen sind. Wir frühstücken trotzdem in Ruhe und fahren dann mit unserem Clio in die Berge, immer bergauf und durch unendlich viele Kurven. Als wir in 2.200 Meter Höhe ankommen, ziehen schon die Wolken auf. Es ist ein irres Bild, die Landschaftsszenerie in den Nebelschwaden zu sehen oder auch nur zu erahnen, etwas gespenstisch und doch unglaublich schön. Zwischen den Wolkenfetzen hindurch gelingen uns immer wieder traumhafte Blicke in die Talkessel, die Vegetation ist üppig, die Felsformationen sind schroff und bizarr. Wir lassen uns durch die Nebelschwaden nicht irritieren und wandern am Rande eines Talkessels durch die immergrüne Landschaft. Wieder unten in St-Gilles-les-Bains scheint die Sonne wie gewohnt kräftig und wir schauen uns den lebhaften Ort mit seinem Yachthafen und dem kleinen Touristen-Zentrum an.

Beim nächsten Mal beherzigen wir den Tipp, stehen früh auf und sitzen schon vor 7 Uhr im Auto. Wir haben uns heute für eine anspruchsvolle Wanderung in den Cirque de Cilaos entschieden, mitten in der wild zerklüfteten Bergwelt und ein Leckerbissen für konditionsstarke Wanderfreunde. Hier leben noch die Nachkommen jener Sklaven, die sich nach ihrer Flucht in die Berge zurückzogen. Einige Orte sind nur nach einem langen Fußmarsch oder per Hubschrauber zu erreichen, einige Einwohner haben noch nie das Meer gesehen – für uns unvorstellbar.

Der Ort Cilaos, 1.200 Meter über dem Meeresspiegel gelegen und damit der höchste Thermalbadeort im Indischen Ozean, war schon früh berühmt für sein heilendes Wasser, reiche Kranke ließen sich mit Sänften hochtragen. Uns trägt niemand hoch. Bis Cilaos fahren wir mit dem Auto, was auf der steilen und unglaublich kurvenreichen Straße mit vielen Tunneln bereits ein Erlebnis ist. Oben eröffnet sich uns ein wunderschönes Bergpanorama mit dem Piton des Neiges und einigen weiteren Berggipfeln. Wir laufen sofort los, unablässig geht es bergauf oder bergab, gefühlt aber meist bergauf. Der Schweiß rinnt in Strömen, meine Beine werden weich. Die Wanderung in der tropisch-grünen Bergwelt ist ein Erlebnis, die Wanderwege sind perfekt ausgebaut, trotzdem sind wir froh, nach über vier Stunden Wanderzeit wieder in Cilaos anzukommen. Wir haben Durst und Hunger, aber die Restaurants vor Ort haben entweder geschlossen oder nichts mehr zu essen. So kaufen wir zwei Flaschen Bier, setzen uns an den Straßenrand und freuen uns, dass wir einen derart schönen Tag in dieser traumhaften Natur erleben durften. Selten hat ein Bier besser geschmeckt.

Wir sind schlau und stehen erneut sehr früh auf, aber die Wolken sind noch schlauer. Als wir gegen 9 Uhr in den Bergen ankommen, sehen wir bereits, wie sie sich schwere Wolkenschleier auf die abwechslungsreiche Landschaft legen. Wie in einem Kamin ziehen sie unglaublich schnell aus dem Tal die Felswände hoch und breiten sich in der Hochebene aus, eine gespenstische Kulisse. Wir machen uns trotzdem auf den Weg, auch wenn wir nicht viel sehen. Jeder Schritt auf dem felsigen Weg muss sorgfältig gewählt werden. Somit ist unsere letzte Wanderung auf Réunion eher eine sportliche Herausforderung als eine Besichtigung der grandiosen Landschaft.

Das Wetter wird zunehmend schlechter, unsere Rückfahrt mit dem Auto wird von Nebel und später von Regen begleitet, unten an der Küste scheint jedoch zum Glück wieder die Sonne. Am Straßenrand steht eine dunkle und gut aussehende Dame an einem offenen Hähnchengrill. Das letzte Hähnchen ist ebenfalls dunkel und sieht gut aus – wir nehmen es mit und essen es auf dem kleinen Balkon unseres Appartments. Solch ein kreolisches Hähnchen schmeckt einfach köstlich. Heidi will danach unbedingt an den Strand, doch ich kann sie überreden, mit mir sozusagen zum Abschied durch St-Gilles-les-Bains zu bummeln, denn morgen fliegen wir zurück nach Mauritius.

Wir sind weder auf Mauritius gelandet und wollen diesmal den Norden der unvergleichlich schönen Insel kennenlernen. Zu diesem Zweck haben wir in Grand Baie, einem charmanten ehemaligen Fischerdorf und heute beliebten Ferienparadies, ein Appartment gemietet. Der Butler packt den Koffer aus, bügelt die Wäsche und legt sie ordentlich in den Schrank. Aber leider nicht bei uns, sondern im Luxushotel in der Nähe. Unser Appartment in den Grand Bay Suites ist zwar nett und komplett eingerichtet, Wäschewaschen und Bügeln müssen wir – oder genauer gesagt Heidi – aber allein.

Grand Baie ist ein munteres Örtchen und beliebter Ankerplatz für Weltumsegler, die hier Abwechslung von den langen Seepassagen suchen. Wenn wir durch das Örtchen schlendern und die vielen Restaurants, Bars, Boutiquen und Shopping-Center sehen, können wir kaum glauben, dass wir uns mitten in Indischen Ozean und noch immer in Afrika befinden. Das Warenangebot in den Supermärkten ist außergewöhnlich groß, selbst Marmelade aus Bad Schwartau gibt es im Laden nebenan zu kaufen.

Wer Trubel in schöner Umgebung sucht, ist hier genau richtig, das Angebot an Restaurants, Cafés, Bars und Diskotheken ist beachtlich. In einem Biergarten sehen wir die letzte Phase des Rugby-WM-Endspiels Neuseeland gegen Frankreich. Wir wissen nicht so recht, wem wir die Daumen drücken sollen, aber da viele Franzosen um uns herum ihrer Mannschaft zujubeln, halten wir zum Team Neuseelands, das dann auch knapp mit 8 : 7 gewinnt und nach 24 Jahren wieder Rugby-Weltmeister wird. Die Franzosen sind enttäuscht, einige sind richtig sauer, aber wir freuen uns für Neuseeland und trinken in der lauen Sommernacht das eine oder andere Bier.

Mit einem Katamaran segeln wird bei bestem Wetter zur Insel Gabriel vor der Nordküste von Mauritius. Pünktlich um 9 Uhr legen wir ab, drei Minuten später werden die ersten Biere gezischt. Wenige Minuten später hat auch der Steuermann eine Dose Bier in der Hand, ich traue meinen Augen kaum. Wir warten noch bis 10 Uhr, dann machen auch wir beim fröhlichen Biertrinken mit, da wollen wir nicht abseitsstehen. Die rund 20 Mitreisenden stammen aus vielen verschiedenen Ländern, auch eine lustige Männertruppe aus Mauritius ist dabei. Aber Augen haben deren Mitglieder nur für zwei auffallend hübsche Damen mit großem Busen und dicken Lippen; ich glaube, nicht nur die Lippen sind künstlich vergrößert worden. Heidi ist überzeugt, die Damen arbeiten in der Pornobranche, aber da bin ich kein Experte. Wir beobachten viele fliegende Fische und spielende Delfine, aber irgendwie gelingt es auch mir kaum, die Augen von den beiden Damen abzuwenden.

Als wir die Insel Gabriel erreichen, werden wir mit dem Schlauchboot an Land gebracht. Ein idyllisches Badeparadies mit schönem und weißem Sandstrand liegt vor uns. Die Idylle wird leicht getrübt durch die vielen anderen Sonnenhungrigen, die ebenfalls mit dem Boot hierhergebracht wurden. Beinahe könnten wir den Strandaufenthalt ungeplant verlängern, weil der Bootsführer vergisst, uns abzuholen. Ob seine Gedanken bei den beiden Ladys oder ihm die Biere in den Kopf gestiegen sind, können wir nicht beurteilen, aber es gelingt uns, ein anderes Schlauchboot aufzutreiben und uns zu unserem Katamaran bringen zu lassen.

Unter vollen Segeln geht es dann bei einer leichten Brise zurück. Die Stimmung ist ausgelassen, die jungen Männer aus Mauritius singen zur Gitarrenbegleitung Lieder aus aller Welt. Wir sollen ein deutsches Lied singen, aber uns fällt keines ein, von dem wir mehr als nur den Anfang kennen. Dann singen sie für uns: »Eisgekühlter Bommerlunder, Bommerlunder eisgekühlt«, und die Stimmung steigt weiter. Irgendwann landen wir wieder im Hafen von Grand Baie, die Party ist vorbei.

Ein Besuch der Insel Mauritius ist unvollständig, ohne die »Blaue Mauritius« gesehen zu haben. Wir stehen an der Bushaltestelle und wollen mit dem Linienbus zuerst zum Botanischen Garten in Pamplemousses und dann weiter in die Hauptstadt Port Louis fahren. Aber wir haben nicht daran gedacht, dass die Hindus heute Diwali, ein Lichterfest, feiern und die Busse seltener als an normalen Werktagen fahren. Alle paar Sekunden hält ein Taxi an und möchte uns mitnehmen, aber wir wollen standhaft bleiben. Nur – trotz langen Wartens kommt kein Bus, so dass wir schließlich doch in ein Taxi steigen müssen.
Der Botanische Garten ist einer der schönsten, ältesten und artenreichsten der Welt, ein Spaziergang durch diese Oase stellt ein besonderes Erlebnis dar. Hierher hat vor Jahrhunderten ein weitsichtiger Weltreisender Pflanzen aus aller Welt, vor allem Palmen und tropische Zierpflanzen, mitgebracht, und so entwickelte sich im Laufe der Jahre aus einem kleinen Kräuter- und Gemüsegarten eine riesige und artenreiche Parkanlage, die mittlerweile eine der Hauptattraktionen der Insel Mauritius ist.

Unser Taxifahrer bringt uns anschließend nach Port Louis, einer lebendigen Hafenstadt mit 170.000 Einwohnern unterschiedlichster Kulturen. Er erzählt uns viel über sein Leben hier, klagt über die steigenden Preise und versichert uns, dass man mit 1.000 Euro im Monat auf der Insel gut auskommen könne – also für einige deutsche Rentner eine interessante Perspektive.

Wir schlendern durch das quirlige Stadtzentrum und landen in den engen Gassen des Chinesenviertels mit seinen kleinen Läden und umtriebigen Menschen. Ein Mann mit einem Sack Kartoffeln auf den Schultern bittet mich, ihm noch eine Wassermelone oben aufzulegen. Ich tue ihm den Gefallen, verschwinde dann aber sofort, weil ich keine Lust habe, zu weiteren Arbeiten eingeteilt zu werden. Interessant für uns ist auch der Zentralmarkt mit seinem umfangreichen Warenangebot, neben frischem Obst, Gemüse, Fisch und Fleisch wird überall Gebratenes und Gegrilltes angeboten.

Jeder kennt die »Blaue Mauritius«, nicht nur bei Briefmarkensammlern ist sie weithin berühmt. Wir finden sie jedoch nicht im Postal Museum in der schönen alten Hauptpost, sondern im neu errichteten Blue Penny Museum im modernen Komplex der Caudan Waterfront. Der Anblick der »Blauen« und auch der »Orangen Mauritius« ist dann eher enttäuschend, man sieht den Briefmarken ihre Millionenwerte nicht an.

Jeden Abend müssen wir auf Mauritius schwierige Entscheidungen fällen, vor allem wo und was wir essen wollen. Chinesische, indische, kreolische, italienische und französische Restaurants werben um die Gäste, so fällt die Entscheidung nicht leicht. Am letzten Tag auf der Insel wählen wir ein Restaurant direkt am Strand mit Blick auf das Meer sowie den romantischen Sonnenuntergang und wollen Hummer essen. Der Kellner bringt uns auf einem großen Silbertablett die lebenden Hummer, wir dürfen uns zwei Exemplare aussuchen. Aber wir bringen es bei dem Gedanken, dass unsere Hummer gleich in kochendem Wasser ihr Leben beenden werden, nicht übers Herz, die Hummer zu bestellen. So geben wir uns mit überbackenen Muscheln und gegrilltem Thunfisch zufrieden, zusammen mit dem neuseeländischen Sauvignon Blanc auch eine ausgezeichnete Wahl.

»Sorry«, meint der Nachtportier, als wir um 4.30 Uhr mit unserem Gepäck in der kleinen Lobby unsere Appartmentanlage erscheinen. Er hat vergessen, uns zu wecken, aber aus unguter Erfahrung verlassen wir uns lieber auf uns selbst. So kommen wir dennoch pünktlich am Flughafen an und haben noch genügend Zeit, in Ruhe zu frühstücken, bevor unser Flug MK 48 nach Frankfurt startet.

Der Flug verläuft angenehm, die Stewardessen sind hübsch und nett, nur einige Turbulenzen über dem afrikanischen Festland stören ein wenig. Nach über elf Stunden in der Luft und 9.200 Kilometer entfernt von Mauritius sehen wir Würzburg von oben und kurz darauf die Skyline von Frankfurt. Der Kälteschock bei unserer Ankunft ist nicht so groß wie befürchtet, für Ende Oktober ist es noch erstaunlich mild. Auf dem Weg vom Flughafen Frankfurt nach Schwerte stehen wir mehr als eine Stunde im Stau, das haben wir seit zwei Monaten nicht mehr erlebt.

Gegen 22 Uhr sind wir zu Hause, wir freuen uns total. Alles sieht so aus wie bei unserer Abreise, nichts hat sich verändert. Die Berge von Briefen und Zeitschriften lassen wir unberührt, drehen die Heizkörper in allen Räumen auf und holen den versäumten Schlaf nach. Morgen beginnt wieder der Alltag, aber wir denken bereits an unsere nächste und letzte Weltreiseetappe, die uns Anfang 2012 nach Neuseeland und Australien führen wird.

8. Etappe
Am schönsten Ende der Welt: Neuseeland und Australien

15. Januar – 15. April 2012

Wir sitzen wieder im Flieger, trinken ein Glas Champagner und können es nicht glauben – wir starten zur 8. und damit letzten Etappe unserer Weltreise. Wenn wir zurückkommen, sind insgesamt mehr als drei Jahre vergangen. Unser Traum wurde Wirklichkeit!

Aber wir denken noch nicht an das Ende unserer Weltreise. Wir sitzen nach den üblichen stressbehafteten Reisevorbereitungen entspannt in der Business Class der Emirates auf dem Wege von Düsseldorf über Dubai nach Bangkok. Die letzte Etappe unserer Weltreise führt uns ans andere Ende der Welt – erst nach Neuseeland und dann nach Australien.

Zum Ende unserer Reise gönnen wir uns für die Fernflüge den Luxus des Reisens in der Business Class, das ist schon ein anderer Komfort sowie ein Hauch von Luxus. Das Einchecken in Düsseldorf dauert keine Minute, die Wartezeit in der Lounge mit dem reichhaltigen Angebot an Speisen und Getränken geht schnell vorbei, und der Platz im Flieger mit dem aufmerksamen Service macht das Fliegen zu einem Genuss.

In der Lounge in Dubai treffen wir Mario Adorf, er kennt uns zwar nicht, aber wir ihn. Heidi will unbedingt neben ihm am Tisch sitzen, ich kann sie nur mit Gewalt davon abbringen, ihn mitten in der Nacht mit einem Autogrammwunsch zu belästigen.

Es ist 3.15 Uhr, eine unchristliche Zeit, als unser Flieger nach Bangkok startet, wo wir zwei Nächte als Zwischenstopp auf dem weiten Weg nach Neuseeland eingeplant haben. Der Flug im Airbus A380 ist bereits der erste Höhepunkt unserer Reise. Alles wirkt nobel und edel, die Passagiere der Business Class werden über einen separaten Eingang in das Oberdeck geführt. Wir werfen auch einen Blick in die 1. Klasse – Luxus pur. Heidi meint, wegen der vielen Lampen und der plüschigen Einrichtung sehe es hier aus wie im Puff, aber da ich bisher noch nie im Puff war, kann ich dies nicht bestätigen.

Eine halbe Stunde sind wir schon in der Luft, da fragt Heidi, wann endlich der Flieger startet – so ruhig und kaum spürbar verläuft der Flug. Die komfortablen Sitze lassen sich mit einem Knopfdruck in ein Bett verwandeln – ein schönes Gefühl, die Beine richtig lang machen zu können. Wir haben nicht einmal Lust, in die Bar im Heck des Fliegers zu gehen, so bequem ist es in unserem Bett mit dem großen Bildschirm und den vielfältigen Unterhaltungsprogrammen.

In Bangkok werden wir von einer Emirates-Limousine abgeholt und zum Hotel gebracht, alles im Preis inbegriffen. Unser Hotel – das Anantara Bangkok Riverside – liegt in einer großzügigen Gartenanlage am Chao-Phraya-Fluss, der wichtigsten Verkehrsader Thailands. Zu Fuß erkunden wir die geschäftige Umgebung unseres Hotels und landen dabei in einer Tempelanlage, in der gerade ein großes Fest gefeiert wird. Den Grund der Feier kennen wir nicht, aber wir werden überall freundlich begrüßt und zum Essen eingeladen. Wir setzen uns jedoch lieber an den Landungssteg unseres Hotels, schauen dem Treiben auf dem Fluss zu und werden langsam müde vom Plätschern des Chao Phraya und dem Tuckern der Motorboote. Die Sonne fällt in den Fluss und wir fallen ins Bett.

Die Zehn-Millionen-Stadt Bangkok ist immer wieder einen Besuch wert, die Top-Sehenswürdigkeiten und kulturellen Highlights haben wir uns bereits auf früheren Reisen angesehen. So nehmen wir uns diesmal die Zeit, die Stadt auf individuellen

Streifzügen ohne festes Besichtigungsprogramm zu erleben. Dies ist wesentlich schöner, als die touristischen Highlights in kurzer Zeit mehr oder weniger pflichtgemäß abarbeiten zu müssen. Einfach nur schauen, sich treiben lassen, neugierig sein. Mit dem Hotelboot geht es zur gegenüberliegenden Seite des Chao Phraya, mitten hinein ins bunte Leben. Marktstände werden auf- und wieder abgebaut, Souvenirs an jeder Ecke, Schneidereien mit Spottpreisen für Maßanfertigungen und immer wieder der Versuch von Tuk-Tuk- und Taxifahrern, uns zu einer Stadtrundfahrt zu überreden. Doch wir wollen nicht im Dauerstau stehen und auch nicht in einem Juweliergeschäft landen, sondern das quirlige Leben in den kleinen Gassen Bangkoks kennen lernen, und so gehen wir zu Fuß weiter.

Gleichwohl ist solch eine Tuk-Tuk-Fahrt durchaus ein Erlebnis, aber einmal reicht völlig. Wir müssen dem Fahrer den Weg erklären, denn als Heidi ihm die Karte zeigt, hilft dies nicht viel. Auch die Verständigung ist angesichts des Lärms nur schwer möglich. Da heute am Sonntag der Verkehr einigermaßen erträglich ist, nutzt der Tuk-Tuk-Fahrer die seltene Chance, die Höchstgeschwindigkeit seines Gefährts zu testen. So kann man froh sein, wenn man an einer Straßenecke wieder gesund aussteigen und zu Fuß weiterziehen kann.

»Ein wenig scharf« hätte ich die Curry-Krabben nicht bestellen sollen, die Thai haben offensichtlich andere Vorstellungen von »scharf« als der Mitteleuropäer. Bei mir geht keine Pizza ohne Tabasco vom Teller, aber hier schießen selbst mir beim Essen die Tränen in die Augen. Noch schlimmer sind die Spätfolgen, das Rumoren in den Eingeweiden begleitet mich den ganzen Tag.

Und wieder stehen schwierige Entscheidungen an: Nehmen wir als Vorspeise die »Hummer-Medaillons« oder lieber die »geräucherte Entenbrust«? Beim Hauptgericht müssen wir zwischen »orientalischem Knoblauchhühnchen«, »gegrilltem Rinderfilet« oder dem »Red Snapper auf Zitronengras« wählen, wirklich nicht einfach. Bezüglich der Vorspeise ist die Auswahl allerdings nur theoretischer Art, denn als die Stewardess bei uns ankommt, ist der Hummer weg, die 11. und letzte Portion bekommt Heidi. Wir sitzen im Flieger von Bangkok nach Christchurch, wieder in der Business Class, 14 Stunden Flugzeit liegen vor uns. Die Nacht ist unruhig: draußen stürmisch und drinnen laut. Wenn ein Kind zu schreien beginnt, solidarisieren sich die anderen und machen mit, dabei gibt es keine nationalen Grenzen. Wir genießen es, den Sitz in ein waagerechtes Bett verwandeln und die Beine ausstrecken zu können, so macht das Fliegen wirklich Spaß. Auch das Unterhaltungsangebot ist riesig, allein in der Filmdatenbank liegen 200 Filme abrufbereit.

In Sydney müssen wir den Flieger verlassen, um nach einer Stunde wieder einsteigen und dieselben Plätze belegen zu können. Gegen 16 Uhr Ortszeit – also 4 Uhr morgens in Deutschland – landen wir endlich in Christchurch, unserem Startpunkt für die Rundfahrt auf der Südinsel Neuseelands. Da gleichzeitig mit uns ein weiteres Großraumflugzeug gelandet ist, bilden sich riesige Warteschlangen in der Ankunftshalle. Der Grenzbeamte will unser Rückflugticket sehen, wir zeigen ihm den Ausdruck unseres umfangreichen elektronischen Flugplans und er scheint zufrieden zu sein. Anschließend wird das Gepäck durchsucht, wieder lange Schlangen und nervendes Warten. Spürhunde schnüffeln am Gepäck, denn die Neuseeländer haben panische Angst, dass durch tierische und pflanzliche Produkte Krankheitserreger eingeschleppt werden könnten. Sicherheitshalber zeigen wir unsere Energie-Riegel vor, die Gnade vor den Augen des strengen Zöllners finden, und dann dürfen wir endlich einreisen.

Wieder werden wir von einem Emirates-Taxi abgeholt und zu unserem Hotel gebracht – dem Chateau on the Park. Das Hotel hat zwar mit einem Schloss so viel Ähnlichkeit wie ein Rennpferd mit einem Brauereigaul, aber eine Nacht werden wir es hier wohl aushalten. Kaum sind wir da, ruft Carol an und fragt, wann wir kommen, was wir essen wollen und ob wir irgendwelche Allergien hätten. Carol ist die Gastgeberin des Maison de la Mer in Akaroa, unserer nächsten Station. Es ist ein schönes Gefühl, am anderen Ende der Welt erwartet zu werden.

Christchurch, mit 350.000 Einwohnern nach Auckland und der Hauptstadt Wellington drittgrößte Stadt Neuseelands, ist ein reizvoller Ort mit vielen Parks und historischen Baudenkmälern in der Innenstadt. So sollte es sein, nur leider stimmt das nicht mehr, zumindest was die historischen Baudenkmäler betrifft. Das schwere Erdbeben im Februar 2011 zerstörte über 900 Baudenkmäler, weitere Beben, das letzte stärkere wenige Tage vor unserer Ankunft, haben neue Schäden angerichtet. Der Innenstadtkern ist gesperrt und nur mit Sondergenehmigung zu betreten. Es ist beklemmend, am Rande dieser Sperrzone die zerstörten Gebäude zu betrachten. In einige Geschäfte kann man noch einen Blick werfen, dort sieht es noch immer so aus wie unmittelbar nach dem Erdbeben, bei dem 185 Menschen ums Leben kamen. Zudem leben die Einheimischen mit der Gewissheit, dass jeden Augenblick die Erde wieder wackeln kann, ganz Neuseeland sitzt auf einem Pulverfass. Hier treffen die Pazifische und die Indo-Australische Platte aufeinander, was verheerende Erdbewegungen mit katastrophalen Folgen verursacht. Dieser Angst können auch wir uns nicht entziehen, deshalb planen wir kurzfristig um und bleiben nur eine Nacht in Christchurch.

Den Namen »Gartenstadt« verdient Christchurch zu Recht, überall sehen wir große Parks und gepflegte Grünanlagen, alles wirkt sehr britisch. Wir schlendern durch den Botanischen Garten und bekommen ein schlechtes Gewissen angesichts der vielen aktiven Sportler hier, vor allem Läufer jeder Alters- und Gewichtsklasse. Das Wetter ist ideal, Sonnenschein bei 26 °C und ein leichter Wind – so müsste es immer sein.

Carol wartet schon auf uns, wir sitzen in unserem Mietwagen und fahren durch landschaftlich abwechslungsreiche Gegend nach Akaroa auf der Banks Peninsula. Unsere Gastgeber Carol und Bruce in der kleinen Lodge Maison de la Mer sind überaus reizend und laden uns zur Begrüßung zu einem Glas Sauvignon Blanc auf ihrer Terrasse ein, diese bietet einen grandiosen Blick auf die Bucht von Akaroa, einem sehr hübschen Ort an einer Landzunge. Akaroa ist die einzige »französische« Stadt Neuseelands, von französischen Siedlern noch vor der Eroberung Neuseelands durch die Engländer gegründet. Viele Gebäude erinnern an diese französische Vergangenheit und verleihen dem Ort ein malerisches Flair. Hinzu kommen sommerliche 30 °C – angenehmer kann ein Aufenthalt in Neuseeland kaum sein.

Das Frühstück ist umwerfend: Frische Beeren aus dem Wald, Rühreier mit Kräutern und Räucherlachs sowie selbstgebackenes Brot mit hauseigener Marmelade versprechen einen guten Start in den Tag. Carol gibt uns Tipps, was wir in Akaroa ansehen sollten, und diesen Ratschlägen folgen wir gern. Mit einem Boot fahren wir hinaus aufs Meer, vorbei an Seehöhlen und einigen interessant geformten Felsen aus Vulkangestein. Der Kapitän informiert unterhaltsam über die Gegend um Akaroa, auch über die Geschichte der Māori, der Ureinwohner Neuseelands. Begleitet wird unser Boot immer wieder von Hector-Delfinen, den kleinsten und seltensten Delfinen der Welt. Auch Seelöwen sehen wir überall, vor allem viele junge, die auf den Felsen umherrutschen. Mit Volldampf geht es anschließend in den Hafen von Akaroa zurück.

Der Ort ist voller Menschen, ein amerikanisches Kreuzfahrtschiff – die Sea Princess – hat 2.000 Passagiere ausgespuckt. Eigentlich war Christchurch als Anlaufhafen geplant, aber da die Hafenanlagen noch immer vom Erdbeben zerstört sind, müssen die Kreuzfahrtschiffe auf andere Häfen ausweichen. Die Menschenmassen ersticken die malerische Stimmung im Ort, und so machen wir uns auf den Weg zu einem bekannten Skulpturen-Garten, in dessen großzügiger Anlage auf einer kleinen Anhöhe surreale, gigantische und äußerst farbenfrohe Skulpturen sowie Mosaik-Kunstwerke zu sehen sind. Schnell ist der Tag vorüber, wir kommen noch rechtzeitig zum Dämmerschoppen auf der Terrasse von Carol und Bruce, wo wir bei kleinen Häppchen und einem neuseeländischen Riesling über die schöne Zeit nach dem aktiven Berufsleben plaudern.

Beim Frühstück erzählen Carol und Bruce lebhaft, welche verheerenden Folgen und tragischen Schicksale die Erdbeben nach sich zogen und wie die Menschen mit der Angst vor neuen Erdstößen leben. Unfassbar, nicht nur 900 Baudenkmäler, sondern auch 17.000 weitere Gebäude wurden bei dieser Naturkatastrophe in Christchurch zerstört. Als Kontrastprogramm zu diesen schrecklichen Ereignissen sehen wir beim Blick aus dem Fenster eine friedliche Idylle, wie sie schöner nicht sein könnte. So fällt uns der Abschied sehr schwer, auch wenn wir sicher sind, dass noch viele schöne Tage in der verschwenderischen Natur Neuseelands folgen werden.

Wir beschließen spontan, die 430 Kilometer lange Strecke bis nach Dunedin mit unserem Mietwagen in einem Rutsch durchzufahren. Den Weg verfehlen können wir nicht, denn zum einen geht es auf der Bundesstraße 1 immer geradeaus nach Süden und zum anderen ist unser Toyota RAV4 mit einem Navigationsgerät ausgerüstet. Dieses jault entsetzlich, wenn die jeweilige Höchstgeschwindigkeit überschritten wird. Dafür spricht die Dame im Gerät deutsch, auch die Orts- und Straßennamen werden deutsch ausgesprochen, dies klingt jedoch merkwürdig und ist manchmal unverständlich.

In Oamaru bewundern wir die vielen schönen alten Häuser aus vergangenen Blütezeiten. Noch interessanter aber finden wir die Moeraki Boulders in der Nähe, riesige Steinkugeln, die im Sand liegen und von den Meereswellen umspült werden. Es sieht aus, als hätten hier Riesen mit Murmeln gespielt und diese einfach liegen gelassen. Unser Hotel in Dunedin – die Mercure Dunedin Leisure Lodge – liegt verkehrsgünstig direkt an der B 1, mit einem strammen Fußmarsch können wir das Stadtzentrum erreichen. Nach einem kurzen Stadtrundgang landen wir in einem indischen Restaurant mit hervorragendem Essen. Weil wir aus Deutschland kommen und der Vater unseres Kellners in Nürnberg lebt, bekommen wir ein Becks-Bier spendiert.

In Dunedin fallen die vielen Restaurants, Bars und Cafés auf, die eine angenehme Atmosphäre schaffen. Überall ist etwas los – Musik, Straßentheater, Galerien, Museen und viele Geschäfte. Hier wurde die erste Universität Neuseelands gegründet, und hier lässt es sich nicht nur als Student ausgezeichnet leben. Die schottischen Wurzeln sind überall im Stadtbild sichtbar, beim Stadtbummel kommen Erinnerungen an das schottische Edinburgh auf. Der Octagon, ein achteckiger Platz im Zentrum, der prächtige viktorianische Bahnhof und die eindrucksvolle anglikanische Kathedrale St. Paul's verleihen Dunedin einen besonderen Charme.

Mit unserem Toyota fahren wir über spektakuläre Küstenstraßen auf der Otago-Halbinsel und schauen uns das Albatross-Zentrum an, Heimat der Königsalbatrosse, die eine Flügelspannweite von bis zu drei Meter erreichen. Die mächtigen Vögel sind allerdings kaum zu entdecken und noch schwieriger zu fotografieren. Hier soll man auch Gelbaugenpinguine sehen können, die jedoch derart selten sind, dass wir sie nicht entdecken. Dafür sehen wir Seelöwen mit ihren Jungen und viele, viele Schafe, die auf Heidi eine besondere Faszination auszuüben scheinen, denn sie fotografiert die Tiere pausenlos. Somit wird Heidi die nächsten Tage beschäftigt sein, immerhin soll es in Neuseeland 70 Millionen Schafe geben.

Das Wetter wird ungemütlicher, die Sonne verschwindet langsam und der Wind frischt auf. Wir brauchen einen wärmenden Kaffee und fahren über eine enge und kurvenreiche Straße zum Larnach Castle, dem einzigen Schloss Neuseelands. Mit dessen Bau wollte der Bankier und Politiker William Larnach seine Frau beeindrucken, was aber misslang, und so beging er schließlich Selbstmord.

Wir wollen nicht das Schloss mit seinen Antiquitäten besichtigen, sondern nur einen Kaffee trinken, sollen aber dennoch pro Person umgerechnet 20 Euro Eintritt bezahlen. Das ist uns die Sache nicht wert, somit fahren wir ohne Kaffee wieder zurück nach Dunedin.

Der Regen peitscht uns ins Gesicht, bei dem starken Wind ist es schwer, Kurs zu halten. Unsere Klamotten sind durchweicht, der Wind pfeift durch jede Ritze. Wir sind den Naturgewalten schutzlos ausgeliefert, denn wir sitzen nicht im Auto, sondern auf dem Fahrrad. Die Temperaturen sind mittlerweile auf unter 10 °C gefallen. Ich frage mich, warum ich 23.000 Kilometer ans Ende der Welt gereist bin, um auch hier Regen, Kälte und Wind zu erleben. Aber bevor ich völlig sauer werde, hört der Regen auf und die Sonne lässt sich gelegentlich blicken, nur wärmer wird es nicht.

Dabei hat alles so gut angefangen: Mit dem Taxi haben wir uns zur Dunedin Railway Station bringen lassen, von wo der historische Taieri Gorge Train pünktlich um 10.30 Uhr startet. Die Fahrt mit diesem einzigartigen Zug auf der mehr als 100 Jahre alten Strecke ist nicht nur für Eisenbahnliebhaber ein Leckerbissen. Der Museumszug fährt durch die spektakuläre Taieri-Schlucht, über viele Viadukte und durch zahlreiche Tunnel in 2 1/2 Stunden nach Middlemarch. Wir unterhielten uns angeregt mit unseren Zugnachbarn, einer Familie aus Australien, und genossen beim Blick aus dem Fenster oder von der Plattform zwischen den alten Waggons die eindrucksvolle Berglandschaft.

In Middlemarch wurden wir abgeholt und mit dem Auto unseres Fahrradvermieters nach Hyde gebracht, wo wir unsere Mieträder erhielten. Mit diesen wollten wir den berühmten Otago Central Rail Trail, einen auf einer ehemaligen Bahntrasse neu angelegten Fahrradweg von 150 Kilometern Länge, abfahren und hatten eine Radreise mit Transfer, Unterkunft, Leihrädern und Gepäcktransport gebucht.

Und dann standen wir einsam in der weiten Landschaft. Unser Gepäck war bereits auf dem Weg zu unserer ersten Unterkunft. Wir stellten die Sattelhöhe ein, prüften Bremsen und Reifendruck, setzten unseren Tagesrucksack auf, schauten nochmals auf unsere Straßenkarte, tranken einen Schluck Wasser, stiegen auf die Räder und fuhren schließlich los – das Radabenteuer in Neuseeland konnte beginnen. Die Tour durch die wild-romantische Landschaft machte trotz des wechselhaften Wetters Spaß, wir kamen auf der gut ausgebauten Schotterpiste anfangs gut voran. Die Szenerie war beeindruckend, hier wurden sogar Teile der Film-Trilogie »Herr der Ringe« gedreht. Später nahmen der Wind und die Regenschauer zu, das Radfahren wurde anstrengender.

Nach 36 Kilometern erreichen wir völlig durchnässt den vereinbarten Treffpunkt in Ranfurly, dem Ziel unserer heutigen Etappe. Grant, unser Gastgeber, holt uns am ehemaligen Bahnhof in Ranfurly ab; nass, wie wir sind, steigen wir in sein Auto, die Fahrräder werden auf den Anhänger geladen.

Jan – unsere Gastgeberin – wartet schon in ihrer Old Doctor's Residence mit Tee und Gebäck auf uns, aber wir benötigen zuerst eine heiße Dusche und trockene Kleidung. Statt des Tees trinken wir gemeinsam mit Jan und Grant ein Glas Wein und unterhalten uns angeregt über das Leben in Neuseeland. Die beiden entschuldigen sich für das schlechte Wetter und versichern uns, dass hier im Sommer Temperaturen von bis zu 40 °C an der Tagesordnung seien, aber dieses Jahr das Wetter verrückt spiele.

In dem kleinen Örtchen gibt es zwei Restaurants, das eine hat heute geschlossen, deshalb gehen wir in das andere. Ein paar schaurige Gestalten stehen am Tresen, dahinter bedient eine Lady mit violetten Haaren und jeder Menge Eisen im Mund. An den alten Holztischen im Saal herrscht gähnende Leere. Die Menschen verstummen, als wir eintreten, schauen uns an und finden dann langsam ihre Fassung wieder. Wir sind mutig, bestellen etwas zu essen, und in der Tat – der Zustand des Essens ist deutlich besser als jener der Speisekarte. Nach dem Essen schlendern wir noch ein wenig durch das nette Örtchen mit seinen 120 Einwohnern sowie einigen historischen Gebäuden und legen uns dann schnell ins Bett. Die Heizdecke drehen wir auf volle Leistung, die Zeitschaltuhr auf fünf Stunden und können so hervorragend schlafen.

Der Start mit dem perfekten Frühstück bei Jan und Grant könnte nicht besser sein, auch hier alles selbstgemacht und liebevoll serviert. Wir könnten noch einige Tage bleiben, zumal es in der guten Stube angenehm warm und draußen ziemlich frisch ist. Die Gespräche mit Jan und Grant sind anregend, wir sind erstaunt, wie gut sie über die politische und wirtschaftliche Lage in Europa und auch in Deutschland informiert sind.

Der Wind lässt nach, aber die Kälte bleibt. Die Berge um uns herum sind über Nacht mit einer dünnen Schneedecke verziert worden. Wir sind wieder auf dem Otago Central Rail Trail unterwegs und radeln nach Omakau. Ich habe Tränen in den Augen, aber nicht vom Heimweh, sondern von der Kälte, die mir ins Gesicht schlägt. Unterwegs treffen wir tatsächlich ein paar Fahrradfahrer in kurzen Radhosen, offenbar handelt es sich um abgehärtete Kiwis, wie die Neuseeländer liebevoll genannt werden, dagegen sind wir richtige Weicheier.

Nach einem kleinen Anstieg erreichen wir auf 600 Metern den höchsten Punkt des Trails und radeln weiter durch schöne Täler, stockfinstere Tunnel und über zahllose schmale Brücken. Das Wetter wird nicht wesentlich besser, aber es bleibt zumindest überwiegend trocken. Am vereinbarten Treffpunkt in Omakau werden wir von Suzanne, unserer neuen Gastgeberin, zu unserer Unterkunft Hawkdun Rise gefahren, die Räder hinten ans Auto gehängt. Das Haus von Suzanne und John, ihrem Ehemann, liegt einsam inmitten einer aufregenden Landschaft; aus dem Fenster unseres hübsch eingerichteten Zimmers schauen wir auf die Weinberge und die umliegenden Bergketten.

Beim gemeinsamen Abendessen mit Suzanne und John unterhalten wir uns lebhaft, die Zeit vergeht wie im Flug. Unsere Gastgeber sind müde, wir ebenso, so dass wir früh schlafen gehen, damit wir für den letzten Tag unserer Radtour fit sind.

Lulu lässt sich von Heidi ausgiebig den Bauch kraulen. Lulu ist eine kleine Terrier-Lady, die jeden Augenblick ihre Babys erwartet. Doch so lange wollen wir nicht warten, Suzanne bringt uns mit ihrem Geländewagen nach Omakau, zum Startpunkt unserer heutigen Radetappe, wo sie uns gestern abgeholt hat. Es ist kaum zu glauben, aber die Sonne scheint. Wir gestehen, wir sind Weicheier, uns macht das Fahrradfahren bei Regen und Wind keinen Spaß. Die Strecke führt in einem weiten »S« durch die Hochebene, sie wurde in dieser Form angelegt, damit die Dampflokomotiven die Steigungen meistern konnten. Wir aber fahren bergab und das ist äußerst komfortabel. Heute legen wir nur 30 Kilometer zurück und sind somit in drei Tagen insgesamt 110 Kilometer auf dem Otago Central Rail Trail geradelt.

Das heutige Etappenziel und auch den Zielort unserer Radtour können wir uns leicht merken – Alexandra, der Name unserer Tochter. Aber nicht nach ihr, sondern nach der Prinzessin von Wales wurde das Städtchen benannt. Sie – die Stadt – hatte eine Blütezeit während des Goldrausches, viele Baudenkmäler stammen aus dieser glanzvollen Ära. Wir werden pünktlich um 13 Uhr abgeholt und mit dem Auto zurück nach Dunedin gebracht, wo wir wieder im Mercure Dunedin Leisure Hotel absteigen.

Wir sind in der »Abenteuer-Hauptstadt der Welt« gelandet – in Queenstown, herrlich am schönen Lake Wakatipu gelegen und Top-Reiseziel in Neuseeland. Die Fahrt von Dunedin nach Queenstown durch die voralpine Landschaft verlief stressfrei, die 250 Kilometer haben wir jeweils mit einer kurzen Pause in Alexandra und dem ehemaligen Goldgräberstädtchen Arrowtown in knapp vier Stunden zurückgelegt.

»Gäbe es Queenstown noch nicht, müsste man es erfinden. Angesichts der filmreifen Kulisse aus Bergen und Seen und der enormen Bandbreite von Aktivitäten ist es oft schwer zu entscheiden, was man als Nächstes unternehmen soll«, so schreibt Lonly Planet, der Kultreiseführer für Rucksackreisende und andere Traveller. Schöner und treffender kann man es nicht formulieren. Hier ist immer etwas los, die Möglichkeiten zu Aktivitäten sind nahezu unbegrenzt. Von Bungeespringen über Hubschrauberfliegen, Jetboot-Fahren, Fallschirmspringen, Paragliding, Wildwasserrafting und Kajakfahren bis zu Wandern und Fahrradfahren in den Bergen ist alles möglich – und noch viel mehr. Die Stadt verfügt zudem über eine hervorragende Kunst- und Restaurantszene, kurz gesagt sie bietet eine ausgezeichnete Lebensqualität. Alle wollen hier Spaß haben und bekommen ihn auch. Wegen der extrem ausgelassenen Stimmung und häufiger Lärmbelästigungen in der Nacht wurde die Sperrstunde mittlerweile auf 4 Uhr morgens vorgezogen. Auch wir können uns nur schwer entscheiden, welchen Freizeitaktivitäten wir uns angesichts des riesigen Angebotes in den nächsten Tagen widmen wollen.

Unser Hotel – das Heartland Hotel Queenstown – liegt auf einer kleinen Anhöhe am Rande der Innenstadt, aus unserem Fenster und vom kleinen Balkon unseres Zimmers haben wir einen schönen Blick auf den Lake Wakatipu. Die Sonne scheint, wir schauen uns das lebendige Städtchen an und überlegen, ob wir nicht auch von einer Brücke springen oder mit einem Jetboot durch die engen Schluchten des Shotover River düsen sollen. Diese schwere Entscheidung wollen wir später treffen.

Doch wir sind nicht nur Weicheier, sondern auch Angsthasen. Wir springen nicht von einer Brücke und steigen auch in kein Jetboot. Freimütig gestehen wir, dass wir leichtes bis mittelschweres Muffensausen bei diesen Aktivitäten haben. Auch die hohen Preise wirken eher abschreckend. Für den Gegenwert eines Bungeesprunges gibt es zehn Flaschen guten neuseelänschen Weines, für einen Jetboot-Fahrt immerhin noch fünf – pro Person, versteht sich.

Wir bleiben auf der Erde und mieten zwei Fahrräder. An der Fahrradstation rüsten sich zwei junge Burschen mit Ganzkörperschutz aus und befestigen eine Filmkamera an ihrem Sturzhelm. Sie wollen sich mit der Gondel auf den Berg bringen lassen und dann mit Volldampf hinuntersausen – offensichtlich eine andere Liga. Wir brauchen keine Schutzausrüstung, sondern radeln gemütlich los und quälen uns die Berge hoch. Die Ausblicke auf die Bergkette der Remarkables sind perfekt, aber wir müssen schnell weiter, denn für den Nachmittag sind Regen und für den Abend Hagelschauer angesagt. Der Aufstieg mit den Panoramablicken ist mühsam, aber lohnenswert. Natürlich macht auch die Abfahrt nach Queenstown hinunter Spaß. Mit den ersten Regentropfen kommen wir ins Hotel zurück und freuen uns über unser perfektes Timing.

Der Blick am nächsten Morgen aus unserem Hotelzimmer ist grandios, die Berggipfel sind über Nacht mit einer dünnen Schneedecke überzogen worden und die Sonne scheint, Es verspricht ein schöner, wenn auch kalter Tag zu werden. Wir wollen noch ein wenig in die malerischen Landschaften eintauchen und machen uns früh auf den Weg. »In einer fast schmerzhaft schönen Umgebung liegt der briefmarkengroße Ort Glenorchy, ein perfekt unauffälliges Gegenstück zum Trubel von Queenstown«, so schreibt der bereits erwähnte Reiseführer Lonly Planet. Nach Glenorchy müssen wir natürlich auch, aber der angekündigte Schmerz hält sich in Grenzen. Auf jeden Fall ist die Landschaft rund um den Lake Wakatipu, umrahmt von den majestätischen Neuseeländischen Alpen, traumhaft schön und ein begnadetes Stück Natur.

Vor dem Fergburger, dem berühmtesten Burger-Restaurant in Queenstown, sehen wir zu jeder Tages- und Nachtzeit lange Schlangen stehen. Wir stellen uns ebenfalls an und in der Tat, das Warten lohnt sich. Die Burger sind nicht nur riesig, sondern schmecken auch außergewöhnlich gut. In einem Pub trinken wir ein paar Bier und unterhalten uns, soweit das bei der vorhandenen Lautstärke möglich, mit einigen netten Einheimischen. Diese finden die Geschichte unserer Weltreise sehr spannend und hören interessiert zu. Sie geben uns wertvolle Tipps für unsere weitere Reise durch Neuseeland und empfehlen uns, nicht nach Australien zu fahren, weil Neuseeland unvergleichlich schöner sei. Wir werden sehen.

Fiordland ist der größte Nationalpark Neuseelands und wegen seiner einmaligen Schönheit seit mehr als 20 Jahren Weltnaturerbe der UNESCO. 14 Fjorde haben sich in die raue Westküste des Landes eingegraben, die berühmtesten und bekanntesten von ihnen sind der Milford Sound und der Doubtful Sound. Als Ausgangspunkt für die Erkundung dieser Traumgegend wählten wir Te Anau aus, ein kleines Städtchen am südöstlichen Ufer des gleichnamigen Sees. Unser Hotel – das Distinction Te Anau – ist ideal für chinesische Busreisende, ein wenig schmucklos und unpersönlich. Wir freuen uns über einen großen Kühlschrank, den wir mit einem Wochenendeinkauf füllen. Wegen der hohen Preise in Neuseeland steigen wir zunehmend auf Selbstverpflegung um, vor allem bei den Getränken können wir auf diese Weise viel Geld sparen. Die Hotel- und Motelzimmer sind fast immer mit einer kleinen Küche oder zumindest einer Kochgelegenheit ausgestattet, auch eine Waschmaschine gehört zur Grundausstattung neuseeländischer Unterkünfte.

Als Gott die Welt erschuf, hat er mehrere Tage fleißig geübt und am letzten Tag Neuseeland erschaffen, davon bin ich fest überzeugt. Der Milford Sound ist sein Meisterstück. Bereits die 120 Kilometer lange Fahrt dorthin auf dem Milford Highway ist ein Erlebnis, denn die Panoramastraße gehört zu den schönsten Höhenstraßen der Welt, hinter jeder Kurve erschließen sich neue und dramatische Ausblicke. Nach aufregenden drei Stunden kommen wir in einem kleinen Hafen am Milford Sound an, von dort starten wir zu unserer gebuchten Bootstour – zweifelsohne ein Höhepunkt unserer Neuseeland-Rundreise.

Auf der Milford Monarch sind wir nicht allein, ein Neuseeländer, ein Ehepaar aus Norwegen und viele, viele Chinesen erleben gemeinsam mit uns eine überwältigende Mini-Kreuzfahrt. Hier im Fjord regnet es fast ununterbrochen, die durchschnittliche Niederschlagsmenge ist mehr als zehnmal so hoch wie in Deutschland. Aber kaum zu glauben, das Wetter ist heute einmalig schön und die Sonne scheint die ganze Zeit, so dass wir ein Postkartenmotiv nach dem anderen erleben. Senkrecht ins Wasser stürzende Felswände, mit üppigem Grün und dichten Regenwäldern besetzt, sowie eine Vielzahl tosender Wasserfälle schaffen eine gigantische Szenerie. Im Mittelpunkt steht der fast 1.700 Meter hohe Mitre Peak, der mit seiner Einbindung in die Bergwelt an Schönheit nicht zu überbieten ist. Wir können nachempfinden, dass der Milford Sound oft als achtes Weltwunder bezeichnet wird.

Der schönste Wanderweg dieser Erde soll der Milford Track sein, der den Fjord mit dem Lake Te Anau verbindet – ein Traum für Wanderer aus aller Welt. Gern würden wir diesen berühmten Weg entlangmarschieren, aber man benötigt vier Tage Zeit, eine Genehmigung und viel Geld, pro Tag werden nur maximal 90 Wanderer auf die Strecke gelassen. So suchen wir nach Alternativen, und an wunderschönen Wanderwegen mit traumhaften Aussichten herrscht im Fiordland National Park wahrlich kein Mangel. Wir haben die Qual der Wahl. Schließlich wandern wir ein längeres Stück auf dem ebenfalls bekannten Kepler Track, der uns durch sattgrüne Wälder und weite Sumpflandschaften mit tollen Aussichten zum Lake Manapouri führt. Auch hier befinden sich aufgrund der faszinierenden und spektakulären Landschaft Drehorte für die »Herr der Ringe«-Filme.

Ein wenig Regen, viel Sonne und noch viel mehr Wind – so beginnt und endet dieser Tag. Wir sind auf dem Weg nach Wanaka, müssen hierfür zurück nach Queenstown fahren und nutzen die Gelegenheit, uns bei Fergburger noch schnell einen Super-Burger zu schnappen und uns für die Weiterreise zu stärken.

Anschließend nehmen wir die kürzeste Route durch die Berge mit vielen Kurven und steilen Passagen, für unseren Toyota RAV4 kein Problem. Die Aussicht ist wie erwartet überaus schön und abwechslungsreich. Hier in Neuseeland gilt in besonderem Maße das Reisemotto: »Der Weg ist das Ziel.« Dieses klingt zwar nach wie vor abgedroschen, hat aber auf der Südinsel seine Berechtigung. Im Grand Mercure Oakridge Resort, drei Kilometer vom Ortszentrum entfernt, bleiben wir, um von hier aus die hervorragenden Freizeitmöglichkeiten dieser Region testen. Wir erleben grüne Täler, unberührte Flüsse, beeindruckende Gletscher und den alles überragenden Mount Aspiring. Der gleichnamige Nationalpark umfasst eine alpine Landschaft mit über 100 Gletschern – ein ideales Revier in allen Jahreszeiten. Sportbegeisterte, Abenteuerlustige und Adrenalin-Süchtige jeden Alters finden hier ein nahezu unbegrenztes Angebot an Outdoor-Betätigungen.

So müssten alle Fahrradwege sein! Am idyllischen Lake Wanaka vorbei, dann abseits der Straße weiter am Ufer des pittoresken Clutha River entlang, stets mit fantastischen Ausblicken, durch dichten Wald und über einsame Felder, mit einem leichten Auf und Ab – okay, manchmal müssen wir auch absteigen und die Räder schieben. Den Tipp für diese traumhafte Route gab uns der Fahrradvermieter. Er erzählte, dass er in seinen Jugendjahren in Iserlohn gelebt habe, und konnte kaum glauben, dass wir aus Schwerte kommen. Wir waren uns sofort einig, dass es hier landschaftlich unvergleichlich schöner ist als in Schwerte oder Iserlohn am Rande des ebenfalls reizvollen Sauerlandes.

Hoch hinaus wollen wir, auf einen der vielen Gipfel im Mount Aspiring National Park, einem UNESCO-Weltnaturerbe, steigen und das traumhafte Panorama von oben genießen. Nur fällt der Wetterbericht besser aus als das tatsächliche Wetter. Dicke Wolken liegen auf den Bergketten, die Sonne bricht nur langsam durch. Somit ändern wir unser Programm, statt Natur gibt es Kultur, und fahren zur Puzzling World am Rande der Stadt. Puzzling World ist ein Irrgarten mit einem Kuriositätenmuseum.

Große und kleine Kinder finden hier viele interessante wie auch abwechslungsreiche Kuriositäten und können sich über die optischen Spielereien amüsieren.

Wir sitzen auf einem alten Sofa, das Licht geht aus, Pizzageruch steigt uns in die Nase. Wir sitzen im angesagten Kultkino Cinema Paradiso und schauen uns den Film »The Girl with the Dragon Tattoo« nach dem Krimi »Verblendung« von Stieg Larsson an. Das Kino fällt bereits durch seine Einrichtung aus dem Rahmen: Klappstühle, Flugzeugsitze, Sofas, ein Cabriolet und auf dem Boden ausgebreitete Kissen. Das kleine Restaurant nebenan liefert Leckereien, Nachos oder Pizza und die Drinks bestellt man wie im Theater für die Pause – ein gemütlicher und auch spannender Kinoabend.

Die Sandfliegen – auch als Draculas der Westküste bezeichnet – freuen sich über jeden Touristen und natürlich auch über uns. Sobald wir aus dem Auto steigen, greifen sie an und versuchen, uns zu beißen. Die kleinen Quälgeister sind eine lästige Plage. Wir befinden uns auf dem Weg von Wanaka in Richtung Norden zum Fox Glacier, rund 270 Kilometer liegen insgesamt vor uns. Die Fahrt führt erneut durch landschaftlich schöne und reizvolle Gegenden, vorbei an vielen Seen, durch Regenwälder und ermöglicht schöne Blicke auf die wilde Westküste. Da diese als »Regenküste« bezeichnet wird, überrascht uns der einsetzende Regen nicht.

Nach einer Pass-Überquerung erreichen wir den kleinen Ort Fox, in dem 300 Menschen leben. Es gibt hier zwar keinen Geldautomaten, dafür aber einige nette Restaurants und Kneipen sowie eine traumhafte Bergkulisse. Fox ist Ausgangspunkt für herrliche Bergwanderungen, aber die Berge – so auch der Fox Glacier – sind von dicken Wolken umhüllt, vom Gletscher ist nicht viel zu sehen. Es ist angenehm warm, knappe 20 °C, und wir wandern um den Lake Matheson. Den Gletscher wollen wir am nächsten Tag in Angriff nehmen – Heidi will zu Fuß auf den Gletscher, ich will ihn mit dem Hubschrauber erkunden.

Die Götter der Māori möchten beides nicht. Als wir um 6 Uhr aus dem Fenster blicken, ist der Himmel noch immer wolkenverhangen, die Berggipfel sind nicht zu sehen. Es nützt nichts, die Gletscherbesichtigung zu Fuß wie auch mit dem Hubschrauber muss ausfallen. Wir fahren stattdessen mit dem Auto an die Küste zum Gillespies Beach. Vorbei an einem alten Goldgräberfriedhof und einem verrosteten Goldschaufelbagger wandern wir am Strand entlang. Unterwegs wird der Himmel blau, die Sonne scheint und wir machen kehrt, um doch noch auf den Gletscher zu steigen.

Aber als wir nach Fox zurückkommen, ist das Wetter jedoch genauso schlecht wie am frühen Morgen und eine Besserung nicht in Sicht. Leichter Nieselregen kommt hinzu, aber wir starten nun trotzdem mit Regenschirm und Fotoapparat. Am Ende des in Nebel gehüllten Tals erahnen wir durch die Regenwand Umrisse des gewaltigen Gletschers, trotz der unfreundlichen Witterungsbedingungen ein beeindruckendes Naturschauspiel.

Auf dem Weg nach Norden durchqueren wir den Westland National Park, in dem wie sonst nirgendwo auf der Welt Gletscher direkt bis an den Regenwald reichen und die Wälder sich bis zum Meer ausdehnen. Wir stoppen am berühmten Franz Josef Glacier, dessen Eismassen in einer Breite von 800 Metern aus einer Höhe von 2.400 Metern fast bis zur Küste reichen.

In den kleinen Örtchen Ross und Hokitika legen wir kurze Pausen ein und schauen uns die historischen Gebäude aus alten Glanzzeiten an. In Shantytown wurde eine alte Goldgräberstadt wieder aufgebaut, um die spannende Geschichte der Goldgräber zu veranschaulichen. Nach 250 Kilometern kommen wir in Punakaiki an der Westküste an. Der Ort ist berühmt für seine Pancake Rocks, und in der Tat ähneln die Felsformationen übereinandergeschichteten Pfannkuchen. Punakaiki ist das Tor zum Paparoa National Park mit seinen Canyons, Höhlen, Flüssen, Felsen und dem immergrünen Regenwald, ein hervorragendes Revier für Outdoor-Fans und Naturliebhaber.

Wir schlafen in einer kleinen Pension – The Rocks Homestay – mit nur drei Zimmern, mitten im Regenwald gelegen und nur wenige Schritte vom wilden Meer entfernt. Die reizenden Gastgeber Eva und Roland mit dem kleinen Aaron sind aus der Schweiz nach Neuseeland ausgewandert und haben hier in der herrlichen Natur eine echte Wohlfühl-Unterkunft geschaffen. Wir empfinden es als sehr angenehm, mal wieder mit anderen Menschen Deutsch zu sprechen, und erfahren viel über das Leben einer Auswandererfamilie sowie über die aktuellen politischen und wirtschaftlichen Probleme der Neuseeländer.

Vom Regen haben wir allmählich die Nase voll, die viel gepriesene Schönheit der Küstenstraße können wir nur in Ansätzen erkennen. Die Vegetation und das Landschaftsbild ändern sich, die bewaldeten Berge werden durch flachere Hügel ersetzt, riesige Hopfen- und Obstplantagen wechseln einander ab. Dann liegen sie endlich vor uns: malerische Sandstrände, spektakuläre Felsküsten, dichte Wälder und azurblaues Wasser – wir sind im Abel Tasman National Park. Zwar ist dieser Park der kleinste Neuseelands, aber dennoch unglaublich reich an Naturschönheiten und ideal für Aktivurlauber.

Mit einem Wassertaxi lassen wir uns zu einer traumhaft schönen Bucht bringen, in der bereits unsere Kajaks liegen. Wir haben eine organisierte Tour gebucht: einen halben Tag Kajak fahren und einen halben Tag auf dem berühmten Abel Tasman Coast Track wandern. Der gesamte Track, einer der berühmten Great Walks Neuseelands, ist 51 Kilometer lang und kann in drei bis fünf Tagen bewältigt werden. Außer uns sind in den frühen Morgenstunden noch zwei englische Pärchen dabei, und nach kurzer Einweisung durch unseren Führer Gary sind wir startklar. Die Sonne scheint, es weht ein frischer Wind und wir paddeln hinaus aufs offene Meer. Draußen werden die Wellen höher und treffen seitlich auf unser Boot, eine besondere Herausforderung. Gary ruft immer wieder: »Great«, aber wir haben Mühe, vorwärtszukommen und nicht zu kentern. Die Seelöwen mit ihren Jungen wollen wir jedoch unbedingt sehen, danach geht es schnell wieder in ruhigere Gewässer.

Nach dem Mittagessen – immerhin ein Sandwich und ein Apfel – steht die Wanderung auf dem Abel Tasman Coast Track an, einem hervorragend ausgebauten Küstenweg durch einen schattigen Wald mit immer wieder traumhaften Aussichten auf einsame Strände, klare Flüsse und felsiges Hügelland. Bereits eine Stunde vor der vereinbarten Zeit sind wir am Ziel und genießen die schöne Aussicht auf das Meer. Das Wassertaxi fährt bei der Ankunft in Marahau – dort wohnen wir in der Abel Tasman Marahau Lodge – direkt auf einen Bootsanhänger, der anschließend von einem Traktor aus dem Wasser gezogen und zu unserem Startplatz gefahren wird. Es ist ein sonderbares Gefühl: Wir sitzen im Boot, tragen Schwimmwesten und fahren auf der Straße. Sieht komisch aus, ist aber praktisch und zeitsparend.

Der Abel Tasman National Park begeistert uns jeden Tag aufs Neue, ein herrliches Fleckchen Erde und für uns der schönste Nationalpark Neuseelands. Wer Ruhe und Einsamkeit in traumhafter Natur sucht, ist hier bestens aufgehoben. Der Nachbarort Kaiteriteri mit seinen 500 Einwohnern und ein paar Sommertouristen gilt bei den Einheimischen bereits als »very busy«, als völlig überlaufen. Für den die Einsamkeit liebenden Neuseeländer ist dort schon zu viel Trubel und er zieht sich lieber in die unberührte Natur zurück.

Wieder bebt die Erde – im Fernsehen wird über drei Nachbeben in Christchurch berichtet. Auch wenn keine großen Schäden gemeldet werden, sind wir beunruhigt, weil wir nicht weit von der Stadt entfernt sind. Bei uns aber bleibt alles ruhig, vom Beben der Erde spüren wir nichts.

Es fällt uns schwer, die traumhafte Landschaft des Abel Tasman National Parks sowie unsere schöne Lodge zu verlassen, aber wir wollen nun nach Kaikoura an der Ostküste Neuseelands und Wale sehen. Kaikoura auf der gleichnamigen Halbinsel ist ein nettes Straßendorf mit vielen touristischen Einrichtungen. Es liegt inmitten einer atemberaubenden Bergkulisse und bietet vor allem ideale Gelegenheiten, Wale, Seelöwen und Delfine in freier Natur zu beobachten. Die Möglichkeiten zur Walbeobachtung sind hier außergewöhnlich gut, weil das Meer unglaublich nahrungsreich ist. Unser Anchor Inn Motel hat alles, was der Gast sich wünscht – gute Lage am Meer, große Zimmer mit Küche und einen Parkplatz direkt vor der Haustür. Die Fischbude auf der gegenüberliegenden Straßenseite versorgt uns mit Hummer und anderem Meeresgetier in bester Qualität, so kann unsere Küche kalt bleiben.

Das wird wohl nichts! Wegen stürmischer See fallen am nächsten Vormittag alle Fahrten zur Walbeobachtung aus. Dabei haben wir extra diesen Umweg nach Kaikoura genommen, um das grandiose Schauspiel der Wale, Delfine und Seelöwen vor der Küste Neuseelands zu erleben. Aber das Leben ist kein Wunschkonzert, und so bummeln wir leicht frustriert durch das 4.000-Einwohner-Örtchen und warten auf besseres Wetter. Wir wandern über den Peninsula Walkway, immer mit Blick auf die raue See und die zerklüftete Küste, und auch bei regnerischem Wetter bietet sich uns ein beeindruckendes Schauspiel der Naturgewalten. Einige Seelöwen liegen gelangweilt auf den rutschigen Klippen, wir rücken ihnen immer näher auf die Pelle, aber sie lassen sich von uns nicht stören.

Nachmittags versuchen wir unser Glück erneut, und tatsächlich fährt um 15 Uhr das erste Boot, um 15.30 Uhr können wir mit dem zweiten starten. Wir werden jedoch eindringlich vor der stürmischen See gewarnt und auf das hohe Risiko hingewiesen, seekrank zu werden. Angesichts dieser Warnungen trete ich kurz entschlossen den Rückzug an, aber Heidi will unbedingt aufs Meer hinaus. Sie kauft sich eine Tablette gegen Seekrankheit und rauscht davon; ich fahre ins Café und warte bei einem Latte macchiato entspannt auf ihren Bericht.

Das Meer zeigt sich wie erwartet von seiner wilden Seite, das Boot wird zum Spielball der Wellen. Heidi wird es trotz der Tablette übel, aber sie behält im Gegensatz zu anderen Mitreisenden das Essen bei sich. Und dann tauchen tatsächlich die ersten Wale auf, im wahrsten Sinne des Wortes. In einem grandiosen Schauspiel lassen sich die riesigen Meeressäuger direkt neben dem Schiff sehen, spucken Wasserfontänen aus und tauchen mit der Schwanzflosse zuletzt wieder ab. Heidi ist froh, sich auf den Beinen halten zu können, aber trotz der Übelkeit hat sich für sie die Tour gelohnt. Als schließlich noch Dutzende von Delfinen auftauchen und ihre Kunststücke vorführen, sind alle Leiden vergessen und der Tag nimmt ein unvergessliches Ende.

Für die letzten Tage auf der Südinsel haben wir uns etwas Besonderes ausgedacht: Wir wohnen in einer Lodge, die über keine Straße, sondern nur mit dem Boot erreichbar ist. Drei Tage in absoluter Ruhe und Einsamkeit in einer paradiesischen Umgebung erwarten uns – wir sind auf dem Weg zu den Marlborough Sounds.

Bei 13 °C fahren wir los, ich wechsle noch schnell meine kurze Hose gegen eine Jeans. Mit dem bisherigen Sommer sind weder die Touristen noch die Einheimischen zufrieden, es ist für die Jahreszeit zu nass und zu kühl. Über das Wetter und insbesondere den diesjährigen Sommer zu sprechen, ist nicht nur in Neuseeland ein beliebtes Thema. Wir haben jedoch den Eindruck, dass die meisten Gäste mit dem wechselhaften Wetter gut zurechtkommen, denn sie sind entsprechend ausgerüstet. Wir hingegen hätten lieber ein paar Grad und einige Stunden Sonnenschein pro Tag mehr. Wahrscheinlich werden wir im nächsten Monat in der australischen Wüste über die gnadenlose Sonne und die unerträgliche Hitze klagen.

Weinkenner denken bei Marlborough an den berühmten Weißwein Sauvignon Blanc, Naturliebhaber an unberührte und traumhaft schöne Landschaften. Die Kombination »Wein, Wasser,

Wildnis« ist immer ein Erfolgsgarant für erholsame Tage und abwechslungsreiche Abenteuer in der Natur. Nach gut zwei Stunden Fahrzeit erreichen wir Picton, ein hübsches Hafenstädtchen mit einem Terminal, von dem die Fähren zur Nordinsel ablegen. Wir steigen in ein kleines Wassertaxi, das uns in 15 Minuten durch den Queen Charlotte Sound in die Lochmara Bay bringt, dort liegt unser Hotel einsam in der Wildnis. Die Lochmara Lodge ist eine weitläufige und schöne Hotel- und Freizeitanlage, ein beliebtes Erholungsziel auch für Tagesausflügler. Von unserem Zimmer und gar von unserem Bett aus genießen wir einen herrlichen Blick auf die Bucht und sind dankbar, dass der kleine Heizstrahler sein Bestes gibt, uns eine heimelige Atmosphäre zu verschaffen.

Die Ruhe und Einsamkeit in der Lochmara Lodge hat zu bestimmten Zeiten ihre Grenzen. Eine muntere Truppe feiert abends und nachts Hochzeit, was wir aber erst später erkennen. Eine junge Lady in einem kurzen weißen Kleid sieht aus wie die Braut, nur den Bräutigam entdecken wir nicht, bis wir ein Männlein in kurzer Hose mit Pepita-Hut erblicken – wohl der Bräutigam. Die übrigen Gäste sehen auch nicht viel anders aus; die Männer tragen kurze Hosen, einige haben sogar Schuhe an, aber viele auch ein ordentliches Hemd. Die Kinder spielen am und im Wasser und scheinen sich auf der Hochzeitsfeier bestens zu amüsieren. Das tut die übrige Hochzeitsgesellschaft auch, wie zumindest die vielen laut vorgetragenen Lieder erkennen lassen.

Am nächsten Morgen scheint wieder die Sonne, zumindest manchmal, und es ist frisch. Nach einem kräftigen Frühstück mit Rührei und Lachs machen wir uns auf den Weg. Eine Wanderstunde von der Lodge entfernt verläuft der Queen Charlotte Track, ebenfalls einer der großen Wanderwege Neuseelands, insgesamt 71 Kilometer lang. Wir wandern ein Stück auf diesem berühmten Weg durch dichten Wald und entlang der Küste, mit herrlichen Aussichten auf verträumte Buchten. Überall am Wasser sehen wir Häuser und Bootsanleger, die Einsamkeit hat auch hier ihre Grenzen gefunden. Nach vier Stunden Wanderzeit gönnen wir uns eine kurze Erholungspause in der Lodge, bevor wir uns ein Kajak schnappen und in der Lochmara Bay paddeln.

Genau einen Monat sind wir nun schon unterwegs – unglaublich, wie schnell die Tage vergangen sind. Es ist Zeit für die Weiterreise; rund 2.200 Kilometer haben wir mit dem Auto auf der Südinsel zurückgelegt, weitere 1.500 liegen auf der Nordinsel noch vor uns. Die Autofähre bringt uns in drei Stunden von Picton nach Wellington auf der Nordinsel. Wellington ist nicht nur die Hauptstadt Neuseelands, sondern auch eine lebendige und malerisch an der Küste gelegene Großstadt mit vielfältigen kulturellen und kommerziellen Angeboten. Nach den Tagen in der Wildnis ist es für uns schön, wieder elegante Geschäfte, quirliges Leben auf den Straßen und eine reiche Auswahl an Restaurants und Kneipen zu entdecken.

Wir schlafen im Copthorne Hotel Wellington Oriental Bay, einem eleganten Hotel in der Nähe vieler Sehenswürdigkeiten. Das National Museum of New Zealand, ein schon von außen beeindruckendes Gebäude, das die spannende Geschichte Neuseelands vor allem aus der Sicht der Ureinwohner, der Māori, zeigt, hat an diesem Tag leider schon geschlossen. Im modernen Civic Center, dem gelungenen Bindeglied zwischen Stadtzentrum und Wasser, starten wir unseren Rundgang durch die moderne und lebendige Stadt. Wir bewundern die Architektur der viktorianischen Hügelvillen, der mächtigen Regierungsbauten, der futuristischen Wolkenkratzer sowie der noblen Wohnhäuser an der Waterfront und verstehen, warum sich Wellington »coolste Hauptstadt der Welt« oder ebenso zutreffend »Architekturhauptstadt« nennt.

Die Landschaft auf der Nordinsel ist abwechslungsreich und idyllisch, aber überwiegend nicht ganz so spektakulär wie auf der Südinsel. Wir planen, von Wellington über Napier, Whakatane, Rotorua und Paihia nach Auckland zu fahren, bevor wir anschließend nach Sydney fliegen und dort zu unserer Australien-Rundreise aufbrechen.

Das Erdbeben 1931 hat in Napier ganze Arbeit geleistet, große Teile der Stadt wurden zerstört. Im Gegenzug ist der Wiederaufbau hervorragend gelungen, die Stadt wurde im Art-déco-Stil neu aufgebaut und kann sich heute als Art-déco-Hauptstadt der Welt bezeichnen. Auch im Regen wirken die pastellfarbenen Gebäude im Licht der untergehenden Sonne malerisch, beim Rundgang durch die Stadt fühlen wir uns in eine andere Zeit versetzt.

Gestern 350 Kilometer, heute 290 – wir sitzen fast den ganzen Tag im Auto. Getreu dem hier in Neuseeland oft zu lesenden Spruch »Life is a journey, take the scenic route!« wählen wir nicht den kürzesten, sondern den schönsten Weg – und das lohnt sich immer. Der Highway 2 führt uns durch malerisches Hügelland und teilweise an der Küste entlang, dabei ergeben sich schöne Blicke auf das Meer. Als wir in Whakatane ankommen, scheint tatsächlich die Sonne, die hier angeblich mehr als 2.500 Stunden im Jahr zu sehen sein soll.

Rotorua am gleichnamigen See hat landschaftlich wie auch kulturell sehr viel zu bieten. So zählt diese Region wegen der unglaublich vielen Möglichkeiten einer aktiven Freizeitgestaltung zu den beliebtesten Ferienzentren Neuseelands. Da die Gegend schon früh eine große Bedeutung für die Māori hatte, haben sich viele von ihnen hier angesiedelt, ihr Anteil an der Bevölkerung liegt bei rund 35 Prozent. Im Ort sind Zeugnisse ihrer Kultur und Geschichte allgegenwärtig. Die Stadt ist bekannt für den Kiwi Wildlife Park, in dem heimische Vögel und Reptilien in ihrer natürlichen Umgebung zu sehen sind. Nachts wird der Park sehr schön farbig beleuchtet, was eine besonders reizvolle Stimmung schafft. Die flugunfähigen und nachtaktiven Kiwis – das Nationalsymbol Neuseelands – laufen abends frei im Gehege umher, nur durch eine kleine Holzumrandung von den Besuchern getrennt. Heidi kann sich vom Anblick der putzigen

Kiwis kaum trennen. Dass sich die Neuseeländer selbst gern als »Kiwis« bezeichnen, geschieht übrigens in Anlehnung an diese possierlichen Vögel.

In und um Rotorua brodelt und zischt es an allen Ecken: Geysire jagen in die Luft, aus Erdspalten treten heiße Dämpfe aus, in Schlammlöchern blubbert es, Schwefelgeruch liegt in der Luft – Rotorua zählt zu den geothermisch aktivsten Gegenden der Erde.

Eine Eruption am Tag ist genug – pünktlich um 10.15 Uhr schießt der Lady-Knox-Geysir rund 20 Meter in die Höhe, nach wenigen Sekunden ist das imposante Schauspiel schon wieder beendet. Noch beeindruckender aber finden wir das farbenprächtige Wai-O-Tapu Thermal Wonderland, ein geothermisches Gebiet mit zusammengebrochenen Kratern, kochenden Seen, blubbernden Schlammlöchern, strömenden Bächen und unzähligen Rauch- und Dampfwolken. Auch wenn es überall qualmt und nach verdorbenen Eiern stinkt, ist Rauchen hier streng verboten; Verbraucher- und Naturschutz werden in Neuseeland konsequent durchgesetzt. Die vielen Farben der Umgebung faszinieren uns, verschiedene Mineralien schaffen eine surreale bunte Welt. Normalerweise kann man nicht in den Bauch der Erde sehen, aber hier erlaubt sie durch ein paar Löcher, Spalten und Gräben einen kleinen Einblick in ihr Inneres, ein faszinierendes Naturschauspiel. Auch der Ausflug in die Welt der Vulkane im Waimangu Volcanic Valley ist überaus beeindruckend, vor allem wenn man sich vor Augen führt, dass hier unter unseren Füßen nach vielen Vulkanausbrüchen etliche Häuser und ganze Dörfer verschüttet liegen.

Entspannung finden wir in den Thermalpools im Waikite Valley. Das heiße geothermische Wasser aus dem Schoß der Erde wird auf 38 – 42 °C heruntergekühlt und in Becken geleitet, in denen es sich hervorragend relaxen lässt. Die Sonne scheint von morgens früh bis abends spät und das Thermometer klettert auf 30 °C – so sieht laut den Einheimischen ein Sommertag in Neuseeland normalerweise aus. Wir würden gern noch ein wenig länger bleiben, aber Heather und Mike, unsere reizenden Gastgeber in der Nicara Lakeside Lodge, einer kleinen Luxus-Pension direkt am Ufer des Rotorua-Sees, legen Wert darauf, dass wir pünktlich um 17 Uhr zum obligatorischen Umtrunk erscheinen. Doch dort trifft mich der Schlag: Auf der Terrasse treffen wir zwei Pärchen wieder, die wir unterwegs bei der Wanderung in den geothermischen Gefilden gesehen haben und über die ich einige Lästereien abgelassen habe. Sie sind Deutsche und haben wohl alles verstanden. Was lerne ich daraus? 1. Deutsche sind überall auf der Welt, und 2. ich muss lernen, ab und zu den Mund zu halten.

Mike kann nicht verstehen, dass wir die Hobbits nicht kennen. Wir müssen in seinem Heimkino mit einer Riesenleinwand unbedingt die Anfangsszenen aus »Herr der Ringe« ansehen und ihm versprechen, auf unserer Weiterreise den Drehort des neuen Hobbit-Films zu besuchen. Doch wo wohnen die Hobbits? Natürlich in Hobbiton! Und wo liegt Hobbiton? Irgendwo auf der Nordinsel Neuseelands nördlich von Rotorua. Und tatsächlich, Mike gelingt es, uns zu überreden, und wir fahren nach Hobbiton. Der Drehort liegt fast auf unserem Weg nach Paihia, angesichts der Strecke von 470 Kilometern und einer geschätzten Fahrzeit von sieben Stunden eine willkommene Unterbrechung.

Staunend stehen wir in Hobbiton, wo die Hobbits leben. Für den Film wurde eine perfekte Landschaftskulisse mit sanften und runden Hügeln, großen Bäumen und idyllischen Seen gesucht und hier gefunden – ohne Zeugnisse der modernen Zeit wie Straßen, Häuser und Stromleitungen. Und das Gelände mit seinen Filmbauten wie den Erdwohnungen der Hobbits mit den Gärten, der Doppelbogenbrücke und dem Festplatz ist tatsächlich traumhaft schön. So sieht Mittelerde aus, in Wirklichkeit eine große Farm eines seither reichen Schäfers. Nach der kurzen Filmeinführung durch Mike am Vortag und angesichts der malerischen Atmosphäre vor Ort sind auch wir der Faszination der Hobbit-Welt erlegen.

Auf der Fahrt nach Paihia erleben wir nach fünf Wochen endlich wieder einen richtigen Stau. Wir müssen durch Auckland, die größte Stadt Neuseelands, wo der Verkehr trotz des Sonntags heftig ist. Aber auf der anschließenden Weiterfahrt in den hohen Norden wird es auf der Straße immer ruhiger. Wir müssen in Kawakawa, einer ehemaligen Goldgräberstadt, unbedingt eine kurze Toilettenpause einlegen, aber weniger wegen des Blasendrucks, sondern weil hier der österreichische Künstler Friedensreich Hundertwasser mit farbenfrohen Mosaiken und aus bunten Flaschen eine künstlerisch wertvolle Toilette errichtet hat.

Der Geburtsort Neuseelands ist Waitangi, ein kleines Örtchen neben Paihia, hier wurde 1840 der Vertrag zwischen der Königin von England und den Māori-Häuptlingen geschlossen. Das Gründungsdokument Neuseelands garantiert den Māori die Herrschaft über ihr Land und macht Neuseeland zu einem Teil des britischen Reiches. Es ist für uns überaus interessant, die Spuren der Vergangenheit in der prächtig gestalteten Anlage Waitangi Treaty Grounds zu erleben.

Paihia liegt wunderschön an der Bay of Islands, einer Bucht mit vielen vorgelagerten Inseln. Das Meerwasser ist nur rund 20 °C warm, dafür hat die Solarheizung den Pool unseres Motels Cook's Lookout auf angenehme 30 °C erwärmt. Die Harurufälle unweit von Paihia sind neben den Niagarafällen die einzigen hufeisenförmigen Wasserfälle der Erde, nicht ganz so spektakulär, aber die Wanderung dorthin und der Blick auf die tosenden Wassermassen sind lohnenswert.

Eine Katamaran-Kreuzfahrt durch das malerische Labyrinth der 144 grünen und felsigen Inseln ist die bequemste Art, die Schönheiten der Inselwelt in der Bay of Islands zu entdecken. Russel mit immerhin knapp 1.000 Einwohner war einst die erste Hauptstadt Neuseelands. Heute ist sie ein lebendiges und romantisches Städtchen mit hohem Freizeitwert und einer traumhaften Lage, auch hier könnte man gut und gerne einige Tage bleiben.

Am nächsten Tag stehen wir früh auf, genießen von unserem Zimmer aus zum letzten Mal den Blick auf die Bay of Islands und verlassen Paihia mit dem Ziel Auckland. Eine Strecke von 235 Kilometern liegt vor uns. Vor Auckland wird der Verkehr erneut dichter, aber mit dem Navi gelangen wir gut hindurch und finden auf Anhieb unser Hotel, das Pullman Auckland, ein großer Klotz in der Innenstadt, gut und zentral gelegen. Unser Zimmer ist mittags noch nicht fertig, so fahren wir zunächst zum Flughafen, um dort unseren Mietwagen abzugeben, der uns fünf Wochen lang treue Dienste geleistet hat. Mit dem Bus geht es dann zurück in die Stadt, doch unser Zimmer ist noch immer nicht fertig. Ich bin sauer, weil nichts geschieht, da hilft auch der Drink auf Kosten des Hauses nicht viel. Schließlich kommt um 17 Uhr der Oberzeremonienmeister mit dem Schlüssel, entschuldigt sich in perfektem Deutsch und wir erfahren, dass er in der Hotelfachschule in Dortmund sein Handwerk gelernt hat.

Auckland ist eine moderne und attraktive Metropole, mit 1,4 Millionen Einwohnern lebt hier fast ein Drittel aller Neuseeländer. Nirgendwo auf der Welt leben mehr Polynesier, und im Fernsehen erklärte der Bürgermeister, dass der Anteil der Asiaten bald bei 25 Prozent liegen werde und er sich über die multikulturelle Vielfalt freue.

Mit dem Auckland Explorer, einem Sightseeing-Bus, lassen wir uns zu den Highlights der Stadt fahren. Am historischen Ferry Building geht es los und dann an menschenleeren Stränden, Bootshäfen und Gartenanlagen vorbei zum Auckland Museum. Wir erfahren, dass Auckland die weltweit höchste Dichte an Booten pro Einwohner aufweist und Segeln sowie andere Wassersportarten bevorzugte Freizeitaktivitäten der Bevölkerung sind. Geschützte Häfen und die Südsee vor der Haustür, im Osten den Pazifik und im Westen das Tasmanische Meer – besser können die Bedingungen für Segler nicht sein. Daher trägt Auckland auch den Beinamen »City of Sails«.

Das Auckland Museum ist auch bei schönem Wetter eine ausgezeichnete Wahl, Kunst und Kultur der Māori werden eindrucksvoll in Szene gesetzt, und die Kultvorführung mit Geschichten, Tänzen, Gesängen und Kriegsspielen der Māori ist sehenswert. Als ich die Māori-Tänzer mit ihren muskulösen braunen Körpern sehe, beschließe ich spontan, meine sportlichen Aktivitäten zu intensivieren, und gehe am Abend tatsächlich ins Fitness-Center unseres Hotels. Beeindruckend im Museum ist auch die Simulation eines Erdbebens. Wir sitzen in einem nachgebauten Wohnzimmer auf der Couch und erleben realitätsnah die verschiedenen Stufen eines Erdbebens einschließlich der Vorwarnung im Fernsehen. Dabei beschleicht uns ein beklemmendes Gefühl, zumal unten im Foyer zur selben Zeit eine Gedenkfeier zum ersten Jahrestag des Erdbebens in Christchurch mit 185 Toten stattfindet.

Wir genießen unser Leben in Auckland und freuen uns, dass wir nicht wie viele Menschen hier in der Innenstadt täglich in einem Büroturm verschwinden müssen. Im Szene-Viertel Parnell Village betrachten wir die Szene-Leute und wundern uns, dass wir für einen kleinen Salat 33 Neuseeland-Dollar, das sind umgerechnet 23 Euro, bezahlen müssen. Wir nehmen die kleine Portion als guten Start in ein kalorienärmeres Leben, ziehen weiter zur Haupteinkaufsmeile Aucklands, der Queen Street, und lassen uns vom Zauber dieser kosmopolitischen Stadt gefangen nehmen.

In sensationellen 40 Sekunden werden wir mit dem Fahrstuhl den Skytower hochkatapultiert, mit 328 Metern das höchste Gebäude der Südhalbkugel und höher als der Eiffelturm. Der Magen hat keine Zeit zum Reagieren. Der Blick von oben ist traumhaft, wir haben eine herrliche Rundum-Sicht auf Auckland, dessen Vororte und die landschaftlich reizvolle Vulkan- und Seenlandschaft rund um die Stadt. Zurück auf dem Boden schauen wir uns weiter die Stadt an, die Atmosphäre ist locker, und selbst bei Dunkelheit kann man stressfrei durch die Parks laufen.

Schweren Herzens müssen wir Abschied nehmen vom »Land der weißen Wolke«, wie Neuseeland von den Māori genannt wird. Wir haben spektakuläre Landschaften gesehen, von schneebedeckten Bergen bis zu unberührten goldgelben Sandstränden, sind durch Regenwälder und über Vulkane gewandert, mit dem Fahrrad durch Hochebenen geradelt, auf den Meeren gekreuzt und viele Tausend Kilometer mit dem Auto durch traumhaft schöne Gegenden gefahren. Das Wetter hätte etwas besser sein können; die Zeitungen berichten, dass der bisherige Sommer gegenüber dem langjährigen Durchschnitt um 2 °C zu kalt war. Auch wenn es häufig frisch und manchmal regnerisch war, gab es dennoch keinen Tag, an dem es pausenlos geregnet hat. Eine wunderschöne Zeit in einem faszinierenden Land mit freundlichen Menschen und einer verschwenderischen Natur, die auf der Welt einmalig ist, geht zu Ende.

Wir fliegen wieder im Airbus A380, auch beim zweiten Mal noch ein geniales Gefühl. Die Emirates-Damen sind außergewöhnlich nett, kramen ein paar Brocken Deutsch hervor und schütten uns mit Champagner voll – wir sitzen in der Business Class des Fluges EK 413 von Auckland nach Sydney. Am Flughafen werden wir von einer netten Chauffeuse abgeholt und zu unserem Hotel Swissotel Sydney, zentral in der City gelegen, gebracht. Schnell noch die letzten Kiwi-Dollar eintauschen und Aussie-Dollar besorgen, dann sind wir fit für Australien.

Australien ist nicht nur ein riesiges Land, sondern ein ganzer Kontinent voller Überraschungen, mehr als zwanzigmal so groß wie Deutschland. Dennoch leben hier nur 20 Millionen Menschen, es ist also genügend Platz für alle und somit auch für uns. Wir wollen von Sydney mit dem Auto quer durch die Berge bis Adelaide fahren, dann mit der Bahn ins Rote Zentrum, eine Halbwüste mit rotem Sand, nach Alice Springs, anschließend mit dem Flugzeug vom Ayers Rock nach Perth fliegen und von dort mit dem Wohnmobil entlang der Westküste bis nach Broome fahren, bevor wir über Dubai zurück nach Deutschland fliegen.

Sydney ist zwar nicht die Hauptstadt, das ist Canberra, aber doch die größte und lebendigste Stadt Australiens. Sie gilt zu Recht als eine der schönsten Städte der Welt. Wir waren vor einigen Jahren schon einmal hier und sind aufs Neue begeistert von dieser pulsierenden und spannenden Metropole. Wie bereits beim ersten Besuch ziehen wir sofort zum Circular Quay, um einen oder auch mehrere Blicke auf die Wahrzeichen der Stadt – die Sydney Opera und die Harbour Bridge – zu werfen. Aufgrund des schönen Wetters – endlich strahlt den ganzen Tag die Sonne vom Himmel – sind Tausende auf den Beinen und genießen das heitere Leben in dieser einzigartigen Stadt.

Auch in The Rocks ist der Bär los, das ehemalige Lagerhausviertel und jetzige renovierte Hafenquartier mit vielen Galerien, Läden und Restaurants zieht Besucher aus aller Welt an. Unter den Restaurants befindet sich auch ein Löwenbräu-Biergarten mit bayerischer Trachtenkapelle, die Touristen wie Einheimische in Stimmung bringt. Überall wird palavert, gekauft, gefeilscht, gegessen, getrunken, musiziert, gezaubert, jongliert, fotografiert und gefilmt – die Stimmung ist bei dem herrlichen Wetter und der beeindruckenden Kulisse ausgelassene und heiter.

Nachmittags ziehen wir weiter zum Darling Harbour, früher ein Industrieareal und heute ein echter Publikumsmagnet mit vielfältigen interessanten Attraktionen. Die Nachmittagssonne beleuchtet die Skyline Sydneys, wir schlendern um das Hafenbecken mit seiner Vielzahl an Bars, Cafés und Restaurants und schauen dem bunten Treiben der vielen Menschen zu.

Da müssen wir das eine oder andere Mal kräftig schlucken, wenn wir die Preise in Sydney betrachten. Für ein kleines Glas Wein werden umgerechnet acht Euro fällig, für ein kleines Bier sieben Euro, da könnte man zum Anti-Alkoholiker werden. Noch ärgerlicher ist, dass für die Internetnutzung im Hotel acht Dollar pro Stunde verlangt werden, obwohl die Übernachtungspreise bereits heftig sind. Wir versuchen, uns darüber nicht zu ärgern, und freuen uns, dass wir diese einmalige Stadt mit ihrer ansteckenden Lebensfreude und den außergewöhnlichen Sehenswürdigkeiten bei Sonnenschein erleben dürfen.

Die Fähre nach Manly, einem noblen Vorort von Sydney, ist voll und wir sind dabei. Der Blick vom Schiff auf die Skyline mit Sydney Opera und Harbour Bridge ist total faszinierend. Nach den vielen Regentagen zieht es die Menschen nach draußen und insbesondere an die Strände. Dort bewundern wir die Wellenreiter und schauen den Damen beim Beachvolleyball zu, bevor wir Fahrräder mieten und das wunderschöne grüne Hinterland erkunden. Wer hier wohnt, braucht sich um sein Einkommen und Auskommen keine Sorgen zu machen.

Steffi weist uns den Weg durch Australien. Für unseren Mietwagen haben wir ein Navigationsgerät gekauft und die Ansagestimme »Steffi« eingestellt. Steffi führt uns mühelos aus der Stadt hinaus zum Featherdale Wildlife Park, eine knappe Autostunde von Sydney entfernt. Kängurus und Wombats zu streicheln sowie Koalas zu knuddeln ist derart schön, dass Heidi die possierlichen und zutraulichen Tiere kaum wieder loslassen will. In der großzügigen Parkanlage laufen viele Tiere frei herum, aber natürlich nicht die Krokodile, Dingos und die zahlreichen Raubvögel. Bei einigen Kängurus schaut ein Baby aus dem Beutel, ein putziges Bild. Die Koalas schlafen normalerweise 20 Stunden am Tag und fressen die übrige Zeit – eine gute Tageseinteilung, wobei ich mir die Gewichtung auch umgekehrt vorstellen könnte.

Einen kurzen Blick werfen wir auf die Wentworth-Wasserfälle, bevor wir Katoomba erreichen, das Zentrum der Blue Mountains. Wir finden ein kleines preiswertes Motel – das 3 Sisters Motel – direkt in der Nähe der »Three Sisters«, dreier Felsen, die spektakulär in der Gegend stehen. Vom Echo Point haben wir einen atemberaubenden Blick in das weite Tal, den wir abends unter Flutlichtbeleuchtung noch einmal und noch intensiver genießen.

Das Essen in der Pizzeria ist ebenfalls ein Erlebnis. Nicht nur weil der Chef den gesamten Laden unterhält, sondern weil die Gäste den Alkohol selbst mitbringen oder nebenan kaufen müssen. Auch mich schickt der Chef in den Nachbarladen, hier kostet eine ganze Flasche Wein tatsächlich so viel wie ein Glas in Sydney. Die Pizzeria wird immer voller, auch die übrigen Gäste holen ihre alkoholischen Getränke aus dem Laden nebenan oder aus einer mitgeführten Plastiktüte, der Chef bringt die Gläser und die Gäste bestellen ihre Pizza. Das System heißt »BYO« – »Bring Your Own«, also bringe deinen eigenen Alkohol mit. Keine schlechte Idee!

Der Blue Mountains National Park ist so interessant und abwechslungsreich, dass wir eine weitere Nacht dranhängen, um die Schönheiten der »Blauen Berge« noch intensiver zu erleben. Der Name soll übrigens von den blau schimmernden Dämpfen der Öle der Eukalyptusbäume kommen, wir sehen allerdings weniger blauen, sondern eher grauen Dunst. Bevor wir zur Wanderung in den Grand Canyon der Blue Mountains aufbrechen, schauen wir uns die hübschen Städtchen Leura und Blackheath an, idyllisch im Nationalpark gelegen.

Die Wanderung durch die Wälder des Canyons ist anspruchsvoll, die wochenlangen Regenfälle haben die Wege aufgeweicht und teilweise unpassierbar gemacht. Beim Durchstreifen der üppigen Vegetation wird mir mulmig, wenn ich daran denke, dass in Australien nicht nur niedliche Kängurus und süße Koalas leben, sondern hier auch die giftigsten Spinnen und Schlangen der Welt beheimatet sind. Wir sehen zwar keine, aber sie vielleicht uns. Unterwegs erfahren wir von einer entgegenkommenden Jugendgruppe, dass wir auf dem weiteren Weg mehrere Flüsse durchqueren müssen und ihnen dort das Wasser im wahrsten Sinne des Wortes bis zum Hals stand. Das müssen wir nicht erleben, und so kehren wir um. Aber auch ohne den Grand Canyon vollständig zu durchwandern, ist dieser Marsch für uns sportlich eine Herausforderung und landschaftlich ein Erlebnis.

Australien säuft ab, und wir sind mittendrin. Regen, Regen, Regen – weite Landesteile stehen unter Wasser, die Behörden befürchten das Schlimmste. In einigen Städten ist die Bevölkerung aufgerufen, ihre Sachen zusammenzusuchen und sich für die Evakuierung vorzubereiten. Es sieht nicht gut aus. Wir werden allmählich zu Wetterexperten, schauen uns mehrmals täglich im Internet das Regenradar an und checken die Prognosen. Ursprünglich wollten wir über Cooma in die Snowy Mountains, aber im Radio wird die Bevölkerung Coomas zum Verlassen ihrer Häuser aufgefordert. Kurzfristig ändern wir unsere Pläne und düsen in Richtung Melbourne, immerhin 900 Kilometer entfernt.

Unterwegs in Goulburn gönnen wir uns eine Pause und lesen in der örtlichen Zeitung, dass bereits Teile der Stadt unter Wasser stehen und auch in den nächsten Tagen sintflutartige Regenfälle erwartet werden. Schnell fahren wir weiter. Auch Canberra lassen wir links liegen, dort ist das Wetter ebenfalls nicht besser. Es regnet pausenlos, der Scheibenwischer hat keine Sekunde Pause. In Albury, einem kleinen Universitätsstädtchen, übernachten wir, von der schönen Bergwelt des Mount Buffalo National Parks und des Alpine National Parks rundherum bekommen wir nichts mit.

Der Himmel muss über unendliche Wasserreserven verfügen, es regnet die ganze Nacht und auch am nächsten Tag. Die Wetterprognosen im Internet und im Fernsehen versprechen keine Besserung, ganz im Gegenteil, zum Wochenende soll es in einigen Landstrichen noch stärker regnen. Die Zeitungen berichten, dass derzeit die schlimmsten Überschwemmungen seit 1920 das Land heimsuchen. Da hilft nur eins – schnell weg. Schweren Herzens fahren wir auch an Melbourne vorbei, denn wir haben keine Lust, im Dauerregen durch die Stadt zu laufen, und steuern stattdessen die berühmte Great Ocean Road an.

In Torquay, der Surf-Hauptstadt Australiens, erreichen wir das Meer. Der Wind bläst mächtig, und das Meer wimmelt von Surfern, Wellenreitern und Kite-Seglern, die sich bei diesem Wetter wohlzufühlen scheinen. Hier beginnt die 300 Kilometer lange Great Ocean Road, die wegen ihrer atemberaubenden Ausblicke zu den schönsten Küstenstraßen der Welt zählt. Wir fahren weiter auf dieser Traumstraße. In Anglesea sehen wir Kängurus über den Golfplatz hüpfen und suchen uns in Lorne ein Zimmer. Wir haben die Qual der Wahl, denn in dem bekannten Küstenörtchen werden bei diesem Wetter genügend freie Zimmer angeboten. Kaum zu glauben – hier verzieht sich endlich der Regen, nur der Wind bläst heftig weiter. Wir sind froh, den Unwettergebieten entkommen zu sein, und freuen uns, ohne Schirm und Regenjacke durch den beliebten, aber wenig belebten Ferienort wandern zu können.

Die Great Ocean Road, Australiens Vorzeige-Küstenstraße, windet sich an der Küste durch die herrliche Berglandschaft, unter vielen Kurven und einem steten Auf und Ab. Wir halten häufig an, um die spektakuläre Aussicht zu genießen. Eine noch bessere Aussicht erlangen wir vom Cape Otway Lighthouse von 1848, der Blick auf den sturmgepeitschten Ozean ist herrlich. Unterwegs sehen wir viele Koalas, die träge in den Bäumen hängen und schlafen, Heidi kann sich vom Anblick der putzigen Tierchen kaum trennen.

Einige Kilometer weiter stehen wir ergriffen vor den weltberühmten »Zwölf Aposteln«, einer atemberaubend schönen Ansammlung spektakulär geformter Kalksteinfelsen. Die Natur hat hier im Laufe von Millionen Jahren ein einzigartiges Wunderwerk vollbracht. Auch dass die »Zwölf Apostel« in Wirklichkeit nur acht sind, kann die Schönheit und Außergewöhnlichkeit dieser Naturdenkmäler nicht schmälern. Wir warten auf das passende Sonnenlicht zum Fotografieren, aber die Sonne lässt sich immer nur für einen kurzen Moment blicken. So suchen wir uns in der Nähe in Port Campbell ein Zimmer für die Nacht und kommen am späten Nachmittag noch einmal zu den Aposteln zurück, dies in der Hoffnung, dass die Sonne doch noch ihr warmes Licht auf die Steinsäulen wirft. Aber der Himmel zieht sich vollständig zu, trotzdem ein wunderschöner und unvergesslicher Anblick.

Dieses Geräusch kommt uns bekannt vor – es ist der Regen, der auf die Dächer des Motels prasselt. Unsere Gebete wurden nicht erhört, es regnet immer weiter. Wir packen unsere Sachen und flüchten in Richtung Norden, der Wetterbericht verspricht für den Grampians National Park besseres Wetter. Auf der Great Ocean Road halten wir noch viele Male, um spektakulären Szenerien zu bewundern. In Port Fairy biegen wir ins Landesinnere ab, der Regen wird stärker, und das Fahren macht auch in der schönen Landschaft keinen Spaß. Zwar liegen heute nur 300 Kilometer vor uns, aber die Straßen stehen teilweise unter Wasser, so dass wir nur langsam vorwärtskommen.

Allmählich wird die Gegend hügeliger, die ersten Berge erheben sich aus der weiten Ebene, allerdings sind deren Gipfel von Wolken umhüllt. Der Grampians National Park ist bekannt für seine reiche Tier- und Pflanzenwelt – und die wollen wir uns ansehen. In der Pinnacle Holiday Lodge bekommen wir das letzte Zimmer. Am Wochenende tagen in Halls Gap, dem größten Ort im Nationalpark, die Rotarier des Landes, deshalb sind die Zimmer knapp geworden. Der Ort hat 466 Einwohner und liegt mitten in der wilden Natur. In einer als Restaurant getarnten Frittenbude wundern wir uns, wie man Fische und Meeresfrüchte derart ungenießbar herrichten kann. Aber wir haben wie immer vorgesorgt: Eine Flasche Wein im Kühlschrank sowie Nüsse und Schokolade retten den Abend.

Beim morgendlichen Zähneputzen schauen zwei Kängurus durchs Badezimmerfenster herein – Kängurus gibt es hier überall, sie grasen auf dem weitläufigen Gelände unseres Motels und lassen sich durch uns nicht stören. Daneben sehen wir auch Kakadus, Emus und den selten anzutreffenden Kurzschnabeligel. An den Kängurus können wir uns nicht sattsehen. Vor allem in den frühen Morgen- und späten Nachmittagsstunden kommen sie zu Hunderten aus dem Wald, um das Gras auf den Wiesen und in den Gärten zu fressen. Es sieht lustig aus, wenn sie über die Zäune springen und sich in den Vorgärten der Häuser tummeln. Wir können jedoch verstehen, dass sich die Begeisterung der Hausbewohner über die Anwesenheit der Kängurus in engen Grenzen hält.

Die Wanderung zu den Balconies ist anspruchsvoll, aber lohnend. Dabei handelt es sich um zwei übereinanderliegende Felsbrocken, die weit in eine Schlucht hineinragen und einen spektakulären Panoramablick in das grüne Victoria Valley ermöglichen. Der Wanderweg ist perfekt hergerichtet, führt durch eine malerische Schlucht und wurde zur Sicherheit der Wanderer mit vielen Treppen und Geländern ausgestattet – für Naturliebhaber und Outdoor-Aktivisten ein ideales Revier.

In zwei Tagen müssen wir unseren Mietwagen in Adelaide abgeben, bis dahin sind noch 500 Kilometer zu fahren. Wir übernachten in Hahndorf, das preußische Siedler 1839 gegründet haben. Heute wirkt der Ort zwar eher bayerisch, der Bummel über die Main Street mit den deutschen Fachwerkhäusern ist interessant und man fühlt sich in eine andere Zeit und auch in eine andere Welt versetzt. Hier gibt es deutsche Schützenfeste und den Wettbewerb »Unser Dorf soll schöner werden«. Den Australiern gefällt es hier, den Japanern ebenso, denn diese sitzen in Massen im deutschen Brauhaus. Da wollen auch wir dabei sein und richtig satt werden: Die Portionen mit Schweinshaxe und Leberkäse sind kaum zu bewältigen, aber lecker, und auch das Bier vom Fass aus München schmeckt hervorragend.

Noch ein kurzer Rundgang durch das preußisch-bayerische Hahndorf am nächsten Morgen, dann geht es mit einem Schlenker durch die schöne Hügellandschaft der Adelaide Hills weiter nach Adelaide. Die Gegend erinnert mit ihren hübschen Häusern und den gepflegten Gärten ein wenig an deutsche Mittelgebirgslandschaften, schon 1842 bauten im Barossa Valley deutsche Lutheraner Wein an. Mittlerweile kommen die meisten und auch besten Weine Australiens hier aus der Gegend. Wir können nach mehreren Weinproben bestätigen: Der Sauvignon Blanc aus dem Barossa Valley ist dem aus Marlborough absolut ebenbürtig.

Die Stadt Adelaide, Hauptstadt des Bundesstaates South Australia, ist stolz darauf, dass sie nicht von Verbrechern gegründet wurde, sondern von freien britischen Siedlern. Andere australische Städte wie etwa Sydney gingen bekanntlich aus Sträflingskolonien hervor. Uns fällt sofort die großzügige Gestaltung der Stadt auf. Breite Straßen, viele Parks, Bäume im Straßenbild – so wirkt Adelaide europäisch und entspannt. Das Wetter ist heute wie aus dem Bilderbuch, nach den schönen Tagen in Sydney erleben wir hier den ersten heißen Sommertag auf unserer Australien-Rundreise. So macht es Spaß, durch die Stadt zu flanieren. Die Sehenswürdigkeiten wie Bahnhof, Parlament, Regierungsgebäude, Museum, Bücherei und Universität erkunden wir zu Fuß, ein Blick von außen auf die schönen Gebäude muss ausreichen. Die Stadt ist voller Leben, derzeit findet ein Kulturfestival statt. Ganz Adelaide ist auf den Beinen, so scheint es, überall wird gespielt, getanzt, gezaubert und gesungen – eine tolle Atmosphäre. Aus dem 17. Stock des Hotels InterContinental genießen wir die herrliche Aussicht auf die Park- und Flusslandschaft und sind begeistert von dieser pulsierenden Metropole.

Ruderboote auf dem Fluss, Jogger und Radfahrer in den Parkanlagen – wir trauen unseren Augen kaum, als wir am nächsten Morgen um 6 Uhr aus dem Fenster schauen. Der Mond steht noch am Himmel, es wird nur langsam hell, und doch sind schon viele Menschen sportlich unterwegs. Auch wir machen uns auf den Weg, denn wir wollen nach Kangaroo Island, Australiens drittgrößte Insel und ein einzigartiges Naturparadies. In 30 Minuten fliegen wir von Adelaide nach Kingscote auf Kangaroo Island, hier wollen wir uns die außergewöhnliche Flora und Fauna ansehen und anschließend nach Adelaide zurückkehren.

Mit unserem Mietwagen fahren wir durch den Osten der 150 Kilometer langen Insel und sind von den schönen Sandstränden, den felsigen Küstenabschnitten und dem allgegenwärtigen Grün begeistert. Es weht ein frischer Wind, die Nähe zur Antarktis ist spürbar. An der Seelöwen-Kolonie Seal Bay halten wir an und werfen aus sicherer Entfernung einen Blick auf die gewaltigen Tiere. Diese sind zwei bis drei Tage lang im Meer zum Fressen unterwegs und tauchen dabei bis zu 1.000 Mal in 200 bis 300 Meter Tiefe ab. Wenn sie dann an den Strand zurückkommen, sind sie erschöpft und müssen sich erholen.

Am späten Nachmittag erreichen wir unser Quartier, das Kangaroo Island Wilderness Retreat, am Rande des Flinders Chase National Parks gelegen. Bereits der Name der Anlage verspricht »Känguru« und »Wildnis«. Und tatsächlich, kaum sind wir da, springen schon Wallabies – die aussehen wie kleine Kängurus, aber keine sind – um uns herum und wollen gefüttert werden. Sie sind sehr putzig und zutraulich, lassen sich sogar streicheln, vor allem Heidi kann sich kaum von ihnen trennen. Unsere Lodge liegt einsam in der Wildnis, dennoch müssen wir nicht verhungern und verdursten, denn zur Anlage gehört auch ein gutes Restaurant.

Bizarre Granitfelsen, steil abfallend zum tosenden Meer hin, von der Sonne perfekt beleuchtet – das sind die Remarkable Rocks, tatsächlich »bemerkenswerte« Felsformationen im Flinders Chase National Park. Wir klettern durch die Felsenlandschaft, nur wenige Touristen sind unterwegs, so haben wir die herrliche Naturszenerie fast für uns allein. Wir wandern auf gut ausgebauten Wegen durch die abwechslungsreiche Küstenlandschaft und werden immer wieder mit spektakulären Ausblicken überrascht. Am Cape du Couedic tummeln sich Hunderte von Seelöwen im Wasser oder ruhen sich auf den Klippen aus. Von den Beobachtungsplattformen können wir ihrem munteren Treiben zusehen, aber die Tiere auch hören und vor allem riechen.

Mit zwei jungen Ladys stürzen wir uns ins Nachtleben. Ausgerüstet mit zwei starken Taschenlampen ziehen wir bei Einbruch der Dämmerung mit einer kleinen Gruppe los. Und kaum zu glauben, wo soeben noch leere Wiesen und Felder waren, ist es jetzt rappelvoll: Überall sind Kängurus und Wallabies zu sehen, die zum Fressen aus den Büschen kommen. Eine Million Wallabies und 250.000 Kängurus sollen auf der Insel leben, wir sehen zwar nicht alle, aber doch eine ganze Menge von ihnen. Mit ihren starken Lampen stöbern die beiden Ladys Koalas und Possums auf, die nur nachts munter werden. Es ist eine Nachtsafari der besonderen Art, aufregend und unterhaltsam. Die Kängurus laufen nicht weg, sondern richten sich auf und schauen uns an, so dass wir uns fragen, wer hier wen beobachtet. Auf der Rückfahrt zu unserem Hotel – wir lassen uns abholen und zurückbringen, weil wir wegen der Gefahr nächtlicher Kollisionen mit Wildtieren nicht mit dem Mietwagen fahren dürfen – sitzen viele Kängurus, Wallabies und Possums auf oder an der Straße und bilden eine gespenstische Kulisse.

Als wir zurückkommen, warten einige Wallabies bereits vor unserer Terrasse und freuen sich über die leckeren Pizza-Chips. Zwei Possums kommen hinzu und fressen einträchtig, bis alle Chips- und Erdnuss-Tüten leer sind. Dann kehrt Ruhe ein und die Kühle der Nacht legt sich über die Wildnis.

Bis zum heutigen Rückflug nach Adelaide haben wir noch etwas Zeit, so dass wir uns noch die Emu Bay mit dem schönen weißen Sandstrand anschauen können. Hier ist noch weniger als wenig los, wir spazieren am Strand auf und ab und genießen die völlige Ruhe und Einsamkeit. Später am Flughafen sind wir ebenfalls ganz allein, kein Schalter ist geöffnet, überall gähnende Leere. Kurz vor dem Abflug unserer Maschine wird es dann plötzlich lebendig, es kommen noch ein paar Reisende und der einzige Check-in-Schalter wird geöffnet. Nach kurzem Flug mit schönem Blick von oben auf Adelaide und unser Hotel InterContinental tauchen wir wieder in das quirlige Großstadtleben ein.

In Adelaide spüren wir deutlich den Kontrast zu unserem Aufenthalt auf Kangaroo Island: hier die lebendige und laute Metropole, dort die Ruhe und Einsamkeit der Wildnis. Dies gilt auch für unsere Unterkunft: hier das internationale und luxuriöse Fünf-Sterne-Hotel, dort die rustikale Lodge inmitten der Wildnis. Aber genau dies macht den besonderen Reiz unserer Weltreise aus, nämlich der häufige Wechsel der Orte, der Unterkünfte und der Verkehrsmittel. Morgen werden wir im Zug sitzen, wir wollen mit dem Ghan von Adelaide nach Alice Springs ins Rote Zentrum fahren.

Der Zug stoppt auf freier Strecke, irgendwo im Niemandsland zwischen Adelaide und Darwin – Maschinenschaden, Reparatur unmöglich. Der Lokführer zieht los und schießt einige wilde Ziegen, um seine Passagiere sattzubekommen. Dies geht unglaubliche zwei Wochen so, ist aber nicht uns passiert, sondern ist eine der vielen alten Legenden, die sich um den Ghan ranken.

In diesem berühmten Zug sitzen wir nun auf der Fahrt nach Alice Springs in der heißen Mitte Australiens. Fahrten mit dem Zug sind für mich immer ein Erlebnis, und mit einem solch berühmten ein ganz besonderes. Unser Zug hat heute nur 20 Wagen und ist nur einen halben Kilometer lang. Vier Lokführer sind an Bord, zwei schlafen und zwei sitzen im Führerstand. Wir machen es uns in unserem Schlafwagenabteil bequem und genießen entspannt die vorbeiziehende Landschaft. Rund 25 Stunden sind wir im Ghan unterwegs – viel Zeit zum Lesen, Nachdenken und Träumen. Gelegentlich hält der Zug an, aber nicht weil Passagiere ein- oder aussteigen, sondern um einen der endlos langen Güterzüge auf einem Ausweichgleis der ansonsten eingleisigen Strecke passieren zu lassen.

Mit uns am Tisch im Speisewagen – es gibt eine feste Sitzordnung – sitzt ein amerikanisches Ehepaar, beide passen wegen ihres Leibesumfangs kaum zwischen Tisch und Sitz. Anna und Hunter sind recht nett, haben viel erlebt, und wir diskutieren lebhaft über Gott und die Welt, natürlich auch über die USA, das gespaltene Land und den bevorstehenden Präsidentschaftswahlkampf. Im Salonwagen unterhalten wir uns nach dem Essen mit unseren Mitreisenden aus der ganzen Welt und tauschen Reiseerlebnisse aus. Auch wenn die meisten bisher ebenfalls viel und weit gereist sind, finden alle unsere Idee einer dreijährigen Weltreise toll und hören unseren Erzählungen interessiert zu.

Früh ins Bett und früh aus den Federn – das ist unser Rhythmus während der langen Zugfahrt. Wir duschen in unserem kleinen Badezimmer, eher eine Badekabine, und freuen uns auf das reichhaltige Frühstück mit Kaffee bis zum Abwinken. Die Landschaft hat sich seit dem Start noch nicht verändert, die Erde ist weiterhin rotbraun und die wenigen Büsche und Sträucher sind grün. Straßen und Häuser sehen wir nicht, dafür gelegentlich ein paar runde Felsen – wir sind mitten im Niemandsland. Aber dann wird es irgendwo hinter der Grenze der Bundesstaaten South Australia/Northern Territory langsam feuchter, wir sehen Wasser und viel Grün in der Wüste. Hier hat es völlig ungewöhnlich bis vor wenigen Tagen lange und kräftig geregnet.

Schade, dass die Zugfahrt so schnell vorbeigeht, wir würden gern noch bis Darwin weiterfahren. Pünktlich kommen wir in Alice Springs an, stehen kurz darauf vor dem Bahnhof und suchen ein Taxi, doch weit und breit ist keines zu sehen. Nach quälend langen Minuten kann ich auf der Hauptstraße ein Taxi heranwinken, das uns zum Flughafen bringt. Dort wartet ein Geländewagen auf uns, mit dem wir in den nächsten Tagen durch das Rote Zentrum von Alice Springs zum Ayers Rock fahren wollen. Der Flughafen ist gähnend leer, auch unser Autovermietungsschalter ist nicht besetzt. Ich telefoniere mit einer netten Angestellten, die nach einer Stunde kommt und uns das Auto übergibt. Im Terminal fragen uns zwei junge Damen aus Deutschland, ob wir zufälligerweise zum Kings Canyon fahren und sie mitnehmen könnten.

Die beiden wollen dort arbeiten und die hohen Fahrtkosten sparen. Für uns kein Problem, wir verabreden uns für den nächsten Tag, bringen sie zu ihrem Hostel in Alice Springs und checken dann in unserem Hotel All Seasons Oasis ein.

Eigentlich ist Alice Springs ein nettes Städtchen mitten in der australischen Wüste, aber aufgrund mancher Begegnungen mit den Aborigines, den Ureinwohnern Australiens, wird die Stimmung ein wenig getrübt. Einzeln oder in Gruppen sitzen sie auf den Straßen, in den Parks sowie vor den Geschäften und machen einen teilweise verwahrlosten Eindruck, offensichtlich Folgen der kulturellen Entwurzelung. Hohe Arbeitslosigkeit und Alkoholprobleme tragen zweifelsohne zur Verschärfung der Lage bei. Wir werden immer wieder gewarnt, vorsichtig zu sein und abends nicht allein durch die Stadt zu gehen. So fahren wir vorsichtshalber mit dem Auto zum berühmten Overlanders Steakhouse, einem lebenden Museum mit langer Geschichte und hervorragenden Steaks. Der Kellner fragt vor unserer Bestellung, wo wir herkämen, dann wird die deutsche Fahne auf dem Tisch drapiert und danach können wir die Steaks bestellen.

Es ist nicht einfach, die beste Strecke zum Kings Canyon zu wählen. Der Weg entlang der wilden Bergkette MacDonnell Ranges über die Mereenie Loop Road, für die wir bereits eine kostenpflichtige Genehmigung besorgt haben, ist zweifelsohne am reizvollsten, aber aufgrund der schlechten Straßenverhältnisse nach den Regentagen zu risikoreich. So fahren wir direkt auf den geteerten Stuart Highway und biegen dann auf die 100 Kilometer lange Naturstraße Ernest Giles Road ab, die trotz der Regenfälle in einem einigermaßen guten Zustand ist. Ob sie tatsächlich besser ist als die Mereenie Loop Road, können wir nicht beurteilen, auf jeden Fall ist sie deutlich kürzer. Die sandigen Passagen und die großen Wasserlöcher meistert unser Toyota RAV4 problemlos, dennoch sind wir froh, als wir nach einem Zwischenstopp am Henbury-Meteoritenkrater schließlich die geteerte Straße zum Kings Canyon Resort erreichen.

Die Autofahrt mit den beiden jungen Damen Natascha und Vanessa ist unterhaltsam, sie erzählen viel von ihren Abenteuern in Australien und ihren Erfahrungen bei verschiedenen Arbeitgebern. Im Rahmen des Programms »Work and Travel« reisen sie durch Australien und finanzieren dies mit verschiedenen Jobs. Ihnen gefällt es hier ausgezeichnet und sie wollen auf jeden Fall so lange wie möglich bleiben, am liebsten für immer, ein Leben in Deutschland können sie sich nur schwer vorstellen. Wir werden nur zwei Nächte im Kings Canyon Resort mitten in der roten Wüste bleiben, die momentan allerdings eher an eine grüne Steppenlandschaft erinnert. Natascha und Vanessa dürfen in der Küche des Resorts arbeiten, ich könnte als Gärtner anfangen, aber zum Arbeiten habe ich keine Lust. Einen Chef brauchen sie hier nicht, also werde ich weiter mit Heidi durch die Welt reisen.

Der Kings Canyon ist eine riesige Schlucht in der Mitte Australiens, mit pastellfarbenen Felswänden, die bis zu 270 Meter tief abfallen. Wir brechen sehr früh auf, um die Erhabenheit und faszinierende Schönheit dieses Wunderwerkes der Natur noch bei erträglichen Temperaturen zu erleben. Wir freuen uns schon, ganz allein durch die Berge zu wandern, aber auf dem riesigen Parkplatz stehen bereits einige Autos. Nun verstehen wir, warum das Frühstück im Resort schon ab 5.30 Uhr serviert wird.

Der Aufstieg ist steil, viele Treppenstufen sind zu überwinden, aber oben werden wir mit einer herrlichen Aussicht belohnt. Wir befinden uns auf dem Kings Canyon Rim Walk, einem dreistündigen anspruchsvollen Rundwanderweg. Immer wieder eröffnen sich wunderschöne Ausblicke. Im »Garden of Eden«, einer Oase mit üppiger Palmenvegetation, legen wir eine kleine Pause ein. Die Sonne scheint kräftig, mit 35 °C im Schatten haben wir endlich mal wieder richtiges Sommerwetter.

Weil die Kulisse im Kings Canyon so einmalig ist, fahren wir kurz vor Sonnenuntergang nochmals hin und steigen wieder auf. Diesmal sind wir tatsächlich allein und erleben mit der untergehenden Sonne ein stimmungsvolles Panorama. Nach dem Abendessen besucht uns Natascha, Vanessa hat Spätschicht. Den beiden Damen gefällt es hier gut und sie wollen so lange wie möglich im Resort bleiben.

Zwei der bekanntesten und schönsten Felsformationen Australiens liegen mitten im Outback, dem australischen Niemandsland: der Ayers Rock und die Olgas. Da wollen wir natürlich auch hin, obwohl wir vor vielen Jahren schon einmal dort waren. Die Strecke ist gut zu bewältigen, die Straßen sind geteert und selten kommt uns ein Auto entgegen – und dann grüßt man den Fahrer, eine kleine Abwechslung auf der ansonsten langweiligen Strecke.

Als wir das Ayers Rock Resort erreichen, sind wir erschrocken über den Trubel. Drei Busse halten vor der Rezeption und spucken amerikanische und japanische Touristen aus. Wir fahren sofort weiter, um einen ersten Blick auf den weltberühmten Ayers Rock – die Aborigines nennen ihn Uluru – zu werfen. Schon aus der Ferne sehen wir ihn, und dann liegt der riesige rote Sandsteinfelsen aus einem Guss mitten in der Ebene vor uns. Ein grandioser Anblick, überwältigend und unvergesslich.

Am schönsten ist der Blick auf dieses Weltkulturerbe und Heiligtum der Ureinwohner bei Sonnenauf- und untergang, aber leider scheint die Sonne nicht. Wir mieten keinen Hubschrauber und lassen uns auch nicht auf einem Kamel durch die Gegend schaukeln, sondern wandern in drei Stunden um das Felsmassiv herum, dieses immer wieder aus neuen Perspektiven betrachtend. Wenn es nicht leicht regnen würde, wäre es eine perfekte Wanderung. Da die Hoffnung bekanntlich zuletzt stirbt, fahren wir abends kurz vor Sonnenuntergang nochmals hin, aber auch jetzt zeigt sich die Sonne nicht und wir erleben deshalb auch keinen Sonnenuntergang. Trotzdem ist der Anblick des heiligen Felsens in der Dämmerung auch ohne das warme Licht der Abendsonne überwältigend.

Der Ayers Rock hat als Heiligtum der Ureinwohner seit ewigen Zeiten eine magisch-mystische Bedeutung. Daher soll man aus Respekt vor den religiösen Gefühlen der Aborigines den Berg nicht besteigen, obwohl dies offiziell nicht verboten ist. Dazu drei kleine persönliche Erlebnisse:

Geschichte 1:
Bei meinem ersten Besuch des Ayers Rock vor etlichen Jahren wollte ich gern mit anderen Mitreisenden hinaufklettern, wir hatten eine organisierte Bustour gebucht. Der Busfahrer wollte uns unter Verweis auf die religiösen Gefühle der Ureinwohner von dem Vorhaben abbringen. Als er anschließend nochmals fragte, ob wir wirklich nach oben wollten, hob nur noch ich meine Hand, alle anderen Hände blieben unten. Als ich dann losmarschieren wollte, kam plötzlich heftiger Wind auf und der Aufstieg wurde gesperrt.

Geschichte 2:
In einem Apple Store in Dortmund sprach ich mit einem Mitarbeiter über Australien und seine Erlebnisse bei der Rundreise durch das Land. Er hatte trotz der warnenden Hinweise den Aufstieg auf den Berg gewagt und eine wunderschöne Rundumsicht erlebt. Als er wieder unten war und im Hotel seine Bilder ansehen wollte, die er auf einer CD-ROM gespeichert hatte, war der Datenträger leer. Die CD-ROM hatte er in seinem Rucksack beim Aufstieg auf den Ayers Rock mitgenommen.

Geschichte 3:
Bei der Wanderung um den Ayers Rock habe ich beim Einsetzen des Regens meine Sonnenbrille abgesetzt und eingesteckt. Kurz vor Ende der Wanderung bemerkte ich, dass sie nicht mehr da war. Ich wollte den Weg zurückgehen und sie suchen, da lag sie plötzlich unbeschädigt ein paar Meter weiter mitten auf dem Weg.

Das sind schon merkwürdige Erlebnisse rund um diesen mystischen Berg, auch als rational denkender Mensch kann man sich dem Zauber und der besonderen Ausstrahlung dieses australischen Nationalsymbols nicht entziehen. Mindestens ebenso beeindruckend und gigantisch wie der Ayers Rock sind die Olgas, 36 Berge in einem zerklüfteten Gebirgsmassiv, von denen der größte noch höher als der Ayers Rock ist. Wir wandern durch das Felsengebirge auf dem »Valley of the Winds Walk«, eine anstrengende Wanderung mit kleinen Klettereinlagen. So erleben wir dieses eindrucksvolle Naturwunder und genießen die Einsamkeit der majestätischen und auf der Welt einmaligen Gebirgsszenerie. In unserem Hotel Desert Gardens, das sich durch hohe Preise bei mäßiger Leistung auszeichnet, warten wir auf die untergehende Sonne, aber mit der Sonne wird das wohl heute und in den nächsten Tagen nichts. So müssen wir zudem auf das Abendessen Sounds of Silence unter dem Sternenhimmel mit Blick auf den Ayers Rock verzichten, werden aber dennoch nicht verhungern, im Hotelrestaurant sind noch genügend Plätze frei.

Wir stellen den Wecker auf 5 Uhr, stehen auf, werfen einen Blick zum Himmel und legen uns wieder ins Bett. Auch an diesem Morgen erleben wir keinen Sonnenaufgang, der Himmel ist grau und bewölkt. Beim Frühstück – mit umgerechnet 30 Euro pro Person nicht gerade ein Schnäppchen – sehen wir dann tatsächlich ein paar Sonnenstrahlen und fahren sofort los. Es lohnt sich, wir erhaschen doch noch einen wunderbaren Blick auf den von der Sonne angestrahlten Ayers Rock.

Viel Zeit haben wir heute nicht, gegen Mittag geht unser Flieger nach Perth an der australischen Westküste, vorher müssen wir noch tanken und den Wagen am Flughafen abgeben. Wir fliegen in der »Holzklasse«, bekommen aber netterweise unaufgefordert Plätze am Notausgang mit mehr Beinfreiheit. Der Pilot schaukelt uns sicher nach unten, in Perth weht ein frischer Wind und die Sonne scheint vom wolkenlosen Himmel. Hier wollen wir drei Nächte bleiben und dann mit dem Wohnmobil drei Wochen lang an der australischen Westküste hinauf bis nach Broome fahren. Von dort geht es über Dubai zurück in die Heimat.

»Willkommen in der besten Stadt der Welt« – so begrüßt Perth seine Gäste. Dies klingt überheblich, aber es ist viel Wahres dran. Die Stadt mit ihren 1,6 Millionen Einwohnern bietet beste Voraussetzungen für höchste Lebensqualität, vor allem ein ideales Klima und eine herrliche Lage, wenngleich am Ende der Welt. Aus Perth sollen die schönsten Models der Welt kommen; ob dies stimmt, wissen wir nicht, zumindest aber sehen wir ungewöhnlich viele sehr hübsche Damen auf unseren Erkundungen in der Stadt. Perth liegt sehr schön am breiten Swan River, die Skyline ist relativ klein, aber deshalb nicht weniger beeindruckend. Das Leben spielt sich überwiegend in Northbridge mit seinen vielen Läden, Galerien, Museen, Restaurants und Pubs ab.

Wir schlafen im Hotel Mercure mitten in der City, verkehrsgünstig gelegen, auf dem Dach lädt ein kleines Schwimmbad zum Relaxen ein. Aber dazu haben wir keine Zeit, wir mischen uns sofort unter das Volk und fühlen uns in der ausgelassenen Menge wohl. Heute ist St. Patrick's Day, Nationalfeiertag der Iren, so dass alle Iren, kostümiert in grünen Farben, in überschwänglicher Feierstimmung sind.
Die Hauptsehenswürdigkeiten wie die Perth Mint, Australiens älteste und in Betrieb befindliche Münzprägeanstalt , das Parlament, die Kathedrale und die Gerichtsgebäude haken wir schnell ab und fahren mittags mit einem Ausflugsdampfer über den Swan River nach Fremantle, einer alten Hafenstadt mit zahllosen sehr gut erhaltenen historischen Gebäuden. Die Stadt ist voller Menschen, alle Restaurants, Cafés und Kneipen sind brechend voll. Beide Seiten des Swan River sind mit großen Villen bebaut, wir befinden uns in der »Gegend des großen Geldes«, wie unser Kapitän erklärt. Die Häuser hier kosten zwischen 20 bis 45 Millionen Dollar, freie Grundstücke können wir nicht erkennen. Auch auf dem Fluss ist der Reichtum allgegenwärtig, alle paar Meter passieren wir einen Yachthafen und überall sind Freizeitkapitäne mit ihren Motor- und Segelbooten unterwegs. Eine tolle Gegend mit höchster Lebensqualität, unmittelbar vor den Toren Perths.

Während ich beim Friseur sitze und multikulturellen Erfahrungsaustausch pflege, erlebt Heidi großes Drama. Erst wird sie Zeugin eines Ladendiebstahls in einer Boutique, und dann gerät sie vor dem Bezirksgericht in einen Menschenauflauf mit vielen Fernsehkameras. Ein Verkehrsunfall unter Alkoholeinfluss mit schwerer Körperverletzung wird verhandelt. Das Opfer, eine junge Frau, ist von Reportern mit Kameras umringt. Heidi spricht mit dem Vater, lässt sich die Story erzählen und drückt ihr Bedauern aus.

Mit dem Fahrrad schauen wir uns die nähere Umgebung an. In Innenstadtnähe fahren wir durch herrliche Parkanlagen, vor allem durch den Kings Park mit schönen Ausblicken auf die Skyline von Perth. Viele Fahrradwege führen durch die Stadt, natürlich auch zu beiden Seiten des Swan River, der hier eher einem See gleicht. Die Stadt verfügt über eine hervorragende Infrastruktur – auch die öffentlichen Gebäude und Anlagen sind in einem ausgezeichneten Zustand. Ganz Perth glänzt vor Sauberkeit, Graffitis sehen wir nicht. Die Busse sind modern und in der Innenstadt kostenlos zu benutzen. Perth ist eine äußerst angenehme Großstadt mit besonderem Flair.

Endlich sitzen wir in unserem Wohnmobil, alles drin und dran: Klimaanlage, Mikrowelle, Backofen, Gasherd, Fernseher und ein kleinen Badezimmer mit Toilette. Eigentlich ist das komfortable Gefährt für vier Personen ausgelegt, somit kommen wir zu zweit platzmäßig bestens zurecht und fühlen uns in unserem mobilen Heim sofort wohl. Auf dem Indian Ocean Drive fahren wir nordwärts, unser erstes Ziel ist der Nambung National Park mit den weltberühmten Pinnacles.

An die Größe des Wohnmobils müssen wir uns erst gewöhnen, aber bereits nach kurzer Zeit klappt das Fahren mit der großen Kiste recht gut. Wir freuen uns auf unsere erste selbstgekochte Mahlzeit mit viel frischem Gemüse und suchen einen gut sortierten Supermarkt. Dies ist hier in der ländlichen Umgebung jedoch nicht so einfach, wir finden zwar einen Supermarkt, aber frische Produkte gibt es dort nicht. Schließlich wird die Gegend immer einsamer und die Orte werden immer kleiner, und wir bekommen hier wie schon im Roten Zentrum ein Gefühl für die Größe und Weite Australiens. Gelegentlich kommt uns ein Road Train entgegen, ein Lastzug von rund 50 Metern Länge, ein gewaltiges Monstrum zur Beförderung von Gütern in entlegene Gebiete. Am späten Nachmittag steuern wir einen Campingplatz mit kleinem Café direkt am Meer und am Rande des Nambung National Parks an. Der Kühlschrank ist noch immer leer, die Küche muss mangels Masse kalt bleiben, aber die Meeresfrüchteplatte im Bowling-Club in der Nähe unseres Campingplatzes ist auch nicht schlecht.

Solch ein Wohnmobil ist eine tolle Einrichtung, vor allem wenn alles funktioniert. Das ist meist der Fall, aber nicht immer und zu allen Zeiten. Wir werden wach, der Strom ist weg. Ohne Strom funktioniert keine Klimaanlage, keine Kaffeemaschine, kein Toaster. Zum Glück läuft der Kühlschrank mit Gas, auch das Wasser wird mit Gas erwärmt und vor allem der Herd mit Gas betrieben. So können wir ein paar Eier in die Pfanne hauen und mit heißem Wasser wenigstens einen Pulverkaffee machen.

Auf dem Campingplatz wird die Stromversorgung modernisiert, abends gibt es wieder Strom. Dennoch haben einige Aggregate in unserem Camper noch immer keine Power. Wir fragen den Campingplatz-Betreiber um Rat, aber auch er kann uns nicht weiterhelfen. Nach langem Rätseln und intensiver Fehlersuche kommt mir unter Zuhilfenahme der Betriebsanleitung die Idee, die Sicherungen zu überprüfen. Aber wo sind diese? Nachdem ich sie überraschend hinter dem Beifahrersitz gefunden habe, entdecke ich einen herausgesprungenen Hauptschalter, drücke ihn rein und alle Probleme sind gelöst. Heidi hat das Wohnmobil zwischenzeitlich gründlich gereinigt und nach deutschen Standards auf Vordermann gebracht. So sind wir für die Fahrt durch die australische Wildnis bestens gerüstet, zumal wir in einem Supermarkt in der Nähe endlich unsere Vorräte auffüllen können.

Hauptattraktion im Nambung National Park sind die Pinnacles, verwitterte Kalksteinsäulen, die zu Hunderten im gelben Wüstensand herumstehen – eine beeindruckende Kulisse. Wir wandern zwischen den vielen Felsnadeln umher, dabei erschließen sich uns immer wieder neue Formen und Formationen. Die Szenerie ist derart beeindruckend, dass wir uns abends im Lichte der untergehenden Sonne dieses Naturschauspiel noch einmal ansehen. Einige Kängurus warten am Straßenrand darauf, dass die letzten Touristen endlich verschwinden und sie ungestört fressen können.

Wir ziehen weiter nach Norden, erst über den Indian Ocean Drive entlang der Küste und dann weiter über den Highway 1. Wenn uns einer der riesigen Road Trains entgegenkommt, wackelt unser Wohnmobil, aber der Highway ist breit genug, wenn alle auf ihrer Straßenhälfte bleiben. Unterwegs schauen wir uns die wenigen kleinen Orte an der Küste an, alle nett und völlig ruhig. Als ich uns bei einem kurzen Stopp direkt am Strand einen Kaffee machen will, sehe ich plötzlich im Wasser direkt vor mir eine schwarze Flosse – entweder ein Hai oder ein Delfin. Heidi ist das egal, sie hüpft ohne zu zögern ins Wasser, um ein paar Fotos zu schießen. Das Tier – es scheint doch ein Delfin zu sein – springt einige Mal aus dem Wasser und verschwindet dann in der Weite des Indischen Ozeans.

In Geraldton, mit 20.000 Einwohnern die größte Stadt im Mittleren Westen, führt uns ein Scenic Drive zu den mehr oder weniger interessanten Sehenswürdigkeiten. Am auffälligsten ist die Kathedrale, die nicht so recht in diese Wildwest-Stadt passt. Geraldton war früher wegen des Abbaus verschiedener Mineralien eine reiche Stadt, einige historische Bauten aus dieser Zeit sind noch erhalten. Wir denken jedoch weniger an historische Zeugnisse, sondern eher an leibliche Wünsche und decken uns in einem großen und gut sortierten Supermarkt mit Vorräten für die nächsten Tage ein. Die Versorgungslage mit Wasser und anderen Lebensmitteln wird immer schwieriger, je weiter wir in den Norden kommen.

Direkt neben unserem Wohnmobil haben Richard und Ruth ihren Wohnwagen aufgebaut. Richard ist Australier und vor vielen Jahren in die Schweiz ausgewandert, er hat auch in Deutschland gearbeitet und lebt jetzt mit seiner Freundin Ruth wieder in Australien. Die beiden haben sich in Margaret River, einer landschaftlich reizvollen Gegend östlich von Perth, ein Haus gekauft und reisen mit ihrem neuen Wohnwagen quer durch Australien – beste Voraussetzungen für einen entspannten Ruhestand.

Bald soll es an der Küste voll werden, in einigen Bundesstaaten Australiens beginnen die Osterferien. Uns wird dringend empfohlen, die Stellplätze auf unserer Reiseroute zu reservieren, da die Campingplätze in den schönsten Lagen in den Ferien oft voll seien und man dann manchmal bis zu 300 Kilometer bis zum nächsten Platz weiterfahren müsse. Eigentlich liegt der Vorteil eines Wohnmobils darin, frei und ohne feste Reservierungen nach Lust, Laune und Wetterlage zu reisen, aber nach einem langen Tag und einer anstrengenden Fahrt durch die Wildnis ist es ein beruhigendes Gefühl, einen guten Stellplatz in schöner Lage ergattert zu haben. So suchen wir uns für die nächsten Tage die Campingplätze aus und reservieren über das Internet, das klappt hervorragend.

Die Straße führt uns in hügeligem Gelände an einem pinkfarbenen Salzsee und der zerklüfteten Küste mit Felsbögen und schönen Aussichtspunkten vorbei bis nach Kalbarri, einem bei den Australiern beliebten Ferienort. Hier leben 2.000 Menschen, in der Hauptsaison sind es fünfmal so viele. Im Moment ist hier noch nicht viel los, aber ab Ende nächster Woche mit Beginn der Osterferien soll der Ort ausgebucht sein.

In Kalbarri legen wir einen Ruhetag ein, sitzen im Schatten vor unserem Wagen und schauen, was passiert. Als ich gerade die erste Dose Bier aufreiße, zwingt mich Heidi zu einer Runde Kajakfahren. Beim Einsteigen in mein Boot kippe ich um und habe bereits die Faxen dicke, bevor wir überhaupt losgepaddelt sind, denn mit nasser Hose macht das keinen Spaß. Möwen kreisen über uns, Pelikane schauen zu, Fische springen aus dem Wasser und Adler sitzen auf den Baumgipfeln – ich habe Kreuzschmerzen vom Paddeln und bin froh, als wir wieder unsere Anlegestelle erreichen. Der Bootsmeisters fragt, wie es war, ich sage auf Deutsch: »Scheiße«, und auf Englisch: »Very good«, und alle sind zufrieden.

Abends sehen wir mit Campingstühlen und Picknickkorb ausgerüstete Menschen zum Strand ziehen. Wir denken an ein Open-Air-Konzert am Wasser, nehmen noch schnell eine Flasche Wein aus dem Kühlschrank und laufen hinterher. Und da sitzen sie schon – auf Klappstühlen, im Sand oder auf den Felsen, und alle schauen aufs Meer. Die meisten bewegen sich nicht, starren geradeaus und warten auf den – Sonnenuntergang. Dieser ist in der Tat beeindruckend romantisch und kitschig, Heidi fotografiert ununterbrochen, und ich trinke in Ruhe die Flasche Wein aus. Schließlich ist die Sonne weg und alle gehen nach Hause – wir dann schließlich auch.

Wieder ein langer Reisetag – 400 Kilometer bis Monkey Mia liegen vor uns. Der erste Tankversuch misslingt, unser Wohnmobil passt nicht in die enge Tankstelle mit der Dieselzapfsäule. Eine nette Dame gibt uns den Tipp, zur anderen Tankstelle am Ende des Ortes zu fahren. Kurz darauf ist der Tank voll, 100 Dollar sind weg und wir dann auch. Wir fahren durch den kaum erschlossenen Kalbarri National Park und halten an interessanten Aussichtspunkten kurz an, um fantastische Blicke in die tiefen Schluchten und auf den Murchison River zu werfen. Ganz allein genießen wir die Einsamkeit in der wilden Natur.

Dann geben wir Gas, auf dem North West Coastal Highway geht es mit einer Geschwindigkeit von 100 Kilometern pro Stunde und mehr nach Norden. Am Overlander Roadhouse – einer Tankstelle mit angeschlossener Frittenbude – lassen wir nochmals unseren Tank volllaufen und biegen dann auf die Shark Bay Road ab. Die Gegend wird noch einsamer, aber immer wieder eröffnen sich wunderschöne Ausblicke auf das glasklare Meer und die türkisfarbenen Lagunen. Als wir endlich unseren Campingplatz in Monkey Mia, unserem heutigen Etappenziel, erreichen, sind wir geschockt: von der erwarteten Romantik und Idylle keine Spur. Eine Mischung aus Baracken, Schrottautos, Baustellen, Bungalows und Arbeiterwohnwagen erwartet uns, am liebsten würden wir sofort weiterfahren. Aber der Strand ist herrlich, der Sonnenuntergang ein Traum und die Luft auch abends noch angenehm warm, und so bleiben wir wie geplant einige Tage hier.

Sie sind schon eher da als wir und tummeln sich im flachen Wasser am Strand – acht Delfine, die Attraktion des Ortes. Es sind wilde Delfine, die nahezu täglich an den Strand kommen, um gefüttert zu werden. Das Ritual wiederholt sich dreimal täglich – mit mindestens vier, höchstens zehn Delfinen, zwei Rangern und meist über 100 Zuschauern. Wir lauschen den Erklärungen der Ranger über das Leben der Delfine und warten auf die Fütterung. Ins Wasser dürfen wir nicht, sondern müssen zum Schutz der sensiblen Tiere vom Strand aus zuschauen. Die Delfine bekommen jeweils nur vier Fische, den Rest ihrer täglichen Mahlzeit müssen sie sich im Meer suchen, damit sie das Jagen nicht verlernen. Monkey Mia ist einer der ganz wenigen Orte auf der Welt, wo wilde Delfine freiwillig regelmäßig an den Strand schwimmen, um von Menschen gefüttert zu werden.

Mit einem hochseetüchtigen Katamaran fahren wir raus aufs offene Meer, mit frischer Brise gleitet unser Boot unter vollen Segeln durch den Shark Bay Marine Park, der für seinen unglaublichen Tierreichtum in unverdorbener Natur bekannt ist. Fische sehen wir abgesehen von ein paar fliegenden Exemplaren nicht, dafür aber viele Delfine, Schildkröten, Seeschlangen und die seltenen Seekühe. Da vor der australischen Westküste die größten

Seegraswiesen der Welt zu finden sind, fühlen sich die Seekühe hier wohl und lassen sich vom Schiff aus gut beobachten, weil sie zum Luftholen an die Wasseroberfläche kommen müssen. Auf dem Meer ist es so schön, dass wir abends erneut zu einer Mini-Kreuzfahrt starten. Der Katamaran rauscht durch die Dämmerung, die Sonne versinkt spektakulär im Meer – wir fühlen uns traumhaft gut und beschließen, noch einen Tag länger in Monkey Mia zu bleiben.

Heidi schaut sich am nächsten Morgen wieder Delfine an, ich bereite in der Zwischenzeit das Frühstück zu und schlage ein paar Eier mit Wurst und Käse in die Pfanne. Derart gestärkt wandern wir am kilometerlangen weißen Sandstrand entlang, treffen keine Menschenseele und sind allein in der weiten Natur. Jetzt erfahren wir auch, warum dieses Weltnaturerbe Shark Bay heißt: Fast überall in Strandnähe entdecken wir immer wieder Schatten im Wasser, es sind Haie, 1 bis 1,50 Meter lang. Wir gehen ins Wasser und schauen vorsichtig, was passiert. Die Haie kommen näher, plötzlich auch von hinten. Aber sie haben mehr Angst vor uns als wir vor ihnen. Sobald wir uns bewegen oder im Wasser planschen, zischen sie blitzschnell ab, kommen jedoch schnell wieder. Ich gehe weiter ins Wasser hinein, Heidi hält Wache, aber es ist schwer, die flinken Raubfische zu fotografieren. Schließlich sehen wir noch ein paar Schildkröten sowie viele Rochen, die wegen ihrer Tarnfarbe im Sand nur schwer zu erkennen sind. Die Schildkröten kann man besser entdecken, da sie wie auch die Seekühe zum Luftholen an die Wasseroberfläche kommen müssen.

Heidi muss noch einmal zu den Delfinen, ich mache inzwischen unseren Camper startklar. Mit einem Wohnmobil zu reisen und Land und Leute kennenzulernen, ist eine tolle Sache, ein großartiges Gefühl der Freiheit und Unabhängigkeit. Für uns ist es auch wichtig, selbst kochen zu können, denn das Essen in den Restaurants in der Einsamkeit des australischen Westens entspricht nicht immer unseren Erwartungen, von den Preisen ganz abgesehen. Das Leben im Wohnmobil ist äußerst komfortabel, besonders das lästige und zeitaufwendige Kofferpacken entfällt. Schön ist auch, dass man schnell Kontakte knüpfen, Menschen kennen lernen und nette Gespräche führen kann, man ist mittendrin und überall dabei.

Man muss schon etwas Zeit einplanen, das Wohnmobil auf- und abzurüsten. Unser Camper hat keine Wassertankanzeige, und so passiert es regelmäßig, dass der Tank auf einmal leer ist und mit dem Wasserschlauch von außen wieder aufgefüllt werden muss, einen direkten Frischwasseranschluss gibt es nicht. Beim Abwasser steht ebenfalls keine Anzeige zur Verfügung, wenn das Wasser nicht mehr abläuft, ist der Tank voll. Entsorgt wird das Schmutzwasser dann über einen Abwasserschlauch, der bei unserem Wohnmobil so kurz ist, dass wir mit dem Wagen rangieren müssen, um den Abflussstutzen auf den Stellplätzen zu erreichen. Das Toilettenwasser fließt in einen speziellen Behälter und muss gesondert entsorgt werden. Man – also ich – geht mit diesem Behälter zur Toilette oder zu einer besonderen Abwasserentsorgungsanlage und kippt die Brühe hinein, so wie wir das früher mit Opas Nachttopf gemacht haben. Dies ist nicht vergnügungssteuerpflichtig, daher nutzen wir die Toilette in unserem Wohnmobil nur für nächtliche Notfälle.

Auch das Bettenbauen erfordert besondere logistische und handwerkliche Fähigkeiten. Unser rollendes Haus verfügt über vier Schlafgelegenheiten, zwei kleine über dem Fahrerhaus und zwei im hinteren Teil des Wagens. Das hintere Doppelbett muss man aus mehreren Brettern und Polstern errichten und dabei versuchen, die vielen Einzelteile richtig zusammenzufügen. Ich schaffe das nicht, bei mir passt nie alles zusammen, aber Heidi ist nach mehreren Versuchen erfolgreich. Sie ist schließlich Ingenieurin und ich nur Kaufmann. Zwei Nächte schlafen wir auch im Kinderbett über der Fahrerkabine, da ist es schön eng und gemütlich, nur aufrichten kann man sich nicht. So basteln wir lieber jeden Abend unser Bett zusammen.

Auf der Strecke nach Carnarvon gibt es nur wenig zu sehen, wir stoppen wieder am Overlander Roadhouse, der Kaffee dort ist sehr lecker. Die Lady an der Kasse spricht plötzlich Deutsch mit uns; sie kommt aus Deutschland, arbeitet hier seit zwei Tagen und reist mit ihrem Freund ein Jahr lang durch Australien. Auch wir reisen weiter und finden nach 350 Kilometern in Carnarvon einen schönen, top gepflegten Campingplatz mit Schwimmbad. Wir schauen uns das kleine Städtchen an und treffen dabei ein nettes deutsches Pärchen, mit dem wir ein paar Dosen Bier trinken und unsere Reiseerlebnisse austauschen.

Nur gut, dass wir in Carnarvon unsere Vorräte aufgefüllt haben. Ein Schild am Ortsausgang weist uns mahnend darauf hin, dass wir Wasser und andere Lebensmittel erst wieder nach 423 Kilometern kaufen können, das sind andere Dimensionen als bei uns in Deutschland. Die Sonne scheint munter, das Thermometer klettert auf 38 °C und die UV-Warnung erreicht den Höchstwert »extreme«. Uns macht die Hitze nichts aus, aber der Camper, obwohl mit einem robusten VW-Motor ausgerüstet, zeigt leichte Ermüdungserscheinungen und der Thermostat schaltet zwischendurch die Klimaanlage aus. Aber alles verläuft gut und wir kommen wohlbehalten in Coral Bay an.

Der weiteste Weg nach Coral Bay lohnt sich, allerdings weniger wegen der kilometerlangen unberührten Sandstrände, sondern vielmehr wegen der einzigartigen Unterwasserwelt des Ningaloo Marine Parks. Über eine Länge von 300 Kilometern erstreckt sich von Carnarvon bis Exmouth ein gewaltiges Riff mit 250 Korallen- und 500 Fischarten, ein Eldorado für Schnorchler und Taucher. Die Ningaloo-Region wird oft als das letzte große Ozean-Paradies auf unserem Planeten angesehen.

Erst die Arbeit und dann das Vergnügen: Bevor wir in dieses Paradies eintauchen, müssen wir Wäsche waschen, E-Mails schreiben, Ordnung im Wohnmobil schaffen und die nächsten Tage planen. Wir haben einen schönen Platz nahe dem Meer gefunden, neben uns eine Familie mit fünf Kindern, an deren Leben wir richtig teilnehmen können.

Die Welt unter Wasser ist ein Wunderland, unzählige tropische Fische, aber auch Schildkröten und Mantarochen können wir unter Wasser bewundern. Besonders beeindruckend sind die vielen und unzerstörten Korallen, die dieser Bucht ihren Namen gaben – es ist immer wieder ein wunderschönes Gefühl, sich wie in einem Aquarium in der Unterwasserwelt zu bewegen. Wir bleiben fast den ganzen Tag im Wasser, die Rahmenbedingungen sind ideal. Das glasklare warme Wasser, den leichten Wind und das perfekte Schnorchelrevier direkt vor der Haustür muss man einfach ausnutzen und so lange wie möglich im Wasser bleiben. Zum Sonnenuntergang ziehen wir erneut an den Strand, diesmal aber ohne Schnorchel und Taucherbrille. Barfuß wandern wir bis zum Einbruch der Dunkelheit am menschenleeren Strand entlang. Nicht ohne Grund heißt dieser Abschnitt Paradise Beach, überall weißer, feinkörniger Sand und türkisfarbenes Wasser in allen Schattierungen – Ruhe und Einsamkeit pur in einer vollkommenen Umgebung.

Mit aufgerissenem Maul schwimmt der Koloss auf uns zu, er ist unmittelbar vor uns. Wir sehen nur noch eine dunkle Masse und rudern aufgeregt mit den Armen, um ihm aus dem Weg zu schwimmen. Wir sollen keine Angst haben, beruhigt uns Criss, unser Guide, ein Walhai fresse nur Plankton und sei völlig harmlos. Wir sollen jedoch aufpassen, dass er keine Angst vor uns bekommt und mit seiner mächtigen Schwanzflosse um sich schlägt. Der Walhai ist der größte Fisch im Meer, er kann bis zu 18 Meter lang werden, eine unglaubliche Größe, vor allem wenn er direkt auf uns zukommt.

Die Gewässer vor dem Ningaloo Reef sind von März bis Juni außerordentlich nährstoffreich, insbesondere direkt unterhalb der Wasseroberfläche. Deshalb ziehen hier in dieser Zeit die Meeresgiganten ihre Bahnen, um zu fressen und satt zu werden.

Somit ergibt sich eine auf der Welt nahezu einmalige Gelegenheit, Walhaie aus nächster Nähe zu sehen und mit ihnen zu schwimmen. Die Tiere sind streng geschützt, nur jeweils zehn Schwimmer dürfen gleichzeitig zu den Riesenfischen ins Wasser, die Gesamtzeit wurde von den Naturschutzbehörden auf maximal eine Stunde begrenzt. Wir sind 20 Leute auf dem Boot, alle paar Minuten wird gewechselt, eine hektische Angelegenheit. Vor lauter Aufregung vergessen wir den Gedanken, dass sich hier auch »echte« Haie im Wasser tummeln.

Es ist nicht ganz leicht, Walhaie trotz ihrer Größe in den Weiten des Indischen Ozeans zu finden. Den ganzen Tag kreuzen wir auf dem Meer, es weht ein starker Wind, die Wellen erreichen zeitweise eine Höhe von drei Metern. Die Hälfte der Mitreisenden liegt über der Reling und füttert die Fische. Heidi und ich waren schlau und haben frühzeitig Pillen gegen Seekrankheit eingeworfen. So fühlen wir uns okay und das Essen an Bord schmeckt uns gut. Unterwegs sehen wir Seekühe, die ihre Bahnen ziehen, und Delfine, die vor uns aus dem Wasser springen. Unsere Aufmerksamkeit aber ist auf Walhaie gerichtet.

Es ist schon Nachmittag und wir glauben nicht mehr an unser Glück, schließlich haben die Tiere keine festen Reviere und der Indische Ozean ist unfassbar groß. Die aufmerksame Mannschaft hält uns mit bekannten Motivationssprüchen wie: »Die Hoffnung stirbt zuletzt«, mit netten Gesprächen und einem reichhaltigen Buffet bei Laune. Wir erfahren, dass Suchflugzeuge unterwegs sind und während des ganzen Tages das Meer nach Walhaien absuchen.

Wegen der unruhigen See steuert der Kapitän zwischendurch ruhigere Gewässer zwischen den Korallenbänken an, wo wir mit Schnorchelausrüstung ins Wasser springen und wiederum begeistert von der vielfältigen Unterwasserwelt sind. Plötzlich schreit der Kapitän, alle Mann – und natürlich auch alle Frauen – sollen sofort an Bord kommen. Ein Suchflugzeug hat Walhaie entdeckt, und wir brausen mit Höchstgeschwindigkeit über den Ozean. Wegen des hohen Seeganges müssen wir uns mit beiden Händen festhalten. 75 Kilometer von der Küste entfernt stoppt der Kapitän die Motoren und wir sehen einen großen Schatten im Wasser – ein gigantischer Walhai. Wir sind fasziniert und aufgeregt zugleich, das Abenteuer beginnt. Und in der Tat: Das Schwimmen mit Wahlhaien ist eines der letzten Abenteuer auf dem Meer und eine »Once a Lifetime Chance«, wie der Australier zu sagen pflegt. Eine solche Chance gibt es nur einmal im Leben. Und wir sind dabei.

Wir landen in Exmouth, einem netten Städtchen an der Nordspitze der North-West-Cape-Halbinsel, ideal gelegen zum Besuch des Cape Range National Parks und der Unterwasserwelt des Ningaloo Reefs. Ursprünglich als Marinestützpunkt für die U.S. Navy gegründet, ist Exmouth heute ein beliebter Ferienort für Touristen aus aller Welt. Hier gibt es ein paar Geschäfte, darunter sogar eine Bäckerei mit frischem Brot und Kuchen. Unser Campingplatz – der Exmouth Cape Holiday Park – ist mustergültig und lädt zu ein paar entspannten Tagen ein, bevor es weiter in den Norden und den tropischen Nordwesten geht.

Die idealen Schnorchelreviere liegen 40 Kilometer von Exmouth entfernt im Nationalpark, dorthin fahren wir. Die Straße ist geteert und führt an der Küste entlang durch eine schöne Landschaft. Nur haben wir die Rechnung ohne den Wind gemacht, der heftig bläst. Im Touristenbüro wird uns dringend vom Schnorcheln abgeraten, die Wellen seien zu hoch und wegen der scharfkantigen Korallen auch gefährlich. Heidi ist beratungsresistent und geht trotzdem mit Schnorchelausrüstung ins Wasser. Nach kurzer Zeit kommt sie zurück – die Wellen und die Strömung sind tatsächlich zu stark und die Sicht in der aufgewühlten See nicht gut.

Wir ziehen unsere Badesachen aus und die Wanderschuhe an. Im wild-romantischen Nationalpark kann man herrlich wandern; die Aussichten auf das Ningaloo Reef sind fantastisch, Kängurus hüpfen umher und Emus kreuzen unseren Weg. Schließlich aber zieht es uns doch wieder zum Wasser, die Strände sind unvergleichlich schön. Wir fahren in die bekannteste Bucht der Gegend, die Turquoise Bay, und sind uns einig, diesen Bilderbuchstrand mit seinen traumhaften Korallenriffen in unmittelbarer Strandnähe in unsere Liste der besten Strände der Erde aufzunehmen.

Bis Broome sind es noch mehr als 1.300 km, wir müssen uns ranhalten. Ursprünglich wollten wir durch den Karijini National Park mit seinen außergewöhnlichen Felsschluchten fahren, aber der Zyklon Lua hat viele Bereiche unter Wasser gesetzt und Straßen unpassierbar gemacht. Auch wenn der Park zwischenzeitlich wieder geöffnet hat und die meisten Straßen befahrbar sind, wollen wir unnötige Risiken vermeiden und uns lieber an der Küste entlang nach Broome durchschlagen.

Nach 600 Kilometern landen wir in Point Samson, das auf eine lange Geschichte als bedeutender Frachthafen für West-Australien zurückblickt und heute ein netter, für australische Verhältnisse fast schon mondäner Ferienort mit schönen Stränden und ausgezeichneten Bade- sowie Schnorchelmöglichkeiten ist. Für heute sind wir genug gefahren. Unser Campingplatz The Cove Caravan Park bietet alle Annehmlichkeiten, ist aber rappelvoll, denn die Osterferien haben begonnen. Wir stehen auch vor der Tür eines Restaurants, unsere Küche soll heute kalt bleiben, aber Karfreitag ist hier alles geschlossen. An den Feiertag haben wir nicht gedacht. Zum Glück ist unser Kühlschrank noch gut gefüllt, und so zaubert uns Heidi im Bordrestaurant zur Rettung des Abends Spaghetti mit Pesto und Thunfisch. Unsere Nachbarn grillen fleißig, hier nennt man das »Barbecue« – also viel Fleisch auf dem Grill, dazu pappiges Weißbrot, reichlich Ketchup und jede Menge Dosenbier. Spätestens um 21 Uhr ist Ruhe auf dem Platz, denn morgens geht es früh raus, zum Angeln und zum Fischen. Fast jeder hat ein Boot auf dem Hänger oder auf dem Dach und ein paar Angelruten eingepackt.

Wir verzichten aufs Angeln und fahren stattdessen ein wenig durch die Gegend. Im Nachbarstädtchen Cossack wandern wir einen historischen Pfad mit einigen schön restaurierten Gebäuden entlang und beschäftigen uns mit der Geschichte der Siedler und Perlenfischer. Es war eine abenteuerliche und schwierige Zeit, vor allem für die Aborigines. Diese wurden von den Siedlern gefangen, in Ketten zum Meer geführt und mussten dann in 10–15 Metern Tiefe nach Perlen tauchen. Diese Gedanken werden wir nicht mehr los, wenn wir Aborigines auf der Straße oder im Supermarkt begegnen.

Am nächsten Morgen stehen wir früh auf und müssen feststellen, dass die übrigen Camper bereits auf den Beinen sind, einige kommen schon mit ihren Angeln und ein paar Fischen zurück. Wir fahren los und halten unterwegs nur zum Tanken an. Im Pardoo Roadhouse sehen wir an den Wänden Bilder, wie ein Zyklon am 18. März 2012 das Rasthaus völlig zerstört und das Gelände unter Wasser gesetzt hat. Für uns ist unvorstellbar, welche ungeheure Zerstörungskraft Zyklone entwickeln können. Überall am Straßenrand stehen Hinweistafeln, dass die Zyklon-Saison noch nicht vorbei ist. Aber in diesen Tagen sind die Wetterprognosen sehr positiv, weit und breit ist kein Zyklon in Sicht, so können wir die letzten Tage in Australien unbeschwert genießen.

Den Eighty Mile Beach mit seinen unberührten Sandstränden und der unverdorbenen Natur erreichen wir nicht, die Zufahrtsstraße zum Meer ist nicht asphaltiert und derart schlecht, dass uns die Tassen aus dem Schrank fliegen. Wir wenden auf der Marterpiste und fahren auf dem Highway noch 50 Kilometer weiter bis zum Sandfire Roadhouse, einer Tankstelle mit angeschlossenem Imbiss mitten im Nirgendwo. Die gesamte Anlage gleicht der Dame hinter der Theke – etwas in die Jahre gekommen und nicht gerade hübsch, aber wir wollen hier nur unseren Camper abstellen und eine Nacht schlafen. Wir sind und bleiben die einzigen Gäste, hinter dem Parkplatz freut sich ein neugieriges Kamel über unseren Besuch.

Am nächsten Morgen hüpfen zwei Kängurus vorbei und schauen uns beim Frühstücken zu. Es ist bereits morgens sehr warm, und nachts kühlt es bestenfalls auf 26 °C ab. Wir sind in den Tropen angekommen. Ohne Klimaanlage kann man es im Wohnmobil nicht aushalten, auch wenn das Geräusch die Romantik ein wenig stört. Die vielen Fliegen und Mücken sind außergewöhnlich lästig, da hilft auch kein Anti-Mücken-Spray, sondern nur die Flucht in den schützenden Camper.

Statt Ostereier zu suchen müssen wir Kilometer fressen. Die nächsten 300 Kilometer auf dem Great Northern Highway führen uns durch absolute Einsamkeit – kein Roadhouse, keine Tankstelle, kein Ort, kein Haus. Wir grüßen jedes Verkehrsschild und freuen uns über jedes Auto, das uns entgegenkommt. Schließlich biegen wir auf den Broome Highway ein und sind nach weiteren 30 Kilometern am Ziel und damit am Ende unserer Rundreise mit dem Wohnmobil angekommen. Uns wird klar, dass mit der Ankunft in Broome die 8. Weltreise-Etappe beendet ist und wir damit nach gut drei Jahren auch am Ende unserer gesamten Weltreise angelangt sind – wir können es noch gar nicht richtig glauben.

In Broome finden wir einen netten Campingplatz nahe der Innenstadt und sind froh, dort einen Stellplatz direkt am Meer zu bekommen. Besser könnte die Lage nicht sein, vor allem auch deshalb, weil wir hier ein einmaliges Naturschauspiel erleben könnten: den Staircase to the Moon. Bei Vollmond beleuchtet der Mond derart intensiv das Meer und den breiten Strand, dass die Lichteffekte eine Treppe vom Strand bis zum Mond vorgaukeln. So setzen wir uns wie viele andere Camper vor unser Wohnmobil und warten auf das Schauspiel, das nur an wenigen Orten auf der Welt zu bewundern ist. Die Sonne geht unter, aber nichts passiert. Die Dose Bier ist schon lange leer, eine zweite gibt der Kühlschrank nicht her. Eine weitere Stunde vergeht, während der wir angespannt zum Himmel schauen. Und dann steigt der kreisrunde Mond im Zeitlupentempo aus dem Meer und baut eine Lichtertreppe, ein irrer und spektakulär-romantischer Effekt.

Wo die Wüste das Meer trifft, wo weißer Sand, rote Felsen und kobaltblaues Wasser zusammenkommen, da ist Broome. Die Strände hier zählen zu den fünf besten der Welt, deshalb ist Broome ein beliebter Ferienort im tropischen Norden Australiens sowie Ausgangspunkt für Expeditionen in die Kimberleys, eine weitgehend unberührte Landschaft riesigen Ausmaßes mit vielen außergewöhnlichen Naturschönheiten.

Broome kennt keine Verkehrsampeln, aber breite Straßen und viel tropisches Grün. Hitze und Schwüle beeinträchtigen etwas das Vergnügen, durch die Stadt zu spazieren und sich den Mix aus modernen und historischen Bauten anzusehen. Auffällig sind die vielen Perlengeschäfte, schließlich wurden hier zeitweise bis zu 80 Prozent des weltweiten Perlenhandels abgewickelt, und die Perlenindustrie verhalf Broome zu großem Reichtum. Wir schlendern durch die verschiedenen Stadtviertel bis Chinatown, aber auch hier ist wie im Rest der Stadt am Ostermontag alles ruhig, außer ein paar Touristen und wenigen Aborigines auf den Straßen ist nicht viel los.

Aus und vorbei – unser Wohnmobil steht aufgeräumt, gereinigt und abfahrbereit auf dem Campingplatz. Die Koffer sind gepackt und wir spüren, dass eine schöne Etappe wie auch eine aufregende Abenteuerreise zu Ende geht. Mit dem Camper haben wir in 22 Tagen von Perth nach Broome rund 4.000 Kilometer zurückgelegt, mit dem Mietwagen von Sydney nach Adelaide waren es 3.000 und im Roten Zentrum von Alice Springs nach Ayers Rock weitere rund 1.000, insgesamt in Australien also beachtliche 8.000 Kilometer. Rechnen wir die 2.000 Kilometer in Neuseeland hinzu, haben wir auf der 8. Etappe unserer Weltreise rund 10.000 Kilometer mit dem Auto absolviert.

Nun sind wir unser lieb gewonnenes Wohnmobil los und lassen uns mit dem Taxi zu unserem Hotel, dem Cable Beach Club Resort & Spa in Broome, bringen. Im krassen Gegensatz zu unserem bisherigen teilweise rustikalen Camperleben übernachten wir nun in einer großzügigen und luxuriösen Ferienanlage. Das Hotel selbst ist eine Reise wert, aber noch berühmter ist der Cable Beach direkt vor der Haustür, einer der schönsten Strände der Welt. Mantarochen schwimmen nahe dem Strand auf und ab, Delfine tummeln sich im Wasser und gelegentlich lässt sich auch ein kleiner Hai blicken. Der Sonnenuntergang ist spektakulär, die Stimmung in der Abenddämmerung traumhaft, und wir sind mit dem Blick aus der Sunset-Bar unseres Hotels dabei, ein würdiger und unvergesslicher Abschluss unserer Australien-Reise.

Beinahe hätten wir in unserer letzten Nacht in Australien gut geschlafen, wenn wir nicht von einem klatschenden Geräusch geweckt worden wären – ein großer, giftgrüner Frosch hüpft im Zimmer umher. Er sieht zwar schön aus, aber da es in Australien auch viele giftige Frösche gibt, jagen wir ihn über den Balkon in den Garten. Als er endlich draußen ist, lässt sich der nächste Frosch von der Decke fallen, auch er sieht schön grün aus, ist nur etwas kleiner. Ihn scheuchen wir ebenfalls hinaus und werden den Gedanken nicht los, dass noch mehr Frösche oder andere exotische Tiere in unserem Zimmer sein könnten. Wir schlafen schlecht, nicht nur wegen der Frösche, sondern auch wegen des Reisefiebers und der Vorfreude auf unsere Ankunft in der Heimat. So wie ein Schauspieler normalerweise nie sein Lampenfieber verliert, werde ich wohl mein Reisefieber auch nicht loswerden.

Der Flug EK 421 von Perth nach Dubai verläuft zwar unruhig, aber wir kommen ausgeruht morgens gegen 6 Uhr in Dubai an. Es ist noch frisch, die Wolkenkratzer liegen im Dunst des Wüstennebels. Unser Emirates-Chauffeur wartet bereits und bringt uns zum Jumeirah Emirates Towers Hotel, mitten im Finanzdistrikt von Dubai gelegen. Zum Einchecken ist es noch zu früh, so schauen wir uns im Finanzdistrikt um. Wir werden Zaungäste eines vertikalen Marathons, der im Zwillingsturm unseres Hotelhochhauses stattfindet. Hier läuft man nicht horizontal, sondern vertikal, d. h. die Treppen hinauf und hinunter. Es ist ein schönes Bild, so viele Läuferinnen und Läufer unterschiedlichen Alters und unterschiedlicher Hautfarbe bei der Ankunft und anschließend beim gemeinsamen Frühstück zu erleben.

Das Jumeirah Emirates Towers Hotel ist nicht nur das beste Hotel, in dem wir in den letzten drei Monaten geschlafen haben, sondern auch von außen ein echter »Hingucker«. Zwei markante und von weitem sichtbare Zwillingstürme ragen in den Himmel, ein Hotel- und ein Büroturm mit jeweils 51 Stockwerken. In 400 Zimmern und Suiten sowie 16 Restaurants und Bars werden Gäste aus aller Welt verwöhnt. Wir landen im 28. Stock mit herrlichem Blick auf die Skyline, vor uns mit unglaublichen 828 Metern das derzeit höchste Gebäude der Welt, der Burj Khalifa. Der Blick ist so schön, dass wir gar nicht hinausgehen möchten.

Aber dies tun wir dann doch und erreichen nach einem längeren Fußmarsch durch menschenleere Straßen die Dubai Mall, mit mehr als 1.200 Geschäften das zweitgrößte Einkaufszentrum der Welt. Wir bummeln zwischen Einheimischen und Touristen sowie verschleierten und unverschleierten Frauen und staunen über den unvorstellbaren Luxus, der hier über mir bekannte oder auch unbekannte Nobelmarken zur Schau gestellt wird. Eine ältere, schwarz verhüllte Dame trägt eine Papiertüte mit der Aufschrift »5 Jahre IKEA«, auch dies ein Zeichen der globalisierten Welt. Das Warenangebot ist in Quantität und Qualität überwältigend, es wird viel gekauft. Wir schauen nur zu, betrachten die Menschen in dieser künstlichen Glitzerwelt und lassen uns treiben.

Stadt des Goldes, Stadt der Weltrekorde, Stadt mit Sonne, Sand und Meer – dies sind die herausragenden Attribute, mit denen sich Dubai schmückt. Rekorde finden sich überall, die Stadt birgt nicht nur das höchste Gebäude der Welt und die zweitgrößte Shopping-Mall, sondern mit den »Dancing Fountains« auch die höchsten tanzenden Fontänen. Nicht ohne Stolz wird darauf hingewiesen, dass diese um 30 Prozent höher seien als jene in Las Vegas vor dem Hotel Bellagio. Gigantomanie überall, es gibt viel zu sehen und zu erleben, Dubai ist voller Sehenswürdigkeiten und Attraktionen.

Mit den wohl weltweit billigsten Taxis und der weltweit modernsten U-Bahn – vollautomatisch und ohne Fahrzeugführer – fahren wir durch Dubai, das sich über immerhin 50 Kilometer erstreckt. Wir sehen uns das Hotel Burj Al Arab an, das Wahrzeichen Dubais und das einzige Sieben-Sterne-Hotel der Welt, ein Symbol für außergewöhnliche Exklusivität und Extravaganz, entworfen im Stil eines Dhow-Segels. Mit dem Taxi fahren wir weiter durch einen sechsspurigen Unterwassertunnel zum Hotel Atlantis auf der Palm Jumeirah, einer der drei gigantischen künstlichen Inseln in Form einer Palme. Auch das Atlantis ist ein Hotel der Superlative, ein riesiger Hotelkomplex mit vielen rekordverdächtigen Freizeitattraktionen. Der Rummel hier ist ebenfalls rekordverdächtig. Wir lassen uns anschließend zur Mall of the Emirates bringen und betrachten dort das Treiben in der spektakulären und exklusiven Einkaufswelt mit der berühmten Schneepiste und einer Rodelbahn. Eigentlich unfassbar: Skifahren und Rodeln bei 40 °C im Schatten, aber warum eigentlich nicht?

Von der Glitzerwelt und der hochmodernen Wolkenkratzerstadt zum alten Dhow-Hafen und den Gewürz- und Goldsouks – diesmal nehmen wir die U-Bahn und gehen dann noch ein Stück zu Fuß. Der 15 Kilometer lange Dubai Creek, ein Meeresarm des Persischen Golfs, trennt die beiden Stadthälften voneinander, die Gegensätze könnten nicht größer sein. Der Blick von hier auf die Skyline Dubais ist atemberaubend. Wir laufen noch ein wenig durch die Hafengegend und fragen uns, ob die Kähne, die von ausgemergelten Tagelöhnern per Hand entladen werden, überhaupt noch seetüchtig sind.

Den Abend und auch unseren Zwischenstopp in Dubai lassen wir im Schatten des Burj Khalifa ausklingen und bewundern die 275 Meter langen »Dancing Fountains«, die alle 30 Minuten zu klassischer Musik spektakulär in die Luft steigen. Aber noch spannender ist für uns, die vielen Menschen unterschiedlichster Nationen, Kulturen, Religionen und Hautfarben, mit unterschiedlichster Kleidung vom westlichen Superminirock bis zur muslimischen Ganzkörperverhüllung, zu beobachten und das schöne Gefühl zu genießen, dabei und mittendrin zu sein.

Wir sind angekommen, nicht nur in Düsseldorf und nicht nur am Ende der 8. und letzten Etappe unserer Weltreise – sondern wir sind am Ziel. Wir haben unseren großen Traum wahr werden lassen, wir haben ihn gelebt, wir haben durchgehalten und sind einmal um die Welt gefahren. Unglaublich schöne drei Jahre liegen hinter uns. Das Glücksgefühl ist unbeschreiblich und wir sind unendlich dankbar, dass wir diese Jahre und diese Weltreise erleben durften.

»Niemals habe ich so viel gelacht, niemals so richtig gelebt, nie bin ich so selbst gewesen wie auf Reisen. Wenn ich am gleichen Fleck bleibe, kann ich nicht denken. Es ist notwendig, dass mein Körper sich bewegt, um meinen Geist zu bewegen. Der Blick auf die Landschaft, der Reigen lieblicher Aussichten, die freie Luft, die Abschüttelung all dessen, was mich in Abhängigkeit hält, weitet meine Seele und macht mich kühn im Denken.«

Jean-Jacques Rousseau